COLLECTION D'HISTORIENS CONTEMPORAINS

HISTOIRE

DE

LA GRÈCE

PARIS. — IMPRIMERIE POUPART-DAVYL ET Ce, RUE DU BAC, 30.

G. GROTE

Vice-Chancelier de l'Université de Londres, Associé étranger de l'Institut de France

HISTOIRE
DE
LA GRÈCE

DEPUIS LES TEMPS LES PLUS RECULÉS
JUSQU'A LA FIN DE LA GÉNÉRATION CONTEMPORAINE D'ALEXANDRE LE GRAND

TRADUIT DE L'ANGLAIS

PAR A.-L. DE SADOUS

Professeur au Lycée Impérial de Versailles, Docteur ès lettres de la Faculté de Paris

TOME DEUXIÈME

SEULE ÉDITION FRANÇAISE AUTORISÉE PAR L'AUTEUR

AVEC CARTES ET PLANS

PARIS

LIBRAIRIE INTERNATIONALE

15, BOULEVARD MONTMARTRE
Au coin de la rue Vivienne

A. LACROIX, VERBOECKHOVEN ET CIE, ÉDITEURS

A Bruxelles, à Leipzig et à Livourne

1865

TOUS DROITS DE REPRODUCTION RÉSERVÉS.

Ire PARTIE. — GRÈCE LÉGENDAIRE

Ἀνδρῶν ἡρώων θεῖον γένος, οἳ καλέονται
Ἡμίθεοι προτέρῃ γενέῃ.
HÉSIODE.

2e PARTIE. — GRÈCE HISTORIQUE

. . . . . . Πόλιες μερόπων ἀνθρώπων
HOMÈRE.

HISTOIRE DE LA GRÈCE

PREMIÈRE PARTIE

GRÈCE LÉGENDAIRE

CHAPITRE I

LÉGENDE DE TROIE

Vaste étendue et grande variété de la légende de Troie. — Dardanos, fils de Zeus. — Ilos, fondateur d'Ilion. — Murs d'Ilion construits par Poseidôn. — Prise d'Ilion par Hêraklês. — Priam et sa race. — Pâris. — Son jugement prononcé sur les trois déesses. — Il enlève Hélène de Sparte. — Expédition des Grecs pour la recouvrer. — Héros de toutes les parties de la Grèce coalisés sous les ordres d'Agamemnôn. — Achille et Odysseus. — L'armée grecque prend la Teuthrania pour Troie. — Telephos. — Les Grecs retenus à Aulis. — Agamemnôn et Iphigeneia. — Premier succès des Grecs en abordant près de Troie. — Brisêis accordée à Achille. — Palamêdês. — Son génie. — Sa mort par trahison. — Chronologie épique — transformée en histoire. — Période de l'Iliade homérique. — Hectôr tué par Achille. — Nouveaux alliés de Troie. — Penthesileia. — Memnôn tué par Achille. — Mort d'Achille. — Jeux funèbres célébrés en son honneur. — Querelle au sujet de ses armes. — Odysseus l'emporte et Ajax se tue. — Philoktêtês et Neoptolemos. — Prise du Palladium. — Le cheval de bois. — Destruction de Troie. — Distribution des captifs entre les vainqueurs. — Hélène rendue à Menelaos. — Elle vit à Sparte au sein de la dignité. — Elle obtient une immortalité heureuse. — Cécité et guérison du poète Stésichore. — Altération de la légende concernant Hélène. — Récit égyptien au sujet d'Hélène. — Tendance à donner à la légende une couleur historique. — Les Grecs reviennent de Troie. — Leurs souffrances. — Colère des dieux. — Courses errantes des héros dans toutes les directions. — Souvenirs restant d'eux d'un bout à l'autre du monde grec. — Odysseus. — Ses aventures et sa mort. — Æneas et ses descendants. — Différentes histoires au sujet d'Æneas. — Æneades à Skêpsis. — Ubiquité d'Æneas. — Antenôr. — Conte de Troie. — Son importance et ses différences. — Guerre de Troie — essentiellement légendaire. — Son importance comme article de la foi nationale grecque. — Base historique de cette guerre — possible, et rien de plus. — Innovations faites dans le but de transformer l'épopée en histoire. — Dion Chrysostome. — Ilion historique. Admise et visitée généralement comme ville de Priam. — Respect que lui témoigne Alexandre. —Successeurs d'Alexandre. — Fondation d'Alexandria Trôas. — Les Romains traitent Ilion avec un respect marqué. — Légitimité mythique d'Ilion — contestée pour la première fois par Dêmêtrius de Skêpsis et par Hestiæa. — Ancienne ville d'Ilion supposée, ou Troie réelle, distinguée de la nouvelle Ilion. — Strabon seul regarde l'ancienne Ilion comme la Troie réelle. — D'autres auteurs persévèrent dans l'antique croyance. — Les modernes suivent Strabon. — Foi mythique non ébranlée par des impossibilités topographiques. — Trôas historique et les Teukriens. — Grecs Æoliens dans la Troade. — Tout le territoire devenu graduellement æolien. — Ancienne date et long empire du culte d'Apollon Sminthien. — Coutumes et religion asiatiques, — mêlées à celles des Grecs. — Prophéties sibyllines. — Établissements formés par Milêtos, Mitylênê et Athènes.

Nous arrivons maintenant au point capital et culminant de l'épopée grecque, — les deux siéges et la prise de Troie, avec les destinées des héros dispersés, Troyens aussi bien que Grecs, après la seconde prise, qui est la plus célèbre, et la destruction de la ville.

Un gros volume serait nécessaire pour donner quelque idée passable de la grande étendue et du vaste épanouissement de cette intéressante fable, traitée d'abord par tant de poëtes épiques, lyriques et tragiques, avec leurs additions, leurs transformations et leurs contradictions sans fin; — puis épurée et refondue par les investigations historiques, qui, sous prétexte d'écarter les exagérations des poëtes, introduisirent une veine nouvelle d'invention prosaïque; — enfin, revêtue par les philosophes d'une couleur morale et allégorique. Dans la présente et brève esquisse du champ général de la légende grecque, ou de ce que les Grecs croyaient être leurs antiquités, la guerre de Troie peut être regardée comme étant le seul parmi un nombre considérable d'incidents qu'Hécatée et Hérodote considérassent comme composant leur passé. Prise comme un événement légendaire spécial, elle offre, il est vrai, un intérêt plus vaste et plus grand que tout autre; mais c'est une erreur de l'isoler du reste, comme si elle reposait sur une base différente et plus digne de foi. Je dois donc me borner à un récit abrégé des faits principaux et courants; et parmi les nombreuses assertions contradictoires que l'on peut trouver sur chacun d'eux, je ne connais pas de meilleur motif de préférence qu'une antiquité relative, bien que les plus vieux contes que nous possédions — ceux que contient l'Iliade — en présupposent évidemment d'autres d'une date antérieure.

Le premier auteur de la ligne troyenne de rois est Dardanos, fils de Zeus, fondateur et éponyme de Dardania (1) : des auteurs plus modernes rapportaient que Dardanos était fils de Zeus et d'Elektra, fille d'Atlas, et ils disaient de plus qu'il était venu de Samothrace, ou d'Arcadia, ou d'Italie (2); mais il n'en est nullement fait mention dans Homère. La première ville dardanienne fondée par lui était dans une position élevée sur la pente du mont Ida ; car il n'était pas encore assez fort pour s'établir dans la plaine. Mais son fils Erichthonios, grâce à la faveur de Zeus, devint le plus opulent des hommes. Ses troupeaux de petit et de grand bétail ayant multiplié, il avait dans ses pâturages trois mille juments, dont quelques-unes, fécondées par Boreas, donnèrent des chevaux d'une légèreté surnaturelle. Trôs, fils d'Erichthonios, l'éponyme des Troyens, eut trois fils, — Ilos, Assarakos et le beau Ganymèdès, que Zeus enleva pour en faire son échanson dans l'Olympe, en donnant à son père Trôs, pour prix du jeune homme, un attelage de chevaux immortels (3).

A partir d'Ilos et d'Assarakos la ligne troyenne et la ligne dardanienne divergent; la première passant d'Ilos à Laomedôn, à Priam et à Hectôr ; la seconde d'Assarakos à Kapys, à Anchisès et à Æneas. Ilos fonda dans la plaine de Troie la ville sainte d'Ilion; Assarakos et ses descendants restèrent souverains de Dardania (4).

Ce fut sous l'orgueilleux Laomedôn, fils d'Ilos, que Poseidôn et Apollon subirent, par ordre de Zeus, une servitude temporaire ; le premier construisit les murs de la ville, le second gardait les troupeaux de petit et de gros bétail.

---

(1) Iliade, XX, 215.
(2) Hellanic. Fragm. 129, Didot; Dionys. Hal. I, 50-61 ; Apollod. III, 12, 1 ; Schol. Iliad. XVIII, 486; Varro, ap. Servium ad Virgil. Æneid. III, 167; Cephalon. Gergithius ap. Steph. Byz. v. Ἀρίσϐη.
(3) Iliade, V, 265 ; Hellanic. Fragm. 146 ; Apollod. II, V, 9.
(4) Iliade, XX, 236.

Quand leur tâche fut accomplie et la période de leur peine expirée, ils réclamèrent la récompense convenue ; mais Laomedôn repoussa leur demande avec colère, et même menaça de leur couper les oreilles, de leur lier les pieds et les mains, et de les envoyer dans quelque île éloignée comme esclaves (1). Il fut puni de sa déloyauté par un monstre marin, que Poseidôn envoya ravager ses champs et exterminer ses sujets. Laomedôn offrit publiquement les chevaux immortels, donnés par Zeus à son père Trôs, comme récompense à quiconque tuerait le monstre. Mais un oracle déclara qu'il fallait lui abandonner une vierge de sang noble, et le sort tomba sur Hesionê, fille de Laomedôn lui-même. Hèraklês, arrivant à ce moment critique, tua le monstre grâce à un fort construit pour lui par Athênê et les Troyens (2), ce qui lui permit de délivrer la jeune fille exposée ainsi que le peuple ; mais Laomedôn, par un second acte de perfidie, lui donna des chevaux mortels au lieu des animaux incomparables qu'il avait promis. Ainsi frustré de son dû, Hèraklês équipa six vaisseaux, attaqua et prit Troie et tua Laomedôn (3), puis il donna Hesionê à Telamôn, son ami et son allié, de qui elle eut le célèbre archer Teukros (4). Les habitants de la ville historique d'Ilion conservaient un pénible sentiment de cette expédition ; ils n'offraient pas de culte à Hèraklês (5).

De tous les fils de Laomedôn, Priam (6) était le seul qui eût protesté contre le déni du prix si bien gagné par Hèra-

---

(1) Iliade, VII, 451 ; XXI, 456. Hésiod. ap. Schol. Lycophr. 393.

(2) Iliade, XX, 145 ; Dionys. Hal. I, 52.

(3) Iliade, V, 640. Meneclès (ap. Schol. Venet. *ad loc.*) affirmait que cette expédition d'Hèraklês était une fiction ; mais Dicéarque donnait, en outre, d'autres exploits du héros dans le même voisinage à Thêbê Hypoplakiê (Schol. Iliad. VI, 396).

(4) Diodor. IV, 32-49. Cf. Venet. Schol. Iliad. VIII, 284.

(5) Strabon, XIII, p. 596.

(6) Comme Dardanos, Trôs et Ilos sont respectivement les éponymes de Dardania, de Troie et d'Ilion, de même Priam est éponyme de l'acropolis *Pergame*. Πρίαμος est dans le dialecte æolien Πέρραμος (Hesychius) ; à ce sujet Ahrens fait cette remarque : « Cæterum ex hac æolicâ nominis formâ apparet, Priamum non minus arcis Περγάμων eponymum esse, quam Ilum urbis, Troem populi : Πέργαμα enim a Περίαμα natum est, ι in γ mutato. » (Ahrens, De Dialecto Æolicâ, 8, 7, p. 56 ; Cf. *Ibid.* 28, 8, p. 150 Περρ' ἀπάλω).

klès; aussi le héros l'en récompensa-t-il en le plaçant sur le trône. Il eut un grand nombre de fils et de filles distingués, aussi bien de son épouse Hekabê (Hécube), fille de Kisseus, que d'autres femmes (1). Parmi les fils étaient Hectôr (2), Pâris, Deiphobos, Helenos, Troïlos, Politès, Polydôros; parmi les filles, Laodikê, Kreüsê, Polyxenê et Kassandra.

La naissance de Pâris fut précédée de formidables présages ; en effet Hekabê rêva qu'elle accouchait d'un tison ardent, et Priam, en consultant les devins, apprit que le fils qui était sur le point de naître lui serait fatal. En conséquence il ordonna que l'enfant fût exposé sur le mont Ida ; mais la funeste bonté des dieux le sauva ; et il grandit au milieu des troupeaux de toute espèce, actif, beau, doué d'une belle chevelure, bien proportionné, et le favori spécial d'Aphroditê (3).

Ce fut à ce jeune berger, pendant sa promenade solitaire sur le mont Ida, que furent amenées les trois déesses Hêrê, Athênê et Aphroditê, afin qu'il pût décider la querelle au sujet de leur beauté relative, querelle née aux noces de Pêleus et de Thetis — et amenée par suite de la combinaison et pour l'accomplissement des profonds desseins de Zeus. Car Zeus, remarquant avec peine le nombre excessif des membres de la race héroïque existant alors, plaignit la terre d'être forcée de supporter un fardeau si écrasant, et résolut de la soulager en excitant une guerre destructive et prolongée (4). Pâris décerna la palme à Aphroditê, qui lui promit en

---

(1) Iliade, VI, 245; XXIV, 495.

(2) Stésichore et Ibycus affirmaient également qu'Hectôr était fils d'Apollon (Stesichor. ap. Schol. Ven. ad Iliad. XXIV, 259; Ibyci Fragm. XIV, ed. Schneidewin); Euphorion (Fragm. 125, Meineke) et Alexandre l'Etolien suivent tous deux la même idée. De plus, Stésichore affirmait qu'après le siége Apollon avait emmené Hekabê en Lykia pour la sauver de la captivité (Pausan. X, 27, 1) : selon Euripide, Apollon avait promis qu'elle mourrait à Troie (Troad. 427).

Sapphô employait Hectôr comme surnom de Zeus, Ζεὺς Ἕκτωρ (Hesychius, v. Ἕκτορες) ; un prince appartenant à la famille royale de Chios, antérieur à l'établissement ionien, tel qu'il est mentionné par le poëte de Chios Iôn (Pausan. VII, 3, 3), portait ce nom.

(3) Iliade, III, 45-55 ; Schol. Iliad. III, 325 ; Hygin. Fabl. 91 ; Apollod. III, 12, 5.

(4) Tel est le motif attribué à Zeus par le vieux poëme épique, les vers Cypriens (Fragm. 1, Düntz. p. 12 ; ap.

récompense la possession d'Hélène, épouse du Spartiate Menelaos, — la fille de Zeus et la plus belle des femmes vivant à ce moment. Sur la demande d'Aphroditê, on construisit des vaisseaux pour lui, et il s'embarqua afin d'accomplir une entreprise si remplie de malheurs éventuels pour sa ville natale, en dépit des prophéties menaçantes de son frère Helenos et des avis toujours négligés de Kassandra (1).

Pâris, en arrivant à Sparte, reçut un accueil hospitalier de Menelaos, aussi bien que de Kastôr et Pollux, et put offrir les riches cadeaux qu'il avait apportés pour Hélène (2). Menelaos alors partit pour la Krête, laissant Hélène traiter son hôte troyen, — moment favorable dont profita Aphroditê pour mener à bonne fin l'intrigue et la fuite des amants. Pâris enleva à la fois Hélène et une somme d'argent considérable appartenant à Menelaos — fit un heureux voyage jusqu'à Troie, et y arriva sain et sauf avec sa prise le troisième jour (3).

Schol. ad Iliad. I, 4) : — Ἡ δὲ ἱστορία παρὰ Στασίνῳ τῷ τὰ Κύπρια πεποιηκότι εἰπόντι οὕτως.
Ἦν ὅτε μύρια φῦλα κατὰ χθόνα πλα-
[ζόμενα...
.... βαρυστέρνου πλάτος
[αἴης.
Ζεὺς δὲ ἰδὼν ἐλέησε, καὶ ἐν πυκιναῖς
[πραπίδεσσι
Σύνθετο κουφίσαι ἀνθρώπων παμβώ-
[τορα γαῖαν,
Ῥιπίσας πολέμου μεγάλην ἔριν Ἰλια-
[κοῖο,
Ὄφρα κενώσειεν θανάτῳ βάρος· οἱ
[δ' ἐνὶ Τροίῃ
Ἥρωες κτείνοντο, Διὸς δ' ἐτελείετο
[βουλή.
Le même motif est indiqué incidemment par Eurip. Orest. 1635 ; Helen. 38 ; et défendu sérieusement, à ce qu'il paraît, par Chrysippe, ap. Plutarch. Stoic. Rep. p. 1049 ; mais les poëtes ne vont pas ordinairement au delà de la passion de Pâris pour Hélène (Theognis, 1232 ; Simonid. Amorg. Fragm. 6, 118).

Le jugement de Pâris était une des scènes représentées sur l'ancien coffre de Kypselos à Olympie (Pausan. V, 19, 1).

(1) Argument des Ἔπη Κύπρια (ap. Düntzer, p. 10). Ces avis de Kassandra forment le sujet de l'obscur et affecté poëme de Lycophrôn.

(2) Selon les vers cypriens, Hélène était fille de Zeus et de Nemesis, qui avait essayé en vain d'échapper à cette alliance (Athenæ, VIII, 334). Hésiode (Schol. Pindar. Nem. X, 150) la représentait comme fille d'Okeanos et de Tethys, nymphe océanique : Sapphô (Fragm. 17, Schneidewin), Pausanias (I. 33, 7), Apollodore (III, 10, 7), et Isocrate (Encom. Helen. v. II, p. 366, Auger) concilient les prétentions de Lêda et de Nemesis à une sorte de maternité commune. (V. Heinrichsen, De Carminibus Cypriis, p. 45-46).

(3) Hérod. II, 117. Il rapporte distinctement l'assertion des vers cypriens qui contredit l'argument du poëme tel qu'on le voit dans Proclus (Fragm. I,

Menelaos, informé par Iris en Krète de la manière perfide dont Pàris avait reconnu son hospitalité, retourna chez lui en toute hâte plein de douleur et d'indignation pour délibérer avec son frère Agamemnôn, aussi bien qu'avec le vénérable Nestôr, sur le moyen de venger l'outrage. Ils firent connaître l'événement aux six chefs demeurant à l'entour, et trouvèrent chez eux une sympathie universelle : Nestôr, Palamèdès et d'autres allèrent partout solliciter appui pour une attaque méditée contre Troie, sous le commandement d'Agamemnon, auquel chaque chef promit à la fois obéissance et des efforts infatigables jusqu'à ce qu'on eût recouvré Hélène (1). Dix années furent employées à préparer l'expédition. Les déesses Hèrè et Athênê, irritées de la préférence accordée par Pàris à Aphroditê, et excitées par leur constant attachement pour Argos, Sparte et Mykènæ, prirent une part active à l'affaire ; et les chevaux de Hêrê furent fatigués de ses visites faites à plusieurs reprises dans différentes parties de la Grèce (2).

De tels efforts finirent par faire rassembler à Aulis (3) en

---

1), d'après lequel Pàris est détourné de sa route par une tempête et prend la ville de Sidôn. Homère (Iliade, VI, 293) semble, toutefois, appuyer la donnée de l'argument.

L'Iliade mentionne à plusieurs reprises que Pâris s'est rendu coupable de vol, aussi bien que de l'enlèvement d'Hélène (III, 144 ; VIII, 350-363) ; il en est de même dans l'argument des vers cypriens (V. Æschyl. Agam. 534).

(1) L'ancienne épopée (Schol. ad Il. II, 286-339) ne reconnaît pas l'histoire des nombreux partisans d'Hélène, ni le serment par lequel Tyndareus les lia tous avant qu'il en choisît un parmi eux ; serment par lequel chacun devait s'engager non-seulement à acquiescer au choix qu'elle aurait fait, mais encore à aider l'époux qu'elle aurait préféré à la posséder paisiblement. Cette histoire semble avoir été rapportée pour la première fois par Stésichore (V. Fragm. 20, ed. Kleine ; Apollod. III, 10, 8). Cependant c'était évidemment un des traits saillants de la légende qui avait cours à l'époque de Thucydide (I, 9. Euripid. Iph. Aul. 51-80 ; Soph. Ajax, 1100).

On montrait même du temps de Pausanias le lieu exact où Tyndareus exigea ce serment des prétendants, près de Sparte (III, 20, 9).

(2) Iliad. IV, 27-55 ; XXIV, 765 ; Argum. Carm. Cypr. Le point est expressément indiqué par Dion Chrysostome (Orat. XI, p. 335-336), dans son attaque contre la vieille légende. Deux ans de préparatifs dans Dictys Cret. I, 16.

(3) Le roi de Sparte Agésilas, sur le point de partir de Grèce pour son expédition en Asie Mineure (396 avant J.-C.), alla personnellement à Aulis, afin de pouvoir aussi sacrifier à l'endroit où

Bœôtia, une armée consistant en 1,186 vaisseaux et en plus de 100,000 hommes, — armée dépassant de plus de dix contre un tout ce que les Troyens eux-mêmes pouvaient opposer, et supérieure aux défenseurs de Troie, même avec tous ses alliés compris (1). Elle renfermait des héros avec ceux qui les suivaient venus des points extrêmes de la Grèce, — des parties nord-ouest de la Thessalia au pied du mont Olympe, aussi bien que des îles occidentales de Dulichium et d'Ithakê, et des îles orientales de Krête et de Rhodes. Agamemnôn lui-même contribua pour 100 vaisseaux montés par ses propres sujets de Mykênæ; en outre, il fournit 60 vaisseaux aux Arcadiens, qui n'en possédaient pas en propre. Menelaos amena avec lui 60 vaisseaux, Nestôr de Pylos 90, Idomeneus de Krête et Diomêdês d'Argos, chacun 80. Quarante vaisseaux étaient montés par les Eleiens, sous quatre chefs différents; le même nombre sous Megês, venus de Dulichium et des Echinades, et sous Thoas, de Kalydôn et des autres villes ætoliennes. Odysseus d'Ithakê et Ajax de Salamis amenèrent 12 vaisseaux chacun. Les Abantes d'Eubœa, sous Elephênôr, remplissaient 40 navires; les Bœôtiens, sous Peneleôs et Lêitos, 50; les habitants d'Orchomenos et d'Aspledôn, 30; les Locriens armés à la légère, sous Ajax, fils d'Oileus (2), 40; les Phokiens autant. Les Athéniens, sous Menestheus, chef remarquable par son habileté à ranger une armée, réunirent 50 navires; les Myrmidons de Phthia et de la Hellas, sous Achille, en rassemblèrent 50; Protesilaos de Phylakê et de Pyrasos, et Eurypylos d'Ormenion, vinrent chacun avec 40 vaisseaux: Machaôn et Podalirios, de

---

Agamemnôn avait sacrifié quand il fit voile pour Troie (Xenoph. Hellen. III, 4, 4).

Scylax (c. 60) mentionne le ἱερὸν à Aulis, et rien autre; il paraît avoir ressemblé au Delium contigu, temple avec un petit village s'étant élevé à l'entour.

Le poëme d'Hésiode, les Travaux et les Jours, reconnaissait Aulis comme le port d'où partit l'expédition (v. 650).

(1) Iliade, II, 128. Uschold (Geschichte der Trojanischen Kriegs, p. 9, Stutgart, 1836) porte le total à cent trente-cinq mille hommes.

(2) Le Catalogue hésiodique mentionne Oileus, ou Ileus, en donnant une singulière étymologie de son nom (Fragm. 136, ed. Marktscheffel).

Trikka, avec 30 ; Eumêlos, de Pheræ et du lac Bœbèis, avec 11 ; et Philoktêtês de Meliboea avec 7 ; les Lapithes, sous Polypœtês, fils de Pirithoos, remplissaient 40 navires ; les Ænianes et les Perrhæbiens, sous Gouneus (1), 22 ; et les Magnètes, sous Prothoos, 40 ; ces deux derniers étaient des parties les plus septentrionales de la Thessalia, près des montagnes Pèlion et Olympe. De Rhodes, sous Tlêpolemos, fils d'Hêraklês, vinrent 9 vaisseaux ; de Symê, sous le beau mais efféminé Nireus, 3 ; de Kôs, de Krapathos et des îles voisines, 30, sous les ordres de Phidippos et Antiphos, fils de Thessalos et petits-fils d'Hêraklês (2).

Dans cette troupe de héros étaient compris les guerriers distingués Ajax et Diomêdês, et le sagace Nestôr ; tandis qu'Agamemnôn, à peine inférieur à l'un ou à l'autre en bravoure, apportait avec lui une haute réputation de sagesse dans le commandement. Mais les plus remarqués et les plus remarquables de tous étaient Achille et Odysseus ; le premier, beau jeune homme né d'une mère divine, léger à la course, d'un caractère farouche et d'une force irrésistible ; le second, allié non moins utile par son éloquence, sa patience infatigable, ses inépuisables ressources dans les difficultés, et le mélange d'audacieux courage et de ruse profonde qui ne l'abandonnait jamais (3) : le sang du maître en fourberie Sisyphos, par suite d'une liaison illégitime avec sa mère

---

(1) Γουνεὺς est le héros éponyme de la ville de Gonnos en Thessalia ; le redoublement de la consonne et la diminution de la voyelle appartiennent au dialecte æolien (Ahrens, De Dialect. Æolic. 50, 4, p. 220).

(2) V. le Catalogue dans le second livre de l'Iliade. Il doit probablement y avoir eu aussi un Catalogue des Grecs dans les vers cypriens, car un catalogue des alliés de Troie est mentionné spécialement dans l'argument de Proclus (p. 12, Düntzer).

Euripide (Iph. Aulid. 165-300) consacre un des chants du chœur à un catalogue partiel des principaux héros.

Selon Dictys de Crète, tous les premiers chefs engagés dans l'expédition étaient parents, tous Pélopides (I, 14) : ils firent le serment de ne pas déposer leurs armes avant d'avoir recouvré Hélène, et ils reçurent d'Agamemnôn une grosse somme d'or.

(3) Pour le caractère d'Odysseus, Iliade, III, 202-220 ; X, 247. Odyss. XIII, 295.

Le Philoktêtês de Sophocle développe très-exactement le caractère de l'Odysseus homérique (V. v. 1035), plus fidèlement que l'Ajax du même poëte ne dépeint celui de ce héros.

Antikleia, coulait, disait-on, dans ses veines (1), et il était spécialement sous la protection et le patronage de la déesse Athênê. Odysseus, ne voulant pas d'abord prendre part à l'expédition, avait été jusqu'à simuler la démence; mais Palamêdês, envoyé à Ithakê pour l'y engager, éprouva la réalité de sa folie en plaçant dans le sillon qu'Odysseus était en train de tracer avec sa charrue son petit enfant Telemachos. Ainsi découvert, Odysseus ne put refuser de joindre l'armée achæenne; mais le prophète Halithersês lui prédit que vingt années s'écouleraient avant qu'il revît sa terre natale (2). Pour Achille, les dieux lui avaient promis le plein éclat de la gloire héroïque devant les murs de Troie; la place ne pouvait pas non plus être prise et sans son concours et sans celui de son fils après lui. Mais ils l'avaient prévenu que cette brillante carrière serait rapidement terminée, et que, s'il désirait une longue existence, il devait rester tranquille et obscur dans sa patrie. Malgré la résistance de sa mère Thetis, il préféra un petit nombre d'années avec un renom éclatant, et se rendit à l'armée achæenne (3). Quand Nestôr et Odysseus vinrent à Phthia pour l'inviter, lui et son ami intime Patroklos répondirent avec empressement à l'appel (4).

Agamemnôn et sa puissante armée partirent d'Aulis; mais ne connaissant ni la localité ni la direction, ils abordèrent par méprise en Teuthrania, partie de la Mysia, près du fleuve Kaïkos, et se mirent à ravager le pays dans la persuasion que c'était le voisinage de Troie. Telephos, roi de la contrée (5),

---

(1) Sophocle, Philokt. 417, et Schol.; de plus, Schol. ad Soph. Ajac. 190.

(2) Homère, Odyss. XXIV, 115, Æschyl. Agam. 841; Soph. Philokt. 1011, avec les Schol. Argument des Cypria dans Heinrichsen, De Carmin. Cypr. p. 23 (la phrase est omise dans Düntzer, p. 11).

Une tragédie perdue de Sophocle, Ὀδυσσεὺς Μαινόμενος, traitait ce sujet.

D'autres chefs grecs ne résistèrent pas moins qu'Odysseus à prendre part à l'expédition; V. le récit de Pœmandros, formant une partie de la légende du temple de l'Achilleîon à Tanagra en Bœôtia (Plut. Quæst. Græc. p. 299).

(3) Iliade, I, 352; IX, 411.

(4) Iliade, XI, 782.

(5) Telephos était fils d'Hêraklês et d'Augê, fille du roi Aleus, de Tegea en Arcadia : au sujet de ses aventures romanesques, voir le chapitre IX du 1ᵉʳ vol. sur les légendes arcadiennes; foi de Strabon dans l'histoire (XII, p. 572).

s'opposa à eux et les repoussa, mais il finit par être défait et grièvement blessé par Achille. Les Grecs, reconnaissant alors leur erreur, se retirèrent ; mais leur flotte fut dispersée par une tempête et repoussée vers la Grèce. Achille attaqua et prit Skyros, et là épousa Deidamia, fille de Lycomêdès (1). Telephos, souffrant de ses blessures, reçut de l'oracle le conseil de venir en Grèce et de se présenter à Achille pour être guéri, par l'application des raclures de la lance avec laquelle la blessure avait été faite : ainsi rétabli, il devint le guide des Grecs quand ils furent prêts à renouveler leur expédition (2).

L'armement était de nouveau assemblé à Aulis, mais la déesse Artemis, mécontente du langage arrogant d'Agamemnôn, prolongea la durée des vents contraires, et le chef qui l'avait offensée fut contraint de l'apaiser par le sacrifice bien connu de sa fille Iphigeneia (3). Ils s'avancèrent alors jusqu'à Tenedos, d'où Odysseus et Menelaos furent envoyés à Troie

---

On affirmait que l'endroit appelé le port des Achæens, près de Gryneion était celui où Agamemnôn et les chefs tinrent conseil pour décider s'ils attaqueraient ou non Telephos (Scylax, c. 97 ; cf. Strabon, XIV, p. 622).

(1) Iliade, XI, 664 ; Argum. Cyp. p. 11, Düntzer ; Dictys Cret. II, 3-4.

(2) Euripide, Teleph. Fragm. 26, Dindorf ; Hygin. f. 101 ; Dictys, II, 10. Euripide avait traité l'aventure de Telephos dans sa tragédie aujourd'hui perdue : il donnait la guérison miraculeuse due à la poussière de la lance, πριστοῖσι λογχῆς θέλγεται ῥινήμασι. Dictys réduit le prodige : « Achilles cum Machaone et Podalirio adhibentes curam vulneri, » etc. Pline (XXXIV, 15) donne à la rouille de cuivre ou de fer une place dans la liste des remèdes véritables.

« Longe omnino a Tiberi ad Caicum : quo in loco etiam Agamemnôn errasset, nisi ducem Telephum invenisset. » (Cicéron, Pro L. Flacco, c. 29.) Les parties de la légende troyenne traitées dans les auteurs épiques et tragiques aujourd'hui perdus semblent avoir été tout aussi familières à Cicéron que celles que mentionnait l'Iliade.

Strabon fait relativement peu d'attention à toute autre partie de la guerre de Troie qu'à ce qui est présenté dans Homère. Il va même jusqu'à donner une raison pour expliquer pourquoi les Amazones *ne vinrent pas* au secours de Priam : il y avait inimitié entre elles et lui, parce que Priam avait aidé les Phrygiens dans leurs attaques contre elles. (Iliade, III, 188 ; dans Strabon, τοῖς Ἰῶσιν doit être par erreur pour τοῖς Φρυξίν). Il est difficile que Strabon ait lu Arctinus, auquel il ne fait jamais allusion, et dans le poëme duquel la brave et belle Penthesileia, à la tête des Amazones, forme une époque et un incident marquants de la guerre (Strabon, XII, 552).

(3) On ne trouve rien dans Homère touchant le sacrifice d'Iphigeneia (V. Schol. Ven. ad Il. IX, 145).

comme ambassadeurs, chargés de redemander Hélène et l'or dérobé. En dépit des sages conseils d'Antenôr, qui reçut les deux chefs grecs avec une hospitalité amicale, les Troyens rejetèrent la demande, et l'attaque fut résolue. Les dieux avaient décidé que le Grec qui aborderait le premier périrait. Protesilaos fut assez généreux pour s'exposer comme enfant perdu, et en conséquence tomba sous les coups d'Hectôr.

Cependant les Troyens avaient rassemblé un corps considérable d'alliés de diverses parties de l'Asie Mineure et de la Thrace, Dardaniens sous Æneas, Lykiens sous Sarpedôn, Mysiens, Kariens, Mæoniens, Alizoniens (1), Phrygiens, Thraces et Pæoniens (2). Mais on fit un vain effort pour s'opposer au débarquement des Grecs; les Troyens furent mis en déroute, et même l'invulnérable Kyknos (3), fils de Poseidôn, un des grands boulevards de la défense, fut tué par Achille. Après avoir repoussé les Troyens dans leurs murailles, Achille attaqua et prit d'assaut Lyrnêssos, Pêdasos, Lesbos et autres places dans le voisinage, douze villes sur la côte, et onze dans l'intérieur; il chassa les bœufs d'Æneas et poursuivit le héros lui-même, qui eut beaucoup de peine à sauver sa vie; il surprit et tua le jeune Trôilos, fils de Priam, et prit plusieurs des autres fils, qu'il vendit comme prisonniers dans les îles de la mer Ægée (4). Il obtint comme cap-

---

(1) Aucune partie du Catalogue homérique n'a donné plus d'embarras à Dêmêtrius de Skêpsis et aux autres commentateurs que ces Alizoniens (Strabon, XII, p. 549; XIII, p. 603): on a inventé un lieu imaginaire appelé Alizônion, dans la région de l'Ida, pour lever la difficulté (εἶτ' Ἀλιζώνιον, τοῦτ' ἤδη πεπλασμένον πρὸς τὴν τῶν Ἀλιζόνων ὑπόθεσιν, etc., Strabon, l. c.).

(2) V. le Catalogue des Troyens (Iliade, II, 815-877).

(3) Les écrivains plus modernes disaient que Kyknos était roi de Kolônæ, dans la Troade (Strab. XIII, p. 589-603; Aristot. Rhetor. II, 23). Eschyle introduisait sur la scène athénienne et Kyknos et Memnôn, avec un appareil effrayant (Aristoph. Ran. 957. Οὐδ' ἐξέπληττον αὐτοὺς Κύκνους ἄγων καὶ Μέμνονας κωδωνοφαλαροπώλους. (Cf. Welcker, Æschyl. Trilogie, p. 433).

(4) Iliade, XXIV, 752; Argum. Cypr. pp. 11, 12, Düntzer. Ces exploits sans suite d'Achille fournirent plus d'un roman intéressant aux poëtes grecs plus modernes (V. Parthênius, Narrat. 21). V. le sommaire précis et élégant des principaux événements de la guerre dans Quintus Smyrn. XIV, 125-140; Dion Chrys. Or. XI, p. 338-342).

Trôilos n'est nommé qu'une seule fois dans l'Iliade (XXIV, 253); il était mentionné aussi dans les Cypria; mais sa

tive la belle Brisèis, tandis que Chrysèis était accordée à Agamemnôn; de plus il désira vivement voir la divine Hélène, le prix et le stimulant de cette lutte mémorable, et Aphrodité ainsi que Thetis s'arrangèrent pour leur ménager une entrevue (1).

A ce moment de la guerre l'armée grecque fut privée de Palamêdês, un de ses chefs les plus capables. Odysseus n'avait pas pardonné l'artifice à l'aide duquel Palamêdês avait découvert sa démence simulée; il n'était pas non plus sans jalousie contre un rival habile et fin à un degré égal, sinon supérieur, à lui-même, qui avait doté les Grecs de l'invention des lettres, des dés pour leur amusement, des gardes de nuit, de même qu'il leur avait suggéré beaucoup d'autres choses utiles. Suivant le vieux poëme épique cyprien, Palamêdês fut noyé à la pêche par les mains d'Odysseus et de Diomêdês (2). Ni dans l'Iliade ni dans l'Odyssée ne se rencontre le nom de Palamêdês; la position élevée qu'occupe Odysseus dans ces deux poëmes, position signalée avec quelque déplaisir même par Pindare, qui représentait Palamêdês comme le plus sage des deux, suffit pour expliquer l'omission (3). Mais dans la période plus avancée de l'esprit grec, quand la supériorité intellectuelle comparée à la bravoure militaire en vint à acquérir une place plus élevée dans l'estime publique, le caractère de Palamêdês, combiné avec son destin malheu-

---

jeunesse, sa beauté et sa fin prématurée firent de lui un objet très-intéressant pour les poëtes qui suivirent. Sophocle avait une tragédie appelée *Troïlus* (Welcker, Griechisch. Tragoed, I, p. 124); Τὸν ἀνδράποδα δεσπότην ἀπώλεσα, un des Fragm. Même avant Sophocle, sa beauté était célébrée par le tragique Prynichus (Athenæ XIII, p. 564; Virgil. Æneid, I, 474; Lycophrôn, 307).

(1) Argument. Cyp. p. 11, Düntzer. Καὶ μετὰ ταῦτα Ἀχιλλεὺς Ἑλένην ἐπιθυμεῖ θεάσασθαι, καὶ συνήγαγον αὐτοὺς εἰς τὸ αὐτὸ Ἀφροδίτη καὶ Θέτις. Scène qui eût été d'un haut intérêt dans les mains d'Homère.

(2) Argum. Cypr. I, 1; Pausan. X, 31. La partie des Cypria renfermant l'histoire semble avoir passé sous le titre de Παλαμηδεία (V. Fragm. 16 et 18, p. 15, Düntzer; Welcker, Der Epische Cycl. p. 459; Eustath. ad Hom. Odyss. I, 107).

L'allusion de Quintus de Smyrne (v. 197) semble plutôt indiquer l'histoire contenue dans les Cypria, que Strabon (VIII, p. 368) paraît ne pas avoir lue.

(3) Pindar. Nem. VII, 21; Aristide, Orat. 46, p. 260.

reux, le rendit un des personnages les plus intéressants de la légende troyenne. Eschyle, Sophocle et Euripide lui consacrèrent chacun une tragédie spéciale; mais le genre de sa mort, tel que le décrivait le vieux poëme épique n'allait pas aux idées athéniennes, et en conséquence il fut représenté comme ayant été faussement accusé de trahison par Odysseus, qui fit enterrer de l'or dans sa tente et persuada à Agamemnôn et aux chefs grecs que Palamêdês l'avait reçu des Troyens (1). Il perdit ainsi la vie, victime de la calomnie d'Odysseus et de l'erreur des principaux Grecs. Le philosophe Socrate, dans le dernier discours qu'il adresse à ses juges athéniens, fait allusion d'un ton solennel et avec un sentiment sympathique à l'injuste condamnation de Palamêdês, comme analogue à celle qu'il est lui-même sur le point de subir; et ses amis semblent avoir insisté avec complaisance sur la comparaison. Palamêdês passait pour un exemple montrant comment l'inimitié médisante et le malheur font souvent leur victime d'un génie supérieur (2).

L'armée grecque employa neuf années à ces expéditions, et pendant ce temps les Troyens soumis n'osèrent pas livrer bataille hors de leurs murs par crainte d'Achille. Dix années étaient la durée épique fixée pour le siége de Troie, exactement comme cinq années étaient la durée du siége de Kamikos par l'armement krêtois qui vint venger la mort de

---

(1) V. les Fragments des trois tragiques, Παλαμήδης,—Aristide, Or. XLVI, p. 260; Philostrat. Heroic. X; Hygin. fab. 95-105. Des discours pour et contre Palamêdês, un par Alcidamas, un autre sous le nom de Gorgias, sont imprimés dans Orr. Græc. de Reiske, t. VIII, pp. 64, 102.; Virg. Æneid. II, 82, avec l'ample commentaire de Servius. — Polyæn. Proœ. p. 6.

Welcker (Griechisch. Tragoed. v. 1, p. 130, vol. II, p. 500) a débrouillé d'une manière ingénieuse les fragments qui restent des tragédies perdues.

Selon Dictys, Odysseus et Diomêdês décident Palamêdês à être descendu dans un puits profond, et alors ils jettent des pierres sur lui (II, 15).

Xénophon (De Venatione, c. 1) reconnaît évidemment le récit contenu dans les vers cypriens, à savoir qu'Odysseus et Diomêdês causèrent la mort de Palamêdês; mais il ne peut croire que deux personnages si exemplaires fussent réellement coupables d'un acte aussi inique, — κακοὶ δὲ ἔπραξαν τὸ ἔργον.

La hauteur remarquable qui domine Napoli porte encore le nom de Palamidi.

(2) Platon, Apolog. Socr. c. 32; Xénoph. Apol. Socr. 26; Memor. IV, 2, 33; Liban. pro Socr. p. 242, ed. Morell.; Lucien, Dial. Mort. 20.

Minôs (1) : dix ans de préparatifs, dix de siége, et dix ans de courses pour Odysseus étaient des périodes qui convenaient aux traits grossiers de la chronologie de l'ancienne épopée, et qui n'inspiraient ni doutes ni difficultés aux auditeurs primitifs. Mais il en fut autrement quand les mêmes événements vinrent à être examinés par ceux des Grecs qui cherchaient dans le passé un élément historique ; ils ne purent être contents qu'en trouvant ou en inventant des liens propres à rattacher d'une manière satisfaisante les événements séparés. Thucydide nous dit que les Grecs étaient moins nombreux que les poëtes ne l'ont assuré, et que, de plus, étant très-pauvres, ils ne pouvaient se procurer des provisions constantes et en assez grande quantité ; que par là ils furent forcés de disséminer leur armée et d'en employer une partie à cultiver la Chersonèse, une autre à des courses de maraude dans le voisinage. Si on eût pu faire usage contre Troie de l'armée entière à la fois (dit-il), le siége eût été terminé bien plus vite et bien plus aisément (2). Si le grand historien pouvait se permettre ainsi de corriger la légende en tant de points, nous aurions pu croire qu'une marche plus simple eût été de comprendre la durée du siége dans la liste des exagérations poétiques, et d'affirmer que le siége réel n'avait duré qu'une année au lieu de dix. Mais il semble que la durée de dix ans était un trait si capital dans l'ancien récit, qu'aucun critique n'osait y toucher.

Cependant une période de relâche relative se présenta alors pour les Troyens. Les dieux amenèrent le mémorable accès de colère d'Achille, sous l'influence duquel il refusa de revêtir son armure, et retint ses Myrmidons dans le camp. Suivant les vers cypriens, ce fut l'ordre de Zeus, qui avait pitié des Troyens ; suivant l'Iliade, Apollon en fut la cause première (3), dans le désir ardent qu'il avait de venger l'in-

---

(1) Hérod. VII, 170. Dix années sont une période mythique convenable pour la durée d'une grande guerre : la guerre entre les dieux Olympiens et les dieux Titans dure dix ans (Hésiod. Théog. 636). Cf. δεκάτῳ ἐνιαυτῷ (Hom Odyss. XVI, 17).
(2) Thucyd. I, 1.
(3) Homère, Iliade, I, 21.

jure que son prêtre Chrysès avait subie de la part d'Agamemnôn. Pendant un temps considérable, les combats des Grecs contre Troie furent dirigés sans leur meilleur guerrier, et cruelle, il est vrai, fut l'humiliation qu'ils éprouvèrent par suite de cette absence. Comment les autres chefs grecs firent de vains efforts pour y remédier, comment Hectôr et les Troyens les défirent et les repoussèrent jusqu'à leurs vaisseaux, comment l'éclat même de la flamme destructive, lancée par Hectôr sur le vaisseau de Protesilaos, réveilla Patroklos plein d'inquiétude et de pitié, et arracha, malgré sa résistance, le consentement à Achille, qui autorisa son ami et ses compagnons à sortir et à détourner la ruine imminente des Grecs, — comment Achille, quand Patroklos eut été tué par Hectôr, oubliant sa colère dans la douleur que lui causait la mort de son ami, revint au combat, repoussa les Troyens jusque dans leurs murailles en faisant d'eux un immense carnage, et assouvit sa vengeance sur Hectôr vivant et sur son cadavre, — tous ces événements ont été consignés en même temps que les volontés divines dont le poëte fait dépendre la plupart de ces événements dans les vers immortels de l'Iliade.

Homère s'arrête aux funérailles d'Hectôr, dont le corps vient d'être racheté par l'inconsolable Priam; tandis que le poëme aujourd'hui perdu d'Arktinus, intitulé l'Æthiopis, autant que nous en pouvons juger par l'argument qui en reste encore, ne traitait que des événements postérieurs du siége. Le poëme de Quintus de Smyrne, composé vers le quatrième siècle de l'ère chrétienne, semble dans ses premiers livres coïncider avec l'Æthiopis, et dans les livres suivants en partie avec l'Ilias minor de Leschês (1).

Les Troyens, terrifiés par la mort d'Hectôr, sentirent renaître leur espoir à l'arrivée de la belliqueuse et belle reine des Amazones, Penthesileia, fille d'Arês, jusqu'alors invinci-

---

(1) Tychsen, Commentat. de Quinto Smyrnæo, § 3, c. 5-7.
L' Ἰλίου Πέρσις fut traitée et par Arktinus et par Leschês : dans ce dernier elle formait une partie de l'Ilias minor.

ble dans les combats, qui vint de Thrace à leur secours avec une troupe de femmes ses compatriotes. Elle fit sortir de nouveau les assiégés de leurs remparts pour combattre les Grecs en rase campagne ; et sous ses auspices ces derniers furent d'abord repoussés, jusqu'à ce qu'elle fût tuée aussi par le bras invincible d'Achille. Le vainqueur, en ôtant le casque de sa belle ennemie étendue sur le sol, fut profondément touché et captivé par ses charmes, ce qui lui attira les méprisantes railleries de Thersitês : exaspéré de cette téméraire insulte, Achille tua Thersitês sur place d'un coup de poing. Une violente dispute entre les chefs grecs fut le résultat de cette action, que ressentit vivement Diomêdês, le parent de Thersitês, et Achille fut obligé d'aller à Lesbos, où il fut purifié de l'acte d'homicide par Odysseus (1).

Ensuite arriva pour secourir Troie Memnôn, fils de Tithônos et d'Eôs, le plus imposant des hommes qui vivaient alors, avec une troupe puissante de noirs Éthiopiens. Faisant une sortie contre les Grecs, il causa parmi eux un grand ravage : le brave et populaire Antilochos périt victime de son dévouement filial en défendant Nestôr (2). A la fin Achille l'attaqua, et pendant longtemps le combat fut douteux entre eux : la bravoure d'Achille et la prière de Thetis auprès de Zeus finirent par prévaloir ; Eôs, de son côté, obtint pour son fils vaincu le don consolant de l'immortalité. On montrait cependant (3) sa tombe près de la Propontis, à quelques milles de

---

(1) Argument de l'Æthiopis, p. 16, Düntzer ; Quint. Smyrn. lib. I. Dictys Cret. IV, 2-3.
Dans le Philoktêtês de Sophocle, Thersitês survit à Achille (Soph. Phil. 358-445).
(2) Odyss. XI, 522. Κεῖνον δὴ κάλλιστον ἴδον, μετὰ Μέμνονα δῖον : V. aussi Odyss. IV, 187 ; Pindare, Pyth. VI, 31. Eschyle (ap. Strab. XV, p. 728) conçoit Memnôn comme un Perse parti de Suse.
Ctésias, dans son histoire, donnait des détails complets touchant l'expédition de Memnôn, envoyé par le roi d'Assyrie au secours de son allié, Priam de Troie ; tout cela, disait-on, était consigné dans les archives royales. Les Égyptiens affirmaient que Memnôn était venu d'Égypte (Diod. II, 22 ; cf. IV, 77) : les deux récits sont mêlés dans Pausanias, X, 31, 2. Les Phrygiens montraient la route qu'il avait suivie.
(3) Argum. Æth. ut sup. Quint. Smyrn. II, 396-550 ; Pausan. X, 31, 1. Pindare, en louant Achille, exalte beaucoup les triomphes qu'il remporte sur Hectôr, Telephos, Memnôn et Kyknos ; mais il ne parle jamais de Penthesileia (Olymp. II, 90. Nem. III, 60 ; VI, 52. Isthm. V. 43).

l'embouchure du fleuve Æsèpos, et elle était visitée chaque année par les oiseaux appelés Memnonides, qui la balayaient et l'arrosaient de l'eau du courant. C'est ce que les Grecs de l'Hellespont dirent au voyageur Pausanias, même au second siècle de l'ère chrétienne.

Mais la destinée d'Achille lui-même était près de s'accomplir. Après avoir mis les Troyens en déroute et les avoir repoussés dans la ville, il fut tué près de la porte Scée par une flèche sortie du carquois de Pâris et dirigée sous les auspices infaillibles d'Apollon (1). Les Troyens firent les plus grands efforts pour s'emparer du corps, qui fut cependant sauvé et porté au camp grec par la valeur d'Ajax et d'Odysseus. Thetis fut pénétrée d'une amère douleur par la perte de son fils; elle vint dans le camp avec les Muses et les Néréides pour pleurer sur lui, et quand les Grecs eurent préparé un magnifique bûcher pour le brûler avec toutes les marques d'honneur, elle déroba le corps et l'emporta pour lui donner une vie nouvelle et immortelle dans Leukê, île du Pont-Euxin. Suivant quelques récits, il fut favorisé de la main et de la compagnie d'Hélène (2).

Thetis célébra de splendides jeux funèbres en l'honneur de son fils, et proposa l'incomparable armure qu'Hêphæstos

---

Eschyle, dans la Ψυχοστασία, introduisait Thetis et Éôs, chacune dans l'attitude de la prière en faveur de son fils, et Zeus pesant dans ses balances d'or les âmes d'Achille et de Memnôn (Schol. Ven. ad. Iliad. VIII, 70; Pollux, IV, 130; Plut. De Audiend. Poet. p. 17). Dans le combat entre Achille et Memnôn, représenté sur le coffre de Kypselos à Olympia, Thetis et Éôs étaient montrées comme aidant chacune leur fils (Pausan. V, 19, 1).

(1) Iliade, XXII, 360; Soph. Philokt. 334; Virgile, Æneid. VI, 56.

(2) Argum. Æthiop. ut sup.; Quint. Smyrn. 151-583; Homère, Odyss. V, 310; Ovide, Métam. XIII, 284; Eurip. Androm. 1262; Pausan. III, 19, 13. Selon Dictys (IV, 11), Pâris et Deiphobos attirent Achille dans un piège par la promesse d'une entrevue avec Polyxenê et le tuent.

Arrien donne une description minutieuse et curieuse de l'île Leukê, ou Ἀχιλλέως νῆσος (Periplus Pont. Euxin. p. 21; ap. Geogr. Min. t. 1). Alcée le poëte reconnaissait l'empire héroïque ou divin d'Achille en Scythie (Alkæi Fragm. Schneidew. Fragm. 46), Ἀχιλλεῦ, ὁ γᾶς Σκυθικᾶς μεδείς. Eustathe (ad Dionys. Periêgêt. 307) donne l'histoire racontant qu'il y avait suivi Iphigeneia. Cf. Antonin. Liberal. 27.

Ibycus représentait Achille comme ayant épousé Mêdea dans les Champs Elyséens (Ibyc. Fragm. 18, Schneidewin). Simonide suivait cette histoire (ap. Schol. Apoll. Rhod. IV, 815).

avait forgée et travaillée pour lui, comme prix au guerrier le plus distingué de l'armée grecque. Odysseus et Ajax se disputaient ce prix glorieux, quand Athênè, ainsi que quelques prisonniers troyens, auxquels on demanda lequel des deux guerriers avait fait le plus de mal à leur patrie, fit pencher la balance en faveur du premier. Le vaillant Ajax perdit la raison de douleur et d'humiliation : dans un accès de démence furieuse il tua quelques moutons, les prenant dans son erreur pour les hommes qui l'avaient offensé, et ensuite se jeta sur son épée (1).

Odysseus apprit alors d'Helenos, fils de Priam, qu'il avait fait prisonnier dans une embuscade (2), que Troie ne pourrait être prise que si l'on pouvait déterminer et Philoktêtês et Neoptolemos, fils d'Achille, à se joindre aux assiégeants. Le premier, ayant été piqué au pied par un serpent, et devenant insupportable aux Grecs à cause de l'odeur infecte qu'exhalait sa blessure, avait été laissé à Lemnos au commencement de l'expédition, et avait passé dix années (3) misérables dans cette île désolée ; mais il possédait encore l'arc et les flèches

---

(1) Argument de l'Æthiopis et de l'Ilias minor, et Fragm. 2 du dernier poëme, pp. 17, 18, Düntz. ; Quint. Smyrn. V, 120-482 : Hom. Odyss. XI, 550 ; Pindare, Nem. VII, 26. L'Ajax de Sophocle, et les discours opposés des deux rivaux Ajax et Odysseus au commencement du treizième livre des Métamorphoses d'Ovide, sont trop bien connus pour avoir besoin d'être mentionnés spécialement.

Le suicide d'Ajax semble avoir été décrit en détail par l'Æthiopis : Cf. Pindare, Isthm. III, 51, et les Scholies *ad loc.*, qui montrent l'attention que faisait Pindare aux moindres circonstances de l'ancienne épopée. V. Frag. 2 de l'Ἰλίου Πέρσις d'Arctinus, dans Düntzer, p. 22, qui semblerait appartenir plus convenablement à l'Æthiopis. Dictys rapporte le suicide d'Ajax, comme une conséquence de sa lutte malheureuse avec Odysseus, non au sujet des armes d'Achille, mais au sujet du Palladium, après la prise de la ville (V, 14).

Il y avait, cependant, bien des récits différents de la manière dont Ajax était mort ; quelques-uns sont énumérés dans l'argument du drame de Sophocle. Ajax n'est jamais blessé dans l'Iliade : Eschyle le fait invulnérable, excepté sous les aisselles (V. Schol. ad Soph. Aj. 833) ; les Troyens lui lançaient de la boue — εἴ πως βαρηθείη ὑπὸ τοῦ πήλου (Schol. Iliad. XIV, 404).

(2) Soph. Philokt. 604.

(3) Soph. Phil. 703. Ὦ μελέα ψυχὰ, Ὃς μηδ' οἰνοχύτου πόματος Ἥσθη δεκετῆ χρόνον, etc.

Dans le récit de Dictys (II, 47), Philoktêtês se rend de Lemnos à Troie pour prendre part à la guerre beaucoup plus tôt, avant la mort d'Achille, et sans cause déterminée.

incomparables d'Hêraklês, que l'on disait indispensables à la prise de Troie. Diomêdês ramena Philoktêtês de Lemnos au camp grec, où il fut guéri par l'habileté de Machaôn (1), et il prit une part active dans la lutte contre les Troyens : — il engagea un combat singulier avec Pâris, et le tua d'une des flèches d'Hêraklês. Les Troyens furent autorisés à emporter pour l'ensevelir le corps de ce prince, cause fatale de tous leurs malheurs, mais non pas avant qu'il eût été mutilé de la main de Menelaos (2). Odysseus se rendit à l'île de Skyros pour inviter Neoptolemos à se rendre à l'armée. Le jeune homme, non encore éprouvé mais impétueux, obéissant avec plaisir à l'appel, reçut d'Odysseus les armes de son père ; tandis que d'un autre côté Eurypylos, fils de Telephos venait de Mysia comme auxiliaire des Troyens et leur rendait de précieux services, — en tournant pour quelque temps contre les Grecs le cours de la fortune, et en tuant quelques-uns de leurs chefs les plus braves, parmi lesquels on comptait Peneleôs et le médecin sans rival Machaôn (3).

(1 Selon Sophocle, Hêraklês envoie Asklêpios à Troie pour guérir Philoktêtês (Soph. Philokt. 1415).
L'histoire de Philoktêtês formait le sujet d'une tragédie d'Eschyle et d'une autre d'Euripide (toutes les deux perdues) aussi bien que de Sophocle.
(2) Argum. Iliad. min. Düntzer, *l. c.* Καὶ τὸν νεκρὸν ὑπὸ Μενελάου καταικισθέντα ἀνελόμενοι θάπτουσιν οἱ Τρῶες. V. Quint. Smyrn. X, 240 : il diffère ici à bien des égards des arguments des vieux poëmes tels que les donne Proclus, tant pour les incidents que pour leur ordre chronologique (Dictys, IV, 20). Pâris blessé fuit vers Ænônê, qu'il avait abandonnée pour suivre Hélène, et il la supplie de le guérir par la connaissance qu'elle a des simples; elle refuse et le laisse mourir; elle est dans la suite déchirée par le remords et se pend (Quint. Smyrn. X, 285-331; Apollod. III, 12, 6; Conôn, Narrat. 23; V. Bachet de Meziriac, Comment. sur les Epîtres d'Ovide, t. I, p. 456).

L'histoire d'Ænônê est aussi ancienne qu'Hellanicus et Cephalon de Gergis (V. Hellan. Fragm. 126, Didot).

(3) Pour montrer la manière dont ces événements légendaires pénétraient dans le culte local et s'y incorporaient, je puis mentionner l'usage reçu dans le grand temple d'Asklêpios (père de Machaôn), à Pergamos, même du temps de Pausanias. Telephos, père d'Eurypylos, était le héros local et le roi mythique de la Teuthrania, où était située la ville de Pergamos. Dans les hymnes qu'on y chantait, le poëme et les invocations étaient adressés à Telephos ; mais il n'y était pas question d'Eurypylos, et il n'était pas même permis de mentionner son nom dans le temple, — « ils savaient qu'il était le meurtrier de Machaôn » ἄρχονται μὲν ἀπὸ Τηλέφου τῶν ὕμνων, προσᾴδουσι δὲ οὐδὲν ἐς τὸν Εὐρύπυλον, οὐδὲ ἀρχὴν ἐν τῷ ναῷ θέλουσιν ὀνομάζειν αὐτὸν, οἷα ἐπισάμενοι φονέα ὄντα Μαχάονος (Pausan. III, 26, 7).

Les exploits de Neoptolemos furent nombreux, dignes de la gloire de sa race et de la renommée de son père. Il combattit et tua Eurypylos, en même temps qu'un grand nombre de guerriers mysiens ; il mit les Troyens en déroute et les repoussa dans leurs murs, d'où ils ne sortirent plus désormais pour livrer bataille ; et il se distingua autant par son bon sens et son éloquence persuasive que par son ardent courage dans le combat (1).

Troie cependant était encore imprenable tant que le Palladium, statue donnée par Zeus lui-même à Dardanos, restait dans la citadelle ; et les Troyens avaient pris grand soin non-seulement de cacher ce précieux don, mais encore de fabriquer d'autres statues exactement semblables pour induire en erreur tout voleur qui s'y introduirait. Néanmoins l'entreprenant Odysseus ayant déguisé sa personne au moyen de vêtements misérables et de blessures qu'il se fit lui-même, trouva moyen de pénétrer dans la ville et d'emporter le Palladium à la dérobée. Hélène seule le reconnut ; mais elle désirait alors retourner en Grèce, et même elle aida Odysseus en concertant avec lui les moyens de prendre Troie (2).

Pour y parvenir, on eut recours à un dernier stratagème. On fit construire par Epeios de Panopeus, et à l'instigation d'Athênê, un vaste cheval de bois, creux, capable de contenir cent hommes. Dans l'intérieur de ce cheval se cacha l'élite des héros grecs, Neoptolemos, Odysseus, Menelaos et autres, tandis que l'armée entière des Grecs faisait voile pour Tenedos, après avoir brûlé ses tentes et prétendant avoir renoncé au siége. Les Troyens, transportés de joie de se trouver libres, sortirent de la ville et contemplèrent avec étonnement la machine que leurs ennemis avaient laissée

---

(1) Argument. Iliad. Min. p. 17, Düntz. Homère, Odyss. XI, 510-520. Pausan. III, 26, 7. Quint. Smyrn. VII. 553 ; VIII, 201.

(2) Argum. Iliad. minor. p. 18, Düntz. Arktinus ap. Dionys. Hal. I, 69 ; Hom. Odyss. IV, 246 ; Quint. Smyrn. X, 354 ; Virg. Æneid. II, 164, et le 9e Excursus de Heyne sur ce livre.

Comparez, avec la légende concernant le Palladium, la légende romaine au sujet des Ancilia (Ovide, Fasti, III, 381).

derrière eux. Ils furent longtemps incertains sur ce qu'ils en devaient faire ; et les héros inquiets entendaient de l'intérieur les avis donnés à l'entour aussi bien que la voix d'Hélène quand elle prononçait leurs noms et contrefaisait l'accent de leurs épouses (1). Un grand nombre de Troyens désiraient dédier le cheval aux dieux dans la ville comme un gage de reconnaissance pour leur délivrance; mais les esprits plus circonspects inculquaient à leurs concitoyens la défiance pour le legs d'un ennemi. Laocoön, prêtre de Poseidôn, manifesta son aversion en frappant de sa lance le flanc du cheval. Le son fit connaître que le cheval était creux ; mais les Troyens ne firent pas attention à cet avertissement qui leur annonçait la possibilité d'une fraude. L'infortuné Laocoôn, victime de sa propre pénétration et de son patriotisme, mourut misérablement sous les yeux de ses compatriotes, avec l'un de ses fils; les dieux avaient fait sortir exprès de la mer deux serpents et les avaient envoyés pour le faire périr. Cet effrayant spectacle, en même temps que les perfides conseils de Sinôn, — traître que les Grecs avaient laissé derrière eux dans le dessein spécial de donner à l'ennemi de faux renseignements, — détermina les Troyens à faire une brèche dans leurs propres murs, et à traîner la fatale machine dans l'intérieur de leur ville, en triomphe et avec des transports de joie (2).

---

(1) Odyss. IV, 275 ; Virg. Æneid. II, 14 ; Heyne, Excurs. 3. ad Æneid. II. Stésichore, dans son Ἰλίου Πέρσις portait à cent le nombre des héros renfermés dans le cheval de bois (Stesich. Fragm. 26, ed. Kleine; cf. Athenæ. XIII, p. 610).

(2) Odyss. VIII, 492 ; XI, 522. Argument de l'Ἰλίου Πέρσις d'Arctinus, p. 21, Düntz. Hygin. Fab. 108-135. Bacchylide et Euphorion ap. Servium ad Virgil. Æneid. II, 201.

Sinôn et Laocoôn venaient tous deux dans l'origine du vieux poëme épique d'Arctinus, bien que peut-être Virgile ait pu les emprunter, ainsi que d'autres sujets compris dans son second livre, directement d'un poëme passant pour être de Pisandre (V. Macrob. Saturn. V, 2 ; Heyne, Excurs. I, ad Æn. II; Welcker, Der Epische Kyklus, p. 97). Nous ne pouvons faire honneur à Arctinus ni à Pisandre du chef-d'œuvre d'éloquence mis dans la bouche de Sinôn par Virgile.

Quintus de Smyrne (XII, 366) dit que les Troyens torturent et mutilent Sinôn pour lui arracher la vérité : sa patience, soutenue par l'inspiration de Hêrê, est à l'épreuve des extrémités de la souffrance, et il persiste dans son faux conte. C'est là, probablement, un

La destruction de Troie, selon le décret des dieux, fut dès lors scellée irrévocablement. Tandis que les Troyens s'abandonnaient pendant la nuit à une joie tumultueuse, Sinôn alluma le feu dont la flamme devait servir de signal aux Grecs à Tenedos, et ouvrit les verroux du cheval de bois, d'où descendirent les guerriers qui y étaient enfermés. La ville, subissant une attaque à la fois intérieure et extérieure, fut entièrement saccagée et détruite; la plus grande partie de ses héros ainsi que de son peuple fut massacrée ou réduite en captivité. Le vénérable Priam périt de la main de Neoptolemos, après avoir en vain cherché asile près de l'autel domestique de Zeus Herkeios. Mais son fils Deiphobos, qui depuis la mort de Pâris était devenu l'époux d'Hélène, défendit sa maison avec un courage désespéré contre Odysseus et Menelaos, et vendit chèrement sa vie. Après qu'il eut été tué, Menelaos mutila son corps d'une manière effrayante (1).

Ainsi Troie fut entièrement détruite, — la cité, les autels et les temples (2) et la population. On laissa Æneas et An-

---

incident de l'ancienne épopée, bien que le goût délicat de Virgile et sa sympathie pour les Troyens l'aient engagé à l'omettre. Euphorion attribuait à Odysseus ce qu'avait fait Sinôn : il donnait aussi une cause différente à la mort de Laocoôn (Fragm. 35-36, p. 55, ed. Düntz. dans les Fragments des poëtes épiques postérieurs à Alexandre le Grand). Sinôn est ἑταῖρος Ὀδυσσέως dans Pausan. X, 27, 1.

(1) Odyss. VIII, 515; Argument. d'Arctin. ut sup. Eurip. Hecub. 903; Virg. Æn. VI, 497; Quint. Smyrn. XIII, 35-229; Leschês ap. Pausan. X, 27, 2; Dictys, V, 12. Ibycus et Simonide représentaient aussi Deiphobos comme le ἀντεραστής Ἑλένης (Schol. Hom. Iliad. XIII, 517).

La bataille de nuit livrée dans l'intérieur de Troie était décrite avec tous ses effrayants détails et par Leschês et par Arctinus : l'Ἰλίου Πέρσις du dernier semble avoir été un poëme séparé, celui du premier formait une partie de l'Ilias minor (V. Welcker, Der Epische Kyklus, p. 215) : l'Ἰλίου Πέρσις des poëtes lyriques Sakadas et Stésichore ajoutait probablement beaucoup d'incidents nouveaux. Polygnôte avait peint une succession de ces diverses scènes malheureuses, tirées du poëme de Leschês, sur les murs de la lesché à Delphes, avec le nom écrit au-dessus de chaque figure (Pausan. X, 25-26).

Hellanicus fixait le jour précis du mois dans lequel avait eu lieu la prise de la ville (Hellan. Fragm. 143-144), le douzième jour de Thargeliôn.

(2) Eschyl. Agamemn. 527. —
Βωμοὶ δ' ἄϊστοι καὶ θεῶν ἱδρύματα·
Καὶ σπέρμα πάσης ἐξαπόλλυται χθο-
[νός.

tenôr se sauver avec leurs familles; ils avaient toujours été regardés par les Grecs plus favorablement que les autres Troyens. Suivant une seule version de l'histoire, ils avaient livré la ville aux Grecs : une peau de panthère avait été suspendue au-dessus de la porte de la maison d'Antênor comme un signal donné aux assiégeants victorieux pour qu'ils eussent à la respecter au milieu du pillage général (1). Dans la distribution des principaux captifs, Astyanax, fils d'Hectôr, tout jeune enfant, fut précipité du haut du rempart et tué par Odysseus ou Neoptolemos : Polyxenê, fille de Priam, fut immolée sur le tombeau d'Achille, pour satisfaire à une demande que l'ombre du héros avait faite à ses compatriotes (2); tandis que sa sœur Kassandra fut donnée à Agamemnôn comme part du butin. Elle avait cherché asile à l'autel d'Athênê, où Ajax, fils d'Oileus, en faisant une tentative criminelle pour la saisir, avait attiré sur lui-même et sur l'armée la redoutable colère de la déesse, au point qu'il fut difficile d'empêcher les Grecs de le faire périr en le lapidant (3). Andromachê et Helenos furent tous deux donnés à Neoptolemos, qui, suivant l'Ilias minor, emmena aussi Æneas comme captif (4).

Hélène renoua avec plaisir son union avec Menelaos : elle l'accompagna à Sparte, et y vécut avec lui beaucoup d'années au sein du bien-être et de la dignité (5), ensuite passa de la

---

(1) Ce signe de trahison figurait aussi dans le tableau de Polygnôte. On trouve une histoire différente dans Schol. Iliad. III, 206.

(2) Euripid. Hecub. 38-114, et Troad. 716; Leschês ap. Pausan. X, 25, 9; Virg. Æneid. III, 322, et Servius *ad loc.*

Dictys fait un conte romanesque au sujet de la passion d'Achille pour Polyxenê (III, 2).

(3) Odyss. XI, 422. Arctinus, Argum. p. 21, Düntz. Theognis, 1232. Pausan. I, 15, 2; X, 26, 3; 31, 1. En expiation de ce péché de leur héros national, les Lokriens envoyaient périodiquement à Ilion quelques-unes de leurs jeunes filles, pour accomplir des fonctions serviles dans le temple d'Athênê (Plut. Ser. Numin. Vindict. p. 557, avec la citation tirée d'Euphorion ou de Callimaque, Düntzer, Épicc. Vet. p. 118).

(4) Leschês, Fragm. 7, Düntz.; ap. Schol. Lycophr. 1263. Cf. Schol. ad 1232, au sujet du souvenir respectueux que, parmi leurs traditions, les rois Molosses conservaient pour Andromachê, qu'ils considéraient comme leur mère héroïque, et Strabon, XIII, p. 594.

(5) Tel est le récit de l'ancienne épopée (V. Odyss. IV, 260, et le qua-

vie à une heureuse immortalité dans les Champs Elyséens. Elle fut adorée comme déesse avec ses frères les Dioskures et son époux ; elle avait son temple, sa statue et son autel à Therapnæ et ailleurs. Les Grecs citaient divers exemples de son intervention miraculeuse (1). Le poëte lyrique Stésichore avait osé parler d'elle, conjointement avec sa sœur Klytæmnêstra, d'un ton d'une franche et rude sévérité, comme le firent plus tard Euripide et Lycophrôn, mais opposé d'une manière frappante à la délicatesse et au respect avec lesquels elle est toujours traitée par Homère, qui jamais n'admet de reproches contre elle, si ce n'est de sa propre bouche (2). Il fut frappé de cécité et comprit son impiété ; mais

---

trième livre en général; Argument de l'Ilias minor, p. 20, Düntz). Polygnôte, dans les peintures dont il est parlé plus haut, suivait le même récit. (Pausan. X, 25, 3).

La colère des Grecs contre Hélène, et l'assertion que Menelaos, après la prise de Troie s'approcha d'elle avec des projets de vengeance, mais fut si attendri par son éclatante beauté qu'il jeta son épée déjà levée, appartiennent à l'époque des auteurs tragiques (Eschyl. Agamemn. 685-1455 ; Eurip. Androm. 600-629 ; Helen. 75-120 ; Troad. 890-1057 ; cf. aussi les beaux vers de l'Enéide, 567-588).

(1) V. dans Hérodote, VI, 61, la description des prières qu'on lui adressa pour qu'elle fît disparaître la laideur repoussante d'une petite fille spartiate d'une haute famille, ainsi que du miracle qu'elle opéra. Cf. aussi Pindare, Olymp. III, 2, et les Scholies au commencement de l'ode ; Eurip. Helen. 1662, et Oreste, 1652-1706 ; Isocr. Encom. Helen. II, p. 368, Auger ; Dion Chrysost. Or. XI, p. 311. Θεὸς ἐνομίσθη παρὰ τοῖς Ἕλλησι : Theodecte ap. Aristot. Pol. I, 2, 19. Θείων ἀπ' ἀμφοῖν ἔκγονον ῥιζωμάτων.

(2) Eurip. Troad. 982 seq.; Lycophr. ap. Steph. Byz. v. Αἰγύς ; Stesich. ap. Schol. Eurip. Orest. 239 ; Fragm. 9 et 10 de l' Ἰλίου Πέρσις, Schneidewin : —

Οὕνεκα Τυνδάρεως ῥέζων ἅπασι θεοῖς
 [μιᾶς λάθετ' ἠπιοδώρου
Κύπριδος · κείνα δὲ Τυνδάρεω κού-
 [ραισι χολωσαμένα
·Διγάμους τριγάμους τίθησι
Καὶ λιπεσάνορας

Plus loin :

.... Ἑλένη ἑκοῦσ' ἄπηρε, etc.

Il l'avait probablement comparée à d'autres femmes emmenées de force.

Stésichore affirmait aussi qu'Iphigeneia était fille d'Hélène et de Thêseus, qu'elle était née à Argos avant le mariage d'Hélène avec Menelaos et avait été cédée à Klytæmnêstra ; ce qui perpétuait ce conte, c'était le temple d'Eileithya à Argos, qui, d'après l'assertion des Argiens, avait été érigé par Hélène (Pausan. II, 22, 7). L'âge attribué par Hellanicus et d'autres logographes (Hellan. Fragm. 74) à Thêseus et à Hélène—représentés, lui comme ayant cinquante ans et elle comme un enfant de sept — quand il l'emmena à Aphidnæ, ne peut jamais avoir été la forme primitive d'une légende pratique quelconque. On l'avait probablement imaginé pour donner à la chronologie mythique un cours plus égal ; car Thêseus appartient à la gé-

s'étant repenti et ayant composé un poëme spécial où il rétractait formellement la calomnie, il put recouvrer la vue. Dans son poëme de rétractation (la fameuse palinodie par malheur perdue aujourd'hui), il contredisait positivement la narration homérique, en affirmant qu'Hélène n'avait jamais été à Troie, et que les Troyens n'y avaient apporté rien autre chose que son image ou *eidôlon* (1). C'est probablement au réveil des sentiments religieux de Stésichore que nous devons la première idée de cette déviation manifeste de l'antique légende, déviation qui ne pouvait jamais avoir été recommandé par aucune considération d'intérêt poétique.

Il surgit dans la suite d'autres versions, formant une sorte de compromis entre Homère et Stésichore ; elles admettaient

---

nération qui précède la guerre de Troie. Mais nous devons toujours nous rappeler qu'Hélène ne vieillit jamais (τὴν γὰρ φάτις ἔμμεν' ἀγήρω. — Quint. Smyr. X, 312), et que sa chronologie consiste seulement en une existence immortelle. Servius fait observer (ad Æneid. II, 601) : — « Helenam *immortalem* fuisse indicat tempus. Nam constat fratres ejus cum Argonautis fuisse. Argonautarum filii cum Thebanis (Thebano Eteoclis et Polynicis bello) dimicaverunt. Item illorum filii contra Trojam bella gesserunt. Ergo, si immortalis Helena non fuisset, tot sine dubio seculis durare non posset. » C'est ainsi que Xénophon, après avoir énuméré beaucoup de héros d'âges différents, tous disciples de Chirôn, dit que la vie de Chirôn suffit pour tous, puisqu'il est frère de Zeus (de Venatione, c. 1).

Les filles de Tyndareus sont Klytæmnêstra, Hélène et Timandra, exposées toutes à l'accusation avancée par Stésichore : V. au sujet de Timandra, épouse du Tégéate Echemos, les nouveaux fragments du Catalogue hésiodique, rétablis récemment par Geel (Goettling, Pref. Hesiod. p, LXI).

Il est curieux de lire, dans l'article *Hélène* de Bayle, la discussion critique qu'il fait sur les aventures qui lui sont attribuées — comme si elles étaient un véritable sujet historique plus ou moins exactement rapporté.

(1) Platon, Republ. IX, p. 587, c. 10. ὥσπερ τὸ τῆς Ἑλένης εἴδωλον Στησίχορός φησι περιμάχητον γενέσθαι ἐν Τροίῃ, ἀγνοίᾳ τοῦ ἀληθοῦς. Isocrat. Encom. Helen. t. II, p. 370, Auger ; Platon, Phædr. c. 44, p. 243-244 ; Max. Tyr. Diss. XI, p. 320, Davis ; Conôn, Narr. 18 ; Dion Chrys. Or. XI, p. 323. Τὸν μὲν Στησίχορον ἐν τῇ ὕστερον ᾠδῇ λέγειν, ὡς τὸ παράπαν οὐδὲ πλεύσειεν ἡ Ἑλένη οὐδάμοσε. Horace, Od. I, 17 ; Epod. XVII, 42. —

« Infamis Helenæ Castor offensus
[vice,
Fraterque magni Castoris, victi
[prece,
Adempta vati reddidere lumina. »
Pausan. III, 19, 5. Virgile, considérant la guerre du point de vue des Troyens, n'avait pas de motifs pour regarder Hélène avec une tendresse particulière : Deiphobos lui impute la plus basse trahison (Æneid. VI, 511, « scelus exitiale Lacænæ ; » cf. II, 567).

qu'Hélène n'était jamais réellement allée à Troie, sans nier tout à fait sa fuite volontaire. Telle est l'histoire qui raconte qu'elle avait été retenue en Egypte pendant toute la durée du siége. Pâris, à son départ de Sparte, avait été poussé dans cette contrée par des tempêtes, et le roi égyptien Prôteus, apprenant le tort grave dont il s'était rendu coupable vis-à-vis de Menelaos, l'avait renvoyé du pays avec de sévères menaces, retenant Hélène jusqu'à ce que son époux légitime vînt la chercher. Quand les Grecs réclamèrent Hélène à la ville de Troie, les Troyens leur assurèrent solennellement qu'elle n'était pas dans leur cité et qu'elle n'y avait jamais été ; mais les Grecs, traitant cette allégation de mensonge, poursuivirent le siége jusqu'à ce que leur succès définitif leur confirmât la vérité de l'assertion. Menelaos, en revenant de Troie, ne recouvra Hélène qu'en visitant l'Egypte (1).

Telle était l'histoire racontée par les prêtres égyptiens à Hérodote, et elle semblait satisfaisante à son esprit enclin à donner à la fable une couleur historique. « Car si Hélène avait été réellement à Troie (conclut-il), elle aurait été certainement rendue, même eût-elle été la maîtresse de Priam lui-même au lieu d'être celle de Pâris : le roi troyen, avec

---

(1) Hérodot. II, 120. Οὐ γὰρ δὴ οὕτω γε φρενοβλαβὴς ἦν ὁ Πρίαμος, οὐδ' οἱ ἄλλοι προσήκοντες αὐτῷ, etc. Le passage est trop long pour être cité, mais il est extrêmement curieux ; et la couleur religieuse qu'il donne à la nouvelle version de l'histoire qu'il adopte n'est pas la partie la moins remarquable, — « les Troyens, bien qu'ils n'eussent pas Hélène, ne purent cependant pas persuader aux Grecs que c'était la vérité ; car la volonté divine était qu'ils fussent complétement détruits, pour bien faire comprendre aux hommes que pour de grands crimes les dieux infligent de grands châtiments. »

Dion Chrysostome (Or. XI, p. 333) raisonne de la même manière qu'Hérodote contre la crédibilité du récit admis. D'autre part, Isocrate, en louant Hélène, insiste sur les calamités de la guerre de Troie comme étant un critérium de la valeur incomparable de la prise (Encom. Hel. p. 360, Aug.) : aux yeux de Pindare (Olymp. XIII, 56), aussi bien qu'à ceux d'Hésiode (Opp. Di. 165), Hélène est le seul objet pour lequel on combatte.

Euripide, dans sa tragédie d'Hélène, reconnaît qu'elle avait été retenue en Égypte et qu'il n'y avait eu à Troie que son εἴδωλον, mais il suit Stésichore en niant complétement sa fuite. — Hermès l'avait transportée en Égypte dans un nuage (Helenê 35-15, 706) : cf. Von Hoff, de Mytho Helenæ Euripideæ, cap. 2, p. 35 (Leyden, 1843).

toute sa famille et tous ses sujets, ne se serait jamais exposé sciemment à une destruction complète et irréparable dans le dessein de la garder. Leur malheur fut que, ne la possédant pas et par conséquent ne la pouvant rendre, il leur fut cependant impossible de convaincre les Grecs que telle était la vérité. » En admettant le caractère historique de la guerre de Troie, la remarque d'Hérodote ne souffre pas de réplique ; nous ne pouvons pas non plus beaucoup nous étonner qu'il ait acquiescé au conte d'Hélène retenue en Egypte, comme servant à remplacer « l'incroyable folie » que la légende pure impute à Priam et aux Troyens. Pausanias, par la même raison et par le même mode de raisonnement, déclarait que le cheval de Troie devait avoir été en réalité une machine destinée à battre en brèche, parce que admettre le récit littéral serait imputer aux défenseurs de la ville la plus grande simplicité, et M. Payne Knight rejette entièrement Hélène comme la cause réelle de la guerre de Troie, bien qu'elle puisse en avoir été le prétexte ; car il pense que ni les Grecs ni les Troyens n'ont pu avoir été assez fous et assez sots pour endurer des calamités si grandes « pour une seule petite femme (1). » M. Knight suggère diverses causes politiques à la place ; elles mériteraient examen, si on pouvait produire quelques preuves à l'appui, ou bien montrer que le sujet auquel il veut les appliquer appartient au domaine de l'histoire.

Le retour des chefs grecs venant de Troie fournit à l'ancienne épopée une matière au moins aussi abondante que le siége lui-même, et d'autant plus susceptible d'être diversifiée à l'infini, que ceux qui auparavant avaient agi de concert étaient dès lors dispersés et isolés. De plus, les voyages au milieu des tempêtes et les marches forcées des héros s'accordaient exactement avec le désir universel de trouver un fon-

---

(1) Pausan. I, 23, 8 ; Payne Knight, Prolegg. ad Homer. c. 53. Euphorion expliquait le cheval de bois par un vaisseau grec appelé Ἵππος, « le Cheval » (Euphorion, Fragm. 34, ap. Düntzer, Fragm. Epic. Græc. p. 55). V. Thucyd. I, 12 ; VI, 2.

dateur héroïque, et permettaient même aux colons helléniques les plus éloignés de rattacher l'origine de leur ville à cet événement saillant de leur monde anté-historique et à demi divin. Et une absence de dix années laissait lieu de supposer une foule de changements domestiques dans leur séjour natal, et de malheurs et de méfaits de famille survenus durant cet intervalle. Le poëme d'Homère a immortalisé un de ces « Retours » héroïques, celui d'Odysseus. Le héros, après une série de longues souffrances, après avoir été longtemps retenu loin de sa patrie, maux que lui inflige la colère de Poseidôn, arrive enfin à son île natale ; mais il trouve son épouse obsédée, son jeune fils insulté, et son bien pillé par une troupe d'insolents prétendants ; il est forcé de paraître déguisé en misérable mendiant, et d'endurer en personne leurs humiliants traitements ; mais, grâce à l'intervention d'Athênê qui vient en aide à son propre courage et grâce à son stratagème, il finit par pouvoir écraser ses ennemis, reprendre sa position dans sa famille et recouvrer son bien. Le retour de plusieurs autres chefs grecs était le sujet d'un poëme épique d'Hagias, aujourd'hui perdu, mais dont il reste encore un court résumé ou argument : il y avait dans l'antiquité divers autres poëmes dont le titre était le même et le sujet analogue (1).

Comme il est ordinaire dans l'ancienne épopée, les souffrances multipliées subies pendant ce retour sont attribuées à la colère divine, provoquée par les péchés des Grecs, qui, dans la joie immodérée d'une victoire achetée au prix de tant de peines, n'avaient honoré ni même (2) ménagé les autels des dieux à Troie. Athênê, qui avait été leur alliée la plus zélée pendant le siége, fut tellement irritée de la négligence qu'ils avaient montrée à la fin, et plus particulièrement de l'outrage d'Ajax, fils d'Oileus, qu'elle s'appliqua à rendre leur retour pénible et amer, malgré tous les efforts que l'on

---

(1) Suidas, v. Νόστος. Wüllner, de Cyclo Epico, p. 93. Et un poëme Ἀτρειδῶν κάθοδος (Athenæ. VII, p. 281).

(2) C'est là ce qui amène le changement de la fortune dans les affaires grecques (Eschyl. Agam. 338 ; Odyss. III, 130 ; Eurip. Troad, 69-95).

fit pour l'apaiser. Les chefs commencèrent par se quereller entre eux; leur assemblée solennelle devint un théâtre d'ivrognerie ; Agamemnôn et Menelaos eux-mêmes perdirent leur accord fraternel, et chacun agit d'après sa propre résolution séparée (1). Néanmoins, selon l'Odyssée, Nestôr, Diômêdês, Neoptolemos, Idomeneus et Philoktêtês revinrent chez eux promptement et sans danger. Agamemnôn aussi arriva dans le Péloponèse, pour périr sous les coups d'une épouse perfide ; mais Menelaos fut condamné à de longues courses et aux privations les plus rigoureuses en Egypte, à Cypre et ailleurs, avant qu'il pût mettre le pied sur sa terre natale. Le Lokrien Ajax périt sur le rocher de Gyra (2). Bien qu'exposé à une terrible tempête, il avait déjà atteint ce lieu de sûreté, quand il se vanta témérairement d'avoir échappé malgré les dieux. Poseidôn n'eut pas plus tôt entendu ses paroles, qu'il frappa de son trident le rocher qu'embrassait Ajax et les précipita tous deux dans la mer (3). Kalchas le devin, ainsi que Leonteus et Polypœtês, se dirigèrent par terre de Troie à Kolophôn (4).

Cependant, au sujet de ces héros grecs et d'autres encore, il y avait des récits différant de ceux de l'Odyssée, et leur attribuant un long séjour hors de leur patrie et un établissement éloigné. Nestôr alla en Italie, où il fonda Metapontum, Pisa et Herakleia (5). Philoktêtês (6) s'y rendit aussi, fonda

---

(1) Odyss. III, 130-161 ; Eschyl. Agamem. 650-662.

(2) Odyss. III, 188-196 ; IV, 5-87. On croyait que la cité égyptienne de Kanopos, à l'embouchure du Nil, avait pris son nom du pilote de Menelaos, qui y était mort et y avait été enterré (Strab, XVII, p. 801 ; Tacit. Ann. II, 60). Μενελάϊος νομός, ainsi nommé d'après Menelaos (Dion Chrys. XI, p. 361).

(3) Odyss. IV, 500. Le poëme épique d'Hagias, Νόστοι, plaçait cette aventure d'Ajax sur les rochers de Kaphareus, promontoire méridional de l'Eubœa (Argum. Νόστοι, p. 23, Düntzer). Nauplios, père de Palamêdês, avait allumé des fanaux trompeurs sur ces dangereux écueils, pour venger la mort de son fils (Sophocle, Ναύπλιος Πυρκαεύς, tragédie perdue; Hygin. F. 116, Senec. Agamem. 567).

(4) Argument, Νόστοι, ut sup. Il y avait aussi des monuments de Kalchas près de Sipontum en Italie (Strab. VI, p. 284), aussi bien qu'à Selgê en Pisidia (Strab. XII, p. 570).

(5) Strab. V, p. 222 ; VI, p. 264. Vellei. Paterc. I, 1 ; Servius ad En. X, 179. Il avait érigé un temple à Athênê dans l'île de Keôs (Strab. X, p. 487).

(6) Strab. VI, pp. 254, 272 ; Virg.

Pétilia et Krimisa, et envoya des colons à Egeste, en Sicile. Neoptolemos, sur l'avis de Thetis, alla par terre à travers la Thrace, rencontra à Maroneia Odysseus, qui était venu par mer, puis continua son voyage jusqu'en Epiros, où il devint roi des Molosses (1). Idomeneus vint en Italie et fonda Uria dans la presqu'île de Salente. Diomèdès, après avoir erré dans toutes les directions, parvint, en longeant la côte de l'Italie, jusqu'au fond du golfe Adriatique, et finit par s'établir en Daunia, où il fonda les villes d'Argyrippe, de Bénévent, d'Atria et de Diomêdeia. Grâce à la faveur d'Athênè, il devint immortel et fut adoré comme un dieu dans beaucoup d'endroits différents (2). Les compagnons lokriens d'Ajax fondèrent Locres épizéphyrienne à la pointe la plus méridionale de l'Italie (3), outre un autre établissement en Libye. J'ai parlé ailleurs de l'exil forcé de Teukros, qui non-seulement fonda la cité de Salamis dans l'île de Cypre, mais établit, dit-on, d'autres colonies dans la péninsule Ibérienne (4). Menestheus l'Athénien fit de même, et fonda aussi et Elæa en Mysia, et Skylletium en Italie (5). Le chef arcadien Aga-

---

Æn. III, 401, et Servius *ad loc.*; Lycoph. 912.

On montra pendant longtemps à Thurium et la tombe de Philoktêtès et les flèches d'Hêraclês dont il s'était servi contre Troie (Justin, XX, 1).

(1) Argum. Νόστοι, p. 23, Düntz.; Pindare, Nem. IV, 51. Selon Pindare, cependant, Neoptolemos vient de Troie par mer, manque l'île de Skyros, et navigue en longeant la côte jusqu'à Ephyra en Epiros (Nem. VII, 37).

(2) Pindare, Nem. X, 7, avec les Scholies. Strabon, III, p. 150; V, p. 224-215; VI, p. 284. Stephan. Byz. Ἀργύριππα, Διομηδεία. Aristote le reconnaît comme ayant été enterré dans les îles qui portent son nom dans l'Adriatique (Anth. Gr. Brunck. I, p. 178).

On montrait à Delphes, du temps de Phanias, le trépied identique qu'avait gagné Diomêdês comme vainqueur dans la course de chars aux jeux funèbres de Patroklos, attesté par une inscription, aussi bien que par le poignard qu'avait porté Helikaôn, fils d'Antenôr (Athenæ. VI, p. 232).

(3) Virgile, Æneid. III, 399; XI, 265; et Servius, *ibid.* Ajax, fils d'Oïleus, y était adoré comme héros (Conôn. Narr. 18).

(4) Strab. III, p. 157; Isocrate, Evagor. Encom. p. 192; Justin. XLIV, 3. Ajax, fils de Teukros, établit un temple de Zeus et un sacerdoce héréditaire, toujours occupé par ses descendants (qui portaient pour la plupart le nom d'Ajax ou de Teukros), à Olbê en Kilikia (Strabon, XIV, p. 672). Teukros emmena avec lui à Cypre ses captifs troyens (Athenæ. VI, p. 256.)

(5) Strabon, III, p. 140-150; VI, p. 261; XIII, p. 622. V. les épitaphes au sujet de Teukros et d'Agapenôr par Aristote (Anthol. Gr. ed. Brunck. I, p. 179-180).

penòr fonda Paphos dans l'île de Cypre (1). Epeios, de Panopeus en Phôkis, qui avec l'aide de la déesse Athênê avait construit le cheval de Troie, s'établit à Lagaria près de Sybaris, sur la côte d'Italie, et l'on montrait, jusqu'à une époque récente, dans le temple d'Athênê à Metapontum, les outils eux-mêmes dont il s'était servi pour la construction de cette machine remarquable (2). On signalait aussi en Asie Mineure, à Samos et en Krête, des temples, des autels et des villes, fondations d'Agamemnôn ou de ses compagnons (3). Les habitants de la ville grecque de Skionê, dans la péninsule de Thrace, appelée Pallênê ou Pellênê, se disaient issus des Pellêniens d'Achæa dans le Péloponèse, qui avaient servi sous Agamemnôn devant Troie, et qui, à leur retour du siége, avaient été poussés dans ce lieu par une tempête et s'y étaient établis. (4). Les Pamphyliens, sur la côte méridionale de l'Asie Mineure, faisaient remonter leur origine aux courses errantes d'Amphilochos et de Kalchas après le siége de Troie. Les habitants d'Argos d'Amphilochie, sur le golfe d'Ambrakia, révéraient le même Amphilochos comme leur fondateur (5). Les Orchoméniens sous Ialmenos, en quittant la ville conquise, errèrent ou furent poussés jusqu'à l'extrémité orientale du Pont-Euxin, et l'on supposait que telle était la source du premier établissement des Achæens barbares au pied du mont Cau-

---

(1) Strabon, XIV, p. 683; Pausan. VIII, 5, 2.
(2) Strabon, VI, p. 263; Justin, XX, 2; Aristot. Mirab. Ausc. c. 108. Et l'épigramme du Rhodien Simmias appelée Πελεκύς (Anthol. Gr. Brunck, I, p. 210).
(3) Vellei. Patercul. l, 1. Stephan. Byz. v. Λάμπη. Strabon, XIII, p. 605; XIV, p. 639. Théopompe (Fragm. 111, Didot) racontait qu'Agamèmnôn et ses compagnons s'étaient emparés de la plus grande partie de Cypre.
(4) Thucyd. IV, 120.
(5) Hérod. VII, 91; Thucyd. II, 68. D'après le vieux poëte élégiaque Kallinos, Kalchas lui-même était mort à Klaros, près de Kolophôn, après y être venu par terre de Troie; mais Mopsos, son rival dans les fonctions de prophète, avait conduit ses compagnons en Pamphylia et en Kilikia (Strab. XII, p. 570; XIV, p. 668). L'oracle d'Amphilochos à Mallos en Kilikia avait la plus haute réputation d'exactitude et de véracité à l'époque de Pausanias (μαντεῖον ἀψευδέστατον τῶν ἐπ' ἐμοῦ (Paus. I, 34, 2). Une autre histoire reconnaissait Leontios et Polypœtês comme fondateurs d'Aspendos en Kilikia (Eustat. ad Iliad. II, 138).

case (1). Merionês, suivi de ses compagnons krêtois, s'établit à Engyion en Sicile, avec les anciens Krêtois qui y étaient restés après l'invasion de Minôs. Les Elymiens en Sicile aussi étaient composés de Troyens et de Grecs poussés séparément vers ce lieu, et qui, oubliant leurs différends antérieurs, se mêlèrent dans les établissements communs d'Eryx et d'Egeste (2). Nous entendons parler de Podalirios et en Italie et sur la côte de Karia (3) ; d'Akamas, fils de Thêseus, à Amphipolis en Thrace, à Soles dans l'île de Cypre, et à Sinnada en Phrygia (4) ; de Gouneus, de Prothoos et d'Eurypylos, en Krête aussi bien qu'en Libye (5). L'obscur poëme de Lycophrôn énumère un grand nombre de ces héros dispersés et expatriés, dont la conquête qu'ils firent de Troie était en vérité une victoire kadméenne (selon la phrase proverbiale des Grecs), où les souffrances du vainqueur étaient de peu inférieures à celles des vaincus (6). C'était surtout parmi les Grecs d'Italie, chez lesquels ils étaient adorés avec une solennité toute spéciale, et qui les regardaient comme étant venus de Troie après des courses errantes, que leur présence à ce titre était racontée et crue (7).

Je passe sous silence les autres nombreux contes qui circulaient parmi les anciens, et qui servent à montrer l'ubiquité des héros grecs et des héros troyens aussi bien que celle des Argonautes, — un des traits les plus frappants dans le monde légendaire hellénique (8). Entre tous, le plus inté-

---

(1) Strab. IX, p. 416.
(2) Diod. IV, 79; Thucyd. VI, 2.
(3) Steph. Byz. v. Σύρνα; Lycophr. 1047.
(4) Eschine, de Falsâ Legat. c. 14 ; Strab. XIV, p. 683 ; Steph. Byz. v. Σύνναδα.
(5) Lycophr. 877-902, avec les Scholies; Apollodori Fragmenta, p. 386, Heyne.
Il y a aussi dans Solin une longue énumération de ces guerriers errant à leur retour et fondant de nouveaux établissements (Polyhist. c. 2).
(6) Strabon, III, p. 150.

(7) Aristot. Mirabil. Auscult. 79, 106, 107, 109, 111.
(8) Strabon, I, p. 48. Après avoir fortement insisté sur les longs voyages de Dionysos, d'Hêraklês, de Jasôn, d'Odysseus et de Menelaos, il dit : Αἰνείαν δὲ καὶ Ἀντήνορα καὶ Ἐνετοὺς, καὶ ἁπλῶς τοὺς ἐκ τοῦ Τρωϊκοῦ πολέμου πλανηθέντας εἰς πᾶσαν τὴν οἰκουμένην, ἄξιον μὴ τῶν παλαιῶν ἀνθρώπων νομίσαι; Συνέβη γὰρ δὴ τοῖς τότε Ἕλλησιν, ὁμοίως καὶ τοῖς βαρβάροις, διὰ τὸν τῆς στρατείας χρόνον, ἀποβαλεῖν τά τε ἐν οἴκῳ καὶ τῇ στρατείᾳ πορισθέντα· ὥστε μετὰ τὴν τοῦ Ἰλίου κατα-

ressant, isolément, est Odysseus, dont Homère a rendu familières les aventures romanesques dans des lieux et parmi des personnages fabuleux. Les déesses Calypso et Circê, les marins de Phæakia, à demi divins, dont les vaisseaux sont doués de conscience et obéissent sans avoir besoin de timonier ; les Cyclôpes n'ayant qu'un œil, les gigantesques Læstrygons, et Æolos le maître des vents; les Sirènes qui séduisent par leur chant, comme les Lotophages fascinent par leur aliment,—tous ces tableaux formaient des parties intégrantes et intéressantes de l'ancienne épopée. Homère laisse Odysseus rétabli dans sa maison et dans sa famille. Mais il n'était nullement possible de souffrir un personnage si marquant dans l'obscurité de la vie domestique ; le poëme épique, appelé Telegonia, lui attribuait une série postérieure d'aventures. Telegonos, fils qu'il avait eu de Circê, venant à Ithakê à la recherche de son père, ravagea l'île et tua Odysseus sans savoir qui il était. Le fils éprouva un amer repentir de ce parricide involontaire ; à sa prière et grâce à l'intervention de sa mère Circê, Penelopê et Telemachos obtinrent tous deux l'immortalité : Telegonos épousa Penelopê, et Telemachos Circê (1).

Nous voyons par ce poëme qu'Odysseus était représenté comme l'auteur mythique de la race des rois Thesprotiens, comme Neoptolemos l'était de celle des rois Molosses.

On a déjà mentionné qu'Antenôr et Æneas se distinguaient des autres Troyens par un refroidissement vis-à-vis de Priam et par une sympathie à l'égard des Grecs, sentiments que Sophocle et d'autres expliquent par une perfide connivence (2), — soupçon auquel l'Æneas de Virgile fait une allusion indirecte, bien qu'il le repousse énergiquement (3).

στροφὴν τούς τε νικήσαντας ἐπὶ λῃστείαν τραπέσθαι διὰ τὰς ἀπορίας, καὶ πολλῷ μᾶλλον τοὺς ἡττηθέντας καὶ περιγενομένους ἐκ τοῦ πολέμου. Καὶ δὴ καὶ πόλεις ὑπὸ τούτων κτισθῆναι λέγονται κατὰ πᾶσαν τὴν ἔξω Ἑλλάδος παραλίαν, ἔστι δ' ὅπου καὶ τὴν μεσόγαιαν.

(1) La Telegonia, composée par Eugammôn de Kyrênê, est perdue ; mais l'argument en a été conservé par Proclus (p. 25, Düntzer; Dictys, VI, 15).

(2) Dionys. Hal. I, 46-48; Soph. ap. Strab. p. 608 ; Tite Live, I, 1 ; Xénoph. Venat. I, 15.

(3) Æn. II, 433.

Dans la vieille épopée d'Arctinus, qui vient par sa date après l'Iliade et l'Odyssée, Æneas abandonne Troie et se retire sur le mont Ida, terrifié qu'il est de la mort miraculeuse de Laocoôn, avant l'entrée des Grecs dans la ville et la dernière bataille nocturne :˙cependant Leschês, dans un autre des anciens poëmes épiques, le représentait comme ayant été emmené captif par Neoptolemos (1). Dans un passage remarquable de l'Iliade, Poseidôn dépeint la famille de Priam comme ayant encouru la haine de Zeus, et il prédit qu'Æneas et ses descendants régneront sur les Troyens : la race de Dardanos, que Zeus chérit plus que tous ses autres fils, serait ainsi conservée, puisque Æneas lui appartenait. En conséquence, lorsque Æneas est dans un danger imminent de périr sous les coups d'Achille, Poseidôn intervient exprès pour le sauver, et même la déesse Hêrê, l'implacable ennemie des Troyens, approuve cette action (2). Divers habiles critiques ont expliqué ces passages en disant qu'ils avaient trait à une famille d'Æneades philhellènes ou à demi hellènes, connus même du temps des premiers chantres de l'Iliade comme maîtres de quelque territoire

---

(1) Argument de l'Ἰλίου Πέρσις. Fragm. 7, de Leschês, dans la collection de Düntzer, p. 19-21.

Hellanicus semble avoir adopté cette retraite d'Æneas sur les endroits les plus inaccessibles du mont Ida, mais l'avoir conciliée avec les récits de ses voyages, en disant qu'il ne resta sur l'Ida que peu de temps, et qu'alors il quitta le pays entièrement, en vertu d'une convention faite avec les Grecs (Dionys. Hal. I, 47-48). Parmi l'infinie variété des histoires touchant ce héros, il y en avait une qui disait qu'après avoir effectué son établissement en Italie, il était retourné à Troie et avait repris le sceptre, le léguant à sa mort à Askanios (Dionys. Hal. I, 53) : c'était un plan compréhensif, fait apparemment pour concilier *toutes* les légendes.

(2) Iliade, XX, 300. Poseidôn dit au sujet d'Æneas :

Ἀλλ' ἄγεθ', ἡμεῖς πέρ μιν ὑπ' ἐκ θα-
 [νάτου ἀγάγωμεν,
Μήπως καὶ Κρονίδης κεχολώσεται,
 [αἴκεν Ἀχιλλεὺς
Τόνδε κατακτείνη · μόριμον δέ οἱ
 [ἔστ' ἀλέασθαι,
Ὄφρα μὴ ἄσπερμος γενεὴ καὶ ἄραντο,
 [ὄληται
Δαρδάνου, ὃν Κρονίδης περὶ πάντων
 [φίλατο παίδων,
Οἳ ἕθεν ἐξεγένοντο, γυναικῶν τε θνη-
 [τάων.
Ἤδη γὰρ Πριάμου γενεὴν ἤχθηρε Κρο-
 [νίων ·
Νῦν δὲ δὴ Αἰνείαο βίη Τρώεσσιν
 [ἀνάξει,
Καὶ παίδων παῖδες, τοί κεν μετό-
 πισθε γένωνται ·

Et, V, 339, Poseidôn dit à Æneas qu'il n'a rien à craindre d'aucun Grec, si ce n'est d'Achille.

dans la Troade ou dans le voisinage, et déclarant être descendus d'Æneas, que d'ailleurs ils adoraient. A Skêpsis, ville située dans la chaîne montagneuse de l'Ida, à environ douze lieues à l'est d'Ilion, il existait deux familles nobles et sacerdotales qui prétendaient descendre, l'une d'Hectôr, l'autre d'Æneas. Le critique Dêmêtrius de Skêpsis (à l'époque duquel on pouvait encore trouver ces deux familles) nous apprend que Skamandrios, fils d'Hectôr, et Askanios, fils d'Æneas, furent les archêgetes ou fondateurs héroïques de sa ville natale, qui avait été dans l'origine située sur l'une des branches les plus élevées de l'Ida, et qui, dans la suite, avait été transférée par eux à l'endroit moins haut où elle était de son temps (1). A Arisbê et à Gentinos, il paraît qu'il y avait eu des familles déclarant avoir la même origine, puisqu'on y reconnaissait les mêmes archêgetes (2). A Ophrynium, Hectôr avait un édifice qui lui était consacré, tandis qu'à Ilion lui et Æneas étaient tous deux adorés comme dieux (3); et le Lesbien Ménécrate attestait ce fait remarquable qu'Æneas, « ayant été lésé par Pâris et dépouillé des priviléges sacrés qui lui appartenaient, se vengea en livrant la ville, et devint alors un des Grecs (4). »

Ainsi, un seul récit parmi beaucoup d'autres touchant Æneas, et cela encore le plus ancien de tous, conservé

---

(1) V. O. Müller, sur les causes du mythe d'Æneas et de son voyage en Italie, dans le Classical Journal, vol. XXVI, p. 308; Klausen, Æneas und die Penaten, vol. I, p. 43-52.
Dêmêtrius Skêps. ap. Strab. XIII, p. 607; Nicolaus ap. Steph. Byz. v. Ἀσκανία. Dêmêtrius conjecturait que Skêpsis avait été la résidence royale d'Æneas : il y avait auprès un village appelé Æneia (Strabon, XIII, p. 603).

(2) Steph. Byz. v. Ἀρίσβη, Γεντῖνος. Askanios est roi de l'Ida après le départ des Grecs (Cônôn, Narr. 41; Mela, I, 18). *Ascanius portus* entre Phokæa et Kymê.

(3) Strabon, XIII, p. 595; Lycoph. 1208, et Schol.; Athenagoras, Legat. I. Inscription dans les *Clarke's Travels*, vol. II, p. 86, Οἱ Ἰλιεῖς τὸν πάτριον θεὸν Αἰνείαν. Lucien, Deor. Concil. c. 12, I, 111, p. 534, Hemst.

(4) Ménécrate ap. Dionys. Hal. I, 48. Ἀχαιοὺς δὲ ἀνίη εἶχε (après l'enterrement) καὶ ἐδόκεον τῆς στρατιῆς τὴν κεφαλὴν ἀπηράχθαι. Ὅμως δὲ τάφον αὐτῷ δαίσαντες, ἐπολέμεον γῇ πάσῃ, ἄχρις Ἴλιος ἑάλω, Αἰνείεω ἐνδόντος. Αἰνείης γὰρ ἄτιτος ἐὼν ὑπὸ Ἀλεξάνδρου, καὶ ἀπὸ γερέων ἱερῶν ἐξειργόμενος, ἀνέτρεψε Πρίαμον, ἐργασάμενος δὲ ταῦτα, εἷς Ἀχαιῶν ἐγεγόνει.

parmi les indigènes de la Troade, qui adoraient ce personnage comme leur premier auteur héroïque ; ce seul récit, disons-nous, rapportait qu'après la prise de Troie il continua à régner dans le pays sur le reste des Troyens, en des termes d'amitié avec les Grecs. Mais il y avait d'autres récits qui le concernaient, également nombreux et inconciliables : la main de la destinée le marquait comme condamné à errer (*fato profugus*), et son ubiquité n'est pas dépassée même par celle d'Odysseus. Nous entendons parler de lui à Ænos en Thrace, en Pallênê, à Æneia dans le golfe Thermaïque, à Délos, à Orchomenos et à Mantineia en Arcadia ; dans les îles de Kythêra et de Zakynthos, à Leukas et à Ambrakia, à Buthrote en Epiros, dans la péninsule de Salente et dans divers autres lieux de la partie méridionale de l'Italie ; à Drépane et à Ségeste en Sicile, à Carthage, au cap Palinure, à Cumes, à Misène, à Caïète, et enfin dans le Latium, où il pose le premier et humble fondement de la puissante Rome et de son empire (1). Et si ses courses errantes ne furent pas prolongées encore davantage, c'est que les oracles et la volonté déclarée des dieux lui ordonnaient de s'établir dans le Latium (2). Dans chacun de ces nombreux endroits sa visite était rappelée et attestée par des monuments locaux ou des légendes spéciales, particulièrement par des temples et des cérémonies permanentes en honneur de sa mère Aphroditê, dont le culte l'accompagnait partout : il y avait aussi bien des temples et bien des tombeaux différents d'Æneas lui-même (3). L'immense ascendant acquis

---

(1) Dionys. Halic. A. R. I, 48-54 ; Heyne, Excurs. I, ad Æneid. III: de Æneæ erroribus, et Excurs. I, ad Æn. V ; Conôn, Narr. 46 ; T. Live, XL, 4 ; Stephan. Byz. Αἴνεια. Les habitants d'Æneia, dans le golfe Thermaïque, l'adoraient avec une grande solennité comme leur fondateur héroïque (Pausan. III, 22, 4 ; VIII, 12, 4). On montrait le tombeau d'Anchisês sur les confins d'Orchomenos et de Mantineia en Arcadia (cf. Steph. Byz. v. Κάφυαι), au pied de la montagne appelée Anchisia près d'un temple d'Aphrodite ; sur les différences touchant la mort d'Anchisês (Heyne, Excurs. 17, ad Æn. III) : Ségeste en Sicile, fondée par Æneas (Cicéron, Verr. IV, 33).

(2) Τοῦ δὲ μηκέτι προσωτέρω τῆς Εὐρώπης πλεῦσαι τὸν Τρωϊκὸν στόλον, οὔτε χρησμοὶ ἐγένοντο αἴτιοι, etc. (Dionys. Hal. I, 55).

(3) Dionys. Hal. I, 54. Entre autres lieux, Bérécynthe en Phrygie montrait

par Rome, l'ardeur avec laquelle tous les Romains lettrés épousèrent l'idée d'une origine troyenne, et le fait que la famille Julia reconnaissait Æneas comme le premier auteur de sa gens, — toutes ces circonstances contribuèrent à donner à la version romaine de cette légende de la prépondérance sur toutes les autres. Les divers autres lieux où se trouvaient des monuments d'Æneas en vinrent ainsi à être représentés comme des endroits où il avait fait une halte momentanée dans son voyage de Troie au Latium. Mais, bien que les prétentions légendaires de ces lieux fussent ainsi éclipsées aux yeux de ceux qui constituaient le public lettré, la croyance locale ne s'éteignit pas ; leurs habitants revendiquaient le héros comme leur propriété permanente, et son tombeau était pour eux une preuve qu'il avait vécu et qu'il était mort parmi eux.

Antenôr, qui partage avec Æneas la sympathie favorable des Grecs, alla, nous dit Pindare, avec Menelaos et Hélène de Troie dans le pays de Kyrènê en Libye (1). Mais, suivant le récit qui avait le plus cours, il se mit à la tête d'un corps d'Enètes ou Vénètes de Paphlagonia, qui étaient venus comme alliés de Troie, et se rendit par mer dans l'intérieur du golfe Adriatique, où il vainquit les barbares du voisinage et fonda la ville de Patavium (la Padoue moderne); c'est à cette immigration que l'on dit que les Vénètes, dans cette contrée, durent leur origine (2). De plus, Strabon nous apprend qu'Opsikellas, un des compagnons d'Antenôr, avait prolongé ses courses errantes même jusqu'en Ibérie, et qu'il y avait formé un établissement portant son nom (3).

Ainsi finit la guerre de Troie, ainsi que ses suites, la dispersion des héros, vainqueurs aussi bien que vaincus. Le ré-

---

son tombeau (Festus, v. *Romam*, p. 224, ed. Müller); article curieux, qui contient un assemblage des assertions les plus contradictoires touchant à la fois Æneas et Latinus.

(1) Pindare, Pyth. V, et la citation empruntée des Νόστοι de Lysimaque, dans les Scholies ; donnée encore plus complétement dans les Scholies ad Lycophron. 875. Il y avait à Kyrènê un λόφος Ἀντηνοριδῶν.

(2) T. Live, I, 1. Servius ad Æneid. I, 242. Strabon, I, 48; V, 212. Ovide Fasti, IV, 75.

(3) Strabon, III, p. 157.

cit que nous en avons donné a, chose inévitable, été court et imparfait ; mais, dans un ouvrage qui a pour but de suivre consécutivement l'histoire réelle des Grecs, on ne pouvait affecter un plus grand espace même au plus magnifique joyau de leur période légendaire. En effet, bien qu'il ne fût pas difficile de remplir un gros volume des incidents séparés qui ont été introduits dans le « cycle troyen », le malheur est qu'ils sont pour la plupart si contradictoires qu'ils excluent toute possibilité de les réunir dans le tissu d'un seul récit cohérent. Nous sommes forcés de choisir dans le nombre, sans avoir généralement un motif sérieux de préférence, et ensuite de marquer les variations dans le reste. Quiconque n'a pas étudié les documents originaux ne peut s'imaginer jusqu'où vont ces différences : elles couvrent presque toutes les parties et tous les fragments du conte (1).

Mais bien qu'on ait pu ainsi avoir omis beaucoup de ce que le lecteur pouvait s'attendre à trouver dans un exposé de la guerre de Troie, on s'est appliqué soigneusement à lui conserver son véritable caractère, sans rien exagérer ni rien atténuer. La guerre troyenne réelle est celle qui était racontée par Homère et les anciens poëtes épiques, et continuée par tous les auteurs lyriques et tragiques. Quant à ces derniers, bien qu'ils prissent de grandes libertés avec les incidents particuliers, et qu'ils introduisissent dans une certaine mesure un nouveau ton moral, cependant ils gardaient dans leur œuvre plus ou moins fidèlement les proportions homériques ; et même Euripide, qui s'écarta le plus loin des sentiments de la vieille légende, ne rabaissa jamais son sujet au point de le faire ressembler à la vie contemporaine. Ils conservaient son objet bien défini, à la fois légitime et romanesque, à savoir recouvrer la fille de Zeus et la sœur des Dios-

---

(1) Ces différences sont bien exposées dans l'utile Dissertation de Fuchs, de Varietate Fabularum Troicarum (Cologne, 1830).

On peut se faire quelque idée du nombre des assertions romanesques mises en avant au sujet d'Hélène et d'Achille, particulièrement par le 4e, le 5e et le 6e chapitre de Ptolémée Héphæstion (ap. Westermann, Scriptt. Mythograph. p. 188, etc.)

kures, les éléments qui y étaient mêlés, divins, héroïques et humains, la force colossale et les exploits de ses principaux acteurs, son immense importance et sa longue durée, aussi bien que les peines que subirent les vainqueurs, et la Nemesis qui les poursuivit après leur triomphe. Et telles furent les circonstances qui, exposées à la pleine lumière de la poésie épique et tragique, assurèrent à la légende sa puissante et impérissable influence sur l'esprit des Hellènes. L'entreprise comprenait tous les membres du corps hellénique; chacun individuellement pouvait en être fier; et néanmoins ces sentiments d'un patriotisme jaloux et étroit, dominant d'une façon si déplorable dans un grand nombre de villes, en étaient exclus autant que possible. Elle était pour eux un grand et inépuisable objet de sympathie, de foi et d'admiration communes; et quand se présentaient des occasions de réunir contre les barbares une armée composée de tous les Hellènes, le précédent de l'expédition homérique était un sujet sur lequel les esprits élevés de la Grèce pouvaient insister avec la certitude d'éveiller parmi leurs auditeurs un mouvement unanime, sinon toujours de contrecarrer des projets secrets et funestes. Et les incidents compris dans le cycle troyen furent rendus familiers non-seulement à l'esprit, mais encore aux yeux du public, par les innombrables représentations et de la sculpture et de la peinture; et comme les incidents qui portaient un caractère romanesque et chevaleresque étaient plus propres à ce but, par cette raison on les employait plus fréquemment que les autres.

Tels étaient les événements dont était composée pour la plus grande partie la véritable guerre troyenne de l'ancienne épopée. Bien que crue littéralement, respectueusement aimée, et comptée parmi les phénomènes gigantesques du passé par le public grec, elle est essentiellement aux yeux de la critique moderne une légende, et rien de plus. Si l'on nous demande si ce n'est pas une légende renfermant en partie des éléments historiques, et élevée sur une base de vérité; s'il ne se peut pas qu'il y ait eu réellement au pied de la colline d'Ilion une guerre purement humaine et politique, sans dieux, sans héros, sans Hélène, sans Amazones, sans Ethiopiens sous la conduite du beau Memnôn le fils d'Eôs, sans le cheval de bois, sans les traits caractéristiques et expressifs de la vieille guerre épique tels que le corps mutilé de Deiphobos dans les Enfers; si l'on nous demande s'il n'y pas eu réellement quelque guerre historique telle que celle-ci, nous devons répondre que, comme on ne peut pas en nier la possibilité, l'on ne peut pas non plus en affirmer la réalité. Nous ne possédons que l'ancienne épopée elle-même, sans aucune preuve indépendante : si c'eût été, il est vrai, une époque où les événements fussent consignés dans des annales, l'épopée homérique dans son exquise et naïve simplicité n'aurait probablement jamais vu le jour. Aussi quiconque se permet de disséquer Homère, Arctinus et Lesclès, et d'enlever certaines portions comme faits positifs, en laissant de côté le reste comme fiction, doit agir ainsi en ayant toute confiance dans sa propre puissance de divination historique, sans avoir aucun moyen ni de prouver ni de vérifier ses conclusions.

Parmi une foule de tentatives, anciennes aussi bien que modernes, faites pour reconnaître des objets réels dans ces ténèbres historiques, celle de Dion Chrysostome mérite attention à cause de sa rare hardiesse. Dans son discours adressé aux habitants d'Ilion, dont le but est de démontrer que les Troyens ne méritaient pas de blâme quant à l'origine de la guerre, mais qu'ils furent victorieux à son issue, — il renverse tous les points principaux du récit homérique, et le refait presque tout entier depuis le commencement jusqu'à la fin : Pâris est l'époux légitime d'Hélène, Achille est tué par Hectôr, et les Grecs se retirent sans prendre Troie, déshonorés aussi bien que confondus. Après avoir montré sans difficulté que l'Iliade, si on la considère comme une histoire, est remplie de lacunes, d'incohérences et d'absurdités, il en vient à composer de lui-même un récit plus plausible, qu'il présente comme rempli de faits positifs et authentiques. Toutefois, le point le plus important que son discours nous mette sous les yeux, c'est la croyance littérale et confiante avec laquelle non-seulement les habitants d'Ilion, mais encore le public grec en général, regardaient le récit homérique comme étant une histoire réelle (1).

La petite ville d'Ilion (2), habitée par des Grecs Æoliens, et qui n'a gagné en importance que grâce au respect légendaire attaché à son nom, était située sur une cime élevée formant un éperon du mont Ida, à un peu plus d'une lieue et un quart de la ville et du promontoire de Sigeion, et à environ douze stades, ou moins de trois quarts de lieue de la mer à son point le plus rapproché. De Sigeion et de la ville voisine d'Achilleion (avec son tombeau et son temple d'Achille) à la ville de Rhœteion sur une colline plus élevée dominant l'Hellespont (avec son tombeau et sa chapelle d'Ajax appelée l'Aianteion (3), il y avait une distance de soixante stades, ou environ deux lieues et trois quarts en ligne droite par mer : dans l'espace intermédiaire était une baie et une plaine contiguë, renfermant l'embouchure du Skamandros, et s'étendant jusqu'au pied de la hauteur où s'élevait Ilion. Cette plaine était la célèbre plaine de Troie, dans laquelle on croyait qu'avaient eu lieu les grandes batailles homériques : la portion de la baie voisine de Sigeion reçut le nom de Naustathmon des Achæens (c'est-à-dire le lieu où ils tirèrent leurs vaisseaux sur le rivage), et on la regardait comme ayant servi de camp à Agamemnôn et à son immense armée (4).

---

(1) Dion Chrysost. Or. XI, p. 310-322.

(2) Hérod. V, 122. Pausan. V, 8, 3; VIII, 12, 4. Αἰολεὺς ἐκ πόλεως Τρῳάδος, titre proclamé aux jeux Olympiques : comme Αἰολεὺς ἀπὸ Μουρίνας, de Myrina dans la région la plus méridionale de l'Æolis, tel que nous le trouvons dans la liste des vainqueurs dans les Charitêsia, à Orchomenos en Bœôtia (Corp. Inscript. Bœckh. n° 1583).

(3) V. Pausanias, I, 35, 3, pour les légendes ayant cours à Ilion, touchant l'énorme grandeur des ossements d'Ajax dans son tombeau. Les habitants affirmaient qu'après le naufrage d'Odysseus les armes d'Achille, qu'il emportait avec lui, furent jetées par la mer près du tombeau d'Ajax. Pline fixe la distance à trente stades : des voyageurs modernes disent un peu plus que Pline, mais beaucoup moins que Strabon.

(4) Strabon, XIII, p. 596-598. Strabon distingue le Ἀχαιῶν Ναύσταθμον, qui était près de Sigeion, de l' Ἀχαιῶν λιμήν, qui était plus rapproché du milieu de la baie existant entre Sigeion et Rhœteion; mais nous inférons de ses paroles que cette distinction n'était pas universellement reconnue. Alexandre aborda à l' Ἀχαιῶν λιμήν (Arrien, I, 11).

La Troie ou Ilion historique fut fondée, suivant l'assertion contestable de Strabon, pendant la dernière dynastie des rois Lydiens (1), c'est-à-dire, à une époque postérieure à l'an 720 av. J.-C. Jusqu'après le temps d'Alexandre le Grand, — à vrai dire jusqu'à la période de la suprématie romaine, — elle continua toujours à être une ville n'ayant qu'un pouvoir et une importance peu considérables, comme nous l'apprenons non-seulement par l'assertion des géographes, mais encore par ce fait qu'Achilleion, Sigeion et Rhœteion étaient toutes indépendantes d'elle (2).

Mais quelque peu considérable qu'elle pût être, elle était la seule ville qui portât le vénérable nom immortalisé par Homère. Ainsi que la Troie homérique, elle avait son temple d'Athênê (3), où celle-ci était adorée comme la déesse présidant à la cité; les habitants affirmaient qu'Agamemnôn n'avait pas entièrement détruit la ville, mais qu'elle avait été occupée de nouveau après son départ et n'avait jamais cessé d'exister (4). Leur acropolis était appelée Pergamos, et on y montrait la maison de Priam et l'autel de Zeus Herkeios, où cet infortuné vieillard avait été tué. De plus, on faisait voir dans les temples les armures qui avaient été portées par les héros d'Homère (5), et sans doute bien d'autres reliques appréciées par les admirateurs de l'Iliade.

---

(1) Strabon, XIII, p. 593.

(2) Hérod. V, 95 (son récit de la guerre qui eut lieu entre les Athéniens et les Mityléniens au sujet de Sigeion et d'Achilleion); Strabon, XIII, p. 593. Τὴν δὲ τῶν Ἰλιέων πόλιν τὴν νῦν τέως μὲν κωμόπολιν εἶναί φασι, τὸ ἱερὸν ἔχουσαν τῆς Ἀθηνᾶς μικρὸν καὶ εὐτελές. Ἀλέξανδρον δὲ ἀναβάντα μετὰ τὴν ἐπὶ Γρανίκῳ νίκην, ἀναθήμασί τε κοσμῆσαι τὸ ἱερὸν καὶ προσαγορεῦσαι πόλιν, etc. Et encore, Καὶ τὸ Ἴλιον, ὃ νῦν ἐστι, κωμόπολίς τις ἦν ὅτε πρῶτον Ῥωμαῖοι τῆς Ἀσίας ἐπέβησαν.

(3) Outre Athênê, les Inscriptions attestent l'existence d'un Ζεὺς Πολιεὺς à Ilion (Corp. Inscrip. Boeckh. n° 3599).

(4) Strabon, XIII, p. 600. Λέγουσι δ' οἱ νῦν Ἰλιεῖς καὶ τοῦτο, ὡς οὐδὲ τέλεως συνέβαινεν ἠφανίσθαι τὴν πόλιν κατὰ τὴν ἅλωσιν ὑπὸ τῶν Ἀχαιῶν, οὐδ' ἐξηλείφθη οὐδέποτε.

La situation d'Ilion (ou comme elle est communément appelée, mais par erreur, Nouvelle Ilion) paraît être très-bien déterminée à environ trois quarts de lieue de la mer (Rennel, On the Topography of Troy, p. 41-71; D.r Clarke's Travels, vol. II, p. 102).

(5) Xerxès, passant par Adramyttion et laissant à sa gauche la chaîne de l'Ida, ἤϊε ἐς τὴν Ἰλιάδα γῆν... Ἀπικομένου δὲ τοῦ στρατοῦ ἐπὶ τὸν Σκάμανδρον... ἐς τὸ Πριάμου Πέργαμον ἀνέβη,

C'étaient là des témoignages que peu de personnes dans ces temps étaient disposées à révoquer en doute, quand ils se combinaient avec l'identité de nom et de localité en général, et il ne semble pas non plus que personne les ait mis en question jusqu'à l'époque de Dêmêtrius de Skêpsis. Hellanicus indiquait expressément cette Troie comme étant la Troie d'Homère, assertion pour laquelle Strabon (ou probablement Dèmètrius, sur qui le récit semble copié) l'accuse très-gratuitement de montrer à l'égard des habitants de la ville une partialité qu'ils ne méritaient pas (1).

Hérodote rapporte que Xerxès se rendant en Grèce visita la ville, monta au Pergamos de Priam, s'informa avec beaucoup d'intérêt des détails du siége homérique, fit des libations aux héros morts, et offrit à Athênê d'Ilion son magnifique sacrifice de mille bœufs : il disait, probablement ce qu'il croyait lui-même, qu'il attaquait la Grèce pour venger la famille des Priamides. L'amiral lacédæmonien Mindaros, pendant que sa flotte mouillait à Abydos, vint personnellement à Ilion offrir un sacrifice à Athênê, et vit de ce lieu élevé la bataille engagée entre l'escadre de Dorieus et celle des Athéniens, en vue du rivage près de Rhœteion (2). Pendant

---

ἵμερον ἔχων θεήσασθαι. Θεησάμενος δὲ, καὶ πυθόμενος κείνων ἕκαστα, τῇ Ἀθηναίῃ τῇ Ἰλιάδι ἔθυσε βοῦς χιλίας· χοὰς δὲ οἱ μάγοι τοῖσιν ἥρωσιν ἐχέαντο... Ἅμα ἡμέρῃ δὲ ἐπορεύετο, ἐν ἀριστέρῃ μὲν ἀπέργων Ροιτεῖον πόλιν καὶ Ὀφρυνεῖον καὶ Δάρδανον, ἥπερ δὴ Ἀβύδῳ ὅμουρός ἐστιν · ἐν δεξίῃ δὲ, Γέργιθας Τευκρούς (Hérod. VII, 43).

Au sujet d'Alexandre (Arrien, I, 11), Ἀνελθόντα δὲ ἐς Ἴλιον, τῇ Ἀθηνᾷ θῦσαι τῇ Ἰλιάδι, καὶ τὴν πανοπλίαν τὴν αὐτοῦ ἀναθεῖναι εἰς τὸν ναὸν, καὶ καθελεῖν ἀντὶ ταύτης τῶν ἱερῶν τινα ὅπλων ἔτι ἐκ τοῦ Τρωϊκοῦ ἔργου σωζόμενα · καὶ ταῦτα λέγουσιν ὅτι οἱ ὑπασπισταὶ ἔφερον πρὸ αὐτοῦ ἐς τὰς μάχας. Θῦσαι δὲ αὐτὸν ἐπὶ τοῦ βωμοῦ τοῦ Διὸς τοῦ Ἑρκείου λόγος κατέχει, μῆνιν Πριάμου παραιτούμενον τῷ Νεοπτολέμου γένει, ὃ δὴ ἐς αὐτὸν καθῆκε.

Les habitants d'Ilion montraient aussi la lyre qui avait appartenu à Pâris (Plut. Alex. c. 15).

Chandler, dans son History of Ilium, ch. 22, p. 89, semble croire que la ville appelée le Pergamos de Priam est différente de l'Ilion historique. Mais la mention d'Athênê d'Ilion les fait reconnaître comme étant les mêmes.

(1) Strabon, XIII, p. 602. Ἑλλάνικος δὲ χαριζόμενος τοῖς Ἰλιεῦσιν, οἷος ὁ ἐκείνου μῦθος, συνηγορεῖ τῷ τὴν αὐτὴν εἶναι πόλιν τὴν νῦν τῇ τότε. Hellanicus avait écrit un ouvrage appelé Τρωϊκά.

(2) Xénoph. Hellen. I, 1, 10, Scylax place Ilion à vingt cinq stades, ou environ une lieue et un quart de la mer (c. 94). Mais je ne comprends pas comment il peut appeler Skêpsis et Kebrên πόλεις ἐπὶ θαλάσσῃ.

l'intervalle qui sépare la guerre du Péloponèse de l'invasion macédonienne en Perse, il y eut toujours garnison dans Ilion comme étant une forte position; mais son territoire était encore petit et ne s'étendait pas même jusqu'à la mer qui était si près d'elle (1). Alexandre, en traversant l'Hellespont, envoya son armée de Sestos à Abydos, sous Parménion, et fit voile personnellement d'Elæeus en Chersonèse, après avoir fait un sacrifice solennel à l'autel de Prôtesilaos à Elæeus, vers le port des Achæens situé entre Sigeion et Rhœteion. Il monta ensuite à Troie, sacrifia à Athênê Troyenne, et consacra dans son temple sa propre armure, et en échange il prit quelques-unes des armes sacrées qui y étaient suspendues, et qui, disait-on, y avaient été conservées depuis le temps de la guerre de Troie. Ses écuyers portaient ces armes devant lui quand il allait au combat. Il y a un fait encore plus curieux, et qui explique mieux la puissante influence de la vieille légende sur un esprit susceptible d'impression et éminemment religieux, c'est qu'il sacrifia aussi à Priam lui-même sur l'autel même de Zeus Herkeios, d'où l'on croyait que le vieux roi avait été arraché par Neoptolemos. Comme ce farouche guerrier était un de ses ancêtres héroïques du côté maternel, il désirait détourner de lui la colère de Priam contre la race d'Achille (2).

---

(1) V. Xénoph. Hellen. III, 1, 16; et la description de la prise d'Ilion en même temps que de Skêpsis et de Kebrên, par le chef des mercenaires, Charidêmos, dans Démosth. Cont. Aristocrat. c. 38, p. 671 ; cf. Æneas, Poliorcetic. c. 24, et Polyæn. III, 14.

(2) Dicéarque composa un ouvrage séparé sur ce sacrifice d'Alexandre, περὶ τῆς ἐν Ἰλίῳ θυσίας (Athenæ. XIII, p. 603; Dicearch. Fragm. p. 114, ed. Fuhr). Théophraste, en mentionnant des arbres vieux et vénérables, parle des φηγοί (Quercus æsculus) existant sur la tombe d'Ilos à Ilion, sans témoigner aucun doute sur l'authenticité de la ville (de Plant. IV, 14); et son contemporain, le harpiste Stratonikos, donne à entendre qu'il partage le même sentiment, dans la plaisanterie qu'il fait sur la visite d'un mauvais sophiste à Ilion pendant la fête des Ilieia (Athenæ. VIII, p. 351). On peut dire la même chose au sujet de l'auteur de la dixième épître attribuée à l'orateur Eschine (p. 737), dans laquelle il décrit la visite qu'il fit par curiosité à Ilion, aussi bien qu'au sujet d'Apollônius de Tyane, ou de l'écrivain qui raconta sa vie et sa course dans la Troade; il est évident qu'il ne se défiait pas de l'ἀρχαιολογία des habitants d'Ilion, qui affirmaient que leur ville était la véritable Troie (Philostr. Vit. Apoll. Tyan. IV, 11).

On rapportait que la déesse Athênê

Alexandre fit aux habitants d'Ilion beaucoup de promesses libérales, qu'il aurait probablement réalisées, s'il n'avait pas été prévenu par une mort prématurée. Un de ses successeurs, Antigone (1) fonda la ville d'Alexandreia dans la Trôade, entre Sigeion et le promontoire plus méridional de Lekton; il y concentra les habitants de beaucoup de villes æoliennes voisines dans la région de l'Ida, — ces villes étaient Skêpsis, Kebrêna, Hamaxitos, Kolonæ et Neandria, bien que les habitants de Skêpsis obtinssent dans la suite de Lysimaque la permission de reprendre leur propre ville et leur administration indépendante. Ilion cependant resta sans aucune marque spéciale de faveur jusqu'à l'arrivée des Romains en Asie et leur triomphe sur Antiochus (vers 190 av. J.-C.). Bien qu'elle conservât ses murs et sa position défendable, Dêmêtrius de Skêpsis, qui la visita peu après cet événement, la décrit comme étant alors dans un état de négligence et de pauvreté tel qu'un grand nombre de maisons n'avaient pas même de toits couverts en tuiles (2).

---

d'Ilion avait prêté un précieux secours aux habitants de Kyzikos, quand ils furent assiégés par Mithridate, service rappelé par des inscriptions placées à Ilion (Plut. Lucull. 10).

(1) Strabon, XIII, 603-607.
(2) Tite-Live, XXXV, 43; XXXVII, 9. Polyb. V, 78-111 (passages qui prouvent qu'Ilion était fortifiée et défendable vers 218 av. J.-C.). Strabon, XIII, p. 594. Καὶ τὸ Ἴλιον δ', ὃ νῦν ἐστι, κωμόπολίς τις ἦν, ὅτε πρῶτον Ῥωμαῖοι τῆς Ἀσίας ἐπέβησαν καὶ ἐξέβαλον Ἀντίοχον τὸν μέγαν ἐκ τῆς ἐντὸς τοῦ Ταύρου. Φησὶ γοῦν Δημήτριος ὁ Σκήψιος, μειράκιον ἐπιδημήσας εἰς τὴν πόλιν κατ' ἐκείνους τοὺς καιρούς, οὕτως ὠλιγωρημένην ἰδεῖν τὴν κατοικίαν, ὥστε μηδὲ κεραμωτὰς ἔχειν τὰς στέγας. Ἡγησιάναξ δὲ, τοὺς Γαλάτας περαιωθέντας ἐκ τῆς Εὐρώπης, ἀναβῆναι μὲν εἰς τὴν πόλιν δεομένους ἐρύματος, παραχρῆμα δ' ἐκλιπεῖν διὰ τὸ ἀτείχιστον· ὕστερον δ' ἐπανόρθωσιν ἔσχε πολλήν. Εἶτ' ἐκάκωσαν αὐτὴν πάλιν οἱ μετὰ Φιμβρίου, etc.

Voilà une assertion très-claire et très-précise, attestée par un témoin oculaire. Mais elle est entièrement en désaccord avec celle qu'avance Strabon dans le chapitre précédent, une douzaine de lignes avant, dans l'état actuel du texte. En effet, il nous y apprend que Lysimaque, après la mort d'Alexandre, fit grande attention à Ilion, l'entoura d'un mur de quarante stades de circonférence, érigea un temple, et réunit à cette cité les anciennes villes qui l'entouraient et qui étaient dans un état de décadence. Tite-Live nous apprend que la réunion de Gergis et de Rhœteion à Ilion fut effectuée, non par Lysimaque, mais par les Romains (T. Live, XXXVIII, 37); de sorte que la *première* assertion de Strabon non-seulement ne s'accorde pas avec la seconde, mais encore est contredite par une autorité indépendante.

Je ne puis que penser que cette contradiction naît d'une confusion de texte dans le *premier* passage de Strabon, et

Cependant, dans cette condition délabrée, elle fut encore reconnue au point de vue mythique et par Antiochus et par le consul romain Livius, qui y vint pour sacrifier à Athênê Ilienne. Les Romains, fiers de descendre d'Æneas et de Troie, traitèrent Ilion avec une magnificence signalée ; non-seulement ils lui accordèrent l'immunité de tribut, mais encore ils ajoutèrent à son domaine les territoires voisins de Gergis, de Rhœteion et de Sigeion, et ils firent des habitants les maîtres de toute la côte (1) depuis la Peræa (ou possessions continentales) de Tenedos, au sud de Sigeion, jusqu'aux limites de Dardanos, qui avait son droit particulier à un respect légendaire comme souveraineté spéciale d'Æneas. Les habitants de Sigeion résistèrent avec tant d'énergie à la perte de leur autonomie, que leur ville fut détruite par ceux d'Ilion.

---

que, dans ce passage, Strabon ne voulait réellement parler que des améliorations apportées par Lysimaque à *Alexandreia Trôas* ; qu'il ne songea jamais à attribuer à Lysimaque aucune amélioration faite à *Ilion* ; mais, au contraire, à trouver dans l'attention remarquable apportée par Lysimaque à *Alexandreia Trôas* la raison pour laquelle il avait négligé de remplir les promesses faites à *Ilion* par Alexandre. Voici la marche des allégations de Strabon : — 1. Ilion n'est rien de plus qu'une κώμη lors du débarquement d'Alexandre; 2. Alexandre promet de grands accroissements, mais ne revient jamais de Perse pour les accomplir; 3. Lysimaque est absorbé par Alexandreia Trôas, à laquelle il réunit plusieurs des anciennes villes contiguës, et qui fleurit entre ses mains ; 4. Pour cela Ilion resta une κώμη quand les Romains entrèrent en Asie, comme elle l'avait été quand y entra Alexandre.

On pourrait faire ce changement dans le texte de Strabon, par la simple transposition des mots dans leur état actuel, et par l'omission de ὅτε καὶ, ἤδη ἐπεμελήθη, sans introduire un seul mot nouveau, ou conjectural, de sorte que le passage se lirait ainsi : — Μετὰ δὲ τὴν ἐκείνου (d'Alexandre) τελευτὴν Λυσίμαχος μάλιστα τῆς Ἀλεξανδρείας ἐπεμελήθη, συνῳκισμένης μὲν ἤδη ὑπ' Ἀντιγόνου, καὶ προσηγορευμένης Ἀντιγονίας, μεταβαλούσης δὲ τοὔνομα· (ἔδοξε γὰρ εὐσεβὲς εἶναι τοὺς Ἀλέξανδρον διαδεξαμένους ἐκείνου πρότερον κτίζειν ἐπωνύμους πόλεις, εἶθ' ἑαυτῶν) καὶ νεὼν κατεσκεύασε καὶ τεῖχος περιεβάλετο ὅσον 40 σταδίων· συνῴκισε δὲ εἰς αὐτὴν τὰς κύκλῳ πόλεις ἀρχαίας, ἤδη κεκακωμένας. Καὶ δὴ καὶ συνέμεινε..... πόλεων. Si cette leçon est adoptée, les mots par lesquels commence ce qui est dans l'édition de Tzschucke la sect. 27, et qui suivent immédiatement le dernier mot πόλεων, se liront d'une manière tout à fait convenable et cohérente — Καὶ τὸ Ἴλιον δ', ὃ νῦν ἐστι, κωμόπολίς τις ἦν, ὅτε πρῶτον Ῥωμαῖοι τῆς Ἀσίας ἐπέβησαν, etc., tandis qu'ils présentent une contradiction avec la leçon actuelle du passage, et que le passage entier est complétement confus.

(2) T. Live, XXXVIII, 39 ; Strabon, XIII, p. 600. Κατέσκαπται δὲ καὶ τὸ Σίγειον ὑπὸ τῶν Ἰλιέων διὰ τὴν ἀπείθειαν· ὑπ' ἐκείνοις γὰρ ἦν ὕστερον ἡ παραλία πᾶσα ἡ μέχρι Δαρδάνου, καὶ νῦν ὑπ' ἐκείνοις ἐστί.

La dignité et la puissance de Troie étant ainsi prodigieusement accrues, nous ne pouvons douter que les habitants ne se soient donné une importance exagérée comme parents reconnus de Rome, la dominatrice du monde. Un coup fut alors porté à la légitimité mythique d'Ilion, en partie par les jalousies, nous pouvons naturellement le supposer, que conçurent de là leurs voisins de Skèpsis et d'Alexandreia Trôas, — en partie par la tendance prononcée de l'époque à la critique et à l'explication des vieux poëtes (époque dans laquelle Cratès à Pergame et Aristarque à Alexandrie se partageaient la palme de la célébrité littéraire). Dèmètrius de Skèpsis, un des critiques d'Homère les plus laborieux, avait composé trente livres de commentaires sur le Catalogue de l'Iliade : Hestiæa, femme auteur d'Alexandreia Trôas, avait écrit sur le même sujet : tous les deux, connaissant bien la localité, remarquèrent que les immenses batailles décrites dans l'Iliade ne pouvaient se resserrer dans l'espace étroit qui est entre Ilion et le Naustathmon des Grecs; d'autant plus que cet espace, trop petit même comme il était alors, avait été considérablement agrandi depuis la date de l'Iliade par des dépôts faits à l'embouchure du fleuve Skamandros (1). Ils ne trouvèrent pas de difficulté à indiquer des incohérences et des impossibilités topographiques au sujet des incidents de l'Iliade, qu'ils déclaraient repousser en vertu de cette étonnante théorie que l'Ilion homérique n'avait pas occupé l'emplacement de la ville ainsi appelée. Il y avait un village, nommé le village des Troyens, situé à un peu plus

---

(1) Strabon, XIII, 599. Παρατίθησι δὲ ὁ Δημήτριος καὶ τὴν Ἀλεξανδρίνην Ἑστίαιαν μάρτυρα, τὴν συγγράψασαν, περὶ τῆς Ὁμήρου Ἰλιάδος, πυνθανομένην, εἰ περὶ τὴν νῦν πόλιν ὁ πόλεμος συνέστη, καὶ τὸ Τρωϊκὸν πεδίον ποῦ ἔστιν, ὃ μεταξὺ τῆς πόλεως καὶ τῆς θαλάσσης ὁ ποιητὴς φράζει · τὸ μὲν γὰρ πρὸ τῆς νῦν πόλεως ὁρώμενον, πρόχωμα εἶναι τῶν ποταμῶν, ὕστερον γεγονός.

Les mots ποῦ ἔστιν sont introduits d'une manière conjecturale par Grosskurd, l'excellent traducteur allemand de Strabon, mais ils me semblent nécessaires pour rendre le sens complet.

Hestiæa est citée plus d'une fois dans les Scholies homériques (Schol. Venet. ad. Iliad. III, 64; Eustath. ad Iliad. II, 538).

d'une lieue et demie dans la direction du mont Ida, et plus éloigné de la mer : c'est là, affirmaient-ils, qu'était placée la « sainte Troie. »

On ne fournissait aucune preuve positive à l'appui de cette conclusion, car Strabon déclare expressément qu'il ne restait pas de vestiges de l'ancienne ville au village des Iliens (1). Mais la supposition fondamentale était appuyée par une seconde supposition accessoire, servant à expliquer comment tous ces vestiges avaient disparu. Néanmoins Strabon adopte l'hypothèse dénuée de preuves qu'avance Dèmêtrius comme si elle était un fait démontré authentique, en établissant une distinction formelle entre l'ancienne ville d'Ilion et la nouvelle, et même en critiquant Hellanicus pour avoir conservé la foi locale reçue. Mais je ne puis trouver qu'aucun autre auteur des temps anciens, excepté Strabon, ait suivi Dèmêtrius et Hestiæa sous ce rapport. Chacun continua encore à parler d'Ilion comme de la véritable Troie homérique et à la considérer comme telle : les cruelles plaisanteries du rebelle romain Fimbria, quand il saccagea la ville et massacra les habitants, — le dédommagement accordé par Sylla et la faveur déclarée de Jules César et d'Auguste, — tout prouve cette reconnaissance continue d'identité (2). Arrien, bien que natif de Nicomédie, occupant un commandement élevé dans l'Asie Mineure, et remarquable pour l'exactitude de ses observations topographiques, décrit la visite d'Alexandre à Ilion, sans soupçonner nullement que la ville avec toutes ses reliques ne soit qu'une imposture : Aristide, Dion Chrysostome, Pausanias, Appien et Plutarque tenaient le

---

(1) Strabon, XIII, p. 599. Οὐδὲν δ' ἴχνος σώζεται τῆς ἀρχαίας πόλεως — εἰκότως · ἅτε γὰρ ἐκπεπορθημένων τῶν κύκλῳ πόλεων, οὐ τελέως δὲ κατεσπασμένων, οἱ λίθοι πάντες εἰς τὴν ἐκείνων ἀνάληψιν μετηνέχθησαν.

(2) Appien, Mithridat. c. 53; Strabon, XIII, p. 594; Plut. Sertorius, c.1; Velleius Pater. II, 23.

Les inscriptions attestent des jeux Panathénaïques célébrés à Ilion en l'honneur d'Athênê par les Troyens, conjointement avec diverses autres villes voisines (V. Corp. Inscr. Boeckh. n° 3601-3602, avec les observations de Boeckh). La précieuse inscription n° 3595 prouve la libéralité d'Antiochus Soter envers l'Athênê Ilienne déjà vers l'année 278 av. J.-C.

même langage (1). Mais des écrivains modernes semblent pour la plus grande partie avoir emprunté la supposition de Strabon aussi implicitement qu'il la prit de Dèmètrius. Ils donnent à Ilion l'irrévérencieuse dénomination de *nouvelle* Ilion,— tandis que le voyageur dans la Troade cherche l'*ancienne* Ilion comme si c'était l'endroit incontestable où Priam avait vécu et agi ; le nom est même formellement inscrit sur les meilleures cartes de l'ancienne Troade récemment dressées (2).

---

(1) Arrien, I, 11 ; Appien, *ut sup.*, et Aristide, Or. 43, Rhodiaca, p. 820 (Dindorf. p. 369). Le curieux discours XI de Dion Chrysostome, dans lequel il écrit sa nouvelle version de la guerre de Troie, est adressé aux habitants d'Ilion.

(2) La controverse touchant Troie et la guerre troyenne, qui a maintenant un demi-siècle de date, et qui eut lieu entre Bryant et ses divers adversaires, Morritt, Gilbert Wakefield, le British Critic, etc., semble actuellement presque oubliée, et je ne puis croire que les pamphlets venant de l'un ou de l'autre côté seraient considérés comme faisant preuve de beaucoup de talent, si on les publiait aujourd'hui. La discussion s'était élevée pour la première fois à la suite de la publication du mémoire de Le Chevalier sur la plaine de Troie, dans lequel l'auteur déclarait avoir découvert la véritable place de l'ancienne Ilion (la Troie homérique supposée) à environ quatre lieues et trois quarts de la mer, près de Bounarbashi. Bryant publia quelques critiques sur ce mémoire et les fit suivre d'un second Traité dans lequel il niait la réalité historique de la guerre de Troie, et avançait l'hypothèse que le conte était d'origine égyptienne (Dissertation on the war of Troy, and the expedition of the Grecian as described by Homer, showing that no such city of Phrygia existed, by Jacob Bryant ; vraisemblablement 1797, bien qu'il n'y ait pas de date sur la page du titre ; la réponse de Morritt fut publiée en 1798. Une réponse de M. Bryant et une réplique de M. Morritt, aussi bien qu'un pamphlet de G. Wakefield, parurent en 1799 et en 1800 ; en outre une Expostulation du premier adressée au Bristish Critic.

Bryant, après avoir insisté sur ce que la guerre de Troie présentait d'incroyable et d'illogique, telle qu'elle est racontée dans la légende grecque en général, admettait néanmoins qu'Homère avait une base pour son histoire, et soutenait que cette base était égyptienne. Homère (pense-t-il) était d'Ithaque ; il descendait d'une famille qui, dans l'origine, avait émigré d'Égypte : la guerre de Troie fut primitivement une guerre égyptienne, ce qui explique comment Memnôn l'Ethiopien vint y prendre part : « C'est de cette histoire qui, dans l'origine, fut égyptienne, qu'Homère fit le fondement de ses deux principaux poëmes, adaptant les choses à la Grèce et à la Phrygia par une ingénieuse transposition. » Il tira ses renseignements des prêtres de Memphis ou de Thèbes (Bryant, p. 102, 108, 126). Le Ἥρως Αἰγύπτιος, mentionné dans le second livre de l'Odyssée (15), est le héros égyptien, qui (à son point de vue) fournit une preuve démontrant que la population de cette île était en partie venue de l'Égypte. Personne depuis M. Bryant, je le présume, n'a jamais

Strabon a transformé ici en fait géographique réel une hypothèse purement gratuite, dans le dessein de sauver la justesse de la topographie homérique ; bien que, selon toute probabilité, l'emplacement de l'ancienne Troie prétendue se

expliqué le passage en lui donnant le même sens.

L'hypothèse égyptienne de Bryant n'a aucune valeur ; mais il n'est pas aussi facile de mettre de côté la partie négative de son argumentation, qui résume les particularités de la légende troyenne, et conteste sa crédibilité historique. Peu de personnes partageront l'ardente conviction avec laquelle Morritt tente de démontrer que les 1,100 vaisseaux, les dix années de guerre, la vaste confédération des princes venus de toutes les parties de la Grèce, etc., n'ont rien qui ne concorde avec la probabilité historique ; des difficultés étant parfois éliminées sous le prétexte de notre ignorance du temps et du sujet (Morritt, p. 7-21). Gilbert Wakefield, qui soutient avec la plus grande force la réalité historique du siège, et même qui compare Bryant à Tom Payne (W. p. 17), est encore plus mécontent de ceux qui proposent des doutes, et il nous dit que « discuter sérieusement au milieu de tant d'obscurité et d'incertitude, c'est combattre avec des chimères (W. p. 14).

La partie d'argumentation la plus plausible adoptée par Morritt et Wakefield est celle où ils fortifient les principes suivis par Strabon et tant d'autres auteurs, anciens aussi bien que modernes, en disant qu'il faut distinguer un échafaudage de fiction d'une base de vérité, et conserver l'une en rejetant l'autre (Morritt, p. 5 ; Wakef. p. 7-8). A ceci Bryant répond : « Si nous écartons toute absurdité, nous pouvons tout rendre plausible : une fable peut être rendue logique, et nous avons beaucoup de romans qui sont très-réguliers dans l'arrangement des caractères et des circonstances ; on peut le voir dans les pièces, les mémoires et les nouvelles. Mais cette régularité et cette conformité seules n'établiront pas la vérité. » (Expostulation, p. 8, 12, 13.) « Il y a un grand nombre d'autres fables outre celle de Troie, régulières et concordantes entre elles, que les Grecs aimaient, auxquelles ils donnaient une chronologie, et même qu'ils considéraient à un point de vue religieux (p. 13), et que cependant personne actuellement ne songe à admettre comme de l'histoire. »

Morritt, ayant avancé la croyance universelle de l'antiquité comme servant à prouver que la guerre de Troie était historiquement réelle, trouve un adversaire dans Bryant, qui lui rappelle que les mêmes personnes croyaient aux centaures, aux satyres, aux nymphes, à la science des augures, des auspices ; Homère soutenant que des chevaux pouvaient parler, etc. A ceci Morritt répond : « En quoi la croyance religieuse a-t-elle affaire avec les faits historiques ? La preuve sur laquelle s'appuie notre foi en matière de religion n'est-elle pas entièrement différente dans toutes ses parties de celle sur laquelle se fonde notre croyance en matière d'histoire ? (Addit. Remarks, p. 47.)

La séparation entre les bases de croyance religieuse et historique n'est en aucune façon aussi complète que M. Morritt le suppose, même par rapport aux temps modernes ; et si nous appliquons son principe aux anciens Grecs, nous le trouverons complètement contraire à la vérité. Les contemporains d'Hérodote et de Thucydide concevaient leur ancienne histoire comme intimement unie à leur religion.

fût trouvé exposé à des difficultés non moins sérieuses que celles auxquelles on voulait obvier en l'introduisant (1). Il peut être vrai que Dêmêtrius et lui fussent justifiés dans leur argumentation négative, en démontrant qu'il n'était pas possible que les batailles décrites dans l'Iliade eussent eu lieu si la cité de Priam avait été placée sur la colline habitée par les Iliens. Mais la foi légendaire existait auparavant, et elle persévéra dans la suite sans affaiblissement, nonobstant de telles impossibilités topographiques. Hellanicus, Hérodote, Mindaros, les guides de Xerxès et Alexandre n'en avaient pas été choqués : le cas le plus frappant est celui de ce dernier prince, parce qu'il avait reçu comme disciple d'Aristote la meilleure éducation qu'on eût de son temps ; c'était un admirateur passionné et un lecteur constant de l'Iliade ;— de plus, il était familier avec les mouvements des armées, et vivait à une époque où les cartes, qui commencèrent avec Anaximandre, disciple de Thalès, étaient au moins connues de tous ceux qui recherchaient l'instruction. Or, si, malgré de tels avantages, Alexandre croyait pleinement à l'identité d'Ilion, sans se douter de ces nombreuses et évidentes difficultés topographiques, à plus forte raison Homère lui-même, ou les auditeurs d'Homère, n'étaient-ils pas en état d'y faire attention, cinq siècles auparavant, à une époque de grossièreté et d'ignorance relatives, où les annales en prose aussi bien que

---

(1) Par exemple, en adoptant sa propre manière d'argumenter (pour ne pas mentionner ces batailles dans lesquelles la poursuite et la fuite vont de la ville aux vaisseaux et réciproquement), on aurait pu lui opposer qu'en supposant la Troie homérique placée à plus d'une lieue et demie de la mer, il augmentait la difficulté de rouler le cheval de Troie jusqu'à la ville ; il était déjà assez difficile de pousser cet immense animal de bois, rempli de héros, depuis le Nausthathmon grec jusqu'à la ville d'Ilion.

Le cheval de Troie, avec ses accompagnements, Sinôn et Laokoôn, est un des événements capitaux et indispensables de l'épopée : Homère, Arctinus, Leschês, Virgile et Quintus de Smyrne, insistent tous expressément sur cet incident comme étant la cause prochaine de la prise.

Les difficultés et les incohérences des mouvements attribués aux Grecs et aux Troyens dans l'Iliade, quand on les rapporte à une topographie réelle, sont bien présentées dans Spohn, *de Agro Trojano*. Leipzig, 1814 ; et M. Maclaren a montré (Dissertation on the Topography of the Trojan War, Edinburgh 1822) qu'on n'obvie en aucune façon à ces difficultés en mettant Ilion à une distance un peu plus grande de la mer.

les cartes géographiques étaient totalement inconnues (1). Le poëte inspiré pouvait décrire, et ses auditeurs écoutaient ordinairement le récit avec délices, comment Hectôr, poursuivi par Achille, courut trois fois autour de la cité de Troie, tandis que les Troyens tremblants se serraient tous dans la ville, pas un n'osant sortir même au moment du danger extrême qui menaçait leur prince bien-aimé, et tandis que les Grecs « regardaient, »retenant malgré eux leurs lances levées sur un signe d'Achille, afin qu'Hectôr ne pérît pas d'une autre main que de la sienne ; et absorbés par ce récit émouvant, les auditeurs n'étaient pas non plus disposés à mesurer les distances ou à calculer les possibilités topographiques en rapport avec l'emplacement de la Troie réelle (2). L'erreur consiste à appliquer à Homère et au siége homérique de Troie des critiques qui seraient parfaitement justes si on les faisait porter sur le siége de Syracuse par les Athéniens, tel qu'il est décrit par Thucydide (3), dans la guerre du Pélopo-

---

(1) Le major Rennel tire une conclusion différente de la visite d'Alexandre, dont il se sert pour réfuter l'hypothèse de Le Chevalier, qui avait placé la Troie homérique à Bounarbashi, emplacement qu'on supposait avoir été indiqué par Dêmêtrius et par Strabon : —

« On dit qu'Alexandre avait été un admirateur passionné de l'Iliade, et il eut une occasion de décider sur le lieu même combien la topographie s'accordait peu avec le récit. Si on lui eût montré l'emplacement de Bounarbashi comme étant celui de Troie, il aurait probablement contesté, soit la fidélité de la partie historique du poëme, soit celle de ses guides. Il n'est pas croyable qu'une personne d'un jugement aussi droit qu'Alexandre ait pu admirer un poëme qui renfermait une longue histoire de détails militaires, et d'autres faits qui n'auraient pu matériellement avoir eu lieu. Quel plaisir aurait-il éprouvé en contemplant comme des sujets historiques des événements qui ne pouvaient pas être arrivés? Cependant il admirait le poëme, et *il doit donc avoir trouvé la topographie logique* : c'est que, assurément, on ne lui montra pas Bounarbashi comme étant Troie (Rennel, Observations on the Plain of Troy, p. 128).

Le major Rennel suppose ici, dans Alexandre, un esprit de critique topographique tout à fait étranger à son caractère réel. Nous n'avons pas de motif pour croire qu'on montra à Alexandre l'emplacement de Bounarbashi comme étant la Troie homérique, ou qu'on lui montra *quelque* emplacement *excepté Ilion*, ou ce que Strabon appelle nouvelle Ilion. Nous avons encore moins de raison pour penser que quelque scepticisme traversât son esprit, ou que sa foi profonde eût besoin d'être fortifiée par le mesurage des distances.

(2) Strabon, XIII, p. 599. Οὐδ'ἡ τοῦ Ἕκτορος δὲ περιδρομὴ ἡ περὶ τὴν πόλιν ἔχει τι εὔλογον · οὐ γάρ ἐστι περίδρομος ἡ νῦν, διὰ τὴν συνεχῆ ῥάχιν · ἡ δὲ παλαιὰ ἔχει περιδρομήν.

(3) Mannert (Geographie der Griechen

nèse (1), — mais qui ne sont pas plus applicables au récit épique qu'elles ne le seraient aux exploits d'Amadis ou de Roland.

Il y a tout lieu de présumer que la Troie visitée par Xerxès et par Alexandre était réellement la « sainte Troie » présente à l'esprit d'Homère ; et s'il en est ainsi, elle doit avoir été habitée, soit par des Grecs, soit par une population antérieure, à une époque plus reculée que celle qu'indique Strabon. L'histoire ne reconnaît ni Troie la ville ni les Troyens, comme existant réellement ; mais la région étendue appelée Trôas, ou la Troade (plus exactement Trôïas), est connue et d'Hérodote et de Thucydide : elle semble renfermer le territoire placé à l'ouest d'une ligne imaginaire tirée de l'extrémité nord-est du golfe d'Adramytte jusqu'à la Propontis à Parium, puisque et Antandros et Kolônæ, ainsi que le district entourant Troie immédiatement, sont regardés comme appartenant à la Troade (2). De plus, Hérodote mentionne les Teukriens de Gergis (3) (territoire limitrophe d'Ilion, et situé à l'est de la route d'Ilion à Abydos),

---

und Roemer, th. 6, heft. 3, 6, 8, cap. 8) est confus dans sa description de Troie ancienne et de Troie nouvelle ; il expose qu'Alexandre illustra un nouveau lieu en disant qu'il avait été l'Ilion homérique, ce qui n'est pas le fait exact : Alexandre adhéra à la croyance locale reçue. A vrai dire aussi loin que nos preuves s'étendent, il n'y a que Démêtrius, Hestiæa et Strabon qui s'en soient jamais éloignés.

(1) Il ne peut guère y avoir un exemple plus singulier de cette même confusion que quand on trouve des critiques militaires minutieuses par l'Empereur Napoléon, sur la description de la prise de Troie dans le second livre de l'Enéide. Il montre que de grosses fautes y sont commises, si on la considère au point de vue d'un général (V. un article intéressant de M. G. C. Lewis, dans le Classical Museum, vol. I, p. 205, « Napoleon on the capture of Troy »).

Après avoir cité cette critique due à la plus haute autorité dans l'art de la guerre, nous pouvons trouver un pendant convenable dans les ouvrages de publicistes distingués. L'attaque des Ciconiens par Odysseus (décrite dans Homère, Odyss. IX, 39-61) est citée et par Grotius (De Jure Bell. et Pac. III, 3, 10) et par Vattel (Droit des gens, III, 202) comme un cas qui touche à une loi internationale. On considère Odysseus comme ayant manqué aux règles de la loi internationale en les attaquant comme alliés des Troyens, sans déclaration formelle de guerre.

(2) Hérod. V, 24-122 ; Thucyd. I, 131. L'Ἰλιὰς γῆ est une partie de la Troade.

(3) Hérod. VII, 43.

les considérant comme le reste d'une population teukrienne plus étendue qui résida jadis dans le pays et qui, à une époque très-reculée, avait entrepris une immense émigration d'Asie en Europe (1). C'est à cette population teukrienne qu'appartenaient, selon lui, les Troyens homériques (2) ; et des écrivains postérieurs, particulièrement Virgile et les autres Romains, employaient les noms de Teukriens et de Troyens comme équivalents. De même que le nom de *Troyens* n'est mentionné dans aucun monument historique contemporain, de même le nom de *Teukriens* ne se rencontre pas une seule fois dans l'ancienne épopée. Il semble avoir été signalé pour la première fois, vers 660 av. J.-C., par le poëte élégiaque Kallinos, qui le rattachait à une immigration prétendue de Teukriens venant de la Krète dans la contrée environnant l'Ida. D'autre part, d'autres niaient ce fait, assurant que l'auteur primitif Teukros était venu de l'Attique (3) dans le pays, et qu'il était d'origine indigène, étant né du Skamandros et de la nymphe Idæa,— toutes manifestations diverses de cet ardent désir d'avoir un héros éponyme, désir qui n'abandonnait jamais les Grecs. Des Gergithiens se rencontrent dans plus d'un endroit de l'Æolis, même aussi loin au sud que dans le voisinage de Kymè (Cumes) (4) : le nom ne se trouve pas dans Homère, mais il mentionne Gorgythion et Kebriones comme fils illégitimes de Priam, reconnaissant ainsi en quelque sorte Gergis et Kebrèna comme appartenant à l'épopée. De même qu'Hérodote appelle les anciens Troyens épiques du nom de Teukriens, de même les tragiques attiques les appellent Phrygiens; quoique l'hymne homérique à Aphroditè représente les Phrygiens et les Troyens comme entièrement distincts, en remarquant par-

---

(1) Hérod. V, 122. Εἷλε μὲν Αἰολέας πάντας, ὅσοι τὴν Ἰλιάδα γῆν νέμονται, εἷλε δὲ Γέργιθας, τοὺς ἀπολειφθέντας τῶν ἀρχαίων Τεύκρων.
Pour l'émigration des Teukriens et des Mysiens en Europe, V. Hérod. VII, 20 ; les Pæoniens, sur le Strymon, s'appelaient leurs descendants.

(2) Hérod. II, 118 ; V, 13.
(3) Strab. XIII, p. 604 ; Apollod. III, 12, 4.
Kephalôn de Gergis appelait Teukros un Krêtois (Stephan. Byz. v. Ἀρίσβη).
(4) Clearchus ap. Athenæ. VI, p. 256; Strab. XIII, p. 589-616.

ticulièrement la diversité de leur langue (1); et dans l'Iliade les Phrygiens sont simplement comptés parmi les alliés de Troie, venus de la lointaine Ascania, sans indication d'aucune relation plus intime (2). Les récits qui rattachent Dardanos à Samothrace et à l'Arcadia ne trouvent pas non plus d'appui dans les poëmes homériques, où Dardanos est fils de Zeus, sans avoir de racine ailleurs qu'en Dardania (3). Les mystérieuses solennités de Samothrace, qui jouirent dans la suite d'une si haute vénération d'un bout à l'autre du monde grec, datent d'une période de beaucoup postérieure à Homère; et les affinités religieuses qu'avait cette île aussi bien que la Krête avec les territoires de la Phrygia et de l'Æolis, devaient certainement, eu égard à la tendance dominante de l'esprit grec, faire naître des histoires d'une généalogie commune.

Pour passer de ce monde légendaire, réunion de courants distincts et hétérogènes, qui ne confluent pas volontairement, et qu'on ne peut contraindre à se mêler, à une donnée plus claire fournie par Hérodote, il nous apprend que dans l'année 500 av. J.-C. toute la région de la côte depuis Dardanos au sud jusqu'au promontoire de Lekton (comprenant la ville d'Ilion), et depuis Lekton à l'est jusqu'à Adramytte, était devenue æolienne, ou était occupée par des Grecs Æoliens, ainsi que les villes de l'intérieur Skêpsis (4) et Kebrêna. De sorte que si nous tirons une ligne au nord d'Adramytte à Kyzikos sur la Propontis — dans le territoire

---

(1) Homère, Hymn. in Vener. 116.
(2) Iliade, II, 863. Asios, frère d'Hêkabê, vit en Phrygia, sur les bords du Sangarios (Iliad. XVI, 717).
(3) V. Hellanic. Fragm. 129, 130, ed. Didot; et Kephalôn Gergithius ap. Steph. Byz. v. Ἀρισβή.
(4) Skêpsis reçut quelques colons de l'Ionienne Milêtos (Anaxim. ap. Strab. XIV, p. 635); mais les monnaies de la ville prouvent que son dialecte était æolien. V. Klausen, Æneas und die Penaten, t. I, note 180.

Arisbê aussi, près d'Abydos, semble avoir été colonisée par Mitylênê (Eustath. ad Iliad. XII, 97).
Des voyageurs modernes mentionnent la fertilité extraordinaire et la féconde terre végétale de la plaine qui entoure Ilion (V. Franklin, Remarks and observations on the Plain of Troy, London, 1800, p. 44); aussi est-elle facile à travailler : « Une paire de buffles ou de bœufs suffisait pour tirer la charrue, tandis qu'auprès de Constantinople il en faut douze ou quatorze. »

tout entier placé à l'ouest de cette ligne, jusqu'à l'Hellespont et la mer Ægée, toutes les villes considérables seraient helléniques. A l'exception de Gergis et de la population teukrienne qui l'entoure, toutes les villes dignes d'être citées étaient ou ioniennes ou æoliennes. Un siècle plus tôt, la population teukrienne aurait embrassé un espace plus étendu, peut-être Skêpsis et Kebrêna, villes dont la dernière était colonisée par des Grecs venus de Kymè (1) : un siècle plus tard, pendant la satrapie de Pharnabaze, il paraît que Gergis était devenue hellénique aussi bien que le reste. Les quatre villes, Ilion, Gergis, Kebrêna et Skêpsis, toutes dans des positions élevées et fortes, se distinguaient chacune par un culte solennel et par un temple d'Athênê, qu'elles reconnaissaient comme leur protectrice spéciale (2).

L'auteur de l'Iliade concevait l'ensemble de cette région comme étant occupée par une population nullement grecque. — Troyens, Dardaniens, Lykiens, Lélèges, Pélasges et Kilikiens. Il reconnaît un temple et un culte d'Athênê à Ilion, bien que la déesse montre une hostilité amère à l'égard des Troyens; et Arctinus indiquait le Palladium comme la principale protection de la ville. Mais peut-être le trait le plus remarquable d'identité entre l'Æolis homérique et l'Æolis historique, est le culte solennel et répandu de l'Apollon Sminthien. Chrysê, Killa et Tenedos, et plus d'une ville appelée Smynthion, conservent le surnom et invoquent la protection de ce dieu dans les temps postérieurs, exactement comme Homère nous décrit expressément qu'elles le font (3).

---

(1) Ephor. ap. Harpocrat. v. Κεβρῆνα.

(2) Xenoph. Hellen. I, 1, 10 ; III, 1, 10-15.

Un des grands motifs de Dion pour mettre de côté le récit homérique de la guerre de Troie, c'est qu'il veut décharger Athênê de l'accusation d'après laquelle elle aurait injustement détruit sa propre cité d'Ilion (Orat. XI, p. 310 :

Μάλιστα διὰ τὴν Ἀθηνᾶν ὅπως μὴ δοκῇ ἀδίκως διαφθεῖραι τὴν ἑαυτῆς πόλιν).

(3) Strabon, X, p. 473 ; XIII, p. 604-605. Polemon. Fragm. 31, p. 63, ed. Preller.

Polémon était natif d'Ilion, et il avait écrit une periegesis de la ville (vers 200 av. J.-C., donc antérieurement à Dêmêtrius de Skêpsis) ; il peut avoir été témoin des améliorations opérées dans

Quand il est dit que les Grecs post-homériques rendirent graduellement cette région entière hellénique, il ne faut pas comprendre que toute la population antérieure se fût retirée ou fût détruite. Les Grecs s'établirent dans les villes principales et considérables, qui leur permettaient et de se protéger mutuellement et de satisfaire leurs goûts prédominants. En partie par la force, — mais beaucoup aussi par cette activité supérieure, et ce pouvoir d'assimiler à leurs propres manières de penser les manières de penser étrangères, qualités qui les distinguèrent dès le commencement, ils donnèrent à tous les traits publics et à la direction de la ville un air hellénique, y répartirent partout leurs dieux, leurs héros et leurs légendes, et firent de leur langage l'intermédiaire de l'administration publique, des chants religieux et des prières aux dieux, et en général s'en servirent pour les communications où un certain nombre de personnes étaient intéressées. Mais il y a ici deux remarques à faire : la première, c'est qu'en agissant ainsi ils ne pouvaient éviter d'emprunter plus ou moins de ce qui appartenait aux différentes parties avec lesquelles ils fraternisaient, de sorte que le résultat ne fut pas un pur hellénisme; en second lieu, ceci même n'eut lieu que dans les villes, sans s'étendre complétement au domaine territorial environnant, ou à ces territoires plus petits qui étaient vis-à-vis de la ville dans un rapport de dépendance. Les Grecs Æoliens et Ioniens empruntèrent des Asiatiques, qu'ils avaient rendus Helléniques, des instruments de musique et de nouvelles lois de rhythme et de mélodie, qu'ils sa-

---

son état par les Romains. Il mentionnait la même pierre sur laquelle Palamédês avait appris aux Grecs à jouer aux dés.

Apollon Sminthien paraît gravé sur les monnaies d'Alexandreia Trôas ; et le temple du dieu fut mémorable même jusqu'à l'époque de l'empereur Julien (Ammien Marcell. XXII, 8). Cf. Ménandre (le rhéteur) περὶ Ἐπιδεικτικῶν, IV, 14; ap. Walz. Collect. Rhetor. t. IX, p. 304; et περὶ Σμινθιακῶν, IV, 17.

Σμίνθος, dans le dialecte krêtois ainsi que dans le dialecte æolien, signifiait *mulot ;* la contrée semble avoir été fort dévastée par ces petits animaux.

Polémon n'aurait pas pu admettre la théorie de Dêmêtrius, à savoir qu'Ilion n'était pas la véritable Troie : sa Periegesis, décrivant les localités et les restes d'Ilion, supposait la légitimité de la ville comme une chose toute naturelle.

vaient comment mettre à profit : en outre, ils adoptèrent plus ou moins de ces rites religieux violents et portant à la folie, manifestés parfois par des souffrances et des mutilations qu'on s'infligeait soi-même, rites indigènes en Asie Mineure dans le culte de la Grande-Mère. La religion des Grecs dans la région de l'Ida, aussi bien qu'à Kyzikos, était plus orgiastique (ὀργιαστική) que le culte primitif de la Grèce propre, précisément comme celle de Lampsakos, de Priapos et de Parion était plus licencieuse. C'est dans la région teukrienne de Gergis, et chez les Gergithiens près de Kymê, que naquirent les premières prophéties sibyllines, et la sibylle légendaire qui joue un rôle si important dans le conte d'Æneas. Le mythe de la sibylle, dont on suppose que les prophéties sont entendues dans le son sourd qui sort avec bruit des cavernes et des ouvertures sombres dans les rochers (1), était indigène parmi les Teukriens Gergithiens, et passa des Kymæens en Æolis, avec les autres circonstances du conte d'Æneas, à leurs frères les habitants de Cumæ en Italie. On place la date de la sibylle gergithienne, ou plutôt de la circulation de ses prophéties supposées, pendant le règne de Crésus, époque à laquelle Gergis était entièrement teukrienne. Ses prophéties, bien que renfermées dans des vers grecs, avaient leur racine dans un sol et des sentiments teukriens ; et les promesses d'un empire futur, qu'elles firent si libéralement au héros fugitif échappant aux flammes de Troie pour se rendre en Italie, deviennent intéressantes par la manière remarquable dont Rome les réalisa (2).

---

(1) Virgile, Æneid. VI, 42 : —
« Excisum Euboïcæ latus ingens
    [rupis in antrum,
Quo lati ducunt aditus centum, ostia
    [centum :
Unde ruunt totidem voces, responsa
    [Sibyllæ. »
(2) Pausanias, X, 12, 8 ; Lactance, I, 6, 12. Steph. Byz. v. Μέρμησσος. Schol. Plat. Phædr. p. 315, Bekker. La date de cette Sibylle Gergithienne, ou des prophéties passant sous son nom, est fixée par Hêraklide de Pont, et il ne semble pas qu'il y ait de raison pour la contester.

Klausen (Æneas und die Penaten, livre II, p. 205) a traité amplement et à fond la circulation et la valeur légendaire de ces prophéties sibyllines.

V. le savant ouvrage Oracula Sibyllina de C. Alexandre. (Note du traducteur.)

A quelle époque Ilion et Dardanos devinrent-elles Æoliennes, c'est un point sur lequel nous n'avons aucun renseignement. Nous trouvons les Mitylénæens en possession de Sigeion à l'époque du poëte Alcée, vers l'an 600 av. J.-C.; et les Athéniens, pendant le règne de Pisistrate, la leur ayant enlevée, et essayant de conserver leur possession, justifient leur conduite en disant qu'ils y avaient autant de droit que les Mitylénæens, « car ces derniers ne pouvaient pas plus y prétendre qu'aucun des autres Grecs qui avaient aidé Menelaos à venger l'enlèvement d'Hélène (1). » C'est là un incident très-remarquable, en ce qu'il atteste la célébrité de la légende de Troie, et l'importance d'un titre mythique dans les disputes internationales;—cependant il semble impliquer que l'établissement des Mitylénæens dans ce lieu doit avoir été récent. La contrée placée près de la jonction de l'Hellespont et de la Propontis est représentée comme occupée dans l'origine par des Thraces Bébrykiens (2), tandis qu'Abydos fut occupée pour la première fois par des colons milésiens, sous le règne et avec l'autorisation du roi lydien Gygès (3), — auquel appartenaient toute la Troade et le territoire avoisinant, et dont par conséquent les Teukriens de l'Ida doivent avoir été dépendants. Ceci a eu sans doute lieu vers l'an 700 av.

---

(1) Hérodote, V, 94. Σίγειον..... τὸ εἷλε Πεισίστρατος αἰχμῇ παρὰ Μιτυληναίων..... Ἀθηναῖοι, ἀποδεικνύντες λόγῳ οὐδὲν μᾶλλον Αἰολεῦσι μετεὸν τῆς Ἰλιάδος χώρης, ἢ οὐ καὶ σφι καὶ τοῖσι ἄλλοισι, ὅσοι Ἑλλήνων συνεξεπρήξαντο Μενέλεῳ τὰς Ἑλένης ἁρπαγάς. Dans Eschyle (Eumenid. 402) la déesse Athênê réclame le pays voisin du Skamandros, comme ayant été donné en présent au fils de Thêseus par le vote général des chefs grecs :

Ἀπὸ Σκαμάνδρου γῆν καταφθατου-
[μένη,
Ἣν δή τ' Ἀχαιῶν ἄκτορές τε καὶ
[πρόμοι
Τῶν αἰχμαλώτων χρημάτων λάχος
[μέγα,

Ἔνειμαν αὐτόπρεμνον εἰς τὸ πᾶν
[ἐμοί,
Ἐξαιρετὸν δώρημα Θησέως τόκοις.

A l'époque de Pisistrate, ce semble, Athènes n'était pas assez hardie ou assez puissante pour avancer une prétention si considérable.

(2) Charôn de Lampsakos, ap. Scholiastem Apollonii Rhodensis, II, 2; Bernhardy ad Dionys. Periêgêt. 805, p. 747.

(3) Telle est du moins l'assertion de Strabon (XII, p. 590); bien qu'il ne semble pas facile de concilier une telle étendue de l'empire lydien à cette époque avec la conduite des rois lydiens qui régnaient dans la suite.

J.-C., époque de beaucoup antérieure à l'occupation de Sigeion par les Mitylénæens. Lampsakos et Pæsos, sur les côtes voisines de la Propontis, étaient aussi des colonies milésiennes, bien que nous n'en sachions pas la date : Milètos, Erythræ et Paros colonisèrent conjointement Parion.

CHAPITRE II

MYTHES GRECS, TELS QU'ILS SONT COMPRIS, SENTIS ET INTERPRÉTÉS PAR LES GRECS EUX-MÊMES.

Les mythes formaient tout le fonds intellectuel des premiers Grecs. — État d'esprit d'où ils sont nés. — Tendance à tout personnifier. — Absence de connaissances positives, suppléées par une foi disposée à personnifier. — Multitude et variété de personnages presque humains. — Ce que nous lisons comme imaginations poétiques était pour les Grecs des réalités sérieuses. — Les dieux et les héros, — leur action principale rejetée dans le passé et enfermée dans les mythes. — Types marqués et variés des dieux homériques. — Stimulant qu'ils donnaient à la faculté créatrice des mythes. — Foi accordée aisément à des récits populaires et plausibles. — Les poëtes, — ils reçoivent leur sujet de la divine inspiration de la Muse. — Sens du mot *mythe*, — primitif, — altéré. — Sujet de l'histoire actuelle, sans intérêt pour les anciens Grecs. — Foi mythique et point de vue religieux, dominant à l'époque d'Homère. — Développement graduel du point de vue scientifique, en opposition avec le point de vue religieux. — Époque qui créa les mythes, — antérieure à ce dissentiment. — Force expansive de l'intelligence grecque. — Transition menant vers les faits positifs et présents. — Le poëte devient l'organe du temps présent au lieu d'être celui du temps passé. — Poëtes iambiques, élégiaques et lyriques. — Influence de l'ouverture de l'Egypte sur le commerce grec, 660 av. J.-C. — Progrès — historique, géographique, social, — à partir de cette période jusqu'à l'an 500 av. J.-C. — Changement dans la règle du jugement moral et intellectuel. — Commencement de la science physique, — Thalès, Xénophane, Pythagore. — Nature impersonnelle conçue comme objet d'étude. — Opposition entre la méthode scientifique et le sentiment religieux de la multitude. — Comment elle est traitée par différents philosophes. — Socrate. — Hippocrate. — Anaxagore. — En opposition avec la foi religieuse grecque. — Manière dont les Athéniens traitent Socrate. — Scission entre les hommes supérieurs et la multitude, — importante par rapport aux mythes. — Les mythes accommodés à un nouveau ton de sentiment et de jugement. — Les poëtes et les logographes. — Pindare. — Poëtes tragiques. — Eschyle et Sophocle. — Tendances d'Eschyle par rapport aux anciennes légendes. — Il conserve dans son intégrité la grandeur du monde mythique. — Sophocle. — Euripide, accusé de rendre vulgaires les héros mythiques, — et d'introduire un pathos exagéré, des raffinements et le ton de la rhétorique. — Les logographes, — Phérécyde, etc.

— Hécatée ; — les mythes dépouillés de leur caractère surnaturel. — Les historiens, — Hérodote. — Ardente piété d'Hérodote. Sa réserve mystique. — Son opinion sur le monde mythique. — Sa déférence pour l'Égypte et pour les assertions égyptiennes. — Sa foi générale dans les héros et les éponymes mythiques ; — combinée cependant avec du scepticisme quant aux faits positifs. — Ses remarques sur la fondation miraculeuse de l'oracle à Dôdônê. — Ses remarques sur Mélampe et ses pouvoirs prophétiques. — Ses remarques sur la légende thessalienne de Tempê, — Sur la légende de Troie. — Explication allégorique des mythes — de plus en plus estimée et appliquée. — Légendes divines allégorisées — Légendes héroïques transformées en histoire. — Limites de ce procédé d'explication. — Distinction entre les dieux et les démons, altérée et élargie par Empédocle. — Les démons admis comme êtres partiellement méchants. Effet de cette théorie. — Explication semi-historique. — Quelques attestations positives indispensables pour constituer une preuve historique. Simple foi populaire insuffisante. — Erreur consistant à attribuer le sens historique des temps modernes à une époque qui n'a point d'annales. — Sujets de la tradition non attestés depuis le commencement. — La matière fabuleuse de la tradition n'implique ni fraude ni imposture. — Fiction plausible souvent produite et accréditée par la seule influence d'un sentiment fort et commun même dans les époques éclairées. — Théorie allégorique des mythes — rapportée par quelques-uns à une ancienne caste sacerdotale. — Sens réel des mythes qu'on suppose avoir été conservé dans les mystères religieux. — L'ancien sens supposé est réellement une explication moderne. — Triple théologie du monde païen. — Manière de considérer et d'employer les mythes selon Platon. — Ses vues au sujet de la nécessité et de l'emploi de la fiction. — Il regarde les mythes comme étant l'expression du sentiment et de l'imagination. — Soutenue par la foi religieuse, et non par une base positive quelconque. — L'antiquité grecque est essentiellement une conception religieuse. — L'application de calculs chronologiques lui enlève ce caractère. — Les généalogies mythiques ne forment toutes qu'une classe, et sont toutes sur le même niveau sous le rapport de l'évidence. — Généalogies grecque et égyptienne. — Valeur de chacune d'elles purement subjective, par rapport à la foi du peuple. — Les dieux et les hommes ne peuvent être distingués dans l'antiquité grecque. — Récapitulation générale. — Public grec en général — familier avec ses mythes locaux, indifférent pour l'histoire récente. — Fêtes religieuses, — leur influence commémorative. — Variété et universalité des reliques mythiques. — Les mythes dans leur rapport avec l'art grec. — Tendance des œuvres d'art à augmenter la foi mythique.

Le but des chapitres précédents a été de présenter une esquisse de cette matière narrative, si riche, si caractéristique et si intéressante, d'où l'on a tiré la première histoire et la première chronologie grecques. Créée dans l'origine par des mains invisibles, sans date assignable, elle exista d'abord sous la forme de sujet d'entretien flottant parmi le peuple ; puis de là elle passa en grande partie dans les chants des poëtes, qui la multiplièrent, la transformèrent et l'ornèrent de mille manières différentes.

Ces mythes, ou histoires répandues dans le pays, produit spontané et le plus ancien de l'esprit grec, constituaient en même temps tout le fonds intellectuel de l'époque à laquelle ils appartenaient. Ils sont la racine commune de toutes ces diverses ramifications divergentes qui se remarquent postérieurement dans l'activité intellectuelle grecque ; ils contenaient, pour ainsi dire, la préface et le germe de l'histoire et de la philosophie positive, de la théologie dogmatique et du roman proprement dit, branches que nous suivrons par la suite chacune dans son développement séparé. Ils fournissaient un aliment à la curiosité et une solution aux doutes et aux aspirations vagues de l'époque ; ils expliquaient l'origine de ces coutumes et de ces particularités permanentes avec lesquelles les hommes étaient familiers ; ils imprimaient dans les esprits des leçons morales, éveillaient les sympathies patriotiques, et montraient en détail les pressentiments obscurs, mais inquiets du vulgaire quant à l'action des dieux : de plus, ils satisfaisaient ce désir ardent d'aventures et cette soif de merveilleux qui sont devenus, dans les temps modernes, le domaine de la fiction proprement dite.

Il est difficile, nous pouvons dire impossible, à un homme d'un âge mûr de ramener son esprit aux conceptions de son enfance, telles qu'elles se formaient à ce moment de sa vie, naissant naturellement de son imagination et de ses sentiments, travaillant sur un fonds restreint de matériaux, et empruntant à des autorités qu'il suivait aveuglément, mais ne comprenait qu'imparfaitement. Nous rencontrons la même difficulté quand nous essayons de nous placer au point de vue historique et presque philosophique que les anciens mythes nous présentent. Nous pouvons suivre parfaitement l'imagination et les sentiments qui dictèrent ces récits, ils peuvent exciter notre sympathie et notre admiration comme poésie animée, sublime et touchante ; mais nous sommes trop accoutumés à une réalité et à une philosophie d'une nature positive pour pouvoir concevoir un temps où ces beaux produits de l'imagination étaient expliqués littéralement et acceptés comme des faits réels et sérieux.

Néanmoins il est évident que les mythes grecs ne peuvent

être ni compris ni appréciés que si l'on se reporte au système de conceptions et de croyances des âges dans lesquels ils prirent naissance. Nous devons supposer un public qui ne lisait ni n'écrivait, mais qui voyait, écoutait et parlait, dépourvu de toute espèce d'annales, et indifférent à l'histoire positive avec ses critérium indispensables autant qu'il l'ignorait; cependant curieux en même temps et avide d'incidents nouveaux et frappants, étranger même aux premiers éléments de la philosophie positive et à l'idée de l'ordre invariable de la nature soit dans l'ordre physique, soit dans l'ordre moral; demandant toutefois quelque théorie propre à interpréter et à systématiser les phénomènes qui frappaient ses regards en les rattachant par un lien commun. Une telle théorie fut le fruit des inspirations spontanées d'une imagination jeune, qui supposait l'action habituelle d'êtres intelligents et libres, comme l'était ce public lui-même, mais supérieurs par l'étendue du pouvoir, et différents par la nature particulière des attributs. Dans les idées géographiques de la période homérique, la terre était plate et ronde; autour d'elle coulait le profond et doux courant océanique qui se rejoignait : de chronologie, ou de moyens de mesurer le passé, il n'en existait pas. Néanmoins, des régions inexplorées pouvaient être décrites, le passé oublié, déroulé, et l'avenir inconnu prédit par certains hommes qui recevaient des dieux une inspiration spéciale, ou cette vue particulière servant à découvrir et à interpréter les signes et les présages fugitifs.

Si même les premiers éléments de la géographie et de la physique scientifiques, aujourd'hui si universellement répandus et si précieux, comme garantie contre l'erreur et l'illusion, manquaient à cette première période de la société, ils étaient largement suppléés par la vivacité de l'imagination et par une sympathie disposée à tout personnifier. Il faut avant tout mentionner ici la tendance illimitée des Grecs homériques à multiplier les personnages imaginaires, et à expliquer les phénomènes intéressants ou formidables en les transformant en manifestations d'un dessein préconçu, parce que la forme du récit personnel, que l'on trouve universellement dans leurs mythes, est une de ses nombreuses conséquences. Leur polythéisme (comprenant quelques éléments d'un fétichisme primitif, dont certains objets avaient eux-mêmes été supposés doués de vie, de volonté et d'intention); leur polythéisme, disons-nous, reconnaissait l'action d'êtres invisibles identifiés et confondus avec les différentes localités et les différentes divisions du monde physique. De tels êtres présentaient des variétés nombreuses, et beaucoup de degrés tant pour le pouvoir que pour les attributs; et il y avait entre eux des différences d'âge, de sexe, de lieu, de résidence locale; des relations et conjugales et filiales, et des sympathies aussi bien que des antipathies. Les dieux formaient une sorte de communauté politique particulière, qui avait sa hiérarchie, sa répartition de rangs et de devoirs, ses débats au sujet de la puissance et parfois ses révolutions, ses assemblées publiques dans l'agora de l'Olympe, et ses innombrables banquets ou fêtes (1). Les grands dieux olympiques n'étaient de fait que les plus élevés en dignité parmi une réunion de personnages presque humains ou dépassant l'humanité, tels que démons, héros, nymphes, éponymes (c'est-à-dire qui donnent un nom), génies, identifiés avec chaque fleuve, chaque montagne (2), chaque cap, chaque ville, chaque village,

---

(1) Homère, Iliad. I, 603; XX, 7. Hésiode, Théog. 802.

(2) Nous lisons dans l'Iliade qu'Asteropæos était petit-fils du beau fleuve Axios, et qu'Achille, après l'avoir tué, admet la noblesse de cette parenté, mais se vante que sa propre lignée, qui remonte à Zeus, était beaucoup plus élevée, puisque même le grand fleuve Achelôos et Okeanos lui-même sont inférieurs à Zeus (XXI, 157-191). Skamandros combat avec Achille, et il appelle son frère Simoïs à son aide (213-308). Tyrô, fille de Salmôneus, devient amoureuse d'Enipeus, le plus beau des fleuves (Odyss. XI, 237). Achelôos paraît comme un des prétendants de Deianeira (Sophocle, Trach. 9).

Ce sentiment ne peut être mieux expliqué que par ce que l'on dit de nos jours des habitants de la Nouvelle-Zélande. Le chef Heu-Heu en appelle à l'auteur de sa race, la grande montagne Tonga-Riro : « Je suis le Heu-Heu et règne sur vous tous, précisément comme l'auteur de ma race, Tonga-Riro, la montagne de neige, domine tout ce pays. » (E. J. Wakefield, Adventures in New-Zealand, vol. I, c. 17, p. 465.) Heu-Heu refusait à tout le monde la permission de gravir la montagne, par la raison qu'elle était son *tipuna*, ou l'auteur de sa race : « Il s'identifiait constamment avec la montagne et l'appelait son premier père sacré. » (Vol. II, c. 4, p. 113.) Les naturels de la Nouvelle-Zélande regardent les montagnes comme mâles et femelles : Tonga-Riro et Taranaki, deux montagnes mâles, se disputaient les affections

chaque circonscription connue de territoire ; de plus, chevaux, taureaux et chiens, issus de race immortelle et doués d'attributs particuliers, et monstres présentant des traits et des combinaisons étranges, « Gorgones et Harpies et Chimères terribles. » Comme il y avait dans chaque *gens* ou

---

d'une petite montagne volcanique femelle située dans le voisinage (*ibid*. II, c. 4, p. 97).

L'imagination religieuse des Hindous (selon la description donnée par le colonel Sleeman dans son excellent ouvrage, Rambles and Recollections of an Indian Official) fournit un remarquable pendant à celle des anciens Grecs. Le colonel Sleeman dit :

« Je demandai à quelques-uns des Hindous qui étaient auprès de nous pourquoi ils appelaient la rivière mère Nerbuddha, si elle n'avait jamais été réellement mariée. Sa Majesté (dirent-ils avec grand respect) ne consentirait jamais réellement à se marier après l'indignité qu'elle a soufferte de la part de son fiancé le Sohun ; et nous l'appelons *mère* parce qu'elle nous bénit tous, et nous sommes jaloux de l'aborder avec le nom que nous considérons comme étant le plus respectueux et le plus tendre.

« Tout Anglais peut aisément s'imaginer un poëte, au moment où son cerveau est le plus échauffé, s'adressant à l'Océan comme à un coursier qui connaît son cavalier, et caressant la crête des vagues comme étant la crinière flottante de l'animal. Mais il doit venir dans l'Inde pour comprendre comment chaque individu de *toute une communauté composée d'un grand nombre de millions d'hommes peut parler à une belle rivière comme si elle était un être vivant, une princesse souveraine qui entend et comprend tout ce qu'ils disent, et exerce une sorte de surveillance locale sur leurs affaires*, sans un seul temple où son image soit adorée, sans un seul prêtre pour profiter de l'erreur. Comme dans le cas du Gange, *c'est à la rivière elle-même qu'ils s'adressent, et non à quelque divinité qui l'habite ou qui y préside ;* le courant lui-même est la divinité qui remplit leurs imaginations et reçoit leur hommage. » (Rambles and Recollections of an Indian Official, c. 3, p. 20.) Comparez aussi les remarques que renferme le même ouvrage sur la sainteté de *Mère Nerbudda* (ch. 27, p. 261) ; et sur la personnalité sacrée de la terre. « La terre, est considérée comme la MÈRE du prince ou du chef qui la possède, la grande source d'où il tire tout ce qui sert à soutenir lui, sa famille et sa maison. Si elle est bien traitée, elle le fournit en abondance à son fils ; mais s'il ose jeter sur elle le regard du *désir*, elle cesse d'être féconde, ou la divinité envoie la grêle ou la rouille pour détruire tout ce qu'elle produit. Le peuple considérait sous ce point de vue l'inspection fréquente des récoltes et le mesurage de la surface des champs, faits par le chef lui-même ou par ses agents immédiats, soit que cela ne dût pas avoir lieu du tout, ou que ce devoir dût être délégué à des agents inférieurs dont l'inspection attentive qu'ils feraient de la *grande mère* ne déplairait pas tant à la divinité. » (ch. 27, p. 248.)

Voir aussi au sujet des Dieux que l'on croit résider dans des arbres, tels l'arbre Peepul, le cotonnier, etc. (c. 9, p. 112), et la description du mariage annuel célébré entre le caillou sacré, ou dieu-caillou, Saligram, et l'arbrisseau sacré Toolsea, à grands frais et avec une procession nombreuse (c. 19, p. 158, 23, p. 185).

famille des divinités spéciales propres à cette famille, et des ancêtres antérieurs qui veillaient sur ses membres, formant dans chacune le symbole caractéristique et la garantie reconnue de leur union, de même il semble qu'il y a eu pour chaque corporation ou chaque commerce des êtres particuliers dont la vocation était de coopérer à ses opérations à divers degrés ou de les entraver (1).

Les personnifications étendues et multiformes, dont nous présentons ici une faible esquisse, pénétraient en tout sens le système intellectuel des Grecs, et s'identifiaient intimement à la fois avec l'idée qu'ils se faisaient des phénomènes, présents aussi bien que passés, et avec la description qu'ils en donnaient. Ce qui, pour nous, est intéressant comme étant simplement la création d'une imagination exubérante, était pour le Grec une réalité véritable et vénérée. Il concevait la terre et le ciel solide (Gæa et Uranos) comme doués d'appétits, de sentiments, de sexe et de la plupart des divers attributs humains, et c'est dans ce sens qu'il en parlait. Au lieu d'un soleil tel que celui qui frappe nos regards, soumis à des lois astronomiques, et formant le centre d'un système dont nous pouvons déterminer et prévoir les changements, il voyait le grand dieu Hêlios, montant sur son char le matin à l'orient, atteignant à midi le haut du ciel solide, et arrivant le soir à l'horizon occidental avec des chevaux fatigués et avides de repos. Hêlios, qui avait des endroits favoris où

---

(1) V. le chant adressé aux potiers, dans les épigrammes homériques (14) :
Εἰ μὲν δώσετε μισθὸν, ἀείσω, ὦ κερα-
[μῆες·
Δεῦρ' ἄγ' Ἀθηναίη, καὶ ὑπείρεχε χεῖρα
[καμίνου.
Εὖ δὲ μελανθεῖεν κότυλοι, καὶ πάντα
[κάναστρα
Φρυχθῆναί τε καλῶς, καὶ τιμῆς ὦνον
[ἀρέσθαι.
.... Ἢν δ' ἐπ' ἀναιδείην τρεφθέντες
[ψευδῆ ἄρησθε,
Συγκαλέω δὴ 'πειτα καμίνῳ δηλη-
[τῆρας·

Σύντριβ' ὅμως, Σμάραγόν τε, καὶ
[Ἄσβετον, ἠδὲ Σαβάκτην,
Ὠμόδαμόν θ', ὃς τῇδε τέχνῃ κακὰ πολλὰ
[πορίζει, etc.

On reconnaissait une certaine parenté entre les hommes et les serpents (συγγένειάν τινα πρὸς τοὺς ὄφεις) dans la gens particulière des ὀφιογενεῖς, près de Parion, dont les membres possédaient le don de guérir par leur attouchement la morsure du serpent : le héros primitif de cette gens avait été, disait-on, changé en homme, de serpent qu'il était (Strabon, XIII, p. 588).

paissait son beau bétail, se plaisait à les contempler pendant le cours de son voyage, et éprouvait un vif déplaisir si quelque homme tuait ses troupeaux ou leur faisait du mal ; de plus, il avait des fils et des filles sur la terre ; et, comme son œil voyait tout et pénétrait partout, il était parfois en état de révéler des secrets aux dieux eux-mêmes, tandis que dans d'autres occasions il était forcé de se détourner de sa route pour éviter de voir des scènes d'abomination (1). Ces imagi-

---

(1) Odyss. II, 388 ; VIII, 270 ; XII, 4, 128, 416 ; XXIII, 362. Iliade, XIV, 344. L'hymne homérique à Dêmêtêr exprime cela élégamment (63) :

Ἥλιον δ' ἵκοντο, θεῶν σκόπον ἠδὲ καὶ [ἀνδρῶν.

Et l'histoire remarquable d'Euênios d'Apollônia, la négligence qu'il montre pour le bétail sacré de Hêlios, et les terribles conséquences qui en résultent (Hérod. IX, 93 ; Cf. Théocr. Idyll. XXV, 130).

Je ne connais pas de passage où cette conception des corps célestes considérés comme des personnes soit exposée d'une manière plus frappante que dans les mots du chef Germain Boiocalus, plaidant sa cause et celle de sa tribu, les Ansibarii, devant le légat romain Avitus. Cette tribu, que d'autres avaient chassée de ses possessions natales, s'était établie sur quelques parties de cette vaste étendue de terres situées le long du bas Rhin, que le gouvernement romain réservait pour l'usage de ses soldats, mais qui restaient désertes, parce que les soldats n'avaient ni les moyens ni le désir de les occuper. Le vieux chef, plaidant sa cause devant Avitus, qui lui avait expédié l'ordre d'évacuer les terres, insista d'abord sur sa fidélité de cinquante années à la cause romaine, et toucha ensuite l'énormité qu'il y avait à laisser à l'état de désert une si grande étendue de pays (Tacite, Annales, XIII, 55) : « Quotam partem campi jacere, in quam pecora et armenta militum aliquando transmitte-rentur? Servarent sane receptos gregibus, inter hominum famam : modo ne vastitatem et solitudinem mallent, quam amicos populos. Chamavorum quondam ea arva, mox Tubantum, et post Usipiorum fuisse. Sicuti cœlum Diis, ita terras generi mortalium datas : quæque vacuæ, eas publicas esse. Solem deinde respiciens, et cætera sidera vocans, quasi coram interrogabat, vellentne contueri inane solum ? Potius mare superfunderent adversus terrarum ereptores. Commotus his Avitus, etc. » Le légat rejeta la requête, mais offrit en particulier à Boiocalus des terres pour lui-même, séparément de sa tribu, offre que ce chef repoussa avec indignation. Il essaya de se maintenir dans ces terres, mais il fut chassé par les armes romaines, et forcé de chercher une patrie parmi les autres tribus germaines, qui toutes la lui refusèrent. Après beaucoup de courses et de privations, la tribu entière des Ansibarii fut anéantie ; ses guerriers furent tous tués, ses femmes et ses enfants vendus comme esclaves.

Je mentionne cette suite affligeante, pour montrer que le vieux et brave chef plaidait devant Avitus une question de vie et de mort, et pour lui-même et pour sa tribu, et que l'occasion prêtait moins que toute autre à une pure prosopopée de rhétorique. Son appel est un appel sincère et profondément senti aux sympathies et aux sentiments personnels de Hêlios.

Tacite, en rapportant le discours, y

nations nous paraissent maintenant puériles, bien qu'agréables; mais, aux yeux d'un Grec homérique, elles semblaient parfaitement naturelles et plausibles. A ce point de vue, la description du soleil, telle que la donne un traité moderne d'astronomie, aurait paru non-seulement absurde, mais encore repoussante et impie. Même dans des temps plus rapprochés, quand l'esprit positif de recherche eut fait un progrès considérable, Anaxagore et d'autres astronomes encouraient l'accusation de blasphème pour enlever à Hèlios sa personnalité et pour essayer d'assigner des lois invariables aux phénomènes solaires (1). De cette façon, les Grecs homériques alliaient à leur manière de concevoir les phéno-

---

joint la glose « quasi coram, » pour marquer que l'orateur passe ici à un ordre d'idées différent de celui auquel lui-même ou ses lecteurs étaient accoutumés. Si Boiocalus avait entendu et rapporté à sa tribu une leçon sur l'astronomie, il aurait introduit quelque explication, pour l'aider à comprendre plus facilement Hèlios sous un point de vue si nouveau pour elle. Tandis que Tacite trouve nécessaire d'expliquer par un commentaire la *personnification du soleil*, Boiocalus aurait eu quelque peine à faire comprendre à sa tribu la *transformation du dieu Hèlios en un objet*.

(1) L'astronomie physique était à la fois nouvelle et regardée comme impie à l'époque de la guerre du Péloponèse. V. Plutarque, quand il parle de cette éclipse qui devint si fatale à l'armée athénienne à Syracuse, par suite des sentiments religieux de Nikias : οὐ γὰρ ἠνείχοντο τοὺς φυσικοὺς καὶ μετεωρολέσχας τότε καλουμένους, ὡς εἰς αἰτίας ἀλόγους καὶ δυνάμεις ἀπρονοήτους καὶ κατηναγκασμένα πάθη διατρίβοντας τὸ θεῖον (Plut. Nikias, c. 23, et Periklês, c. 32 ; Diodore, XII, 39 ; Dêmêtr. Phaler. ap. Diogen. Laërt. IX, 9, 1.

« Tu es un homme étrange, Melêtos, » disait Socrate, pendant son procès, à son accusateur ; « affirmes-tu sérieusement que je ne pense pas que Hêlios et Selênê soient des dieux, comme le reste des hommes le pensent ? » « Certainement non, il ne le croit pas, juges (c'est la réponse de Melêtos) ; Socrate dit que le soleil est une pierre, et la lune une terre. » « Eh bien, mon cher Melêtos, tu crois porter une accusation contre Anaxagore ! Tu regardes ces juges comme étant d'une ignorance assez méprisable pour ne pas savoir que les livres d'Anaxagore sont remplis de telles doctrines ! Est-ce de moi que les jeunes gens reçoivent de tels enseignements, quand ils peuvent acheter les livres pour une drachme au théâtre, et alors me couvrir de ridicule et de mépris si je prétendais annoncer ces vues comme étant miennes, *sans mentionner qu'elles sont en elles-mêmes si extravagantes ?* » (ἄλλως τε καὶ οὕτως ἄτοπα ὄντα, Platon, Apolog. Socrat. c. 14, p. 26.)

Platon présente expressément la divinité de Hèlios et de Selênê, Legg. X, p. 886, 889. Il ne permet l'astronomie physique qu'avec de grandes restrictions et dans une mesure limitée. Cf. Xenoph. Memor. IV, 7, 7 ; Diogen. Laërt. II, 8 ; Plut. de Stoic. Repugnant. c. 40, p. 1053 ; et Schaubach ad Anaxagoræ Fragmenta, p. 6.

mènes physiques qui frappaient leurs regards la fiction par laquelle ils les personnifiaient, non pas simplement comme un ornement poétique, mais comme une partie véritable de leur croyance de chaque jour.

Les dieux et les héros du pays et de la tribu appartenaient, dans la conception d'un Grec, également au présent et au passé : il les adorait dans leurs bois et à leurs fêtes ; il invoquait leur protection, et croyait à leur tutelle et à leur surveillance, même de son propre temps ; mais leur action plus spéciale, plus intime et plus sympathique était rejetée dans le passé non constaté par des annales (1). Revêtir ce sentiment général d'une expression convenable, donner un corps et le mouvement à ces préexistences divines et héroïques que l'on ne concevait qu'avec des contours obscurs, les particulariser, éclairer les rêves qui montraient ce que le passé devait avoir été (2) dans les esprits de ceux qui ne savaient pas ce qu'il avait été réellement, tels était le but et l'inspiration

---

(1) Hésiode, Catalog. Fragm. 76, p. 48, éd. Düntzer :
Ξυναὶ γὰρ τότε δαῖτες ἔσαν ξυνοί τε
[θόωκοι,
Ἀθανάτοις τε θεοῖσι καταθνήτοις
[τ' ἀνθρώποις.
Les deux poëmes, la Théogonie et les Travaux et les Jours, attestent le même sentiment général. Même les héros d'Homère supposent un âge antérieur, dont les personnages étaient avec les dieux dans un contact plus rapproché qu'eux-mêmes (Odyss. VIII, 223 ; Iliade, V, 304 ; XII, 382). Cf. Catulle, Carm. 64 ; Epithal. Peléos et Thetidos, v. 382-408.

Ménandre le rhéteur (qui suit généralement les traces de Denys d'Halic. Art. Rhetor. cap. 1-8) suggère à ses concitoyens d'Alexandria Troas des formes convenables et flatteuses pour inviter un grand homme à assister à leur fête des Sminthia : ὥσπερ γὰρ Ἀπόλλωνα πολλάκις ἐδέχετο ἡ πόλις τοῖς Σμινθίοις, ἡνίκα ἐξῆν θεοὺς προφανῶς ἐπιδημεῖν τοῖς ἀνθρώποις, οὕτω καί σε ἡ πόλις νῦν προσδέχεται (περὶ Ἐπιδεικτικ. s. IV, c. 14, ap. Walz. Coll. Rhetor. t. IX, p. 304). Ménandre semble avoir été natif d'Alexandria Troas, bien que Suidas l'appelle un Laodicéen (V. Walz. Præfat. ad t. IX, xv-xx ; et περὶ Σμινθιακῶν, sect. IV, c. 17). La fête des Sminthia dura jusqu'à son époque, embrassant toute la durée du paganisme, en remontant dans le passé jusqu'à Homère.

(2) P. A. Müller fait observer avec justesse dans sa Saga-Bibliothek, au sujet des mythes islandais : « Dans les mythes, on représente la vie des anciens temps telle qu'elle paraît réellement à l'intelligence de l'enfance, à l'imagination de l'adolescent, et au cœur dans toute sa plénitude. »
(Lange's Untersuchungen über die Nordische und Deutsche Heldensage, traduites par P. A. Müller, Introd. p. 1.)

spontanés du génie créateur dans la communauté, et tels étaient les desseins qu'accomplissaient par excellence les mythes grecs.

L'amour des antiquités, que Tacite mentionne comme si dominant parmi les Grecs de son temps (1), était un des penchants nationaux les plus anciens, les plus durables et les plus répandus. Mais les antiquités de chaque état étaient divines et héroïques; elles reproduisaient les linéaments de l'humanité ordinaire, mais en méconnaissaient la mesure et les limites. Les dieux formaient le point de départ, au delà duquel personne ne songeait à regarder, bien que quelques dieux fussent plus anciens que d'autres : leur progéniture, les héros, dont un grand nombre étaient nés de mères mortelles, constitue un anneau intermédiaire entre dieu et l'homme. L'ancienne épopée reconnaît habituellement la présence d'une multitude d'hommes sans nom; mais ils sont introduits surtout dans le but de remplir la scène et d'exécuter les ordres, de célébrer la valeur et de faire ressortir la personnalité d'un petit nombre de caractères divins ou héroïques (2). La gloire des bardes et des conteurs consistait à pouvoir satisfaire ces prédispositions religieuses et patriotiques du public, prédispositions qui faisaient naître le premier besoin de leurs contes, et qui étaient d'une nature éminemment engageante et expansive. Car la religion grecque avait plus d'un côté et plus d'une couleur; elle comprenait une grande multitude de personnes, avec une grande diversité dans le type des caractères; elle divinisait toutes les qualités et tous les attributs de l'humanité, les sentiments

---

(1) Titus visita le temple de Vénus de Paphos à Cypre, « spectatâ opulentiâ donisque regum, quæque *alia lætum antiquitatibus Græcorum genus incerta vetustati adfingit*, de navigatione primum consuluit. » (Tacite, Hist. II, 4-5.)

(2) Arist. Problem. XIX, 48. Οἱ δὲ ἡγεμόνες τῶν ἀρχαίων μόνοι ἦσαν ἥρωες· οἱ δὲ λαοὶ ἄνθρωποι. Ister suivait aussi cette opinion; mais il semble que le point de vue le plus commun a été de regarder tous ceux qui combattirent à Troie comme des héros (V. Schol. Iliade, II, 110; XV, 231), et c'est ainsi qu'Hésiode les considère (Opp. Di. 158).

Par rapport à la guerre de Troie, Aristote dit καθάπερ ἐν τοῖς Ἡρωϊκοῖς περὶ Πριάμου μυθεύεται. (Ethic. Nicom. I, 9; Cf. VII, 1.)

élevés aussi bien que les vils, les tendres aussi bien que les belliqueux, les inclinations portant à un dévouement volontaire et aux aventures, aussi bien que les instincts sensuels et disposant au rire. Nous arriverons par la suite à une époque où les philosophes protestèrent contre une telle identification des dieux avec les appétits et les jouissances les plus vulgaires; ils pensaient que l'on ne pouvait convenablement appliquer à des êtres surhumains que les attributs spirituels de l'homme, et ils tiraient leurs épithètes s'appliquant aux dieux exclusivement de ce qui était imposant, majestueux et terrible dans les affaires de l'humanité. De telles restrictions apportées à l'imagination religieuse firent des progrès continuels ; et le cachet mystique et didactique, dont fut marqué le dernier siècle du paganisme à l'époque de Julien et de Libanius, contraste fortement avec les formes concrètes et animées, pleines de mouvement vigoureux et accessibles à tous les goûts capricieux du tempérament humain, qui peuplent l'Olympe homérique (1). Maintenant, toutefois, nous n'avons

---

(1) La génération opérée par un dieu est regardée dans les anciens poëmes comme un acte entièrement humain et physique (ἐμίγη — παρελέξατο); et c'était l'opinion commune à l'époque de Platon (Platon, Apolog. Socrat. c. 15, p. 15); le héros Astrabakos est père du roi lacédæmonien Démarate (Hérod. VI, 66.) [Hérodote n'ajoute pas foi à l'histoire qui lui fut racontée à Babylone touchant Bélus (I, 182).] Euripide parfois désapprouve expressément cette idée (Ion, 350), mais Platon passait parmi un nombre considérable de ses admirateurs pour le fils réel d'Apollon, et Ariston, son père putatif, en se mariant, fut averti dans un songe qu'il devait respecter la personne de son épouse Periktionê, alors enceinte des œuvres d'Apollon, jusqu'à ce que l'enfant Platon fût né (Plut. Quæst. Sympos. p. 717, VIII, 1; Diogen. Laërt. III, 2 ; Origène, cont. Cels. I, p. 29). Plutarque (dans la Vie de Numa, c. 4; cf. Vie de Thêseus, 2) discute le sujet, et incline à n'admettre qu'une sympathie et une tendresse de cœur dans un dieu : Pausanias en parle timidement, et il n'est pas toujours conséquent avec lui-même ; tandis que les rhéteurs postérieurs le spiritualisent complètement. Menander περὶ Ἐπιδεικτικῶν (vers la fin du troisième siècle av. J.-C.) prescrit des règles pour louer un roi : Vous devez le louer pour la gens à laquelle il appartient; peut-être pouvez-vous prouver qu'il est effectivement le fils de quelque dieu ; car beaucoup de ceux qui semblent nés des hommes *sont réellement envoyés sur la terre par Dieu* et sont des *émanations de la puissance suprême*, πολλοὶ τὸ μὲν δοκεῖν ἐξ ἀνθρώπων εἰσί, τῇ δ' ἀληθείᾳ παρὰ τοῦ θεοῦ καταπέμπονται καί εἰσιν ἀπόρροιαι ὄντως τοῦ κρείττονος · καὶ γὰρ Ἡρακλῆς ἐνομίζετο μὲν Ἀμφιτρύωνος, τῇ δὲ ἀληθείᾳ ἦν Διός. Οὕτω καὶ βασιλεὺς ὁ ἡμέτερος τὸ μὲν

à considérer que l'ancien paganisme, le paganisme homérique et hésiodique, et son action dans la procréation des récits mythiques. Nous ne pouvons douter qu'il ne fournît le stimulant le plus puissant, et le seul qu'admît l'époque, à la faculté créatrice du peuple ; aussi bien, par la sociabilité, la hiérarchie, l'action et la réaction mutuelles de ses dieux et de ses héros, que par la grandeur, la variété, le caractère purement humain de ses types fondamentaux.

Bien que nous puissions expliquer ainsi la fécondité des Grecs quant à la création des mythes, je suis loin de prétendre que nous puissions rendre un compte suffisant de la suprême beauté de leurs principales productions épiques et artistiques. Il y a dans les produits supérieurs d'un génie individuel quelque chose qui dépasse la portée d'une théorie philosophique : le souffle spécial de la Muse (pour parler le langage de l'ancienne Grèce) devait être là pour leur donner l'être. Même parmi ses sectateurs, il y a beaucoup d'appelés, mais peu d'élus ; et les particularités qui distinguent ces derniers restent encore son secret à elle.

Cependant nous n'oublierons pas que la langue grecque était aussi un élément indispensable au développement et à la beauté des mythes grecs ; sa richesse, sa flexibilité, son aptitude à former de nouvelles combinaisons ; l'abondance des voyelles qui la caractérise, et sa prononciation métrique,

---

δοκεῖν ἐξ ἀνθρώπων, τῇ δὲ ἀληθείᾳ τὴν καταβολὴν οὐράνοθεν ἔχει, etc. (Menander ap. Walz. Collect. Rhetor. t. IX, c. 1, p. 218). Et encore, περὶ Σμινθιακῶν — Ζεὺς γένεσιν παίδων δημιουργεῖν ἐνενόησε — Ἀπόλλων τὴν Ἀσκληπιοῦ γένεσιν ἐδημιούργησε, p. 322-327; cf. Hermogène, au sujet de l'histoire d'Apollon et de Daphnê, Progymnasm. c. 4; et Julien, Orat. VII, p. 220.

Le contraste de la phraséologie païenne de cette époque (Ménandre avait lui-même composé un hymne d'invocation adressé à Apollon, περὶ Ἐγκωμίων, c. 3, t. IX, p. 136, Walz.) avec celle d'Homère mérite bien d'être remarqué. Le Catalogue hésiodique des Femmes parlait beaucoup des mariages et des amours des dieux, au point de fournir de nombreuses inspirations, telles que les chants d'amour de Sapphô, aux compositeurs d'épithalames. (Ménandre, ib. sect. IV, c. 6. p. 268.)

Ménandre donne le spécimen d'un hymne en prose propre à être adressé à Apollon Sminthien (p. 320) ; le caractère spirituel de cet hymne forme le contraste le plus marqué avec l'hymne homérique en l'honneur du même dieu.

et même un grand nombre de ses noms propres, par leur analogie avec des mots ayant une signification réelle, donnaient directement l'occasion de produire des récits propres à expliquer ou à éclaircir un sujet. Parmi toute la collection des mythes on en trouve d'étymologiques dans une proportion sensible.

Aussi, pour comprendre convenablement les mythes grecs, devons-nous essayer de nous identifier avec l'état d'esprit de l'âge primitif qui les a créés ; procédé difficile à appliquer, puisqu'il nous oblige à adopter une série d'imaginations poétiques non-seulement comme des réalités, mais comme les réalités dominantes du système intellectuel(1); procédé toutefois

---

(1) L'analogie intellectuelle qui existe entre les premières phases de la civilisation humaine et l'enfance de l'individu est exposée souvent et avec force dans les ouvrages de Vico. Ce penseur éminemment original insiste sur la sensibilité poétique et sur la sensibilité religieuse, comme étant les premières à se développer dans l'esprit humain, et comme fournissant non-seulement des liens d'union propres à l'explication des phénomènes sensibles, mais encore un aliment aux espérances et aux craintes, et des moyens d'influence civilisatrice, qu'elles offraient aux hommes de génie, à une époque où la raison sommeillait encore. Il indique l'*instinct qui personnifie* (istinto d'animazione) comme étant la philosophie spontanée de l'homme, qui le porte *à se faire la règle de l'univers*, et à supposer partout une action presque humaine comme cause déterminante. Il fait remarquer qu'à une époque d'imagination et de sentiment, les conceptions et le langage de la poésie coïncident avec les conceptions et le langage de la réalité et de la vie commune, au lieu de rester à part comme veine séparée. Ces idées sont souvent répétées (et avec quelques changements d'opinion à mesure qu'il avançait en âge) dans son ouvrage latin *De uno universi juris principio*, aussi bien que dans les deux *rédactions* successives de son grand ouvrage italien, *Scienza nuova*. (Il faut ajouter que Vico, au point de vue de l'exposition, est prolixe et ne rend pas justice à sa propre puissance comme penseur original.) Je choisis le passage suivant dans la seconde édition du dernier traité, publiée par lui-même en 1744, *Della Metafisica poetica* (voir vol. V, p. 189 de l'édition de ses œuvres due à Ferrari, Milan, 1836) : « Adunque la sapienza poetica, che fu la prima sapienza della Gentilità, dovette incominciare di una metafisica, non *ragionata ed astrata*, qual è questa or degli addottrinati, ma *sentita ed immaginata*, quale dovett' essere di tai primi uomini, siccome quelli ch' erano di niun raziocinio, e tutti robusti sensi et vigorosissime fantasie, come è stato nelle degnità (les *Axiomes*) stabilito. Questa fu la loro propria poesia, la qual in essi fu una facultà loro connaturale, perche erano di tali sensi e di si fatte fantasie naturalmente forniti, nata da *ignoranza di cagioni* — la qual fu foro madre di maraviglia di tutte le cose, che quelli ignoranti di tutte le cose fortemente ammiravano. Tal poesia incominciò in essi divina : perchè nello

qui ne ferait que reproduire quelque chose d'analogue à notre propre enfance. L'époque était dépourvue d'histoire constatée par des annales et de science positive, mais elle était remplie d'imagination, de sentiment et de sensibilité religieuse. C'est de ces sources que jaillit cette multitude de personnages supposés autour desquels furent groupées toutes les combinaisons des phénomènes sensibles, et vers lesquels se dirigèrent ardemment la curiosité, les sympathies et le respect. Les aventures de tels personnages étaient le seul

---

stesso tempo ch' essi immaginavano le cagioni delle cose, che sentivano ed ammiravano, essere Dei, come ora il confermiamo con gli Americani, i quali tutte le cose che superano la loro picciol capacità, dicono esser Dei..... nello stesso tempo, diciamo, alle cose ammirate davano l'essere di sostanze dalla propria lor idea : ch' è appunto la natura dei fanciulli, che osserviamo prendere tra mani cose inanimate, e trastullarsi e favellarvi, come fussero quelle persone vive. In cotal guisa i primi uomini delle nazioni gentili, come fanciulli del nascente gener umano, della lor idea creavan essi le cose..... per la loro robusta ignoranza, il facevano in forza d'una corpulentissima fantasia, e perch' era corpolentissima, il facevano con una maravigliosa sublimità, tal e tanta, che perturbava all' eccesso essi medesimi, che fingendo le si creavano..... Di questa natura di cose umane restò eterna proprieta spiegata con nobil espressione da Tacito, che vanamente gli uomini spaventati *fingunt simul creduntque.* »

Après avoir décrit la condition des hommes grossiers, terrifiés par le tonnerre et d'autres grands phénomènes atmosphériques, Vico continue (*ib.* p. 172) : « In tal caso la natura della mente umana porta ch' ella attribuisca all' effecto la sua natura : e la natura loro era in tale stato d' uomini tutti robuste forze di corpo, che urlando, brontolando, spiegavano le loro violentissime passioni, si finsero il cielo esser un gran corpo animato, che per tal aspetto chiamavano Giove, che col fischio dei fulmini e col fragore dei tuoni volesse lor dire qualche cosa... E sì fanno di tutta la natura un vasto corpo animato, che senta passioni ed affetti. »

Ensuite le contraste avec la manière de penser moderne :

« Ma siccome *ora* per la natura delle nostre umane menti troppo ritirata dai sensi nel medesimo volgo — con le tante astrazioni, di quante sono piene le lingue — con tanti vocaboli astratti — e di troppo assogliata con l'arti dello scrivere, e quasi spiritualezzata con la pratica dei numeri — *ci è naturalmente niegato di poter formare* la vasta immagine di cotal donna che dicono natura simpatetica, che mentre con la bocca dicono, non hanno nulla in lor mente, perocchè la lor mente è dentro il falso, che è nulla; nè sono soccorsi dalla fantasia a poterne formare una falsa vastissima imagine. Così *ora ci è naturalmente niegato di poter entrare nella vasta immaginativa di quei primi uomini*, le menti dei quali di nulla erano assottigliate, di nulla astratte, di nulla spiritualezzate..... Onde dicemmo sopra ch' *ora appena intender si può, affato immaginar non si può*, come pensassero i primi uomini che fondarano la umanità gentilesca. »

aliment approprié à la fois aux appétits et à l'intelligence d'un Grec primitif ; et les mythes qui les détaillaient, en excitant puissamment ses émotions, lui fournissaient à la fois une sorte d'histoire et de philosophie. Ils remplissaient le vide d'un passé sans annales, et expliquaient un grand nombre des choses inconnues et embarrassantes du présent (1). Nous n'avons pas non plus lieu de nous étonner de ce que la même plausibilité qui captivait son imagination et ses sentiments fût suffisante pour engendrer une croyance spontanée ; ou plutôt de ce qu'il ne s'élevât aucun doute dans son esprit, quant à la vérité ou à la fausseté du récit. Sa foi est facile, littérale ; elle ne songe ni à faire des recherches, ni à distin-

---

(1) O. Müller, dans ses *Prolegomena zu einer wissenschaftlichen Mythologie* (cap. 4, p. 108), a fait ressortir l'erreur que l'on commet en supposant qu'il existait dans l'origine quelque noyau de pure réalité servant aux mythes de point de départ, et que c'est autour de ce noyau que la fiction a été ajoutée dans la suite : il soutient que le réel et l'idéal étaient confondus ensemble dans la conception primitive des mythes. Quant à l'état général des esprits d'où ils naquirent, voir particulièrement les pages 78 et 110 de cet ouvrage, qui partout est plein d'idées instructives sur le sujet des mythes grecs, et est éminemment propre à faire penser, même là où les assertions de l'auteur ne sont pas complétement prouvées.

Le court ouvrage *Heldensage der Griechen* par Nitzch (Kiel, 1842, t. V) contient plus de pensées justes et originales sur la question des mythes grecs que tout autre ouvrage que je connaisse. J'adopte complétement le point de vue subjectif sous lequel il les considère ; et bien que j'aie beaucoup profité de la lecture de son court opuscule, je puis rappeler qu'avant de l'avoir vu, j'avais appuyé sur les mêmes raisonnements touchant ce sujet, dans un article de la *Westminster Review*, may 1843,

sur les *Heroengeschichten* de Niebuhr.

Jacob Grimm, dans la préface de sa *Deutsche Mythologie* (p. 1, 1re édit. Goett. 1835), insiste formellement sur la distinction à établir entre « sage » et histoire, aussi bien que sur ce fait que la première a sa principale racine dans la croyance religieuse. « La légende et l'histoire (dit-il) sont des puissances chacune séparément, se touchant, il est vrai, par leurs confins, mais ayant chacune leur domaine distinct et exclusif. » V. aussi p. 27 de la même Introduction.

Wilhelm Grimm, l'autre des deux frères distingués dont les travaux ont jeté tant de jour sur la philologie et les antiquités teutoniques, adopte une opinion semblable en substance. Il examine jusqu'où l'on peut suivre dans la *Deutsche Heldensage* les faits réels de l'histoire ou les noms historiques ; et il en vient à conclure que les premiers sont à peu près nuls, et les seconds peu considérables. Il appelle l'attention du lecteur particulièrement sur cette circonstance que les auditeurs auxquels ces poëmes étaient destinés n'avaient pas appris à distinguer l'histoire de la poésie. (W. Grimm, Deutsche Heldensage, pp. 8, 337, 342, 345, 399, Goett. 1829.)

guer les faits de la fiction, ni à découvrir un sens caché et symbolisé ; il suffit que ce qu'il entend soit intrinsèquement plausible et séduisant, et qu'il n'y ait pas de motif spécial pour provoquer le doute. Et si, de fait, il s'en élevait, le poëte le domine par la sainte et dominante autorité de la Muse, dont l'omniscience est la garantie de son récit, comme son inspiration est la cause de son succès.

La disposition d'esprit de l'orateur et des auditeurs, le rapport qui les unit, ainsi décrits, sont marqués clairement dans les termes et dans la teneur de l'ancienne épopée, si seulement nous expliquons d'une manière toute simple ce que nous lisons. Le poëte, comme le prophète auquel il ressemble tant, chante guidé par une direction céleste, excité par la déesse à laquelle il a demandé son aide et son inspiration. C'est elle qui lui met le mot sur les lèvres et les incidents dans l'esprit. C'est un homme privilégié, choisi pour être son organe, et parlant d'après ses révélations (1). Si la Muse accorde à qui elle veut le don du chant, parfois aussi, dans sa colère, elle le retire ; et le génie humain le plus accompli est alors réduit au silence et à l'impuissance (2). Il est vrai que ces expressions, « la Muse qui inspire et le poëte qui chante un récit des anciens temps, » ont passé de l'ancienne épopée à des compositions faites dans des circonstances toutes différentes, et ont maintenant dégénéré en manières de par-

---

(1) Hésiode, Théog. 32 : —
..... ἐνέπνευσαν δέ (les muses)
[μοι αὐδὴν
Θείην, ὡς κλείοιμι τά τ' ἐσσόμενα, πρό
[τ' ἐόντα,
Καί με κέλονθ' ὑμνεῖν μακάρων γένος
[αἰὲν ἐόντων, etc.
Odyss. XXII, 347 ; VIII, 63, 73, 481, 489. Δημόδοκ'.... ἤ σέ γε Μοῦσ' ἐδίδαξε, Διὸς παῖς, ἤ σέγ' Ἀπόλλων : c'est-à-dire Dêmodokos a été inspiré ou comme poëte par la muse, ou comme prophète par Apollon ; car l'Apollon homérique n'est pas le dieu du chant. Kalchas le prophète reçoit son inspiration d'Apollon, qui lui accorde la même connaissance et du passé et de l'avenir, que les muses donnent à Hésiode (Iliade, I, 69) : —
Κάλχας Θεστορίδης, οἰωνοπόλων ὄχ'
[ἄριστος
Ὅς ᾔδη τά τ' ἐόντα, τά τ' ἐσσόμενα,
[πρό τ' ἐόντα
Ἣν διὰ μαντοσύνην, τήν οἱ πόρε Φοῖβος
[Ἀπόλλων.
Et Iliade, II, 485.
Le μάντις et l'ἀοιδός sont des professions permanentes reconnues (Odyss. XVII, 383), comme le médecin et le charpentier, δημιόεργοι.
(2) Iliade, II, 599.

ler insignifiantes ; mais primitivement elles furent mises en circulation avec leur acception véritable et littérale. Si les poëtes avaient dès le commencement écrit ou récité, on ne leur aurait jamais appliqué l'épithète de chantant; et on n'aurait jamais non plus pris l'habitude d'employer le nom de la Muse comme un coin dont il fallait frapper une fiction autorisée, si l'usage n'avait commencé à s'établir lorsqu'on invoquait et qu'on saluait son action avec une entière bonne foi. La croyance, fruit d'une recherche réfléchie et d'un examen rationnel des preuves, est inconnue à une telle époque. La foi simple du temps se glisse d'une manière inconsciente quand l'imagination et le sentiment sont exaltés ; et on comprend à la fois une autorité inspirée, on l'admet aisément et on lui accorde une confiance implicite.

Le mot mythe (μῦθος, fabula, récit), dans son sens primitif, signifiait simplement un exposé ou récit ayant cours dans le pays, sans renfermer implicitement l'idée de vérité ou de fausseté. Dans la suite, la signification du mot (en latin et en anglais aussi bien qu'en grec) changea, et en vint à entraîner avec elle l'idée d'un ancien récit personnel, n'étant jamais attesté, quelquefois faux ou bien ouvertement fictif (1). Et ce changement fut le résultat d'une transformation qui s'opéra en silence dans l'état intellectuel de la société, quand les esprits supérieurs (et plus ou moins tous les esprits) passèrent

---

(1) Dans ce dernier sens, il est formellement opposé à ἱστορία, histoire, qui semble primitivement avoir désigné les faits réels, présents et vus par celui qui les décrit, ou le résultat de ses recherches personnelles (V. Hérod. I, 1 ; Verrius Flacc. ap. Aul. Gell. V, 18 ; Eusèbe, Hist. eccles. III, 12, et les observations du Dr Jortin, Remarks on Ecclesiastical History, vol. I, p. 59).

Le mot λόγος s'employait dans l'origine comme le mot μῦθος, pour dire un conte répandu, vrai ou faux, selon la circonstance ; et le terme servant à désigner une personne très-versée dans les vieilles légendes (λόγιος) en dérive (Hérod. I, 1 ; II, 3). Hécatée et Hérodote se servent tous deux du mot λόγος dans ce sens. Hérodote appelle Esope et Hécatée λογοποιοί (II, 134-143).

Aristote (Métaphys. I, p. 8, éd. Brandis) semble employer μῦθος dans ce sens, quand il dit : διὸ καὶ φιλόμυθος ὁ φιλόσοφός πώς ἐστιν· ὁ γὰρ μῦθος σύγκειται ἐκ θαυμασίων, etc. Dans le même traité (XI, p. 254), il s'en sert pour signifier une amplification et une transformation fabuleuses d'une doctrine vraie au fond.

à une règle de crédibilité plus rigoureuse et plus élevée, devenus familiers qu'ils étaient avec l'histoire attestée par des annales et avec ses critérium essentiels, affirmatifs aussi bien que négatifs. Les auditeurs primitifs des mythes ignoraient tous ces critérium : ils n'avaient pas encore été à l'école de l'incrédulité critique; le mythe passait sans soulever de doutes, par le seul fait de la publicité dont il jouissait, et parce qu'il se trouvait en harmonie avec les sentiments et les préjugés actuels. Les mêmes circonstances qui contribuèrent à lui enlever la foi littérale dans la suite, fortifiaient son action sur l'esprit de l'homme homérique. Celui-ci cherchait des merveilles et des combinaisons extraordinaires dans le passé. Il s'attendait à entendre parler de dieux, de héros et d'hommes, se mouvant et agissant ensemble sur la terre; il se représentait le passé comme un théâtre où les dieux paraissaient d'une manière directe, manifeste et fréquente, pour protéger leurs favoris et punir leurs ennemis.

La conception rationnelle d'une marche systématique de la nature, conception qui ne faisait alors que poindre dans son esprit, était absorbée par cette foi vive et fervente. Et s'il avait pu avoir une histoire aussi parfaite et aussi philosophique de son propre passé, tel qu'il avait existé, que nous pouvons en donner une du dernier siècle en Angleterre et en France, histoire qui eût constaté fidèlement tous les événements successifs et les eût expliqués en vertu de lois positives connues, sans y faire entrer l'intervention spéciale de Zeus et d'Apollon; une telle histoire, disons-nous, lui aurait paru non-seulement impie et incapable de faire impression, mais encore dépourvue de toute plausibilité ou titre à la croyance. Elle aurait produit en lui le même sentiment d'aversion incrédule qu'aurait provoqué une description du soleil (pour répéter l'argument déjà présenté) exposée dans un livre moderne sur l'astronomie scientifique.

Pour nous ces mythes sont des fictions intéressantes ; pour les auditeurs d'Homère et d'Hésiode ils étaient « rerum divinarum et humanarum scientia, » un agrégat de révélations religieuses, physiques et historiques, rendues plus attrayantes, mais non pas moins vraies et moins réelles, par les brillantes couleurs et les formes imaginaires sous lesquelles on les leur présentait. Dans toute l'étendue de la « Hellas créatrice de mythes (1) » ils formaient le fonds de l'esprit grec dénué d'instruction, fonds auquel s'ajoutèrent si lentement l'histoire et la philosophie ; et ils ne cessèrent pas d'être l'aliment de la pensée et de la conversation ordinaires, même après que l'histoire et la philosophie eurent partiellement remplacé la foi mythique chez les hommes supérieurs qui guidaient la nation, et l'eurent troublée plus ou moins dans les idées de tous. Les hommes, les femmes et les enfants des dèmes et des villages reculés de la Grèce, auxquels Thucydide, Hippocrate, Aristote ou Hipparque étaient inconnus, continuaient encore à écouter avec amour les fables locales qui formaient leur passé religieux et patriotique. Et Pausanias, même de son temps, entendait partout des légendes divines ou héroïques vivant encore, offrant précisément le type de l'ancienne épopée ; il trouvait les conceptions de la foi religieuse et mythique coexistant avec celles de la science positive, et luttant contre elles avec plus ou moins d'avantage, selon le caractère de l'individu. Or c'est là le signe remarquable de

---

(1) M. Ampère, dans son *Histoire littéraire de la France* (ch. 8, v. I, p. 310), distingue la *saga* (qui correspond aussi exactement que possible au grec μῦθος, λόγος, ἐπιχώριος λόγος), comme un produit spécial de l'intelligence, qu'il n'est pas possible d'appeler exactement soit histoire, soit fiction, soit philosophie.

« Il est un pays, la Scandinavie, où la tradition racontée s'est développée plus complétement qu'ailleurs, où ses produits ont été plus soigneusement recueillis et mieux conservés : dans ce pays ils ont reçu un nom particulier, dont l'équivalent exact ne se trouve pas hors des langues germaniques : c'est le mot *saga*, *sage*, *ce qu'on dit*, *ce qu'on raconte*, la tradition orale. Si l'on prend ce mot non dans une acception restreinte, mais dans le sens général où le prenait Niebuhr quand il l'appliquait, par exemple, aux traditions populaires qui ont pu fournir à Tite-Live une portion de son histoire, la saga doit être comptée parmi les produits spontanés de l'imagination humaine. La saga a son existence propre comme la poésie, comme l'histoire, comme le roman. Elle n'est pas la poésie, parce qu'elle n'est pas chantée, mais parlée ; elle n'est pas l'histoire, parce qu'elle est dénuée de critique ; elle n'est pas le roman, parce qu'elle est sincère, parce qu'elle a foi à ce qu'elle raconte. Elle n'invente pas, mais répète ; elle peut se tromper, mais elle ne ment jamais. Ce récit, souvent merveilleux, que personne ne fabrique sciemment, et que tout le monde altère et falsifie sans le vouloir, qui se perpétue à la manière des chants primitifs et populaires, ce récit, quand il se rapporte non à un héros, mais à un saint, s'appelle une légende. »

l'époque homérique, c'est de n'avoir pas vu encore commencer une telle coexistence ni une telle lutte. Le point de vue religieux et mythique s'étend, pour la plus grande partie, sur tous les phénomènes de la nature, tandis que la conception d'une suite invariable n'existe qu'à l'arrière-plan, personnifiée elle-même sous le nom de Mœræ, ou Parques, et présentée en général comme étant une exception à l'omnipotence de Zeus dans tous les desseins ordinaires. Des agents libres, visibles et invisibles, donnent l'impulsion à toutes les choses et les gouvernent. En outre, ce point de vue est celui de tous les membres de la communauté; il est adopté avec la même ferveur et soutenu avec la même logique par les esprits les plus élevés et par les plus vulgaires. Le grand homme de cette époque est celui qui, pénétré comme les autres de la foi générale, et n'imaginant jamais d'autre système de la nature que l'action de ces êtres libres, peut les placer au milieu de circonstances et avec les particularités convenant à leur caractère, et représenter comme doués d'un corps vivant et d'une activité effective ces types que ses auditeurs se figurent à l'avance, mais obscurément.

L'histoire, la philosophie, etc., proprement dites, et conformes à nos idées (sciences créées pour la première fois par les Grecs des âges suivants), n'appartinrent jamais qu'à un nombre relativement peu considérable de penseurs, bien que leur influence agît indirectement plus ou moins sur tout l'esprit national. Mais lorsque la science et la critique positives, et l'idée d'un ordre invariable dans les événements, vinrent à remplacer dans les plus fortes intelligences la vieille croyance mythique à une personnification universelle, il s'éleva une scission inévitable entre le petit nombre des hommes instruits et le reste de la communauté. L'opposition entre le point de vue religieux et le point de vue scientifique ne fut pas longue à se manifester; en général, il est vrai, ils pouvaient tous les deux paraître exister ensemble, mais, dans chaque cas particulier, l'admission de l'un entraînait le rejet de l'autre. Selon la théorie qui devint alors prédominante, on regarda la marche de la nature comme s'opérant d'une manière invariable, en vertu de pouvoirs et d'attributs propres, à moins que les dieux ne voulussent intervenir et renverser cet ordre ; mais ils avaient la faculté d'intervenir aussi souvent et dans une aussi grande mesure qu'ils le croyaient convenable. Alors, au sujet d'une grande variété de phénomènes particuliers, s'éleva en même temps la question de savoir s'ils devaient être considérés comme naturels ou miraculeux. Pour établir la différence, on ne pouvait fournir de critérium constant ni visible ; chacun était appelé à résoudre le doute par lui-même, et chacun le résolvait dans la mesure de ses connaissances, d'après la force de sa logique, l'état de sa santé, ses espérances, ses craintes et mille autres considérations influant sur sa conclusion particulière. Dans une question qui s'élevait ainsi perpétuellement, et était pleine de conséquences pratiques, des hommes d'un esprit éclairé, tels que Périclès, Thucydide et Euripide, tendaient de plus en plus au point de vue scientifique (1),

---

(1) V. Plutarque, Périclès, ch. 5, 32, 38 ; Cicéron, de Republ. I, 15-16, ed. Maii.

Le phytologiste Théophraste, dans sa précieuse collection de faits touchant l'organisation des végétaux, est souvent forcé, quand il explique scientifiquement les incidents curieux du monde végétal, d'être en opposition avec l'interprétation religieuse de ces mêmes incidents qui avait cours de son temps. On expliquait les phénomènes anomaux que présentait la croissance ou le dépérissement des arbres comme étant des signes envoyés par les dieux, et on les soumettait à un prophète pour en avoir la clef (V. Histor. Plant. II, 3 ; IV, 16 ; V, 3).

Nous pouvons faire remarquer, toutefois, que l'ancienne foi conservait toujours un certain empire sur son esprit. En commentant l'histoire du saule de Philippi, et du vieux et vénérable platane d'Antandros (ayant plus de soixante pieds de haut, et dont la circonférence était telle qu'il fallait quatre hommes pour l'entourer), qui avaient été renversés par un vent violent et avaient repris spontanément dans la suite leur position droite, il propose une explication pour faire comprendre comment un pareil phénomène avait pu avoir lieu ; mais il admet à la fin qu'il peut y avoir quelque chose de surnaturel dans ce cas : Ἀλλὰ ταῦτα μὲν ἴσως ἔξω φυσικῆς αἰτίας ἔστιν, etc. (de Caus. Plant. V, 4). V. un semblable miracle à propos du cèdre de Vespasien (Tacit. Hist. II, 78).

Euripide, dans sa tragédie aujourd'hui perdue, Μελανίππη Σοφή, plaçait dans la bouche de Mélanippê une discussion et une réfutation en forme de toute la doctrine des τέρατα ou signes surnaturels (Denys d'Halic. Ars rhetor. p. 300-356, Reisk.). Cf. les Fables de Phèdre, III, 3 ; Plut. Sept. Sap. Conviv. ch. 3, p. 149, et la curieuse explication philosophique qu'imaginaient les savants d'Alexandrie pour calmer les alarmes du vulgaire, à l'occasion du serpent que l'on avait vu, disait-on, en-

dans les cas où le public en général gravitait constamment vers le point de vue religieux.

L'époque immédiatement antérieure à cet état indéterminé de pensée est l'époque qui créa réellement les mythes; alors les facultés créatrices de la société ne connaissent pas d'autre occupation, et la masse de la société n'a pas d'autre besoin intellectuel. On peut trouver l'expression parfaite d'une telle période, avec toute son originalité et toute sa grandeur dans l'Iliade et dans l'Odyssée, poëmes dont nous ne pouvons déterminer la date exacte, mais qui semblent tous deux avoir existé avant la première Olympiade, 776 av. J.-C., premier terme digne de foi que nous ayons pour

---

roulé autour de la tête de Kleomenês mis en croix (Plutarq. Kleom. c. 39).

Il rentre dans le devoir d'un habile médecin, selon le traité hippocratique appelé Prognosticon (c. 1, t. 2, p. 112, éd. Littré), quand il visite son malade, d'examiner s'il y a quelque chose de divin dans la maladie, ἅμα δὲ καὶ εἴ τι θεῖον ἔνεστιν ἐν τῇσι νούσοισι : cette idée, cependant, ne s'accorde pas avec la remarquable doctrine exposée dans le traité de Aere, Locis et Aquis (c. 22, p. 78, éd. Littré) et citée plus loin, dans ce chapitre. Galien ne semble pas non plus l'avoir considérée comme étant en harmonie avec les opinions générales d'Hippocrate. Dans les excellents Prolégomènes de M. Littré, mis en tête de son édition d'Hippocrate (t. 1, p. 76), on trouvera une scholie inédite où est donnée cette opinion de Baccheius et d'autres médecins, à savoir que le fléau de la peste devait être regardé comme divin, en tant que la maladie venait de Dieu; et de plus, l'opinion de Xenophôn, ami de Praxagoras, que « l'espèce des jours de crise » dans la fièvre était divine, « car (disait Xenophôn), précisément comme les Dioskures, qui sont dieux, apparaissent au marin pendant la tempête et lui apportent le salut, il en est de même pour les jours de crise

dans la fièvre, quand ils arrivent. » Galien, en commentant cette doctrine de Xenophôn, dit que l'auteur « a exprimé son propre sentiment individuel, mais qu'il n'a nullement exposé l'opinion d'Hippocrate : « Ὁ δὲ τῶν χρισίμων γένος ἡμερῶν εἰπὼν εἶναι θεῖον, ἑαυτοῦ τι πάθος ὡμολόγησεν · οὐ μὴν Ἱπποκράτους γε τὴν γνώμην ἔδειξεν (Galien, Opp. t. V, p. 120, ed. Basil.).

La comparaison des Dioskures à laquelle s'en réfère Xenophôn est une reproduction exacte de leur fonction, telle qu'elle est décrite dans l'hymne homérique (Hym. XXXIII, 10): la personnification qu'il fait des « jours de crise » introduit l'ancienne action religieuse pour combler une lacune dans la science médicale.

J'ajoute une explication empruntée de la manière de penser des Hindous : « C'est une règle chez les Hindous d'enterrer, et non de brûler, les corps de ceux qui meurent de la petite vérole; car (disent-ils) la petite vérole est non-seulement causée par la déesse *Davey*, mais elle est, en effet, *Davey elle-même;* et brûler le corps d'une personne affectée de cette maladie, c'est, en réalité, *brûler cette déesse,* ni plus ni moins. » (Sleeman, Rambles and Recollections, etc., vol. I, ch. 25, p. 221.)

déterminer les époques dans l'histoire grecque. Pendant quelque temps après cet événement, la tendance à créer des mythes continua à être en vigueur (Arctinus, Lesches, Eumèle, et vraisemblablement la plupart des poëmes hésiodiques tombent dans le premier siècle des Olympiades constatées ou peu après); mais, à partir de ce premier siècle et après, nous pouvons suivre l'action de causes qui l'affaiblirent et la resserrèrent graduellement, en changeant le point de vue sous lequel on considérait les mythes. Quelles étaient ces causes, c'est ce qu'il sera nécessaire de faire comprendre brièvement.

La première et la plus générale de toutes est la force expansive de l'intelligence grecque elle-même, qualité qui distingue ce peuple remarquable de tous les peuples ses voisins et vivant à la même époque que lui. La plupart des nations, pour ne pas dire toutes, ont eu des mythes; mais aucune, à l'exception des Grecs, ne leur a donné un charme immortel et un universel intérêt; et les mêmes capacités intellectuelles, qui portaient les grands hommes de l'âge poétique à ce niveau élevé, poussaient aussi leurs successeurs à dépasser la foi primitive au milieu de laquelle les mythes avaient pris naissance et trouvé crédit.

Un des signes très-caractéristiques d'une telle expansion intellectuelle et servant à la produire, c'était l'habitude d'observer, d'enregistrer et de combiner les faits positifs et présents, tant domestiques qu'étrangers. Dans la véritable épopée grecque, le sujet était un passé inconnu et indéterminé; mais, même à une époque aussi ancienne que celle du poëme « les Travaux et les Jours » d'Hésiode, le présent commence à figurer. L'homme qui laboure la terre paraît dans sa solitude et dans son isolement, séparé des dieux et des héros; il est lié, il est vrai, par de sérieuses obligations envers les dieux, mais il lutte contre une foule de difficultés qu'il ne peut écarter par la simple confiance dans leur appui. Le poëte, avec les expressions les plus fortes, dénonce son époque comme misérable, dégradée et dissolue. Il jette un regard rétrospectif avec une envie respectueuse sur les races héroïques éteintes qui combattirent à Troie et à Thèbes.

Cependant, quelque méchant que soit le temps présent, la Muse condescend à le regarder en même temps que l'homme, et à prescrire des règles pour la vie humaine, en assurant que si l'homme est industrieux, frugal, prévoyant, juste et bienveillant dans ses procédés, les dieux lui accorderont comme récompense l'abondance et la sécurité. La Muse ne dédaigne pas non plus, tout en présentant une telle perspective, de se jeter dans les détails les plus vulgaires de l'existence présente et de donner des avis entièrement pratiques et dictés par la prévoyance. Des hommes dont les esprits étaient pleins des héros d'Homère appelaient par mépris Hésiode le poëte des Ilotes. Le contraste qui existe entre les deux poëtes est à coup sûr une preuve remarquable de la tendance de la poésie grecque vers le présent et les idées positives.

D'autres manifestations de la même tendance deviennent visibles à l'époque d'Archiloque (680-660 av. J.-C.). A un âge où la composition métrique et la voix de l'homme sont les seuls moyens par lesquels les esprits créateurs d'une communauté font sentir leur influence, l'invention d'un nouveau mètre, de nouvelles formes de chant et de récitation, ou d'accompagnements diversifiés, fait époque. Les poésies iambique, élégiaque, chorique et lyrique, à partir d'Archiloque et après lui, indiquent toutes des desseins dans le poëte et une sensibilité dans les auditeurs très-différents de ce que l'on remarque sous ce rapport dans l'ancienne épopée. Dans tous ces genres le sentiment personnel du poëte et les particularités du temps et du lieu présents sont exposés d'une manière saillante, tandis que dans l'hexamètre homérique le poëte est le simple organe anonyme de la Muse historique ; les auditeurs se contentent d'apprendre, de croire et de sentir les incidents d'un monde passé, et le récit convient presqu'à tous les lieux et à tous les temps. Le mètre iambique (nous dit-on) fut pour la première fois suggéré à Archiloque par l'amertume de ses propres antipathies privées ; et les mortelles blessures que firent ses satires aux individus contre lesquels il les dirigea restent encore attestées, bien que les vers eux-mêmes aient péri. C'était (selon le jugement bien connu d'Aristote) le mètre se rapprochant le plus du langage ordinaire, et le mieux approprié à la veine grossière de sentiment ainsi qu'à la diction mordante et énergique de son inventeur (1). Simonide d'Amorgos, le contemporain d'Archiloque et plus jeune que lui, fit usage du même mètre, avec moins d'amertume, mais avec une tendance antihéroïque tout aussi prononcée. Les fragments qui nous restent de ce poëte présentent un mélange d'enseignement et de sarcasme, qui a un rapport distinct avec la vie actuelle (2) et qui développe l'esprit que l'on trouve en partie dans « les Travaux et les Jours » d'Hésiode. Quant à Alcée et à Sapphô, bien que, par malheur, nous soyons obligés de parler d'eux seulement sur ouï-dire, nous en savons assez pour nous convaincre que leurs propres sentiments et leurs propres souffrances personnelles, leurs rapports privés ou publics avec le monde contemporain, constituaient le fond de ces courtes effusions auxquelles ils durent une si grande célébrité (3). Et encore, dans le peu qui nous reste des poëtes

---

(1) Horace, de Art. Poet. 79 :
« Archilochum proprio rabies armavit iambo, etc. » Cf. Epist. I, 19, 23, et Epod. VI, 12 ; Aristot. Rhetor. III, 8, 7, et Poetic. c. 4 ; de plus Synesius de Somniis, ὥσπερ Ἀλκαῖος καὶ Ἀρχίλοχος, οἳ δεδαπανήκασι τὴν εὐστομίαν εἰς τὸν οἰκεῖον βίον ἑκάτερος (Alcæi Fragm. Halle, 1810, p. 205). Quintilien parle en termes frappants de la puissance d'expression déployée par Archiloque (X, 1, 60).

(2) Simonide d'Amorgos parle brièvement, mais avec un ton de mépris, de la guerre de Troie, γυναικὸς οὕνεκ' ἀμφιδηριωμένους (Simonid. Fragm. 8, p. 36, v. 118) ; il semble considérer comme absurde qu'une lutte si destructive ait eu lieu « pro unâ mulierculâ, » pour nous servir des termes de M. Payne Knight.

(3) V. Quintilien, X, 1, 63. Horace, Od. I, 32 ; II, 13. Aristote, Polit. III, 10, 4. Denys d'Halic. fait observer (Vett. Scriptt. Censur. V, p. 421), au sujet d'Alcée, πολλαχοῦ γοῦν τὸ μέτρον εἴ τις περιέλοι, ῥητορικὴν ἂν εὕροι πολιτείαν ; et Strabon (XIII, p. 617), τὰ στασιωτικὰ καλούμενα τοῦ Ἀλκαίου ποιήματα.

Il y avait dans la poésie de Sapphô une forte dose de sarcasme et de raillerie familière dirigée contre des voisins et des contemporains, en dehors de ses chants d'amour si passionnés, ἄλλως σκώπτει τὸν ἄγροικον νύμφιον καὶ τὸν θυρωρὸν τὸν ἐν τοῖς γάμοις, εὐτελέστατα καὶ ἐν πέζοις ὀνόμασι μᾶλλον ἢ ἐν ποιητικοῖς. Ὥστε αὐτῆς μᾶλλόν ἐστι τὰ ποιήματα ταῦτα διαλέγεσθαι ἢ ᾄδειν · οὐδ' ἂν ἁρμόσαι πρὸς τὸν χόρον ἢ πρὸς τὴν λύραν, εἰ μή τις εἴη χόρος διαλεκτικός. (Δêmêtr. Phaler. de Interpret. c. 167.)

Cf. aussi Hérodote, II, 135, qui mentionne le talent satirique de Sapphô, employé contre son frère, pour une extravagance qu'il avait commise au sujet de la courtisane Rhodôpis.

élégiaques, Kallinus, Mimnerme, Tyrtée, l'impulsion donnée par quelque raison ou quelque circonstance présente n'est pas moins remarquable. On peut dire la même chose de Solôn, de Théognis et de Phocylide, qui prêchent, encouragent, censurent ou se plaignent, mais ne racontent pas, et chez lesquels se manifeste une profonde sensibilité morale, inconnue aux poëmes homériques. La forme de la poésie (pour employer les termes de Solôn lui-même) remplace les discours publics de l'agora (1).

Sans doute tous ces poëtes employaient largement les anciens mythes, mais c'était en en tirant parti pour le moment, soit comme éclaircissement, soit comme flatterie, soit comme contraste, tendance que nous pouvons ordinairement reconnaître même dans les compositions de Pindare, malgré l'essor élevé et héroïque qui y domine dans toute leur étendue. On continua encore à composer de la poésie narrative ou légendaire pendant le septième et le sixième siècle avant l'ère chrétienne; c'est là un fait qui ne peut être mis en doute. Mais elle présentait l'ancien caractère épique sans l'ancien génie épique; l'inspiration de l'auteur et les sympathies de l'auditoire s'étaient également peu à peu engagées plus profondément dans le monde qui frappait leurs regards, et étaient plus disposées à s'attacher aux incidents de leur propre expérience actuelle. A partir de Solôn et de Théognis, nous passons à l'abandon de toutes les contraintes métriques et à l'introduction de la prose, fait sur l'importance duquel il n'est pas nécessaire d'insister, et qui marque aussi bien les progrès dans l'habitude de faire usage d'annales écrites, que le commencement d'une branche séparée de littérature ouverte à l'intelligence, en dehors de l'imagination et des mouvements de l'âme, source exclusive des anciennes légendes.

---

(1) Solôn, Fragm. IV, 1, ed. Schneidewin :
Αὐτὸς κήρυξ ἦλθον ἀφ' ἱμερτῆς Σαλα-
[μῖνος
Κόσμον ἐπέων ᾠδὴν ἀντ' ἀγορῆς θέ-
[μενος, etc.
V. Brandis, Handbuch der Griechischen Philosophie, sect. 24-25. Platon affirme que Solôn, dans sa vieillesse, entreprit la composition d'un poëme épique, qu'il laissa inachevé, sur le sujet de l'île supposée de l'Atlantis et de l'Attique (Platon, Timée, p. 21, et Kritias, p. 113). Plutarque, Solôn, c. 31.]

L'Egypte fut ouverte sans réserve pour la première fois aux Grecs pendant le règne de Psammétichus, vers 660 av. J.-C. Ils la fréquentèrent peu à peu davantage dans des vues militaires ou commerciales, ou par simple curiosité. Dans ce contact, la sphère de leurs pensées et de leurs observations s'agrandit ; ils y prirent aussi cette veine de mysticisme qui couvrit la simplicité primitive de la religion homérique, et dont j'ai déjà parlé. Ils y trouvèrent une civilisation depuis longtemps établie, les merveilles d'une architecture colossale et une certaine connaissance de l'astronomie et de la géométrie, élémentaire à la vérité, mais en avance sur la leur propre. De plus, c'était une partie de leur monde présent, et elle contribua à faire naître en eux le désir d'observer et de décrire les réalités qui frappaient leurs yeux. Un progrès sensible s'opère dans l'esprit grec pendant les deux siècles qui s'écoulent depuis l'an 700 jusqu'à l'an 500 av. J.-C., sous le rapport de l'art d'enregistrer et d'arranger les faits historiques : un *sens historique* naît dans les intelligences supérieures, ainsi que quelque idée de preuve écrite, comme étant un critérium à l'aide duquel se distingue le fait réel de la fiction. Et cette tendance progressive fut encore stimulée par les communications multipliées et les relations sociales mieux établies et plus pacifiques qui unirent les différents membres du monde hellénique : à cela on peut ajouter les améliorations importantes, achetées au prix d'une période de troubles et de révolutions, dans l'administration intérieure de chaque État séparé. Les jeux Olympiques, Pythiques, Néméens et Isthmiques furent fréquentés par des visiteurs venus des parties les plus lointaines de la Grèce ; la grande fête périodique de l'île de Dêlos réunissait les citoyens de toutes les communautés ioniennes, avec leurs femmes et leurs enfants, et un grand étalage d'opulence et d'ornements (1). Des colonies nombreuses et florissantes furent fondées en Sicile, au sud de l'Italie, sur le littoral de l'Epiros et du Pont-Euxin ; les Phokæens explorèrent toute

---

(1) Homère, Hymn. ad Apoll. 155 ; Thucyd. III, 104.

l'Adriatique, fondèrent Massalia (Marseille), et pénétrèrent même jusqu'au sud de l'Ibèria, avec laquelle ils firent un commerce lucratif (1). Les idées géographiques des Grecs furent ainsi à la fois étendues et rectifiées : la première préparation d'une carte, due à Anaximandre, disciple de Thalès, fait époque dans l'histoire de la science. Nous pouvons mentionner le ridicule que jetait Hérodote et sur le prétendu peuple appelé les Hyperboréens et sur l'idée d'un courant océanique coulant autour de la terre, comme démontrant le progrès de l'époque dans ce domaine des recherches (2). Et même antérieurement à Hérodote, Xanthus et Xénophane avaient signalé la rencontre de productions marines fossiles dans l'intérieur de l'Asie Mineure et ailleurs, ce qui les amena à réfléchir sur les changements survenus à la surface du globe terrestre sous le rapport de la terre et de l'eau (3).

Si donc nous considérons les trois siècles et demi qui s'écoulèrent entre le commencement de l'ère olympique et l'époque d'Hérodote et de Thucydide, nous remarquerons chez les Grecs un progrès frappant, moral, social et intellectuel. Non-seulement l'histoire et la chronologie positives ont été créées, mais dans le cas de Thucydide, les qualités nécessaires à l'historien, dans leur application à des événements récents, ont été développées avec un degré de perfection qui n'a jamais été surpassé depuis. Les esprits des hommes sont devenus plus humains et plus justes; et on en vient à juger les actions au point de vue de leur rapport avec le bonheur

---

(1) Hérodote, I, 163.

(2) Hérodote, IV, 36 : γελῶ δὲ ὁρέων Γῆς περιόδους γράψαντας πολλοὺς ἤδη, καὶ οὐδένα νόον ἔχοντας ἐξηγησάμενον · οἳ Ὠκεανόν τε ῥέοντα γράφουσι πέριξ τὴν γῆν, ἐοῦσαν κυκλοτερέα ὡς ἀπὸ τόρνου, etc., remarque dirigée probablement contre Hécatée.

Au sujet de la carte d'Anaximandre, Strabon, I, p. 7; Diogen. Laërt, II, 1; Agathem. ap. Geog. Min. I, 1, πρῶτος ἐτόλμησε τὴν οἰκουμένην ἐν πίνακι γράψαι.

Aristagoras de Milêtos, qui vint à Sparte solliciter de l'aide contre Darius, en faveur des Ioniens révoltés, apporta avec lui une tablette ou carte d'airain, au moyen de laquelle il montrait la position relative des villes dans l'empire des Perses (Hérod. V, 49).

(3) Xanthus ap. Strab. I, p. 50; XII, p. 579. Cf. Creuzer, Fragmenta Xanthi, p. 162.

intérieur d'une communauté bien réglée, aussi bien qu'avec l'harmonie durable d'États composés de frères. Tandis que Thucydide regarde comme une énormité tombée en désuétude la piraterie habituelle et autorisée, à laquelle il est fait allusion si froidement dans les poëmes homériques, un grand nombre des actes décrits dans les vieilles légendes héroïques et théogoniques semblaient aussi contraires à ce ton nouveau de sentiment. Les batailles des Dieux avec les Géants et les Titans, la castration d'Uranos opérée par son fils Kronos, la cruauté, la perfidie et la licence, souvent supposées également chez les Dieux et chez les Héros, provoquaient une vive désapprobation. Et le langage du philosophe Xénophane, qui composa et des poëmes élégiaques et des poëmes iambiques dans le dessein formel de dénoncer de tels contes, est aussi véhément, aussi sévère que celui des écrivains chrétiens qui, huit siècles plus tard, attaquèrent tout le système du paganisme (1).

Ce n'était pas seulement comme critique des mœurs et de la société que se distinguait Xénophane. Il composait avec Thalès et Pythagore la grande et éminente triade qui, au sixième siècle avant l'ère chrétienne, ouvrit pour la première fois ces veines de philosophie spéculative qui dans la suite occupèrent une si large part de l'activité intellectuelle grecque. Je ne parle pas ici des différences importantes qui existent entre ces trois philosophes ; je ne les considère que par rapport à la doctrine homérique et hésiodique qui les précéda, et dont tous les trois s'écartèrent en faisant un pas, qui est peut-être le plus remarquable dans toute l'histoire de la philosophie.

Ils furent les premiers qui essayèrent d'affranchir l'intelligence philosophique de la foi religieuse personnifiant tout, et d'établir pour l'interprétation de la nature une méthode distincte des inspirations spontanées des esprits ignorants. C'est chez eux que nous trouvons pour la première fois l'idée

---

(1) Xenophan. ap. Sext. Empiric. adv. Mathemat. IX, 193. Fragm. 1, Poet. Græc. éd. Schneidewin. Diogen. Laërt. IX, 18.

de Personne tacitement écartée ou limitée, et une nature impersonnelle conçue comme objet d'étude. Le couple divin, Okeanos et Tèthys, père et mère d'une foule de dieux et des nymphes océaniques, en même temps que Styx, la déesse vengeresse, deviennent dans leur explication la substance matérielle, l'*eau*, ou, comme nous devrions plutôt dire, le Fluide, et Thalês s'appliqua à prouver que l'eau était l'élément primitif d'où s'étaient formées toutes les diverses substances naturelles (1). Lui, aussi bien que Xénophane et Pythagore, souleva le problème de la philosophie physique, avec son caractère objectif et ses invariables lois, afin qu'il fût résolu par l'intelligence humaine au moyen d'une explication convenable et méthodique. Le mot grec Φύσις, désignant la *nature*, et ses dérivés *physique* et *physiologie*, inconnus à Homère et à Hésiode dans ce sens étendu, aussi bien que le mot *kosmos* pour désigner le système du monde, paraissent pour la première fois chez ces philosophes (2). L'analyse des éléments due à Thalès, l'unique substance cosmique immuable, variant seulement en apparence, mais non en réalité, telle qu'elle fut proposée par Xénophane, et les combinaisons géométriques et arithmétiques de Pythagore, telles furent les différentes manières d'aborder l'explication des phénomènes physiques, et chacune d'elles donna naissance à une école ou suite de philosophes distincte. Mais ils furent tous d'accord pour s'éloigner de la méthode primitive et pour reconnaître dans la nature des propriétés déterminées, un substratum matériel et une vérité objective, qui, selon eux, étaient ou indépendants d'agents doués de volonté ou concevant des desseins, ou bien servaient à ces derniers, à la fois de matière indispensable et de condition limitative.

---

(1) Aristote, Metaphys. I, 3.
(2) Plutarque, Placit. Philos. II, 1; et Stobée, Eclog. Physic. I, 22, où l'on voit la différence qui existe entre les expressions homériques et celles des philosophes postérieurs. Damm., Lexic. Homeric. v. Φύσις; Alexander von Humboldt, *Kosmos*, p. 76, note 9 de la page 62 de cet admirable ouvrage.
Le titre des traités des anciens philosophes (Melissus, Démocrite, Parménide, Empédocle, Alcmæôn, etc.) était souvent Περὶ φύσεως (Galien, Opp. tom. I, p. 56, ed. Basil.).

Xénophane niait ouvertement toute connaissance quant aux dieux, et déclarait qu'aucun homme ne pouvait avoir de moyen de s'assurer quand il avait tort ou raison dans des affirmations avancées à leur sujet (1); tandis que Pythagore représente en partie les tendances scientifiques de son époque, en partie aussi l'esprit de mysticisme et celui des confréries spéciales instituées en vue d'une observance religieuse et ascétique, esprit qui se répandit dans toute l'étendue de la Grèce au sixième siècle avant l'ère chrétienne. C'était un autre point de vue, qui le mettait en opposition avec la foi simple, inconsciente et démonstrative des anciens poëtes, aussi bien qu'avec la légende courante.

Si ces hommes distingués, quand ils cessèrent de suivre l'instinct primitif portant à rapporter les phénomènes de la nature à des agents personnels et concevant des desseins, passèrent, non pas d'abord à l'induction et à l'observation, mais à un emploi abusif de mots abstraits, substituant au polythéisme des *eidôla* métaphysiques, ainsi qu'à une application exagérée de certaines théories physiques étroites, nous devons nous rappeler que l'on ne pouvait attendre autre chose du modique fonds de faits alors accessibles, et que l'étude la plus approfondie de l'esprit humain indique une telle transition comme étant une loi inévitable du progrès intellectuel (2). A présent nous n'avons à les comparer qu'avec l'état de l'esprit grec (3) qu'ils remplacèrent en

---

(1) Xénophane, ap. Sext. Empiric. VII, 50; VIII, 326.

Καὶ τὸ μὲν οὖν σαφὲς οὔτις ἀνὴρ ἴδεν,
 [οὔτε τίς ἐστιν
Εἰδὼς ἀμφὶ θεῶν τε καὶ ἅσσα λέγω
 [περὶ πάντων·
Εἰ γὰρ καὶ τὰ μάλιστα τύχοι τετελε-
 [σμένον εἰπών,
Αὐτὸς ὅμως οὐκ οἶδε, δόκος δ' ἐπὶ πᾶσι
 [τέτυκται..

Cf. Aristote, de Xenophane, Zenone et Gorgiâ, capp. 1-2.

(2) V. le traité de M. Auguste Comte (*Cours de Philosophie positive*), et sa doctrine des trois phases successives par lesquelles passe l'esprit humain dans l'étude scientifique : la phase théologique, la phase métaphysique et la phase positive; doctrine exposée en général dans sa première leçon (vol. I, p. 4-12), et abondamment enrichie d'applications et d'éclaircissements dans tout le cours de son instructif ouvrage. Elle a aussi été reproduite et expliquée par M. John Stuart Mill, dans son System of Logic, Ratiocinative and Inductive, vol. II, p. 610.

(3) « L'humaine sagesse (ἀνθρωπίνη

partie, et avec lequel ils étaient en opposition déclarée. Les hommes supérieurs conçurent et développèrent les éléments de la science physique ; mais le sentiment religieux de la masse leur était contraire ; et cette aversion, bien que mitigée insensiblement, ne disparut jamais entièrement. Quelques-uns d'entre les philosophes ne restèrent pas en arrière pour en accuser d'autres d'irréligion, tandis que la multitude semble avoir éprouvé le même sentiment plus ou moins 'à l'égard de tous, ou bien à l'égard de ce principe supposé d'enchaînement constant dans les phénomènes, avec des conditions déterminées de retour, principe qu'implique l'étude scientifique, et qu'elle ne pouvait concilier avec la foi qu'elle avait en l'action des dieux, auxquels elle ne cessait d'adresser des prières pour obtenir une aide et des bénédictions spéciales.

L'opposition qui existait entre le point de vue scientifique et le point de vue religieux fut considérée très-différemment par différents philosophes. Ainsi Socrate l'admettait ouvertement et assignait à chacun d'eux un domaine distinct et indépendant. Il partageait les phénomènes en deux classes : dans l'une, le lien qui unissait les phénomènes antécédents et conséquents était invariable, et l'homme pouvait le reconnaître au moyen de l'étude ; en conséquence, les résultats futurs en étaient accessibles à tout esprit prévoyant et fort instruit ; l'autre comprenait les phénomènes les plus étendus et les plus importants que les dieux s'étaient réservés comme moyen d'exercer leur action particulière et absolue. Là il n'y avait pas d'enchaînement invariable que l'on pût constater, et les suites ne pouvaient en être connues à l'avance qu'au moyen d'un présage, d'une prophétie ou d'une autre communication spéciale et inspirée due aux dieux eux-mêmes. Chacune de ces deux classes était essentiellement distincte de l'autre et demandait à être examinée et traitée d'une ma-

---

σοφία), en tant qu'elle contraste avec la théologie primitive (οἱ ἀρχαῖοι καὶ διατρίβοντες περὶ τὰς θεολογίας), pour emprunter les mots d'Aristote (Meteorol. II, 1, pp. 41-42, ed. Tauchnitz).

nière complétement contraire. Socrate regardait comme un tort d'appliquer l'interprétation scientifique à la seconde, ou l'interprétation théologique à la première. Selon lui, la physique et l'astronomie appartenaient à la classe divine des phénomènes, où les recherches de l'homme étaient insensées, stériles et impies (1).

D'un autre côté, Hippocrate, contemporain de Socrate, niait l'opposition et confondait en une seule ces deux classes de phénomènes, les divins et ceux que la science peut déterminer, et qui avaient été séparés par Socrate. Hippocrate regardait tous les phénomènes et comme étant divins et comme pouvant être déterminés par la science. En examinant certains désordres corporels particuliers reconnus chez les Scythes, il fait observer ce qui suit : « Les Scythes eux-mêmes en attribuent la cause à Dieu, ils témoignent respect à ceux qui en sont affligés, ils s'inclinent devant eux, chacun craignant d'être exposé au même mal ; pour moi, je pense aussi que ces affections, aussi bien que toutes les autres, sont divines ; aucune d'elles n'est plus divine ou plus humaine qu'une autre, mais elles sont toutes égales et toutes divines ;

---

(1) Xénoph. Memor. I, 1, 6-9. Τὰ μὲν ἀναγκαῖα (Σωκράτης) συνεβούλευε καὶ πράττειν, ὡς ἐνόμιζεν ἄριστ' ἂν πραχθῆναι· περὶ δὲ τῶν ἀδήλων ὅπως ἀποβήσοιτο, μαντευσομένους ἔπεμπεν, εἰ ποιητέα. Καὶ τοὺς μέλλοντας οἴκους τε καὶ πόλεις καλῶς οἰκήσειν μαντικῆς ἔφη προσδεῖσθαι· τεκτονικὸν μὲν γὰρ ἢ χαλκευτικὸν ἢ γεωργικὸν ἢ ἀνθρώπων ἀρχικόν, ἢ τῶν τοιούτων ἔργων ἐξεταστικόν, ἢ λογιστικόν, ἢ οἰκονομικόν, ἢ στρατηγικὸν γενέσθαι, πάντα τὰ τοιαῦτα μαθήματα καὶ ἀνθρώπου γνώμῃ αἱρετέα, ἐνόμιζεν εἶναι· τὰ δὲ μέγιστα τῶν ἐν τούτοις ἔφη τοὺς θεοὺς ἑαυτοῖς καταλείπεσθαι, ὧν οὐδὲν δῆλον εἶναι τοῖς ἀνθρώποις..... Τοὺς δὲ μηδὲν τῶν τοιούτων οἰομένους εἶναι δαιμόνιον, ἀλλὰ πάντα τῆς ἀνθρωπίνης γνώμης, δαιμονᾶν ἔφη· δαιμονᾶν δὲ καὶ τοὺς μαντευομένους ἅ τοῖς ἀνθρώποις ἔδωκαν οἱ θεοὶ μαθοῦσι διακρίνειν... Ἔφη δὲ δεῖν, ἃ μὲν μαθόντας ποιεῖν ἔδωκαν οἱ θεοί, μανθάνειν· ἃ δὲ μὴ δῆλα τοῖς ἀνθρώποις ἔστι, πειρᾶσθαι διὰ μαντικῆς παρὰ τῶν θεῶν πυνθάνεσθαι· τοὺς θεοὺς γάρ, οἷς ἂν ὦσιν ἵλεῳ, σημαίνειν. Cf. aussi Memor. IV, 7, 7 ; et Cyropæd. I, 6, 3, 23-46.

Socrate range les phénomènes physiques et astronomiques dans la classe des choses divines, interdites à l'étude humaine (Memor. I, 1, 13) : τὰ θεῖα ou δαιμόνια étant opposés à τἀνθρώπεια. Platon (Phileb. c. 16 ; Legg. X, p. 886-889 ; XII, p. 967) considérait le soleil et les étoiles comme des dieux animés chacun par une âme spéciale : il permettait l'investigation astronomique dans la mesure nécessaire pour éviter le blasphème envers ces êtres, μέχρι τοῦ μὴ βλασφημεῖν περὶ αὐτά (VII, 821).

néanmoins chacune d'elles a ses propres conditions physiques, et aucune ne se présente sans de telles conditions physiques (1). »

Un troisième philosophe distingué de la même époque, Anaxagore, allégorisant Zeus et les autres dieux personnels, proclamait la doctrine d'une seule Ame commune pénétrant tout, qui, selon lui, avait pour la première fois produit le mouvement dans le chaos primitif, dont les éléments hétérogènes étaient tellement mêlés qu'aucun d'eux ne pouvait se manifester, que chacun était neutralisé par le reste et que tous restaient dans le repos et le néant. Le mouvement produit par l'Ame les délivra de cet emprisonnement, de sorte que chaque espèce de molécules put manifester ses propriétés d'une manière distincte dans une certaine mesure. Cette doctrine générale était fort admirée de Platon et d'Aristote ; mais en même temps ils remarquaient avec surprise que jamais Anaxagore n'appliquât en aucune façon sa propre doctrine générale à l'explication des phénomènes de la nature, qu'il ne recherchât rien que des causes physiques et des lois d'union (2), de sorte qu'en réalité ses recherches parti-

---

(1) Hippocrate, De Aere, Locis et Aquis, c. 22 (p. 78, éd. Littré, sect. 106, éd. Petersen) : Ἔτι τε πρὸς τουτέοισι εὐνοῦχιαι γίγνονται οἱ πλεῖστοι ἐν Σκύθῃσι, καὶ γυναικήια ἐργάζονται καὶ ὡς αἱ γυναῖκες διαλέγονταί τε ὁμοίως· καλεῦνται τε οἱ τοιοῦτοι ἀνανδριεῖς. Οἱ μὲν οὖν ἐπιχώριοι τὴν αἰτίην προστιθέασι, θεῷ καὶ σέβονται τουτέους τοὺς ἀνθρώπους καὶ προσκυνέουσι, δεδοικότες περὶ ἑωυτέων ἕκαστοι. Ἐμοὶ δὲ καὶ αὐτέῳ δοκέει ταῦτα τὰ πάθεα θεῖα εἶναι, καὶ τἆλλα πάντα, καὶ οὐδὲν ἕτερον ἑτέρου θειότερον οὐδὲ ἀνθρωπινώτερον, ἀλλὰ πάντα θεῖα· ἕκαστον δὲ ἔχει φύσιν τῶν τοιουτέων, καὶ οὐδὲν ἄνευ φύσιος γίγνεται. Καὶ τοῦτο τὸ πάθος, ὥς μοι δοκέει γίγνεσθαι, φράσω, etc.

Et, sect. 112. Ἀλλὰ γὰρ, ὥσπερ καὶ πρότερον ἔλεξα, θεῖα μὲν καὶ ταῦτά ἐστιν ὁμοίως τοῖσι ἄλλοισι, γίγνεται δὲ κατὰ φύσιν ἕκαστα.

Cf. le remarquable traité d'Hippocrate, De Morbo Sacro, cap. 1 et 18, vol. VI, p. 352-394, éd., Littré. Voir cette opinion d'Hippocrate éclaircie par les doctrines de quelques philosophes adonnés à l'étude de la nature, doctrine qu'expose Aristote, Physic. II, 8, ὥσπερ ὕει ὁ Ζεὺς, οὐχ ὅπως τὸν σῖτον αὐξήσῃ, ἀλλ' ἐξ ἀνάγκης, etc. On trouve aussi quelques bonnes observations sur la méthode d'Hippocrate dans Platon, Phædr. p. 270.

(2) V. la description exacte que fait Platon, Phædon, p. 97-98 (cap. 46-47); cf. Platon, Legg. XII, p. 967 ; Aristot. Metaphys. I, p. 13-14 (éd. Brandis) ; Plutar. Defect. Oracul. p. 435. Simplicius, Comment. in Aristot.

culières ne différaient pas essentiellement pour l'esprit de celles de Démocrite ou de Leucippe, quelle que pût être d'ailleurs la différence entre leurs théories générales. On a déjà dit que ses investigations dans le domaine de la météorologie et de l'astronomie, où il regardait les corps célestes comme pouvant servir de sujets à des calculs, blessaient non-seulement le public en général, mais encore Socrate lui-même. Il fut mis en jugement à Athènes, et il paraît qu'il n'échappa à une condamnation que par un exil volontaire (1).

Les trois hommes éminents que nous venons de nommer, bien que différant essentiellement entre eux, peuvent être considérés comme la gloire de l'esprit philosophique grec pendant la seconde moitié du sixième siècle avant J.-C. Les études scientifiques avaient acquis une puissante influence et s'adaptaient de diverses manières aux sentiments religieux dominant à cette époque. Hippocrate et Anaxagore modifièrent tous deux leurs idées sur l'action divine pour satis-

---

Physic. p. 38. Καὶ ὅπερ δὲ ὁ ἐν Φαίδωνι Σωκράτης ἐγκαλεῖ τῷ Ἀναξαγόρᾳ, τὸ ἐν ταῖς τῶν κατὰ μέρος αἰτιολογίαις μὴ τῷ νῷ κεχρῆσθαι, ἀλλὰ ταῖς ὑλικαῖς ἀποδόσεσιν, οἰκεῖον ἦν τῇ φυσιολογίᾳ. Anaxagore pensait que la supériorité intellectuelle de l'homme, comparé aux autres animaux, résultait de ce qu'il a des mains (Arist. de Part. Animal. IV, 10, p. 687, éd. Bekk.).

(1) Xénoph. Memor. IV, 7. Socrate disait: Καὶ παραφρονῆσαι τὸν ταῦτα μεριμνῶντα οὐδὲν ἧττον ἢ Ἀναξαγόρας παρεφρόνησεν, ὁ μέγιστον φρονήσας ἐπὶ τῷ τὰς τῶν θεῶν μηχανὰς ἐξηγεῖσθαι, etc. Cf. Schaubach, Anaxag. Fragm. p. 50-141 ; Plutar. Nikias, 23, et Periklês, 6-32 ; Diogen. Laërt, II, 10-14.

La philosophie ionienne, dont Anaxagore s'éloignait plus en paroles qu'en esprit, semble avoir été la moins populaire de toutes les écoles, bien que quelques commentateurs la regardent comme conforme à l'opinion vulgaire, parce qu'elle se renfermait pour la plus grande partie dans les explications des phénomènes, et ne reconnaissait pas les *noumena* de Platon, ou le τὸ ἓν νοητὸν de Parménide, « qualis fuit Ionicorum, quæ tum dominabatur, ratio, vulgari opinione et communi sensu comprobata » (Karsten, Parmenidis Fragm. De Parmenidis Philosophiâ, p. 154). C'est une erreur : les philosophes ioniens qui recherchaient constamment les lois physiques, et insistaient sans cesse sur ce point, entrèrent plus directement en lutte avec le sentiment de la multitude que l'école éléatique.

Les phénomènes atmosphériques, plus importants se rattachaient de la manière la plus intime aux inquiétudes et aux sentiments religieux des Grecs (V. Démocrite, ap. Sext. Empiric. IX, sect. 19-24, p. 552-554, Fabric.) ; les efforts faits par Anaxagore et Démocrite pour les expliquer déplaisaient plus au public que les spéculations de Platon (Democr. ap. Arist. Meteorol. II, 7 ; Stobée, Eclog. Physic. p. 594. cf. Mullach, Democriti Fragmenta, liv. IV, p. 394).

faire leur soif de recherche scientifique. Selon le premier, les dieux étaient réellement cause efficiente dans la production de tous les phénomènes, ordinaires et indifférents, effrayants ou tutélaires. Rattachés ainsi également à tous les phénomènes, ils n'étaient spécialement associés à aucun, et la tâche propre de l'investigation était de trouver ces règles et ces conditions, qui (prétendait-il) déterminaient toujours leur action et servaient à la prédire. Or une telle idée de l'action divine ne pouvait jamais se concilier avec les sentiments religieux du croyant grec ordinaire, même tel qu'il était du temps d'Anaxagore : elle se fût conciliée encore moins avec ceux de l'homme homérique plus de trois siècles auparavant. Il concevait Zeus et Athènè comme des personnes définies, objets d'une révérence, de craintes et d'espérances spéciales, animées de sentiments particuliers, tantôt de faveur, tantôt de colère à l'égard de lui-même, de sa famille ou de son pays. Par ses prières il se les rendait propices et les décidait à lui prêter aide dans le danger ; mais il les offensait et les disposait à lui faire du mal s'il négligeait de leur rendre grâces ou de leur offrir des sacrifices. Ce sentiment d'une communication individuelle avec eux et de dépendance à leur égard était l'essence de sa foi. Tandis qu'il priait avec sincérité pour obtenir des dieux une protection ou des bénédictions spéciales, il ne pouvait donner son assentiment à la doctrine d'Hippocrate, enseignant que leur action était gouvernée par des lois constantes et des conditions physiques.

L'opposition radicale existant entre les impulsions morales données par la science et celles que donne la religion, opposition qui se manifeste d'une manière si prononcée pendant les époques les plus cultivées de la Grèce, et qui tourmenta plus ou moins tant de philosophes, produisit son résultat le plus affligeant dans la condamnation prononcée par les Athéniens contre Socrate. D'après le remarquable passage de Xénophon, cité récemment, il semblera que Socrate s'accordait avec ses concitoyens pour dénoncer les spéculations physiques comme impies, qu'il reconnaissait le procédé religieux comme une branche particulière, coordonnée avec le procédé scientifique, et qu'il exposait une théorie ayant pour base la divergence avouée de ces deux procédés dès le commencement; et par là il paraissait satisfaire, d'un côté, les exigences des craintes et des espérances religieuses, et, de l'autre, celles de la raison dans l'ardeur qu'elle mettait à constater les lois invariables des phénomènes. Nous pouvons faire remarquer que la théorie de ce procédé d'investigation, religieux et en dehors de la science, était à cette époque suffisamment complète; car Socrate pouvait montrer que ces phénomènes irréguliers dont les dieux s'étaient réservé la connaissance, et qu'il était interdit à la science de scruter, étaient cependant accessibles aux recherches de l'homme pieux, au moyen des oracles, des présages et d'autres voies exceptionnelles de communication que la bienveillance divine daignait tenir ouvertes.

Or la scission qu'amena ainsi entre les esprits supérieurs et la multitude le développement de la science et du point de vue scientifique, est un fait d'une grande importance dans l'histoire du progrès en Grèce, et forme un contraste marqué entre l'époque d'Homère et d'Hésiode et celle de Thucydide; bien qu'en réalité la multitude elle-même, pendant cette dernière époque, fût modifiée partiellement par ces mêmes idées scientifiques qu'elle regardait avec défaveur. Et nous devons ne pas perdre de vue la foi religieuse primitive, jadis universelle et ne trouvant pas d'obstacle, mais dans la suite troublée par l'intrusion de la science; nous devons suivre le grand changement qui s'opéra parmi les Grecs, à partir des temps hésiodiques, aussi bien sous le rapport du développement de l'intelligence que sous celui du raffinement du sentiment social et moral, si nous voulons rendre quelque compte de la manière différente dont on vint à considérer les anciens mythes. Ces mythes, le produit spontané d'une explication de la nature créatrice et personnifiant tout, avaient pris racine dans les associations grecques à une époque où la foi nationale ne cherchait pas d'appui dans ce que nous appelons preuve. Ils furent *alors* soumis non pas simplement à un public plein de sentiment, d'imagination et de foi, mais aussi à des classes spéciales d'hommes instruits, philosophes, historiens, maîtres de morale et critiques, ainsi qu'à un public que leurs idées avaient modifié partiellement (1) et à qui une expérience pratique plus étendue avait fait faire des progrès. Ils n'étaient pas faits pour un tel auditoire ; ils avaient cessé d'être en complète harmonie même avec les couches basses de l'intelligence et du sentiment, et à plus forte raison avec celles qui étaient plus élevées. Ils étaient l'héritage aimé d'un temps passé ; ils étaient mêlés de mille manières à la foi religieuse, au regard patriotique jeté en arrière et au culte national de chaque communauté grecque ; le type général du mythe était la forme ancienne, familière et universelle de la pensée grecque, que dans leur enfance les hommes les plus cultivés eux-mêmes avaient puisée dans les poëtes (2), et dont ils étaient esclaves dans une certaine mesure sans en avoir conscience. Pris dans leur ensemble, les mythes avaient ac-

---

(1) Il est curieux de voir que quelques-unes des doctrines les plus abstraites de la philosophie pythagoricienne furent réellement présentées devant le public syracusain en général dans les comédies d'Epicharme : « In comœdiis suis personas sæpe ita colloqui fecit, ut sententias pythagoricas et in universum sublimia vitæ præcepta immisceret. » (Grysar, De Doriensium Comœdiâ, p. 111, col. 1828). Les fragments conservés dans Diogène Laërte (III, 9-17) présentent à la fois des critiques sur la doctrine hésiodique d'un chaos primitif, et une exposition des idées archétypes et immuables (en tant qu'opposées aux phénomènes flottants des sens), idées que plus tard Platon adopta et systématisa.

Epicharme semble avoir allié à cette philosophie abstruse une forte veine de malice comique et une certaine disposition au scepticisme (Cicéron, Epist. ad Attic. I, 19) : « Ut crebro mihi vafer ille Siculus Epicharmus insusurret cantilenam suam. » Clément d'Alexandrie, Strom. V, p. 258. Νᾶφε καὶ μέμνασ' ἀπιστεῖν · ἄρθρα ταῦτα τῶν φρενῶν.

Ζῶμεν ἀριθμῷ καὶ λογισμῷ · ταῦτα γὰρ σώζει βροτούς. Et le ridicule méprisant dont il couvre les prophétesses de son temps, qui dépouillaient de leur argent les femmes insensées, en prétendant avoir des connaissances universelles, καὶ πάντα γιγνώσκοντι τῷ τηνᾶν λόγῳ (ap. Polluc. IX, 81). V. touchant Epicharme, O. Müller, Dorians, IV, 7, 4.

Ces drames semblent avoir été représentés à Syracuse entre 480 et 460 av. J.-C., antérieurement même à Chionidès et à Magnès d'Athènes (Arist. Poet. c. 3) ; il dit πολλῷ πρότερος, ce qui ne peut guère être littéralement exact. Les critiques du temps d'Horace regardaient Epicharme comme le prototype de Plaute (Hor. Epist. II, 1, 58).

(2) Le troisième livre de la République de Platon est frappant par rapport à l'emploi à faire des poëtes dans l'éducation ; V. aussi son traité De Legg. VII, p. 810-811. Quelques maîtres faisaient apprendre par cœur à leurs élèves des poëmes entiers (ὅλους ποιητὰς ἐκμανθάνων); d'autres préféraient des extraits et des morceaux choisis.

quis un droit de possession ineffaçable et établi par prescription. Les attaquer, les révoquer en doute ou les répudier était une tâche difficile même à entreprendre, et dont l'accomplissement était bien au-dessus du pouvoir de qui que ce fût.

Pour ces motifs, la veine de critique contraire aux mythes eut peu d'effet comme force destructive. Mais néanmoins elle exerça une influence très-considérable par sa faculté de dissoudre, de décomposer et de transformer. Accommoder les anciens mythes à un ton amélioré de sentiment et à une règle de crédibilité nouvellement créée, était une tâche que même les Grecs les plus sages ne dédaignèrent pas, et qui occupa une grande part de toute l'activité intellectuelle de la nation. On considéra les mythes d'un point de vue complétement étranger à la curiosité respectueuse et à la foi imaginative et littérale de l'homme homérique. On les brisa et on les refondit pour les faire entrer dans de nouveaux moules tels que leurs auteurs n'en avaient jamais conçu de pareils. Nous pouvons distinguer, dans l'époque littéraire que nous examinons maintenant, quatre classes distinctes d'esprits qui s'en occupèrent, les poëtes, les logographes, les philosophes et les historiens.

Chez les poëtes et les logographes, les personnages mythiques sont des prédécesseurs réels, et le monde mythique un fait antérieur. Mais c'est une réalité divine et héroïque, non pas humaine ; le présent (pour emprunter (1) une image de Pindare dans l'allusion qu'il fait aux dieux et aux hommes) n'est que le demi-frère du passé, d'une manière éloignée et générique, mais non d'une façon étroite et spécifique, et il lui est analogue. Les anciens sentiments et l'ancienne foi inconsciente, en dehors de toute preuve ou de tout témoignage, restent encore dans leurs esprits comme une habitude générale ; mais il s'est formé des sentiments nouveaux qui les forcent à omettre, à altérer, quelquefois même à rejeter et à condamner des récits particuliers

Pindare répudie quelques histoires et en transforme d'au-

---

(1) Pindare, Nem. VI, 1. Cf. Simonide, Fragm. 1 (Gaisford).

tres, parce qu'elles sont incompatibles avec ses idées sur les dieux. C'est ainsi qu'il proteste formellement contre le conte qui nous apprend que Pélops avait été tué et servi à table par son père, dans un repas offert aux dieux immortels. Pindare recule devant l'idée de leur imputer un appétit aussi horrible; il déclare que l'histoire a été dans l'origine fabriquée par un voisin médisant. Il ne peut pas non plus se décider à raconter les querelles qui divisent différents dieux (1). Les amours de Zeus et d'Apollon ne lui déplaisent nullement; mais à l'occasion il supprime quelques-uns des simples détails du vieux mythe, comme manquant de dignité. Ainsi, selon le récit hésiodique, c'est un corbeau qui instruit Apollon de l'infidélité de la nymphe Korônis; mais la mention du corbeau ne parut pas à Pindare compatible avec la majesté du dieu; aussi enveloppe-t-il d'un vague et mystérieux langage la manière dont la chose fut découverte (2). Il éprouve une très-grande répugnance pour le caractère d'Odysseus, et il donne plus d'une fois à entendre qu'Homère l'a indûment exalté, à force d'artifice poétique. D'autre part, il a la plus profonde sympathie pour le caractère de l'Æacide Ajax, aussi bien que pour sa mort prématurée et sans gloire, occasionnée par l'injuste préférence accordée à un indigne rival (3). Il en appelle ordinairement à la Muse comme à son autorité, mais quelquefois aux « anciens dires des hommes, » qu'il accompagne d'une allusion générale aux conteurs et aux bardes; il admet néanmoins que ces histoires présentent de grandes différences, et sont quelquefois fausses (4). Cependant le merveilleux et le

---

(1) Pind. Olymp. I, 30-55; IX, 32-45.

(2) Pyth. III, 25. V. les allusions à Semelê, à Alkmênê et à Danaê. Pyth. III, 98; Nem. X, 10. Cf. aussi vol. I, ch. 9.

(3) Pindare, Nem. VII, 20-30; VIII, 23-31. Isthm. III, 50-60.

Il semble que ce soit la sympathie pour Ajax, dans des odes composées en l'honneur des nobles vainqueurs ægi-nètes, qui l'engage ainsi à déprécier Odysseus; car il loue Sisyphos, particulièrement à cause de ses ruses et de ses ressources (Olymp. XIII, 50), dans l'ode qu'il adressa à Xenophôn le Corinthien.

(4) Olymp. I, 28; Nem. VIII, 20; Pyth. I, 93; Olymp. VII, 55; Nem. VI, 43. Φάντι δ' ἀνθρώπων παλαιαὶ ῥήσιες, etc.

surnaturel ne sont nullement une raison pour rejeter une
histoire : Pindare fait à cet égard une déclaration expresse
à propos des aventures romanesques de Perseus et de la tête
de la Gorgone (1). Il considère même ces caractères mythiques,
qui sont en lutte de la manière la plus palpable avec l'expérience positive, comme se rattachant par un fil généalogique
réel avec le monde qu'il a devant les yeux. Non-seulement
les héros de Troie et de Thèbes, et les marins demi-dieux
compagnons de Jason sur le vaisseau Argô, mais encore le
centaure Chirôn, Typhôs aux cent têtes, le géant Alkyoneus,
Antæos, Bellerophôn et Pegasos, la Chimæra, les Amazones
et les Hyperboréens, toutes ces figures paraissent peintes sur
la même toile, et revêtues des mêmes couleurs que les
hommes du passé récent et avéré, Phalaris et Crésus : seulement ils sont rejetés à une plus grande distance dans la
perspective (2). Les ancêtres héroïques de ces grandes familles æginètes, thessaliennes, thêbaines, argiennes, etc.,
dont le poëte célèbre les membres actuels pour leurs victoires
dans les agônes, s'intéressent aux exploits et secondent les
efforts de leurs descendants : l'inestimable prix d'une race
privilégiée et de l'empreinte de la nature forme un puissant
contraste avec l'impuissance d'un enseignement et d'une pratique que rien ne vient aider (3). Le talent et l'habileté de
l'Argien Theæos et de ses parents comme lutteurs sont attribués en partie à ce fait que Pamphaès le premier auteur de
leur race avait dans le passé traité d'une manière hospitalière
les Tyndarides Kastôr et Pollux (4). Ce qui prouve toutefois
peut-être de la façon la plus forte la sincérité de la foi mythique de Pindare, c'est quand il mentionne un incident coupable avec confusion et répugnance, mais avec un aveu in-

---

(1) Pyth. X, 49. Cf. Pyth. XII, 11-22.

(2) Pyth. I, 17; III, 4-7; IV, 12; VIII, 16; Nem. IV, 27-32; V, 89. Isthm. V, 31; VI, 44-48. Olymp. III, 17; VIII, 63; XIII, 61-87.

(3) Nem. III, 39; V, 40. συγγενὴς εὐδοξία — πότμος συγγενὴς; V, 8. Olymp. IX, 103. Pindare semble introduire φυᾷ dans des cas où Homère aurait mentionné l'assistance divine.

(4) Nem. X, 37-51. Cf. la légende de famille de l'Athénien Dêmokratês, dans Platon, Lysis, p. 205.

volontaire de la réalité, comme dans le cas du fratricide commis sur Phokos par ses frères Pêleus et Telamôn (1).

Eschyle et Sophocle montrent la même foi spontanée et exempte de doute que Pindare aux antiquités légendaires de la Grèce, prises dans leur ensemble ; mais ils se permettent une plus grande licence quant aux détails. Ils devaient nécessairement pour le succès de leurs compositions refondre et grouper de nouveau les événements légendaires, en conservant les noms et le rapport généralement compris de ces caractères qu'ils introduisaient. Le besoin de nouvelles combinaisons augmentait avec la multiplication des spectacles tragiques à Athènes ; de plus, les sentiments des Athéniens, moraux aussi bien que politiques, avaient trop tourné à la critique pour tolérer la reproduction littérale d'un grand nombre des anciennes histoires.

Ces deux poëtes exaltèrent plutôt qu'ils ne rabaissèrent la dignité du monde mythique, qu'ils considérèrent comme quelque chose de divin et d'héroïque plutôt que d'humain. Le Promêtheus d'Eschyle est une conception bien plus élevée que son homonyme à l'esprit subtil que nous trouvons dans Hésiode, et les détails plus familiers des anciens poëmes la Thêbaïs et l'Œdipodia furent modifiés dans le même esprit par Sophocle (2). Ils conservent tous les deux constamment en relief l'action religieuse présentée par l'ancienne épopée. La malédiction paternelle, la colère des morts contre ceux qui leur avaient fait du tort, les châtiments de l'Erinnys contre des personnes coupables ou prédestinées, châtiments parfois infligés directement, exécutés parfois au moyen de l'aliénation d'esprit de la victime elle-même (comme l'Atê homérique), se rencontrent fréquemment dans leurs tragédies (3).

---

(1) Nem. V, 12-16.
(2) V. le 1ᵉʳ volume, ch. 14, sur la légende du siége de Thêbes.
(3) La malédiction d'Œdipe est la force déterminante dans les Sept. ad Theb. Ἀρά τ', Ἐρινὺς πατρὸς ἡ μεγασθενής (v. 70) ; elle reparaît plusieurs fois dans le cours du drame, avec une solennité particulière dans la bouche d'Eteoklês (695-709, 725, 785, etc.) ; il y cède comme à une force irrésistible, qui entraîne la famille à sa ruine :

Ἐπεὶ τὸ πρᾶγμα κάρτ' ἐπισπέρχει
|θεός,

Eschyle, dans deux de ses pièces qui nous restent, présente les dieux comme les personnages principaux. Loin de

Ἴτω κατ' οὖρον, κῦμα Κωκυτοῦ
[λαχὸν,
Φοίβῳ στυγηθὲν πᾶν τὸ Λαΐου
[γένος.
. . . .
Φίλου γὰρ ἐχθρά μοι πατρὸς τέ-
[λει' ἄρα
Ξηροῖς ἀκλαύστοις ὄμμασιν προσι-
[ζάνει, etc.

De même encore, au début de l'Agamemnôn, le poëte insiste sur le μνάμων μῆνις τεκνόποινος (v. 155) et sur la sacrifice d'Iphigeneia comme laissant derrière eux un arrêt vengeur suspendu sur la tête d'Agamemnôn, bien qu'il prît des précautions pour bâillonner sa bouche pendant le sacrifice et l'empêcher ainsi de proférer des imprécacions, φθόγγον ἀραῖον οἴκοις Βίᾳ χαλινῶν τ' ἀναύδῳ μένει (κατασχεῖν), v. 246. L'Erynnis attend Agamemnôn même au moment de l'achèvement victorieux de son expédition contre Troie (467 ; cf. 762-990, 1336-1433) ; elle est surtout à craindre après un grand succès ; elle fortifie la malédiction que les crimes des ancêtres ont amenée sur la maison d'Atrée, πρώταρχος ἄτη, παλαιαὶ ἁμαρτίαι δόμων (1185-1197, Choëph. 692), la malédiction prononcée par Thyestês outragé (1601). Dans les Choëphores, Apollon menace Orestês de la colère de son père mort et de tous les châtiments terribles de l'Erynnis, s'il n'entreprend de venger le meurtre (271-296). Αἶσα et Ἐρινννύς amènent sang pour sang (647). Mais au moment où Orestês, placé entre ces obligations opposées (925), a accompli la vengeance, il devient lui-même la victime des Erinnyes, qui le rendent fou même à la fin des Choëphores (ἕως δ' ἔτ' ἔμφρων εἰμί, 1026), et qui apparaissent en personne et le poursuivent pendant tout le troisième drame de cette effrayante trilogie.

L'Eidôlon de Klytamnestra les pousse à la vengeance (Eumenid. 96), et même les stimule quand elles semblent se ralentir. Apollon transporte Orestês à Athènes, où les Erinnyes le poursuivent et l'attaquent devant le tribunal de la déesse Athênê, à laquelle elles remettent la décision ; Apollon se présente pour le défendre. Le débat entre « les filles de la Nuit » et le dieu, les unes comme accusatrices, l'autre comme défenseur, est curieux au plus haut point (576-730) : les Erinnyes sont profondément mortifiées de l'humiliation dont les couvre l'acquittement d'Orestês, mais Athênê finit par les apaiser, et l'on fait un pacte en vertu duquel elles deviennent protectrices de l'Attique, où elles acceptent un séjour permanent et un culte solennel (1006) ; Orestês retourne à Argos, et il promet que, même dans sa tombe, il veillera à ce qu'aucun de ses descendants ne fasse jamais tort au pays de l'Attique (770). Le jugement et l'acquittement solennels d'Orestês formaient la légende consacrant la colline et le tribunal de l'Aréopage.

C'est la seule trilogie complète d'Eschyle que nous possédions, et les Erinnyes vengeresses (116) en forment le mobile dans toute son étendue ; elles sont invisibles dans les deux premiers drames, visibles et effroyables dans le troisième. Et l'apparition de Kassandra sous l'influence réelle de la fièvre prophétique, dans le premier, contribue encore plus à lui donner une couleur différente de l'humanité commune.

L'idée générale du mouvement de l'Oresteia donnée dans Welcker (Æsch. Trilogie, p. 445) me semble plus conforme aux conceptions helléniques que celle de Klausen (Theologumena Æschyli, p. 157-169), dont la collection et la comparaison d'une grande valeur

partager la répugnance qu'éprouve Pindare à insister sur les querelles des dieux, il introduit Promêtheus et Zeus dans l'une, Apollon et les Euménides dans l'autre, et les met dans une opposition prononcée. Le dialogue, qu'il ajouta le premier au chœur primitif, devint insensiblement la partie la plus importante du drame, et est plus travaillé dans Sophocle que dans Eschyle. Cependant, même dans Sophocle, il conserve encore, en général, sa majesté idéale, formant contraste avec le ton de rhéteur et d'avocat qui s'y introduisit dans la suite; il naît de la pièce et s'adresse aux émotions plus qu'à la raison de l'auditoire. Néanmoins, l'effet des discussions politiques et du sentiment démocratique d'Athènes est visible chez les deux poëtes dramatiques. Eschyle applique même à la société des dieux l'idée de droits et de priviléges légitimes, comme étant opposés à la force usurpatrice. Les Euménides accusent Apollon d'avoir, avec l'insolence d'une ambition juvénile, « renversé » (foulé sous les pieds de ses coursiers) leurs anciennes prérogatives (1), tandis que le Titan Promêtheus, le champion de l'humanité souffrante contre les dispositions hostiles de Zeus, ose dé-

---

qu'il fait de divers passages montrent trop, ici et ailleurs, le désir de mettre l'action du monde mythique grec en harmonie avec ce qu'un esprit religieux du temps présent approuverait. De plus, il rabaisse trop la personnalité d'Athênê en l'absorbant dans l'autorité suprême de Zeus (p. 158-168).

(1) Eumenides, 150 :
Ἰὼ παῖ Διός, ἐπίκλοπος πέλει,
Νέος δὲ γραίας δαίμονας καθιππά-
[σω, etc.
V. encore la même métaphore, v. 731. Eschyle semble se complaire à mettre en opposition les dieux jeunes et les vieux; cf. 70-162, 882.
Les Erinnyes disent à Apollon qu'il usurpe des fonctions qui ne lui appartiennent pas, et qu'ainsi il enlèvera à celles qui lui appartiennent leur caractère sacré (715-754) :

Ἀλλ' αἱματηρὰ πράγματ', οὐ λαχὼν,
[σέβεις,
Μαντεῖα δ' οὐκ ἔθ' ἁγνὰ μαντεύσει
[μένων.
Le refus que fait le roi Pelasgos, dans les Suppliantes, de se charger de ce qu'il sent être un devoir sacré, la protection des Danaïdes suppliantes, avant d'avoir soumis la question à son peuple et obtenu son consentement formel, et la crainte qu'il exprime d'encourir son blâme (κατ' ἀρχὰς γὰρ φιλαίτιος λέως), sont présentés avec plus de force que ne l'aurait probablement jugé nécessaire un ancien poëme épique (V. Supplices, 369, 397, 485, 519). Le vœu solennel de voir exclure d'Athènes et l'anarchie et le despotisme porte encore plus la marque du sentiment politique du temps, μήτ' ἄναρχον μήτε δεσποτούμενον (Euménid. 527-696).

peindre ce dernier comme un usurpateur récent, régnant seulement en vertu de sa force supérieure, élevé par une seule révolution heureuse, et destiné à un moment quelconque de l'avenir à être renversé par une autre, sort qu'un seul moyen détournera; ce sont des avis qui ne peuvent être communiqués que par Promêtheus lui-même (1).

Bien qu'Eschyle encourût des reproches d'impiété de la part de Platon et vraisemblablement aussi de celle du public athénien, pour des discours et des incidents (2) particuliers

---

(1) Promêtheus, 35, 151, 170, 309, 524, 910, 940, 956.

(2) Platon, Republic. II, 381-383; cf. Æschyl. Fragm. 159, éd. Dindorf. Il fut accusé aussi d'avoir divulgué dans quelques-unes de ses pièces les sujets secrets des mystères de Dêmêtêr; mais on dit qu'il s'excusa en alléguant son ignorance : il ne savait pas que ce qu'il avait dit fût compris dans les mystères (Aristot. Ethic. Nicom. III, 2 ; Clemens Alex. Strom. II, p. 387); l'histoire est différente encore dans Elien, V. H. V, 19.

On peut voir dans Lobeck, Aglaopham. p. 81, combien rares sont les renseignements précis touchant cette dernière accusation.

Cicéron (Tusc. Dis. II, 10) appelle Eschyle « presque un pythagoricien : » nous ne savons pas sur quoi est fondée l'épithète.

Il n'y a pas de preuve pour nous démontrer que le Promêtheus Vinctus fût considéré comme impie par le public devant lequel il était représenté; mais c'est ainsi que son sens évident a été compris par des critiques modernes, qui ont recours à une foule d'explications différentes pour prouver que, quand il est convenablement interprété, il n'est pas impie. Mais si nous désirons reconnaître avec certitude ce qu'Eschyle pensait réellement, nous ne devons pas consulter les idées religieuses des temps modernes; nous n'avons pas d'autre critérium que ce que nous savons de l'époque même du poëte et de ce qui l'avait précédé. Les explications données par les plus habiles critiques semblent en général montrer une détermination prise à l'avance de présenter Zeus comme un être juste, sage, clément et tout-puissant; et tous, d'une manière ou d'une autre, ils altèrent les figures, changent la perspective et donnent des interprétations forcées de ce drame frappant, qui fait une impression directement contraire (V. Welcker, Trilogie Æsch. p. 90-117, avec l'explication de Dissen qui y est donnée; Klausen, Theologum. Æsch. p. 140-154; Schoemann, dans sa traduction récente de la pièce, et la critique de cette traduction dans les Wiener Jahrbücher, vol. CIX, 1845, p. 245, par F. Ritter). D'un autre côté, Schütz (Excurs. ad Prom. Vinct, p. 149) pense qu'Eschyle voulait, au moyen de ce drame, forcer ses concitoyens à haïr un despote. Bien que je n'admette pas cette interprétation, elle me paraît moins éloignée de la vérité que les moyens violents que d'autres emploient pour mettre le poëte en harmonie avec leurs propres idées religieuses.

Quant au Promêtheus Solutus, qui formait une suite au Promêtheus Vinctus (la trilogie entière n'est pas connue d'une manière certaine), les fragments qui en ont été conservés sont très-peu abondants, et les conjectures des cri-

contenus dans ses tragédies, et bien qu'il ne s'attache pas à la veine reçue de la tradition religieuse d'une manière aussi stricte que Sophocle, cependant l'ascendant et l'intervention des dieux ne sont jamais perdus de vue, et la dignité avec laquelle il les représente, rendue par un style hardi, figuré et elliptique (qui n'est souvent qu'imparfaitement intelligible pour le lecteur moderne), atteint son plus haut point dans ses tragédies. Comme il répand autour des dieux une sorte de grandeur aérienne, de même ni ses hommes ni ses héros ne paraissent ressembler à des habitants de la terre. Le monde mythique, auquel il emprunte ses caractères, n'est peuplé que « de la race immédiate des dieux, en contact étroit avec Zeus, dans laquelle le sang divin n'a pas encore eu le temps de dégénérer (1); » il prend ses individus non pas dans la race de fer dont Hésiode reconnaît avec honte les membres pour ses contemporains, mais dans la race héroïque éteinte qui avait combattu à Troie et

---

tiques au sujet de son intrigue n'ont qu'une faible base sur laquelle ils puissent s'appuyer. Ils prétendent que, d'une manière ou d'une autre, les objections apparentes que présente le Prométheus Vinctus contre la justice de Zeus étaient écartées dans le Prométheus Solutus. Hermann, dans sa *Dissertatio de Æschyli Prometheo Soluto* (Opuscula, vol. IV, p. 256), révoque en doute cette idée ; je transcris de sa Dissertation un seul passage, parce qu'il renferme une remarque importante touchant la manière dont les poëtes grecs traitaient leurs légendes religieuses : « Tandis qu'ils racontaient et croyaient une foule d'énormités au sujet des dieux individuels, ils décrivaient toujours la divinité abstraite comme parfaite et sainte... »

« Immo illud admirari oportet, quod quum de singulis Diis indignissima quæque crederent, tamen ubi sine certo nomine Deum dicebant, immunem ab omni vitio, summâque sanctitate præditum intelligebant. Illam igitur Jovis sævitiam ut excusent defensores Trilogiæ, et jure punitum volunt Prometheum, et in sequente fabulâ reconciliato Jove, restitutam arbitrantur divinam justitiam. Quo invento, vereor ne non optime dignitati consuluerint supremi Deorum, quem decuerat potius non sævire omnino, quam placari eâ lege, ut alius Promethei vice lueret. »

(1) Æschyl. Fragm. 146, Dindorf; ap. Plat. Republ. III, p. 391; cf. Strab. XII, p. 580 :

. . . . . . οἱ θεῶν ἀγχίσποροι
Οἳ Ζηνὸς ἐγγύς, οἷς ἐν Ἰδαίῳ πάγῳ
Διὸς πατρῴου βωμός ἐστ' ἐν αἰθέρι,
Κοὔπω σφιν ἐξίτηλον αἷμα δαιμόνων.

Il n'y a qu'une exception réelle à cette assertion, les Perses, pièce qui est fondée sur un événement récemment arrivé, et une exception apparente, le Prométheus Vinctus. Mais dans ce drame il ne paraît aucun individu mortel : nous ne pouvons guère considérer Iô comme une ἐφήμερος (253).

à Thèbes. C'est à eux que ses conceptions aspirent, et on peut même l'accuser de faire un effort répété, en dehors des limites du goût poétique, pour réaliser sa peinture. S'il n'y réussit pas d'une manière logique, la raison en est que dans une telle matière on ne peut atteindre à une logique absolue, puisque, après tout, les analogies avec l'humanité commune, seuls matériaux sur lesquels a à s'exercer l'imagination la plus créatrice, s'imposent involontairement, et que les traits de l'homme se voient ainsi, même sous un costume qui promet des proportions surhumaines.

Sophocle, le plus illustre ornement de la tragédie grecque, insiste sur les mêmes caractères héroïques, et leur conserve leur grandeur dans la plupart des cas, en la diminuant peu; à cela il allie une structure dramatique beaucoup meilleure, et un appel plus général aux sympathies humaines. Cependant, même dans Sophocle, nous trouvons des indications montrant qu'on permet à un sentiment moral qui a changé, et à un instinct plus prédominant de perfection artistique, de modifier la rigueur plus grande de l'action religieuse que présente l'ancienne épopée. On peut découvrir aussi, à l'occasion, des effusions (1) déplacées de rhétorique, aussi bien que de prolixité didactique. C'est Eschyle, et non Sophocle, qui forme l'opposition marquée avec Euri-

---

(1) Pour les traits caractéristiques d'Eschyle, V. Aristoph. Ran. 755, ad fin. passim. La rivalité entre Eschyle et Euripide roule sur γνῶμαι ἀγαθαί, 1497; la gravité et la majesté des mots, 1362; πρῶτος τῶν Ἑλλήνων πυργώσας ῥήματα σεμνά, 1001, 921, 930 (« Sublimis et gravis et grandiloquus sæpe usque ad vitium, » Quint. X, 1); l'air imposant de ses héros, tels que Memnôn et Kyknos, 931; leur réserve dans le langage, 908; les drames « remplis d'Arès, » et ses chefs au cœur de lion, inspirant à ses auditeurs un esprit intrépide pour la défense de leur pays, 1014, 1019, 1040; son mépris pour la tendresse des femmes, 1042 :

Esch. Οὐ δ' οἶδ' οὐδεὶς ἥντιν' ἐρῶσαν
[πώποτ' ἐποίησα γυναῖκα.
Eurip. Μὰ Δί', οὐδὲ γὰρ ἦν τῆς Ἀφρο-
[δίτης οὐδέν σοι.
Esch.   μηδέ γ' ἐπείη·
Ἀλλ' ἐπί σοί τοι καὶ τοῖς σοῖσιν
[πολλὴ πολλοῦ 'πικάθοιτο.
Pour le même but général, V. Nubes (1347-1356), composées tant d'années auparavant. On insista dans la vie d'Eschyle sur la gravité et la majesté des héros du poëte (βάρος, τὸ μεγαλοπρεπές), et on dit que Sophocle s'en moqua, ὥσπερ γὰρ ὁ Σοφοκλῆς ἔλεγε, τὸν Αἰσχύλου διαπεπαιχὼς ὄγκον, etc. (Plut. De Profect. in Virt. Sent. c. 7), à moins que nous ne devions prendre ceci pour

pide ; c'est à Eschyle, et non à Sophocle, qu'Aristophane accorde le prix de la tragédie, comme étant le poëte qui attribue avec le plus de perfection aux héros du passé ces termes graves, cet appareil imposant, cette simplicité de grandes actions avec peu de paroles, cette mâle énergie supérieure aux séductions d'Aphroditê, qualités qui conviennent aux compagnons d'Agamemnôn et d'Adrastos (1).

Ce sentiment du caractère héroïque du monde mythique avait pénétré à une grande profondeur dans l'âme des Athéniens ; c'est ce dont on peut juger par les amères critiques faites à Euripide, dans les compositions duquel étaient entrés en partie les idées de la philosophie physique étudiée à l'école d'Anaxagore, en partie le nouveau ton d'éducation, et l'éloquence pratique du barreau aussi bien que de la tribune si largement répandue à Athènes (2). Tandis qu'Aristophane attaque avec les sarcasmes les plus acérés Euripide comme le représentant de « cette jeune Athènes, » d'autres critiques aussi s'accordent à le signaler comme ayant rendu vulgaires les héros mythiques, et comme les ayant transformés en véritables personnages de la vie ordinaire, loquaces, fins et sentant le marché (3). Il introduisit dans quelques-unes

---

une méprise de Plutarque citant Sophocle au lieu d'Euripide tel qu'il parle dans les Grenouilles d'Aristophane, ce qui est l'opinion et de Lessing, dans sa vie de Sophocle, et de Welcker (Æschyl. Trilogie, p. 525).

(1) Voir vol. I, chap. 14, et vol. II. ch. 1.
Eschyle semble avoir été un plus grand innovateur, quant aux mythes, que Sophocle ou qu'Euripide (Dionys. Halic. Judic. de Veter. Script. p. 422, Reisk.). Pour la manière étroite dont Sophocle s'attache à l'épopée homérique, V. Athenæ. VII, p. 277 ; Diogen. Laërt. IV, 20 ; Suidas, v. Πολέμων. Eschyle met dans la bouche des Euménides un sérieux argument tiré de la conduite de Zeus, quand il enchaîna son père Kronos (Eumen. 640).

(2) V. Valckenaer, Diatribe in Eurip. Fragm. cap. 5 et 6.
La quatrième et la cinquième leçon des *Dramatische Vorlesungen* d'August Wilhelm Schlegel présentent à la fois avec justesse et éloquence la différence qui existe entre Eschyle, Sophocle et Euripide, particulièrement sur le point du rabaissement graduel du colosse mythique, ramené aux proportions d'un homme ordinaire ; au sujet d'Euripide, V. spécialement leçon 5, vol. I, p. 206, éd. Heidelberg, 1809.

(3) Arist. Poet. c. 46 : Οἷον καὶ Σοφοκλῆς ἔφη, αὐτὸς μὲν οἵους δεῖ ποιεῖν, Εὐριπίδης δὲ, οἷοί εἰσι.
Les Ranæ et les Acharneis d'Aristophane font entièrement connaître les reproches adressés à Euripide : le langage qui lui est prêté dans la première

de ses pièces des expressions et des sentiments sceptiques, tirés de ses études philosophiques, tantôt confondant en un seul deux ou trois dieux distincts, tantôt transformant le Zeus personnel en un Æther doué d'une existence réelle et d'attributs déterminés. Il met dans la bouche de quelques-uns de ses caractères dramatiques dénués de principes des discours apologétiques que l'on accusa d'être des sophismes pleins d'ostentation, et de fournir au criminel une occasion de triomphe (1). On reprocha à ses pensées, à ses expressions, au rhythme des chants dans ses chœurs, de manquer de dignité et d'élévation. On se moqua sans pitié (2) de l'at-

---

pièce (v. 935-977) jette un jour particulier sur le point exposé ici. Plutarque (De Gloriâ Atheniens. c. 5) oppose ἡ Εὐριπίδου σοφία καὶ ἡ Σοφοκλεοῦς λογιότης. Sophocle resta fidèle aux vieux mythes ou y introduisit des changements dans un esprit conforme à leur caractère primitif, tandis qu'Euripide raffina sur eux. Le commentaire de Démétrius de Phalère rattache expressément τὸ λόγιον à la conservation de la dignité des récits. Ἄρξομαι δὲ ἀπὸ τοῦ μεγαλοπρεποῦς, ὅπερ νῦν λόγιον ὀνομάζουσιν (c. 38).

(1) Aristoph. Ranæ, 770, 887, 1066. Euripide dit à Eschyle, au sujet du langage qu'ils ont employé tous deux :

Ἦν οὖν σὺ λέγῃς Λυκαβηττοὺς
Καὶ Παρνάσσων ἡμῖν μεγέθη, τοῦτ'
 [ἐστὶ τὸ χρηστὰ διδάσκειν,
Ὃν χρὴ φράζειν ἀνθρωπείως;

Eschyle répond :

Ἀλλ', ὦ κακόδαιμον, ἀνάγκη
Μεγάλων γνωμῶν καὶ διανοιῶν ἴσα καὶ
 [τὰ ῥήματα τίκτειν.
Κάλλως εἰκὸς τοὺς ἡμιθέους τοῖς
 [ῥήμασι μείζοσι χρῆσθαι·
Καὶ γὰρ τοῖς ἱματίοις ἡμῶν χρῶνται
 [πολὺ σεμνοτέροισι.
Ἁ' μοῦ χρηστῶς καταδείξαντος διελυ-
 [μήνω σύ.
Eurip. Τί δράσας;

Eschyl. Πρῶτον μὲν τοὺς βασιλεύοντας
 [ῥάκι' ἀμπίσχων, ἵν' ἐλεινοὶ
Τοῖς ἀνθρώποις φαίνοιντ' εἶναι.

Quant au caractère du langage et des mètres d'Euripide, tel qu'il est représenté par Eschyle, V. aussi v. 1297, et Pac. 527. Euripide introduisit une discussion philosophique (Dionys. Halic. Ars Rhetor. VIII; 10, IX, 11) dans Melanippê, où la doctrine des prodiges (τέρας) semble avoir été discutée. Quintilien (X, 1) fait observer que, pour les jeunes débutants dans l'éloquence du barreau, l'étude d'Euripide était bien plus particulièrement profitable que celle de Sophocle; cf. Dion Chrysost. Orat. XVIII, Reisk.

Dans Euripide, les héros eux-mêmes prononçaient quelquefois des discours de morale, εἰσάγων τὸν Βελλεροφόντην γνωμολογοῦντα (Welcker, Griechisch. Tragoed. Eurip. Stheneb. p. 782); cf. les fragments de son Bellerophôn (15-25, Matthiæ) et de son Chrysippe (7, ib.). On trouve dans Sénèque un récit frappant, Epist. 115; et Plut. de Audiend. Poet. c. 4, t. I, p. 70; Wytt.

(2) Aristoph. Ran. 840 :
 ὦ στωμυλιοσυλλεκτάδη,
Καὶ πτωχοποιὲ καὶ ῥακιοσυρραπτάδη.
V. aussi Aristoph. Acharn. 385-422. Au sujet d'une critique défavorable faite à propos d'un pareil procédé, V. Arist. Poet. 27.

tirail mesquin et de la misérable attitude dans lesquels il représenta Œneus, Tèlephos, Thyestês, Inô, et d'autres caractères héroïques, bien qu'il semble que leur position et leur fortune aient toujours été déplorablement tristes ; mais le pathos efféminé qu'Euripide plaça tout nu sur le premier plan fut jugé indigne de la majesté d'un héros légendaire. Et il encourut un reproche encore plus grand sur un autre point, au sujet duquel ses ennemis mêmes reconnaissent qu'il avait seulement reproduit en substance les récits préexistants, la passion fatale et illicite décrite dans plusieurs de ses caractères de femmes, tels que Phædra et Sthenobœa. Ses adversaires admettaient que ces histoires étaient vraies ; mais ils prétendaient qu'elles auraient dû être tenues à l'écart, et non produites sur la scène, preuve à la fois de la continuité de la foi mythique et de la sensibilité plus grande de la critique morale à son époque (1). Le mariage des six filles d'Æolos avec ses six fils est d'origine homérique et se trouve encore exposé, quoique brièvement, dans l'Odyssée ; mais la passion incestueuse de Makareus et de Kanakè, comprise par Euripide (2) dans sa tragédie aujourd'hui perdue, appelée

---

(1) Aristoph. Ran. 1050 :
Eurip. Πότερον δ' οὐκ ὄντα λόγον
[τοῦτον περὶ τῆς Φαίδρας ξυνέθηκα;
Eschyl. Μά Δί' ἀλλ' ὄντ' · ἀλλ' ἀπο-
[κρύπτειν χρὴ τὸ πονηρὸν τόν γε ποιητήν,
Καὶ μὴ παράγειν μηδὲ διδά-
[σκειν.

Dans le Hercules Furens, Euripide met en relief et même exagère les plus mauvais éléments des anciens mythes : la haine implacable de Hêrê contre Hêraklês est poussée si loin qu'elle le prive de la raison (en envoyant Iris et Λύσσα contre son gré), et qu'ainsi elle l'amène avec intention à tuer sa femme et ses enfants de ses propres mains.

(2) Aristoph. Ran. 849, 1041, 1080 ; Thesmoph. 547 ; Nub. 1354. Grauert, De Mediâ Græcorum Comœdiâ, dans le Rheinische Museum, 2ᵉ année, 1ʳᵉ fasc. p. 51. Il convenait au plan du drame d'Æolos, tel qu'il était composé par Euripide, de placer dans la bouche de Makareus un éloge formel des mariages incestueux : c'est ce qui probablement contribua beaucoup à offenser le public athénien. V. Dion. Halic. Rhetor. IX, p. 355.

Au sujet de la liberté des mariages entre les membres d'une même famille, indiquée dans Homère, les parents et les enfants exceptés seuls, V. Terpstra, Antiquitas Homerica, caput 13, p. 104,

Ovide, dont les tendances poétiques le menaient particulièrement à copier Euripide, fait observer (Trist. II, 1, 380) :

« Omne genus scripti gravitate Tra-
[gœdia vincit.
Hæc quoque materiam semper amo-
[ris habet.

Æolos, attira sur lui un blâme sévère. De plus, il sépara souvent les horreurs que présentaient les vieilles légendes de ces influences religieuses qui en avaient été la cause dans l'origine, en les faisant précéder de motifs d'un caractère plus raffiné, motifs qui n'impliquaient pas le sens d'une force redoutable. C'est ainsi que les considérations qui réduisaient l'Alkmæôn d'Euripide à la nécessité de tuer sa mère paraissaient ridicules à Aristote (1). Après l'époque de ce grand poëte, ses successeurs semblent l'avoir suivi en donnant à leurs caractères l'esprit de la vie commune. Mais les noms et l'intrigue étaient encore empruntés des familles mythiques maudites de Tantalos, de Kadmos, etc.; et la hauteur héroïque à laquelle on place tous les personnages individuels introduits dans les drames, mise en contraste avec le caractère purement humain du chœur, est encore comptée par Aristote parmi les points essentiels dans la théorie de la tragédie (2).

Ainsi la tendance de la tragédie athénienne, qui se manifesta puissamment dans Eschyle, et qui ne se perdit jamais entièrement, fut d'entretenir une foi absolue et une estime respectueuse au sujet du monde mythique et de ses personnages en général, mais de considérer les histoires particulières plutôt comme des sujets propres à faire naître les émotions que comme des récits de faits réels. Les logographes concoururent avec les poëtes dramatiques à l'accomplissement du premier de ces deux desseins, mais non du second. Leur objet prin-

---

Nam quid in Hippolyto nisi cæcæ
[flamma novercæ?
Nobilis est Canace fratris amore
[sui. »
C'est le contraire de la vérité par rapport à Eschyle et à Sophocle, et ce n'est vrai que dans une très-petite partie par rapport à Euripide.

(1) Aristot. Ethic. Nicom. III, 1, 8: καὶ γὰρ τὸν Εὐριπίδου Ἀλκμαίωνα γελοῖα φαίνεται τὰ ἀναγκάσαντα μητροκτονῆσαι (dans la tragédie perdue appelée Ἀλκμαίων ὁ διὰ Ψωφῖδος).

(2) Arist. Poet. 26-27, et aussi dans ses problèmes, en expliquant pourquoi les modes de musique hypo-dorien et hypo-phrygien n'étaient jamais appliqués au chœur, il dit:
' Ταῦτα δὲ ἄμφω χόρῳ μὲν ἀνάρμοστα, τοῖς δὲ ἀπὸ σκηνῆς οἰκειότερα. Ἐκεῖνοι μὲν γὰρ ἡρώων μίμηται· οἱ δὲ ἡγεμόνες τῶν ἀρχαίων μόνοι ἦσαν ἥρωες, οἱ δὲ λαοὶ ἄνθρωποι, ὧν ἐστὶν ὁ χόρος. Διὸ καὶ ἁρμόζει αὐτῷ τὸ γοερὸν καὶ ἡσύχιον ἦθος καὶ μέλος· ἀνθρωπικὰ γάρ.

cipal était de fondre les mythes en une suite continue qu'on pût lire, et par conséquent ils furent forcés de faire un choix entre les récits illogiques ou contradictoires, de rejeter quelques récits comme faux, et d'en admettre d'autres comme vrais. Mais leur préférence fut plutôt déterminée par leurs sentiments quant à ce qui était convenable, que par quelque critérium historique prétendu. Phérécyde, Acusilas et Hellanicus (1) ne cherchèrent pas à bannir du monde mythique les incidents merveilleux ou fantastiques. Ils le regardèrent comme peuplé d'êtres plus élevés, s'attendant à y trouver des phénomènes auxquels leur propre époque dégénérée ne fournissait pas de pendants. Ils reproduisirent les fables telles qu'ils les trouvèrent dans les poëtes, ne rejetant presque que les différences, et finissant par présenter ce qu'ils croyaient être une histoire du passé, non-seulement continue, mais encore exacte et digne de foi, histoire à laquelle ils appliquèrent en effet leur précision à un si haut degré, qu'Hellanicus donne l'année, et même le jour de la prise de Troie (2).

Hécatée de Milêtos (500 av. J.-C.), antérieur à Phérécyde et à Hellanicus, est le plus ancien écrivain dans lequel nous puissions découvrir quelque disposition à rejeter la prérogative et la spécialité des mythes et à affaiblir leurs prodiges caractéristiques, dont quelques-uns trouvent encore faveur à ses yeux, comme dans le cas du bélier parlant qui transporta Phryxos au delà de l'Hellespont. Il déclara que les fables grecques étaient « innombrables et ridicules ; » nous ne savons si c'était à cause de leurs différences ou de leurs improbabilités intrinsèques. Et nous lui sommes redevables de la première tentative faite pour les faire rentrer dans les limites de la crédibilité historique ; par exemple, quand il transforme Kerberos aux trois têtes, le chien de Hadès, en un serpent habitant une caverne sur le cap Tænaros, et Geryôn d'Erytheia en un roi d'Epiros riche en troupeaux de bœufs (3). Hé-

---

(1) V. Müller, Prolegom. zu einer wissenschaftlichen Mythologie, c. 3, p. 93.

(2) Hellanic. Fragm. 143, éd. Didot.
(3) Hecat. Fragm. éd. Didot, 332, 346, 349 ; Schol. Apoll. Rhod. I, 256 ;

catée fait remonter sa propre généalogie et celle de la gens à laquelle il appartenait par une ligne de quinze ancêtres jusqu'à un dieu premier auteur de sa race (1), preuve la plus évidente et de sa foi profonde dans la réalité du monde mythique, et de son religieux attachement à ce monde qu'il regardait comme le point de jonction entre la personnalité humaine et la personnalité divine.

Nous avons ensuite à considérer les historiens, particulièrement Hérodote et Thucydide. Comme Hécatée, Thucydide appartenait à une gens qui prétendait descendre d'Ajax, et par Ajax d'Æakos et de Zeus (2). Hérodote fait entendre modestement que pour lui il n'avait pas à se vanter d'un tel avantage (3). La curiosité de ces deux historiens touchant le passé n'avait pas, pour s'exercer, d'autres matériaux que les mythes, qu'ils trouvaient déjà fondus par les logographes en une suite continue et présentés comme un agrégat d'histoire antérieure, dérivé dans un ordre chronologique de l'époque des dieux. Aussi bien que le corps de la nation grecque, Hérodote et Thucydide étaient tous deux pénétrés de cette croyance complète et absolue en la réalité de l'antiquité my-

---

Athenæ. II, p. 133; Scylax, c. 26.

Peut-être Hécatée fut-il amené à chercher Erytheia en Epiros par la couleur rouge de brique de la terre qui existe dans une foule d'endroits, et que mentionnent Pouqueville et d'autres voyageurs (Voyage dans la Grèce, vol. II, 248; V. Klausen, Æneas und die Penaten, vol. I, p. 222). Ἑκαταῖος ὁ Μιλήσιος — λόγον εὗρεν εἰκότα, Pausan. III, 25, 4. Il semble avoir écrit expressément sur les Hyperboréens fabuleux, et avoir soutenu la foi commune contre des doutes qui avaient commencé à s'élever à son époque : la mention saillante des Hyperboréens que l'on trouve dans Hérodote est probablement dirigée contre Hécatée, IV. 36 ; Schol. Apoll. Rhod. II, 675 ; Diodor. II, 47.

M. Clinton (Fast. Hell. II, p. 480) et d'autres (V. not. ad Fragm. Hecat. p. 30, éd. Didot) soutiennent que l'ouvrage sur les Hyperboréens fut écrit par Hécatée d'Abdera, Grec lettré de l'époque de Ptolémée Philadelphe, et non par Hécatée de Milêtos. Je ne partage pas cette opinion. Je regarde comme beaucoup plus probable que le plus ancien Hécatée était l'auteur en question.

La position distinguée que tenait Hécatée à Milêtos est indiquée nonseulement par la mention que fait Hérodote de ses opinions en matières publiques, mais encore par la négociation qu'il eut avec le satrape perse Artapherne en faveur de ses concitoyens (Diodor. Excerpt. XLVII, p. 41, éd. Dindorf.)

(1) Hérod. II, 143.
(2) Marcellin. Vit. Thucyd. init.
(3) Hérod. II, 143.

thique en général, croyance mêlée à la religion, au patriotisme et à toutes les démonstrations publiques du monde hellénique. Connaître les détails vrais de ce passé était une recherche d'un haut intérêt pour eux. Mais les progrès des tendances positives de leur époque, aussi bien que leurs propres habitudes d'investigation personnelle, avaient fait naître en eux un *sens historique* relativement au passé comme au présent. S'étant accoutumés à apprécier les critérium intrinsèques de crédibilité et de probabilité historiques, ils trouvaient les récits particuliers des poëtes et des logographes inadmissibles comme ensemble même aux yeux d'Hécatée, encore plus en désaccord avec leurs règles plus rigoureuses de critique. Et ainsi nous observons chez eux la lutte constante, aussi bien que le compromis qui en résulte, entre ces deux tendances opposées ; d'un côté, ils ont une ferme croyance en la réalité du monde mythique, de l'autre, ils ne peuvent accepter les détails que leur donnaient sur ce monde leurs seuls témoins, les poëtes et les logographes.

Chacun d'eux cependant accomplit le progrès en suivant une voie particulière. Hérodote est un homme d'un sentiment religieux profond, anxieux, scrutateur, ardent. Il reconnaît souvent les décisions spéciales des dieux comme déterminant les événements historiques : sa piété est aussi en partie empreinte de cette teinte mystique que les deux derniers siècles avaient fait pénétrer insensiblement dans la religion des Grecs ; car il craint d'offenser les dieux en récitant publiquement ce qu'il a entendu à leur sujet. Souvent il s'arrête brusquement dans son récit et fait entendre qu'*il y a là* une légende sacrée, mais qu'il ne veut pas la dire. Dans d'autres cas, où il se sent forcé de parler, il demande pardon aux dieux et aux héros d'agir ainsi. Quelquefois il ne veut pas même mentionner le nom d'un dieu, bien qu'en général il se croie autorisé à le faire, les noms étant une chose de notoriété publique (1). Cette pieuse réserve, qui enchaînait la

---

(1) Hérod. II, 3, 51, 61, 65, 170. Il fait une légère allusion (c. 51) à un ἱρὸς λόγος qui lui fut communiqué dans les mystères de Samothrace, mais il ne

langue du sincère Hérodote, comme il le déclare sans détour, présente un frappant contraste avec le ton franc et naïf de l'ancienne épopée, ainsi que des légendes populaires, où les dieux et leur conduite étaient les sujets familiers et intéressants de la conversation ordinaire aussi bien que de la sympathie commune, sans cesser d'inspirer à la fois la crainte et le respect.

Hérodote, en comparant Polykratês avec Minôs, distingue expressément la race humaine, à laquelle appartenait le premier, de la race divine ou héroïque, qui comprenait le second (1). Mais il croit fermement authentiques la personnalité et l'extraction de tous les personnages renfermés dans les mythes, divins, héroïques et humains, comme il croit digne de foi leur chronologie calculée par générations. Il compte en remontant dans le passé 1600 ans depuis sa propre époque jusqu'à celle de Semelê, mère de Dionysos; 900 jusqu'à Hêraklês, et 800 jusqu'à Penelopê, la guerre de Troie étant d'une date un peu antérieure (2). Il est vrai que même la plus longue de ces périodes a dû lui paraître relativement courte, puisque nous voyons qu'il semble admettre la prodigieuse suite d'années que les Egyptiens déclaraient tirer d'une chronologie constatée, 17,000 ans depuis leur dieu Hêraklês, et 15,000 ans depuis leur dieu Osiris ou Dionysos jusqu'à leur roi Amasis (3) (550 av. J.-C.) Son imagination était tellement familiarisée avec ces longues supputations chronologiques stériles en événements, qu'il regarde Homère et Hésiode comme « des hommes d'hier, » bien que séparés

---

mentionne pas ce qu'il était : de même au sujet des Thesmophoria, ou τελετή de Dêmêtêr (c. 171).

Καὶ περὶ μὲν τούτων τοσαῦτα ἡμῖν εἰποῦσι, καὶ παρὰ τῶν θεῶν καὶ ἡρώων εὐμένεια εἴη (c. 54).

Cf. de semblables scrupules témoignés par Pausanias (VIII, 25 et 37).

Le passage d'Hérodote (II, 3) est équivoque et a été compris de plus d'une manière (V. Lobeck, Aglaopham. p. 1287).

La répugnance qu'éprouve Denys d'Halicarnasse à révéler les secrets divins n'est pas moins forte (V. A. R. I, 67, 68).

(1) Hérod. III, 122.
(2) Hérod. II, 145.
(3) Hérod. II, 43-145. Καὶ ταῦτα Αἰγύπτιοι ἀτρεκέως φασὶ ἐπίστασθαι, ἀεί τε λογιζόμενοι καὶ ἀεὶ ἀπογραφόμενοι τὰ ἔτεα.

de son propre temps par un intervalle qu'il estime être de quatre cents ans (1).

Hérodote avait reçu une profonde impression de ce qu'il avait vu et entendu en Egypte. Les monuments merveilleux, l'antiquité évidente et la civilisation particulière de cette contrée acquirent une telle prépondérance dans son esprit sur les propres légendes de son pays, qu'il est disposé à faire remonter même les personnes ou les institutions religieuses de la Grèce les plus anciennes à une origine égyptienne ou phénicienne, mettant de côté dans l'intérêt de cette hypothèse les légendes grecques de Dionysos et de Pan (2). Les plus anciennes généalogies mythiques grecques finissent ainsi par se perdre dans une antiquité égyptienne ou phénicienne, et Hérodote croit fermement à l'étendue complète de ces généalogies. Il ne semble pas qu'aucun doute ait jamais traversé son esprit quant à la personnalité réelle de ceux qui étaient nommés ou décrits dans les mythes populaires : tous ont existé jadis réellement, soit comme hommes, soit comme héros, soit comme dieux. Les éponymes des cités, des dêmes et des tribus sont tous compris dans cette catégorie affirmative ; puisqu'il ne semble jamais supposer l'existence de personnages fictifs. Deukaliôn, Hellèn, Dôros (3), Iôn avec ses quatre fils, les éponymes des anciennes tribus athéniennes (4), les autochthones Tetakos et Dekelos (5), Danaos, Lynkeus, Perseus, Amphytriôn, Alkmènê et Hêraklês (6), Talthybios, le premier auteur héroïque de la race héraldique privilégiée à Sparte, les Tyndarides et Hélène (7), Agamemnôn, Menelaos et Orestès (8), Nestôr et son fils Peisistratos, Asôpos, Thêbê et Ægina, Inachos et Iô, Æêtês et

---

(1) Hérod. II, 53, μέχρι οὗ πρωήν τε καὶ χθές, ὡς εἰπεῖν λόγῳ. Ἡσίοδον γὰρ καὶ Ὅμηρον ἡλικίην τετρακοσίοισι ἔτεσι δοκέω μευ πρεσβυτέρους γενέσθαι, καὶ οὐ πλέοσι.
(2) Hérod. II, 146.
(3) Hérod. I, 56.
(4) Hérod. V, 66.
(5) Hérod. IX, 73.

(6) Hérod. II, 43-44, 91-98, 171-182 (les Egyptiens admettaient la vérité de la légende grecque racontant que Perseus était allé en Libye chercher la tête de la Gorgone).
(7) Hérod. II, 113-120 ; IV, 145 ; VII, 134.
(8) Hérod. I, 67-68 ; II, 113 ; VII, 159.

Mèdea (1), Melanippos, Adrastos et Amphiaraos, aussi bien que Jasôn avec le navire Argô (2), tous ces personnages sont les acteurs d'un passé réel, et les prédécesseurs de l'historien lui-même et de ses contemporains. Dans les veines des rois lacédæmoniens coulait le sang et de Kadmos et de Danaos; car on pouvait rattacher leur brillante généalogie à ces deux grands noms mythiques : Hérodote fait remonter la lignée par Hêraklês d'abord à Perseus et à Danaê, puis par Danaê à Akrisios et à l'Egyptien Danaos; mais il laisse de côté la lignée paternelle quand il en arrive à Perseus (en tant que Perseus est fils de Zeus et de Danaê, sans un père humain putatif, comme l'était Amphitryôn pour Hêraklês), et alors viennent les membres plus élevés de la série par Danaê seule (3). Il poursuit aussi la même généalogie royale, par la mère d'Eurysthenês et de Proklês, jusqu'à Polynikês, à Œdipe, à Laios, à Labdakos, à Polydôros et à Kadmos : et il rapporte aux époques de Laios et de Kadmos diverses inscriptions anciennes qu'il vit dans le temple d'Apollon Isménien à Thêbes (4). De plus les siéges de Thêbes et de Troie, l'expédition des Argonautes, l'invasion de l'Attique par les Amazones, la protection accordée aux Hêraklides, la défaite et la mort d'Eurystheus, par les Athéniens (5), la mort de Mêkisteus et de Tydeus devant Thêbes tombant sous les coups de Melanippos, et les touchants malheurs d'Adrastos et d'Amphiaraos rattachés à la même entreprise, Kastôr et Pollux naviguant sur l'Argô (6), les enlèvements d'Iô, d'Eurôpê, de Mêdea et d'Hélène, l'émigration de Kadmos en quête d'Eurôpê, et son arrivée en Bœôtia, aussi bien que l'attaque de Troie faite par les Grecs pour recouvrer Hélène (7); tous ces événements sont à ses yeux des parties d'une histoire passée, non moins certaine et en dehors de tout doute, quoique

---

(1) Hérod. I, 1, 2, 4; V, 81, 65.
(2) Hérod. I, 52; IV, 145; V, 67; VII, 193.
(3) Hérod. VI, 52-53.
(4) Hérod. IV, 147; V, 59-61.
(5) Hérod. V, 61; IX, 27-28.
(6) Hérod. I, 52; IV, 145; V, 67.
(7) Hérod. I, 1-4; II, 49, 113; IV, 147; V, 94.

plus obscurcie par la distance et une fausse peinture, que les batailles de Salamis et de Mykalê.

Mais, bien qu'Hérodote ait une foi aussi facile relativement et aux personnes et aux faits généraux des mythes grecs, cependant, quand il en vient à discuter des faits particuliers pris séparément, nous voyons qu'il y applique des critérium plus sévères de crédibilité historique et qu'il est souvent disposé à rejeter également ce qui est miraculeux et ce qui est extravagant. Ainsi, même au sujet d'Hêraklês, il blâme la légèreté avec laquelle les Grecs lui attribuent des exploits absurdes et incroyables. Il contrôle leur assertion au moyen de la règle philosophique de la nature, ou de pouvoirs et de conditions déterminées gouvernant le cours des événements. « Comment est-il conforme à la *nature* (demande-t-il) que Hêraklês, étant, comme il l'était, selon l'assertion des Grecs, *encore homme* (*c'est-à-dire* n'ayant pas encore été admis parmi les dieux), ait tué tant de milliers de personnes? Je prie et les dieux et les héros de me pardonner, si j'en dis autant que cela. » Les sentiments religieux d'Hérodote lui disaient ici qu'il empiétait sur les limites extrêmes d'un scepticisme admissible (1).

On peut voir une autre preuve frappante de la disposition d'Hérodote à expliquer par des raisons naturelles les récits merveilleux des légendes qui avaient cours, dans l'exposé qu'il fait de l'oracle de Dôdônê et de son origine égyptienne prétendue. Ici, plus qu'ailleurs, un miracle était non-seulement en

---

(1) Hérod. II, 45. Λέγουσι δὲ πολλὰ καὶ ἄλλα ἀνεπισκέπτως οἱ Ἕλληνες· εὐήθης δὲ αὐτέων καὶ ὅδε ὁ μῦθός ἐστι, τὸν περὶ τοῦ Ἡρακλέος λέγουσι... Ἔτι δὲ ἕνα ἐόντα τὸν Ἡρακλέα, καὶ ἔτι ἄνθρωπον ὡς δή φασι, κῶς φύσιν ἔχει πολλὰς μυριάδας φονεῦσαι; καὶ περὶ μὲν τούτων τοσαῦτα ἡμῖν εἰπούσι, καὶ παρὰ τῶν θεῶν καὶ παρὰ τῶν ἡρώων εὐμένεια εἴη.

Nous pouvons aussi mentionner la manière dont l'historien critique le stratagème par lequel Pisistrate se fit le tyran d'Athènes en revêtant la majestueuse femme athénienne Phyê du costume de la déesse Athênê, et en faisant passer ses injonctions pour des ordres de la déesse ; les Athéniens l'acceptèrent avec une foi absolue et reçurent Pisistrate sur son commandement : Hérodote regarde toute l'affaire comme une scène d'une sottise extravagante, πρᾶγμα εὐηθέστατον μακρῷ (I, 60).

harmonie complète avec le sentiment religieux, mais évidemment indispensable pour en satisfaire les exigences; rien moins qu'un miracle aurait paru pâle et peu touchant aux visiteurs d'un endroit si vénéré, bien plus encore à ceux qui y résidaient. Aussi Hérodote apprit-il et des trois prêtresses et des Dôdônæens en général que deux colombes noires étaient parties en même temps de Thèbes, en Egypte : l'une d'elles alla en Libye, où elle enjoignit aux Libyens d'établir l'oracle de Zeus Ammôn; l'autre vint au bois de Dôdônê et se percha sur un des chênes vénérables, déclarant avec une voix humaine qu'un oracle de Zeus devait être fondé en ce lieu même. On obéit avec respect à l'injonction de la colombe parlante (1).

Tel était le récit fait et cru à Dôdônê. Mais Hérodote avait aussi entendu, de la bouche des prêtres à Thèbes en Egypte, une histoire différente, attribuant l'origine de tous les établissements prophétiques, en Grèce aussi bien qu'en Libye, à deux prêtresses qui avaient été enlevées de Thèbes par quelques marchands phéniciens et vendues l'une en Grèce, l'autre en Libye. Les prêtres thébains affirmaient hardiment à Hérodote qu'on avait pris beaucoup de peine pour découvrir ce qu'étaient devenues ces femmes, ainsi emmenées hors du pays, et que, par suite, on avait vérifié ce fait qu'elles avaient été conduites en Grèce et en Libye (2).

L'historien d'Halicarnasse ne peut songer un moment à admettre le miracle qui s'accordait si bien avec les sentiments des prêtresses et des Dôdônæens (3). « Comment (de-

---

(1) Hérod. II, 55. Δωδωναίων δὲ αἱ ἱρῆιαι... ἔλεγον ταῦτα, συνωμολόγεον δέ σφι καὶ οἱ ἄλλοι Δωδωναῖοι οἱ περὶ τὸ ἱρόν.
Le miracle quelquefois prend une autre forme ; le chêne à Dôdônê était jadis lui-même doué de la parole (Dionysius Halicarnassis Ars Rhetor. I, 6 ; Strabon).

(2) Hérod. II, 54.

(3) Hérod. II, 57. Ἐπεὶ τέῳ τρόπῳ ἂν πελειάς γε ἀνθρωπηΐῃ φωνῇ φθέγξαιτο;

Selon une seule assertion, le mot πελειάς, dans le dialecte thessalien, signifiait à la fois une colombe et une prophétesse (Scriptor. Rer. Mythicarum, ed. Bode, I, 96). S'il y avait eu là quelque chose de vrai, Hérodote n'aurait sans doute pas manqué de le mentionner, d'autant plus qu'il eût été tiré ainsi de la difficulté qu'il éprouvait.

mande-t-il) une colombe pourrait-elle parler avec une voix humaine? » Mais le récit des prêtres de Thèbes, bien qu'il soit à peine nécessaire d'indiquer à quel point il est improbable, ne renfermait cependant rien qui s'éloignât absolument des lois de la nature et de la possibilité; aussi Hérodote ne fait-il pas de difficultés pour l'admettre. Ce qu'il y a de curieux, c'est qu'il transforme la légende primitive de Dôdônê en une peinture figurée, ou plutôt en une fausse peinture, de l'histoire supposée vraie que lui racontèrent les prêtres thébains. D'après son explication, la femme qui vint de Thèbes à Dôdônê s'appelait colombe, et l'on affirmait qu'elle émettait des sons comme un oiseau, parce qu'elle n'était pas Grecque et parlait une langue étrangère : quand elle apprit à parler la langue du pays, alors on dit que la colombe parlait avec une voix humaine. Et la colombe était, de plus, appelée noire, à cause de la couleur égyptienne de la femme.

Si Hérodote rejetait ainsi brusquement un miracle que lui racontaient les prophétesses comme tenant la première place dans les origines de ce saint lieu, c'est là une preuve de l'empire qu'avait acquis sur son esprit l'habitude de s'occuper de preuves historiques; et la maladresse du moyen terme qu'il emploie pour expliquer la colombe et la femme ne marque pas moins le désir qu'il éprouve, tout en écartant la légende, de la réduire insensiblement à un récit presque historique et renfermant une crédibilité intrinsèque.

Nous pouvons remarquer un autre exemple de la tendance inconsciente d'Hérodote à éliminer des mythes l'idée d'une aide spéciale prêtée par les dieux, dans ses remarques sur Mélampe. Il désigne ce personnage « comme un homme habile qui s'était fait lui-même sa science prophétique; » et avait obtenu de Kadmos beaucoup de renseignements sur les rites et les usages religieux de l'Égypte, dont il introduisit un grand nombre en Grèce (1), et particulièrement le nom,

---

(1) Hérod. II, 49. Ἐγὼ μὲν νύν φημι Μελάμποδα γενόμενον ἄνδρα σοφὸν, μαντικήν τε ἑωυτῷ συστῆσαι, καὶ πυθόμενον ἀπ' Αἰγύπτου, ἄλλα τε πολλὰ ἐσηγήσασθαι Ἕλλησι, καὶ τὰ περὶ τὸν Διόνυσον ὀλίγα αὐτῶν, παραλλάξαντα.

les sacrifices et les processions phalliques de Dionysos : il ajoute « que Mélampe ne comprit ni n'exposa exactement la doctrine entière, mais des hommes sages qui vinrent après y firent les additions nécessaires (1). » Bien que le nom de Mélampe soit conservé ici, le caractère décrit (2) ressemble quelque peu à Pythagore ; il diffère totalement du grand prophète et du grand médecin des vieux mythes épiques, fondateur de la famille inspirée des Amythaonides, et grand-père d'Amphiaraos (3). Mais ce qui est surtout contraire au véritable esprit légendaire, c'est l'opinion qu'exprime Hérodote (et qu'il donne avec quelque emphase comme *la sienne propre*), à savoir que Mélampe « était un homme habile qui avait acquis par lui-même les pouvoirs prophétiques. » Une telle supposition (4) aurait paru inadmissible à Homère ou à Hésiode, ou même dans le siècle précédent à Solôn, aux

---

(1) Hérod. II, 49. Ἀτρεκέως μὲν οὐ πάντα συλλαβὼν τὸν λόγον ἔφηνε (Mélampe) · ἀλλ' οἱ ἐπιγενόμενοι τούτῳ σοφισταὶ μεζόνως ἐξέφηναν.
(2) Cf. Hérod. IV, 95 ; II, 81. Ἑλλήνων οὐ τῷ ἀσθενεστάτῳ σοφιστῇ Πυθαγόρᾳ.
(3) Homère, Odyss. XI, 290 ; XV, 225 ; Apollod. I, 9, 11-12 ; Hésiode, Eoiai, Fragm. 55, éd. Düntzer (p. 43).
Ἀλκὴν μὲν γὰρ ἔδωκεν Ὀλύμπιος Αἰα-
[κίδῃσι,
Νοῦν δ' Ἀμυθαονίδαις, πλοῦτον
[δ' ἔπορ' Ἀτρείδῃσι.
De plus, fragm. 34 (p. 38) et fragm. 65 (p. 45) ; Schol. Apoll. Rhod. I, 118.
Hérodote mentionne le célèbre récit mythique rapportant que Mélampe avait guéri les femmes argiennes aliénées (IX, 34) ; selon la légende primitive, les filles de Prœtos. Dans les Eoiai hésiodiques (Fragm. 16, Düntz.; Apollod, II, 2) la folie des femmes Prœtides était attribuée à ce fait, qu'elles avaient repoussé les rites et le culte de Dionysos (Acusilas, il est vrai, lui donnait une cause différente), ce qui montre que la vieille fable reconnaissait un lien entre Mélampe et ces rites.
(4) Hom. Iliad. I, 72-87 ; XV, 412 ; Odyss. XV, 245-252 ; IV, 233. Parfois les dieux inspiraient une prophétie pour une occasion spéciale, sans accorder à l'individu le don permanent et le *status* d'un prophète (cf. Odyss. I, 202 ; XVII, 383). Solôn, Fragm. 11, 48-53, Schneidewin :

Ἄλλον μάντιν ἔθηκεν ἄναξ ἑκάεργος
[Ἀπόλλων,
Ἔγνω δ' ἀνδρὶ κακὸν τήλοθεν ἐρχό-
[μενον,
Ὧι συνομαρτήσωσι θεοί.....

Hérodote lui-même reproduit l'ancienne croyance au don spécial du pouvoir prophétique octroyé par Zeus et par Apollon, dans l'histoire d'Euênios d'Apollônia (IX, 94).
V. la belle ode de Pindare où sont décrites la naissance et l'inspiration de Jamos, père éponyme de la grande famille de prophètes en Elide appelée les Jamides (Hérod. IX, 33) ; Pind. Olymp. VI, 40-75. Sur Tiresias, Soph. Œd. Tyr. 283-410. Nestôr et Odysseus ne possèdent ni l'un ni l'autre le don de prophétie.

yeux duquel même les arts inférieurs viennent des dieux, tandis que Zeus ou Apollon confère le pouvoir de prophétiser. Une telle opinion que donne à entendre Hérodote, homme lui-même d'une piété profonde, marque un affaiblissement sensible dans l'idée de l'omniprésence des dieux, et les progrès de la tendance à chercher l'explication des phénomènes dans des actions plus visibles et mieux déterminées.

Nous pouvons faire une remarque semblable sur ce que dit l'historien au sujet de l'étroit défilé de Tempê, formant l'embouchure du Pêneios et donnant un écoulement à toutes les eaux venues du bassin thessalien. Les Thessaliens prétendaient que ce bassin entier de la Thessalia avait jadis été un lac, mais que Poseidôn avait fendu la chaîne de montagnes et ouvert la voie d'écoulement (1); c'est sur cette croyance primitive, entièrement conforme au génie d'Homère et d'Hésiode, qu'Hérodote fait le commentaire suivant : « L'asser-

---

(1) On trouve ailleurs plus d'un récit semblable à celui qui concerne le défilé de Tempê :

« Il existe une tradition rapportant que cette partie du pays était autrefois un lac, et que Salomon commanda à deux devas ou génies, nommés Ard et Beel, de détourner l'eau dans la Caspienne, ce qu'ils firent en coupant un passage à travers les montagnes; et une ville, élevée dans la plaine nouvellement formée, fut nommée, d'après eux, Ard-u-Beel. » (Sketches on the shores of the Caspian, by W. R. Holmes.)

De même au sujet de Santa Fe di Bogota, dans l'Amérique méridionale, on dit qu'elle était jadis sous l'eau, jusqu'à ce que Bochica fendît les montagnes et ouvrît un canal d'écoulement (Humboldt, Vues des Cordillières, p. 87-88); et au sujet du plateau de Kashmir (Humboldt, Asie centrale, vol. I, p. 102), desséché de la même façon miraculeuse par le saint Kâsyapa. Le même illustre voyageur a bien observé la manière par laquelle des conjectures, tirées de configurations ou de particularités locales, finissent par prendre la forme de *traditions*.

« Ce qui se présente comme une tradition n'est souvent que le reflet de l'impression que laisse l'aspect des lieux. Des bancs de coquilles à demi fossiles, répandues dans les isthmes ou sur des plateaux, font naître, même chez les hommes les moins avancés dans la culture intellectuelle, l'idée de grandes inondations, d'anciennes communications entre des bassins limitrophes. Des opinions, que l'on pourrait appeler systématiques, se trouvent dans les forêts de l'Orénoque comme dans les îles de la mer du Sud. Dans l'une et dans l'autre de ces contrées, elles ont pris la forme des traditions. » (A. von Humboldt, Asie centrale, vol II, p. 147.) Cf. une remarque semblable dans le même volume du même ouvrage, p. 286-294.

tion thessalienne est raisonnable. Quiconque, en effet, croit que Poseidôn ébranle la terre et que les fentes survenues à la suite d'un tremblement de terre sont l'ouvrage de ce dieu dira, en voyant le défilé en question, que c'est Poseidôn qui l'a fait. Car la fente de la montagne est, à ce qu'il me sembla (quand je la vis), l'œuvre d'un tremblement de terre. » Hérodote admet l'allusion à Poseidôn, quand on la lui signale, mais elle n'est qu'à l'arrière-plan : ce qui est présent à son esprit, c'est le phénomène du tremblement de terre, non comme étant un acte spécial, mais comme faisant partie d'un système d'opérations habituelles (1).

---

(1) Hérod. VII, 129 (Poseidôn était adoré comme Πετραῖος en Thessalia, en commémoration de cette intervention géologique : Schol. Pindar. Pyth. IV, 245). Τὸ δὲ παλαιὸν λέγεται, οὐκ ἐόντος κω τοῦ αὐλῶνος καὶ διεκρόου τούτου, τοὺς ποταμοὺς τούτους... ῥέοντας ποιεῖν τὴν Θεσσαλίην πᾶσαν πέλαγος. Αὐτοὶ μέν νυν Θεσσαλοὶ λέγουσι Ποσειδέωνα ποιῆσαι τὸν αὐλῶνα, δι' οὗ ῥέει ὁ Πηνειός, οἰκότα λέγοντες. Ὅστις γὰρ νομίζει Ποσειδέωνα τὴν γῆν σείειν, καὶ τὰ διεστεῶτα ὑπὸ σεισμοῦ τοῦ θεοῦ τούτου ἔργα εἶναι, καὶ ἂν ἐκεῖνο ἰδὼν φαίη Ποσειδέωνα ποιῆσαι. Ἔστι γὰρ σεισμοῦ ἔργον, ὡς ἐμοὶ ἐφαίνετο εἶναι, ἡ διάστασις τῶν οὐρέων. Dans un autre cas (VIII, 129), Hérodote croit que Poseidôn produisit une haute marée surnaturelle pour punir les Perses, qui avaient insulté son temple près de Potidæa : le dieu avait là une raison spéciale pour déployer son pouvoir.

Cette remarque d'Hérodote explique le ridicule hostile jeté par Aristophane (dans les Nuées) sur Socrate, au sujet d'une impiété prétendue, parce qu'il appartenait à une école de philosophes (bien qu'en réalité il désapprouvât cette ligne d'étude) qui introduisait les lois et les forces physiques à la place de l'action personnelle des dieux. Le vieux Strepsiades demande à Socrate : Qui fait pleuvoir ? Qui tonne ? A quoi Socrate répond : Ce n'est pas Zeus, mais les Nephelæ, c'est-à-dire les nuages : tu n'as jamais vu pleuvoir sans nuages. » Strepsiades alors continue à l'interroger : « Mais qu'est-ce qui force les nuages à s'avancer ? N'est-ce pas Zeus ? » Socrate : « Point du tout, c'est la rotation céleste. » Strepsiades : « Rotation ? Cela m'avait échappé ; alors Zeus n'existe plus, et Rotation règne à sa place. »

Streps. Ὁ δ' ἀναγκάζων ἐστὶ τίς αὐ-
[τὰς (Νεφέλας), οὐχ ὁ Ζεύς, ὥστε φέ-
[ρεσθαι;
Socrat. Ἥκιστ', ἀλλ' αἰθέριος δῖνος.
Streps. Δῖνος ; τουτί μ' ἐλελήθει.
Ὁ Ζεὺς οὐκ ὤν, ἀλλ' ἀντ' αὐτοῦ Δῖνος
[νυνὶ βασιλεύων.
Dans le même but, v. 1454, Δῖνος βασιλεύει τὸν Δι' ἐξεληλακώς, « Rotation a chassé Zeus et règne à sa place. »

Si Aristophane avait eu un aussi grand désir de signaler à l'antipathie publique Hérodote que Socrate et Euripide, l'explication donnée ici lui aurait fourni une apparence plausible de vérité pour agir ainsi ; et il est fort probable que les Thessaliens auraient été assez mécontents de l'idée d'Hérodote pour s'unir dans leur pensée à l'attaque dirigée contre lui par le poète. Le point en question serait devenu (en écartant les

Hérodote adopte la version égyptienne de la légende de Troie, fondée sur cette différence capitale qui semble être venue de Stésichore, et selon laquelle Hélène ne quitta jamais Sparte, mais son *eidôlon* avait été porté à Troie à sa place. C'est sur cette base qu'avait été fabriquée une nouvelle histoire, terme moyen entre Homère et Stésichore, racontant que Pàris avait réellement enlevé Hélène de Sparte, mais qu'il avait été poussé par des tempêtes jusqu'en Egypte, où Hélène resta pendant toute la durée du siége de Troie, retenue par Prôteus, roi du pays, jusqu'au moment où Menelaos vint la réclamer après son triomphe. Les prêtres égyptiens, avec l'audace qu'ils mettaient habituellement dans leurs assertions, déclaraient avoir entendu toute l'histoire de la bouche de Merfelaos lui-même ; les Grecs avaient assiégé Troie avec l'entière conviction qu'Hélène et les trésors dérobés étaient dans l'intérieur des murs, et ils n'avaient jamais voulu croire les dénégations réitérées des Troyens quant au fait de sa présence. En faisant comprendre sa préférence pour le récit égyptien, Hérodote prouve à la fois qu'il croit d'une manière complète et absolue qu'il a affaire à une histoire véritable, et qu'il se défie entièrement des poètes épiques, y compris Homère lui-même, sur l'autorité

---

considérations métriques) Σεισμὸς βασιλεύει, τὸν Ποσειδῶν' ἐξεληλακως.

Le commentaire d'Hérodote sur l'idée thessalienne semble presque avoir pour but de mettre les lecteurs en garde contre cette même induction.

D'autres récits disaient que c'était Hêraklês qui avait coupé le défilé de Tempê (Diodor. IV, 18).

Au sujet de l'ancienne foi grecque qui attribuait les tremblements de terre à Poseidôn, V. Xenoph. Hellen. III, 3, 2 ; Thucyd. I, 127 ; Strabon, XII, p. 579 ; Diodor. XV, 48-49. Elle cessa de satisfaire les esprits universellement, déjà même du temps de Thalès et d'Anaximène (V. Aristot. Meteorol. II, 7-8 ; Plut. Placit. Philos. III, 15 ; Sénèque, Natural. Quæst. VI, 6-23) ; et le premier de ces philosophes, aussi bien qu'Anaxagore, Démocrite et autres, proposa différentes explications physiques du phénomène. Cependant, en dépit d'une minorité dissidente, l'ancienne doctrine continua à être généralement admise ; et Diodore, dans la description qu'il fait du terrible tremblement de terre qui en 373 av. J.-C. détruisit Helikê et Bura, tout en mentionnant ces philosophes (probablement Callisthène, Senec. Nat. Quæst. VI, 23), qui substituaient des causes et des lois physiques à une action divine, rejette leurs opinions et se range avec le public religieux, qui attribuait ce formidable phénomène à la colère de Poseidôn (XV, 48-49).

duquel reposait cette histoire supposée. La raison pour laquelle il rejette la version homérique, c'est qu'elle est pleine d'improbabilités historiques. Si Hélène avait été réellement à Troie (dit-il), Priam et les Troyens n'auraient jamais été assez insensés pour la retenir et amener ainsi leur ruine totale ; mais c'était l'arrêt divin qui les réduisait à la déplorable alternative de ne pouvoir ni rendre Hélène ni convaincre les Grecs de la réalité de ce fait, qu'ils ne l'avaient jamais eue en leur pouvoir, et cela pour que l'humanité pût lire clairement, dans la destruction complète de Troie, les grands châtiments dont les dieux punissent les grands méfaits. Homère (pense Hérodote) avait entendu cette histoire, mais il s'en était écarté à dessein, parce que ce sujet était moins convenable pour la poésie épique (1).

Il en a été dit suffisamment pour montrer combien grande est la différence qui sépare Hérodote et les logographes avec leur transcription littérale des anciennes légendes. Bien qu'il s'accorde avec eux pour admettre la série complète des personnes et des générations, il contrôle les circonstances racontées au moyen d'une règle nouvelle. Des scrupules se sont élevés dans son esprit touchant la violation des lois de la nature : les poëtes ne sont pas dignes de foi, et l'on doit rendre leurs récits conformes aux conditions historiques et morales, avant qu'ils puissent être admis comme vrais. Pour obtenir cette conformité, Hérodote mutile sans hésiter la vieille légende dans un de ses points les plus importants. Il sacrifie la présence personnelle d'Hélène à Troie, fait que l'on retrouvait dans chacun des anciens poëmes épiques

---

(1) Hérod. II, 116. Δοκέει δέ μοι καὶ Ὅμηρος τὸν λόγον τοῦτον πυθέσθαι· ἀλλ' οὐ γὰρ ὁμοίως εὐπρεπὴς ἦν ἐς τὴν ἐποποιίην ἣν τῷ ἑτέρῳ τῷ περ ἐχρήσατο· ἐς ὃ μετῆκε αὐτὸν, δηλώσας ὡς καὶ τοῦτον ἐπιστάιτο τὸν λόγον.

Hérodote cite ensuite un passage de l'Iliade, dans l'intention de prouver qu'Homère connaissait le voyage de Pâris et d'Hélène en Egypte; mais le passage ne prouve absolument rien sur ce point.

Et encore (c. 120) on voit combien sa confiance dans les poëtes épiques est faible, εἰ χρή τι τοῖσι ἐποποιοῖσι χρεώμενον λέγειν.

Il est à remarquer qu'Hérodote est disposé à identifier Hélène avec la ξείνη Ἀφροδίτη dont il vit le temple à Memphis (c. 112).

appartenant au Cycle troyen, et qui est en effet, après les dieux, le grand et présent mobile dans toute l'étendue de ces poëmes.

Thucydide se place en général au même point de vue qu'Hérodote par rapport à l'antiquité mythique ; il y a toutefois entre eux des différences considérables. Bien que ne manifestant aucune croyance à des miracles ou à des prodiges présents (1), il semble admettre sans réserve la réalité préexistante de toutes les personnes mentionnées dans les mythes, et de la longue suite de générations remplissant tant de siècles supposés. Dans cette catégorie aussi sont compris les personnages éponymes, Hellen, Kekrops, Eumolpos, Pandiôn, Amphilochos, fils d'Amphiaraos, et Akarnan. Mais, d'un autre côté, nous ne trouvons pas de trace de cette distinction entre une race humaine et une race héroïque antérieure à l'homme, distinction qu'Hérodote admettait encore, non plus qu'aucun respect pour les légendes égyptiennes. Thucydide, regardant les personnages des mythes comme des hommes de même origine et de même taille que ses propres contemporains, non-seulement juge les actes qu'on leur imputait d'après les mêmes principes de crédibilité, mais il leur suppose les mêmes vues, les mêmes sentiments politiques qu'il était habitué à trouver dans la conduite de Pisistrate ou de Periklês. Il considère la guerre de Troie comme une grande entreprise politique, à laquelle concourut toute la Grèce, combinée en vertu du pouvoir impo-

---

(1) « Ut conquirere fabulosa (dit Tacite, Hist. II, 50, digne pendant de Thucydide) et fictis oblectare legentium animos, procul gravitate cœpti operis crediderim, ita vulgatis traditisque demere fidem non ausim. Die, quo Bebriaci certabatur, avem inusitatâ specie, apud Regium Lepidum celebri vico consedisse, incolæ memorant; nec deinde cœtu hominum aut circumvolitantium alitum, territam pulsamque, donec Otho se interficeret ; tum ablatam ex oculis ; et tempora reputantibus, initium finemque miraculi cum Othonis exitu competisse. » Suétone (Vesp. 5) raconte un miracle différent, dans lequel apparaissent trois aigles.

Ce passage de Tacite vient immédiatement après la magnifique description qu'il fait du suicide de l'empereur Othon, acte qu'il considère avec l'admiration la plus fervente. Ses sentiments étaient évidemment si excités, qu'il relâchait volontiers les règles de la crédibilité historique.

sant d'Agamemnôn, et non (comme le disait le récit légendaire) grâce à l'influence du serment exigé par Tyndareus. Puis il explique comment les prédécesseurs d'Agamemnôn parvinrent à une si vaste puissance, en commençant par Pélops, qui arriva d'Asie (comme il le dit) avec de grandes richesses au milieu des Péloponésiens pauvres, et qui au moyen de ces richesses s'éleva, bien qu'étranger, au point de devenir l'éponyme de la péninsule. Après lui son fils Atreus acquit, lorsque Eurystheus fut mort, l'empire de Mykênæ (Mycènes), qui avait été auparavant possédé par les descendants de Perseus : ici le vieux récit légendaire, qui racontait qu'Atreus avait été banni par son père Pélops à la suite du meurtre de son frère aîné Chrysippos, porte un caractère politique, en ce qu'il explique le motif pour lequel Atreus se retira à Mykênæ. Un autre récit légendaire, la défaite et la mort d'Eurystheus vaincu et tué par les Hêraklides réfugiés en Attique, événement si célébré dans la tragédie attique comme ayant donné lieu à la généreuse et tutélaire intervention d'Athènes, ce récit, disons-nous, est aussi présenté comme faisant connaître la raison pour laquelle Atreus succéda à Eurystheus après sa mort : « Car Atreus, oncle maternel d'Eurystheus, avait été chargé par lui de gouverner à sa place pendant son expédition en Attique, et il avait effectivement fait sa cour au peuple, qui de plus éprouvait une grande peur d'être attaqué par les Hêraklides. » C'est ainsi que les Pélopides acquirent la suprématie dans le Péloponèse, et qu'Agamemnôn fut en état de réunir ses 1,200 vaisseaux et ses 100,000 hommes pour l'expédition contre Troie. Considérant que des contingents étaient fournis par toutes les parties de la Grèce, Thucydide regarde ce nombre comme faible; pour lui le Catalogue homérique est un rôle authentique, peut-être plutôt exagéré qu'autrement. Puis il en vient à nous dire pourquoi l'armement n'était pas plus considérable. On aurait bien pu fournir un beaucoup plus grand nombre d'hommes; mais il n'y avait pas assez d'argent pour acheter les provisions nécessaires à leur subsistance : aussi furent-ils forcés, après avoir abordé et remporté une victoire, de fortifier leur camp, de diviser leur armée et d'en envoyer une partie cultiver la Chersonèse, et une autre partie saccager les villes adjacentes. Tel fut le grand motif de la prolongation du siége pendant dix années. Car, s'il avait été possible de conserver toute l'armée réunie et d'agir avec des forces entières, Troie aurait été prise plus tôt et à moins de frais (1).

Voilà l'esquisse générale de la guerre de Troie, telle que la donne Thucydide. Elle diffère tellement du pur récit épique, qu'à peine croyons-nous lire une description du même événement; nous nous imaginerions encore moins que c'est seulement par les poëtes épiques eux-mêmes que l'historien connaissait le fait comme nous le connaissons par eux. Les hommes, les nombres et la durée du siége restent, il est vrai, les mêmes; mais le caractère et l'union des événements, les forces déterminantes et les traits caractéristiques sont d'une nature complétement différente. Mais comme Hérodote, et plus encore qu'Hérodote, Thucydide était sous l'empire de deux impulsions contraires. Il partageait la foi générale à l'antiquité mythique; toutefois en même temps il ne pouvait croire des faits en contradiction avec les lois de la crédibilité ou de la probabilité historique. Il fut ainsi réduit à torturer les sujets des vieux mythes pour les mettre en conformité avec les exigences subjectives de son propre esprit. Il supprima, altéra, combina de nouveau, fournit de nouveaux principes d'union, de nouveaux desseins supposés, jusqu'à ce que l'histoire devînt telle que personne n'eût plus de raison positive pour la révoquer en doute. Bien qu'elle perdît le mélange de religion, de roman et d'aventures individuelles qui constituait son charme primitif et produisait tant d'impression, elle acquit une égalité et une plausibilité, un « *ensemble* » politique, que la critique accepta volontiers comme vérité historique. Et c'eût été sans doute une vérité historique, si l'on avait pu trouver à l'appui une preuve indépendante quelconque. Si Thucydide avait été en état de produire un tel témoignage nouveau, nous aurions été heu-

---

(1) Thucyd. I, 9-12.

reux de nous convaincre que la guerre de Troie, telle qu'il la racontait, était un événement réel, et que la guerre de Troie, telle qu'elle était chantée par les poëtes épiques, était un récit plein d'inexactitudes, d'exagérations et d'ornements. Mais dans le cas présent les poëtes épiques sont les seuls témoins réels, et la narration de Thucydide n'est qu'un extrait et la quintessence de leurs récits incroyables.

On peut mentionner un petit nombre d'autres exemples pour faire comprendre les idées de Thucydide quant aux divers incidents mythiques. 1. Il considère la résidence des Phæakiens homériques à Korkyra (Corcyre) comme un fait incontesté, et l'emploie en partie pour expliquer la force de la marine korkyréenne dans les temps qui précèdent la guerre du Péloponèse (1). 2. Il signale avec une égale confiance l'histoire de Tèreus et de Proknê, fille de Pandiôn, et le meurtre du petit enfant Itys par Proknê sa mère et par Philomêlê ; et il présente cet ancien mythe en faisant une allusion spéciale à l'alliance conclue entre les Athéniens et Tèrês, roi des Thraces Odrysiens, pendant le temps de la guerre du Péloponèse ; il donne à entendre que l'Odrysien Tèrês n'était ni de la même famille ni du même pays que Tèreus, le mari de Proknê (2). La conduite de Pandiôn,

---

(1) Thucyd. I, 25.
(2) Thucyd. II, 29 : Καὶ τὸ ἔργον τὸ περὶ τὸν Ἴτυν αἱ γυναῖκες ἐν τῇ γῇ ταύτῃ ἔπραξαν · πολλοῖς δὲ καὶ τῶν ποιητῶν ἐν ἀηδόνος μνήμῃ Δαυλιὰς ἡ ὄρνις ἐπωνόμασται. Εἰκὸς δὲ καὶ τὸ κῆδος Πανδίονα ξυνάψασθαι τῆς θυγατρὸς διὰ τοσούτου, ἐπ' ὠφελείᾳ τῇ πρὸς ἀλλήλους, μᾶλλον ἢ διὰ πολλῶν ἡμερῶν ἐς Ὀδρύσας ὁδοῦ. La première de ces phrases, si elle sortait d'une autre plume que de celle de Thucydide, nous conduirait à inférer que l'écrivain ajoutait foi à la métamorphose de Philomêlê en rossignol. Voir le Ier vol. ch. 11.

L'observation faite au sujet de la commodité qu'offrait le voisinage pour le mariage est remarquable, et montre combien Thucydide considérait l'événement comme historique. Qu'aurait-il dit à propos du mariage d'Oreithyia, fille d'Erectheus, avec Boreas, et de la prodigieuse distance où, dit-on, elle avait été transportée par son époux ? Ὑπέρ τε πόντον πάντ', ἐπ' ἔσχατα χθονός, etc. (Soph. ap. Strab. VII, p. 295.)

Par la manière dont Thucydide amène la mention de cet événement, nous voyons qu'il avait l'intention de corriger la méprise de ses concitoyens, qui, venant de conclure une alliance avec l'Odrysien *Térès*, étaient conduits par cette circonstance à penser à l'ancien *Tèreus* mythique, et à le regarder comme un des ancêtres de *Térès*.

quand il donne sa fille Proknê en mariage à Têreus, est à ses yeux dictée par des motifs et des intérêts politiques. 3. Il mentionne le détroit de Messana (Messine) comme étant le lieu où, dit-on, traversa Odysseus (1). 4. Les Cyclôpes et les Læstrygons (dit-il) étaient les plus anciens habitants de la Sicile dont il soit fait mention ; mais il ne peut dire à quelle race ils appartenaient, ni d'où ils vinrent (2). 5. L'Italie tirait son nom d'Italos, roi des Sikels. 6. Eryx et Egesta en Sicile furent fondées par des Troyens fugitifs après la prise de Troie ; de même Skionê, dans la péninsule de Pallênê en Thrace, le fut par des Grecs de la ville achæenne de Pellênê, qui s'y arrêtèrent en revenant du siége de Troie : Argos de l'Amphilochia dans le golfe d'Ambrakia fut également fondée par Amphilochos, fils d'Amphiaraos, à son retour de la même expédition. Thucydide (3) mentionne aussi les remords et l'aliénation mentale d'Alkmæôn, fils d'Amphiaraos, le meurtrier de sa mère, aussi bien que l'établissement de son fils Akarnan dans le pays appelé d'après lui Akarnania (4).

Telles sont les allusions spéciales que fait aux événements

---

(1) Thucyd. IV, 24.
(2) Thucyd. VI, 2.
(3) Thucyd. II, 68-102 ; IV, 120 ; VI, 2. Anthiochus de Syracuse, contemporain de Thucydide, mentionnait aussi Italos comme roi éponyme de l'Italie ; en outre, il nommait Sikelos, qui vint chez Morges, fils d'Italos, après avoir été banni de Rome. Il parle d'Italos exactement comme Thucydide parle de Thêseus ; il le cite comme un roi sage et puissant, qui acquit le premier une grande domination (Dionys. Halic. A. R. I, 12 ; 35, 73). Aristote aussi mentionnait Italos dans les mêmes termes généraux (Polit. VII, 9, 2).
(4) Nous pouvons signaler ici quelques particularités au sujet d'Isocrate. Il manifeste une entière confiance dans l'authenticité des généalogies et de la chronologie mythiques ; mais, tandis qu'il considère les personnages mythiques comme historiquement réels, il les regarde en même temps non pas comme des êtres humains, mais comme des demi-dieux, supérieurs à l'humanité. Au sujet d'Hélène, de Thêseus, de Sarpêdôn, de Kyknos, de Memnôn, d'Achille, etc. V. Encom. Helen. Or. X, p. 282, 292, 295, Bek. Hélène était adorée de son temps comme déesse à Therapnæ (ib. p. 295). Il raconte l'établissement de Danaos, de Kadmos et de Pélops en Grèce, comme des faits historiques indubitables (p. 297). Dans son discours intitulé Busiris, il accuse Polykratês le sophiste d'un grossier anachronisme, pour avoir placé Busiris postérieur en date à Orpheus et à Æolos (Or. XI, p. 301, Bek.), et il ajoute que le récit qui rapporte que Busiris avait été tué par Hêraklês était impossible sous le rapport chronologique (p. 309). Quant à la longue généalogie athénienne, depuis Kekrops jusqu'à Thêseus, il en parle avec une entière con-

mythiques cet illustre auteur dans le cours de son histoire. Par la teneur de son langage nous pouvons voir qu'il regardait tout ce qui pouvait être connu à leur sujet comme incertain et peu satisfaisant; mais il a surtout fort à cœur de montrer que même les plus saillants étaient inférieurs à la guerre du Péloponèse en grandeur et en importance (1). Sous ce rapport son opinion semble avoir été en désaccord

---

fiance historique (Panathenaic. p. 349, Bek.); il en est de même pour les aventures d'Hêraklês et de ses contemporains mythiques, dont il place les noms dans la bouche d'Archidamos pour justifier le droit des Spartiates sur la Messênia (Or. VI, *Archidamus,* p. 156, Bek.; cf. Or. V, *Philippus,* p. 114, 138), φάσιν, οἷς περὶ τῶν παλαιῶν πιστεύομεν, etc. Il condamne les poëtes en termes énergiques pour les récits méchants et dissolus qu'ils mettaient en circulation au sujet des dieux : un grand nombre d'entre eux (dit-il) avaient été punis par la cécité, la misère, l'exil et d'autres malheurs (Or. XI, p. 309, Bek.), pour avoir proféré de tels blasphèmes.

En général, on peut dire qu'Isocrate n'applique pas aux mythes de principes de critique historique; il rejette ceux qui lui paraissent indignes ou compromettants, et croit le reste.

(1) Thucyd. I, 21-22.

Les deux premiers volumes de cette histoire ont été examinés dans un bon article de la Quarterly Review d'octobre 1846, aussi bien que dans les Heidelberger Jahrbücher der Literatur (1846, n° 41, p. 641-655), par le professeur Kortüm.

Tout en approuvant mon ouvrage sur plusieurs points, témoignage dont je me sens très-flatté, le critique anglais et le critique allemand font tous les deux une objection partielle aux idées que j'ai émises sur la légende grecque. Le critique de la Quarterly Review prétend que la faculté intellectuelle qui produit les mythes, bien qu'essentiellement libre et indigne de foi, n'est jamais créatrice, mais qu'elle a besoin de faits réels qui lui servent de base et sur lesquels elle s'exerce. Kortüm pense que je n'ai pas rendu justice à Thucydide, quant à ce qui concerne sa manière de traiter la légende; que je n'attache pas assez d'importance à l'autorité d'un historien aussi circonspect et ayant autant de sang-froid (den kaltblütigsten und besonnensten Historiker des Alterthums, p. 653), pour voir en lui un garant satisfaisant qui puisse prouver les premiers faits de l'histoire grecque renfermés dans sa préface. (M. G. se trompe donc en rejetant comme garantie la préface qui, de l'aveu général, remplit les conditions de la critique.)

Personne ne sent plus vivement que moi les mérites de Thucydide comme historien, ni l'importance de l'exemple qu'il donne en multipliant les recherches critiques au sujet des faits récents qu'on peut constater. Mais le juge ou l'avocat le plus habile, en faisant une enquête sur des faits d'une nature particulière, ne peut aller que tant qu'il trouve des témoins possédant des moyens de connaître et plus ou moins disposés à dire la vérité. Pour les faits antérieurs à l'an 776 av. J.-C., Thucydide n'avait que les poëtes légendaires, dont la crédibilité n'augmente nullement parce qu'il les acceptait comme témoins, et il s'appliquait seulement à abréger et à modifier leurs allégations. Sa crédibilité, quant aux faits particuliers de ces premiers temps, repose en-

avec celle qui était populaire parmi ses contemporains. Pour dire quelques mots des historiens postérieurs qui

tièrement sur la leur. Or, à notre époque, nous sommes dans une meilleure position pour apprécier leur crédibilité qu'il ne l'était à la sienne, puisque l'on comprend beaucoup plus complétement les fondements de l'évidence historique, et que les matériaux bons ou mauvais de l'histoire sont soumis à la comparaison dans une étendue et avec une variété si grandes. Au lieu de nous étonner qu'il partageât la foi généralement accordée à des guides si trompeurs, nous devons plutôt lui faire honneur de la réserve avec laquelle il tempéra cette foi, et de la saine idée de possibilité historique à laquelle il s'attacha pour en faire la limite de sa confiance. Mais il est impossible de considérer Thucydide comme un *garant satisfaisant* (Gewaehrsmann) pour des faits qu'il ne tire que de pareilles sources.

Le professeur Kortüm prétend que je me contredis en refusant de distinguer un fond particulier de faits historiques dans les légendes, et cependant en acceptant ces légendes (dans le chap. 6 du 2e vol.) comme étant un fidèle miroir de l'état général de la première société grecque (p. 653). Il me semble que ce n'est pas une contradiction, mais une distinction réelle et importante. Hêraklês, Agamemnôn, Odysseus, etc., étaient-ils des personnages réels? ont-ils accompli tout ou partie des actions possibles qu'on leur attribue? C'est ce que je me déclare incapable de déterminer. Mais, même en admettant que ces personnages et leurs exploits soient des fictions, ces mêmes fictions auront été conçues et mises en conformité avec les phénomènes sociaux en général au milieu desquels vivaient le narrateur et ses auditeurs, et serviront à expliquer les usages dominant alors. Effectivement, l'importance réelle de la préface de Thucydide, à laquelle le professeur Kor-

tüm accorde un si juste éloge, consiste non dans les faits particuliers qu'il présente en altérant les légendes, mais dans les idées générales et rationnelles qu'il expose sur la première société grecque, et sur les démarches aussi bien que sur les causes qui l'amenèrent à sa position telle qu'il la vit.

Le professeur Kortüm affirme aussi que les mythes contiennent « un fond réel de faits mêlés à de pures conceptions, » affirmation qui ressemble à celle du critique de la Quarterly Review, quand il dit que la faculté qui produit les mythes n'est pas créatrice. En prenant les mythes en masse, je ne doute pas que cela ne soit vrai, et je ne l'ai nié nulle part. En les prenant un à un, je ne puis ni l'affirmer ni le nier. Mon principe est que, s'il y a ou non un fond de faits réels, nous n'avons pas de critérium à l'aide duquel on puisse l'isoler, le constater et le séparer de la fiction qui l'accompagne. Et il appartient à ceux qui proclament la possibilité d'une telle séparation de présenter quelques moyens de vérification meilleurs que tous ceux qui ont été encore indiqués. Si Thucydide n'a pas réussi en cela, il est certain qu'aucun des nombreux auteurs qui ont fait la même tentative après lui n'a été plus heureux.

On ne peut assurément nier que la faculté qui produit les mythes ne soit *créatrice,* quand nous avons sous les yeux tant de légendes divines, non-seulement en Grèce, mais aussi dans d'autres pays. Supposer que ces légendes religieuses sont de pures exagérations, etc., de quelque base de faits réels, que les dieux du polythéisme n'étaient que des hommes divinisés revêtus de qualités altérées ou imaginées, ce serait réellement embrasser la théorie d'Evhémère.

s'occupèrent de ces mythes, nous trouvons qu'Anaximène de Lampsakos composa une histoire formant une suite d'événements, et commençant à la Théogonie pour finir à la bataille de Mantineia (1). Mais Ephore déclarait omettre tous les récits mythiques que l'on rapporte aux temps antérieurs au retour des Hèraclides (une telle restriction aurait naturellement fait disparaître le siége de Troie), et même il blâmait ceux qui introduisaient des mythes dans une composition historique, ajoutant que partout la vérité était le but qu'il fallait se proposer (2). Cependant dans la pratique il semble s'être souvent écarté de sa propre règle (3). D'un autre côté, Théopompe proclamait ouvertement qu'il pourrait raconter des fables mieux qu'Hérodote, que Ctésias ou qu'Hellanicus (4). Les fragments qui nous restent prouvent jusqu'à un certain point que cette promesse fut remplie quant à la quantité (5), bien que, pour ce qui regarde son style narratif, le jugement de Denys lui soit défavorable. Xénophon ennoblissait la chasse, son amusement favori, au moyen de nombreux exemples choisis dans les personnages du monde héroïque, dont il

---

(1) Diodore, XV, 89. Il était contemporain d'Alexandre le Grand.

(2) Diodore, IV, 1. Strabon, IX, p. 422, ἐπιτιμήσας τοῖς φιλομυθοῦσιν ἐν τῇ τῆς ἱστορίας γραφῇ.

(3) Ephore racontait les principales aventures d'Hêraklês (Fragm. 8, 9, éd. Marx.), les histoires de Kadmos et d'Harmonia (Fragm. 12), le bannissement d'Ætôlos exilé d'Elide (Fragm. 15; Strabon, VIII, 357); il tirait des conséquences de la chronologie des guerres de Troie et de Thèbes (Fragm. 28); il rapportait l'arrivée de Dædalos chez le roi sikanien Kokalos, et l'expédition des Amazones (Fragm. 99-103).

Il était surtout riche en renseignements quant aux κτίσεις, ἀποίκιαι et συγγενείαι (Polyb. IX, 1).

(4) Strabon, I, p. 74.

(5) Dionys. Halic. de Vet. Script. Judic. p. 428, Reisk. ; Elien, V. H. III, 18, Θεόπομπος..... δεινὸς μυθόλογος.

Théopompe affirmait que les corps de ceux qui allaient dans l'enceinte interdite (τὸ ἄβατον) de Zeus en Arcadia ne projetaient pas d'ombre (Polybe, XVI, 12). Il racontait l'histoire de Midas et de Silênos (Fragm. 74, 75, 76, éd. Wichers) ; il parlait beaucoup des héros de Troie ; et il semble avoir attribué les malheurs des Νόστοι à une cause historique ; c'est que, selon lui, les vaisseaux grecs étaient pourris par suite de la longueur du siége, tandis que la pure épopée rapporte le fait à la colère d'Athênê (Fragm. 112, 113, 114; Schol. Homer. Iliad. II, 135) ; il racontait que Kinyras, assurait-on, avait été chassé de Cypre par Agamemnôn (Fragm. 111); il donnait la généalogie de la reine de Macédoine Olympias, en remontant jusqu'à Achille et à Æakos (Fragm. 232).

traçait les portraits avec toute la simplicité d'une foi encore entière. Callisthène, comme Ephore, déclarait omettre tous les mythes rapportés à un temps antérieur au retour des Hêraklides : cependant nous savons qu'il consacra un livre séparé ou une partie de son histoire à la guerre de Troie (1). Philiste introduisait quelques mythes dans les premières parties de son histoire de Sicile ; mais Timée se distinguait entre tous les autres en rassemblant et en répétant de pareilles légendes dans une large mesure et indistinctement (2). Quelques-uns de ces écrivans employèrent leur talent ingénieux à transformer les circonstances mythiques en faits historiques plausibles : Éphore particulièrement fit un roi cruel du serpent Pythô, tué par Apollon (3); mais l'auteur qui poussa cette transformation de la légende en histoire aux dernières limites fut le Messénien Evhémère, contemporain de Kassandre de Macédoine. Il réduisit de cette manière les personnes et les légendes divines, aussi bien que les héroïques; il représenta et les dieux et les héros comme ayant été simplement des hommes nés de la terre, bien que supérieurs au niveau ordinaire sous le rapport de la force et de la capacité, et élevés au rang de dieux ou de héros après leur mort, en récompense de services ou d'exploits signalés. Pendant un voyage dans la mer de l'Inde, entrepris sur l'ordre de Kassandre, Evhémère déclara avoir découvert une contrée fabuleuse nommée Panchaia, où était un temple de Zeus Triphylien : il y décrivit une colonne d'or dont l'inscription signifiait que la colonne avait été élevée par Zeus lui-même,

---

(1) Cicéron, Epist. ad Familiar. V, 12 ; Xénoph. De Venat. c. 1.

(2) Philiste, Fragm. 1 (Goeller), Dædalos et Kokalos ; au sujet de Liber et de Junon (Fragm. 57) ; au sujet de l'immigration des Sikels en Sicile quatre-vingts ans après la guerre de Troie (ap. Dionys. Halic. I, 3).

Timée (Fragm. 50, 51, 52, 53, Goeller) rapportait une foule de fables sur Jasôn, Mêdea et les Argonautes en général. L'échec de l'armement athénien sous les ordres de Nikias, devant Syracuse, est imputé à la colère d'Hêraklês, irrité contre les Athéniens, qui étaient venus au secours des Egestains, descendants de Troie (Plut. Nikias, 1), reproduction toute nue, faite par un historien, de véritables actions épiques; en outre, au sujet de Diomêdes et des Dauniens ; Phaëthôn et le fleuve Eridanos ; les combats des Gigantes dans les plaines phlégréæennes (Fragm. 97, 99, 102).

(3) Strabon, IX, p. 422.

et détaillait ses exploits pendant qu'il habitait la terre (1). Quelques hommes éminents, parmi lesquels on peut compter Polybe, suivirent les vues d'Evhémère, et le poëte romain Ennius (2) traduisit son Historia Sacra; mais en général il ne fut jamais en faveur, et les inventions éhontées qu'il mit en circulation suffirent seules pour déshonorer à la fois l'auteur et ses opinions. La doctrine enseignant que tous les dieux avaient jadis existé comme de simples mortels offensa les païens religieux, et attira à Évhémère l'imputation d'athéisme; mais, d'autre part, elle fut chaudement embrassée par plusieurs des agresseurs chrétiens du paganisme, par Minucius Félix, Lactance et saint Augustin, qui trouvèrent le terrain tout préparé pour eux dans les efforts qu'ils firent pour dépouiller Zeus et les autres dieux païens des attributs de la divinité. Ils ajoutèrent foi non-seulement à la théorie générale d'Évhémère, mais encore aux abondants détails qu'il donnait; et ils exaltèrent comme un excellent spécimen de scrupuleuse investigation historique le même homme que Strabon condamne parce que son nom (3) est presque devenu comme synonyme de mensonge.

---

(1) Cf. Diodore, V, 44-46; et Lactance, De Falsâ Relig. I, 11.

(2) Cicéron, De Naturâ Deor. I, 42; Varron, De Re Rusticâ, I, 48.

(3) Strabon, II, p. 102. Οὐ πολὺ οὖν λείπεται ταῦτα τῶν Πυθέω καὶ Εὐημέρου καὶ Ἀντιφάνους ψευσμάτων; cf. aussi I, p. 47, et II, p. 104.

Saint Augustin, au contraire, nous dit (Civitat. Dei, VI, 7): « Quid de ipso Jove senserunt, qui nutricem ejus in Capitolio posuerunt? Nonne attestati sunt omnes Euemero, qui non fabulosâ garrulitate, sed *historicâ diligentiâ*, homines fuisse mortalesque conscripsit? » Et Minucius Felix (Octav. 20-21) : « Euemerus exequitur Deorum natales; patrias, sepulcra, dinumerat, et per provincias monstrat, Dictæi Jovis, et Apollinis Delphici, et Phariæ Isidis, et Cereris Eleusiniæ. »
Cf. Augustin, Civit. Dei, XVIII, 8-14;

et Clemens Alexand. Cohort. ad Gent. p. 15-18, Sylb.

Lactance (De Falsâ Relig. c. 13, 14, 16) donne d'abondantes citations de la traduction faite par Ennius de l'Historia sacra d'Evhémère.

Εὐήμερος, ὁ ἐπικληθεὶς ἄθεος, Sextus Empiricus, adv. Physicos, IX, § 17-51. Cicéron, De Nat. Deor. I, 42; Plut. De Iside et Osiride, c. 23, t. II, p. 475, éd. Wytt.

Nitzsch prétend (Heldensage der Griechen, sect. 7, p. 84) que le voyage d'Evhémère en Panchaia n'était donné que comme un roman amusant, et que Strabon, Polybe, Eratosthène et Plutarque commirent une méprise en le prenant pour un récit sérieux. Boettiger, dans sa Kunstmythologie der Griechen (Absch. II, s. 6, p 190), adopte la même idée. Mais il n'est pas donné

Mais, bien que le monde païen répudiât ce « ton d'explication qui rabaissait la divinité » en effaçant la personnalité surhumaine de Zeus et des grands dieux de l'Olympe, les personnages et les récits mythiques en vinrent à être considérés de plus en plus du point de vue de l'histoire, et soumis à des altérations qui pouvaient les faire regarder davantage comme des faits réels et plausibles. Polybe, Strabon, Diodore et Pausanias changent les mythes en assertions historiques, en leur faisant subir une plus ou moins grande transformation, selon la circonstance; ils prétendent qu'il y a toujours une base de vérité que l'on peut découvrir en écartant les exagérations poétiques et en faisant la part des erreurs. Strabon, en particulier, expose ce principe sans hésitation et sans équivoque dans ses remarques sur Homère. Exposer la fiction pure, sans aucune base de fait réel, était à son avis complétement indigne d'un si grand génie; et il parle avec une extrême aigreur du géographe Eratosthène, qui soutient l'opinion contraire. De plus, Polybe nous dit que l'Æolos homérique, le dispensateur des vents en vertu d'un décret de Zeus, était en réalité un homme éminemment habile dans la navigation, et exact en prédisant le temps ; que les Cyclôpes et les Læstrygons étaient des hommes réels, barbares et sauvages, vivant en Sicile; et que Skylla et Charybdis représentaient sous une forme figurée les dangers auxquels on était exposé de la part des pirates dans le détroit de Messana (Messine). Strabon parle des étonnantes expéditions de Dionysos et d'Hèraklès, ainsi que des grands voyages de Jasôn, de Menelaos et d'Odysseus, en les mettant dans la même classe que les longues courses commerciales des vaisseaux marchands phéniciens. Il explique la descente de Thèseus et de Peirithôos aux enfers par leurs dangereux pèlerinages sur terre, et l'invocation adressée aux Dioskures, comme protecteurs du marin en péril, par la

---

la moindre raison à l'appui de cette opinion, et elle me paraît forcée et improbable; Lobeck (Aglaopham. p. 989), bien que Nitzsch le cite comme la soutenant, ne témoigne aucune tendance pareille, autant que je puis le remarquer.

célébrité qu'ils avaient acquise comme hommes et navigateurs existant réellement.

Diodore donna dans une proportion considérable des versions des fables répandues en Grèce touchant les noms les plus illustres du monde mythique grec, compilées confusément et empruntées d'auteurs distincts et contradictoires. Parfois le mythe est reproduit dans sa simplicité primitive, mais le plus souvent il est partiellement ramené à un fait historique, et quelquefois complétement. Au milieu de ce pêle-mêle d'autorités en désaccord, nous ne pouvons trouver que peu de traces d'une vue systématique, si ce n'est la conviction générale qu'il y avait au fond des mythes une suite chronologique réelle de personnes, et des faits réels, historiques ou ultra-historiques. Néanmoins, dans quelques rares occasions, Diodore nous ramène un peu plus près du point de vue des anciens logographes. En effet, par rapport à Hèraklès, il proteste contre l'idée de réduire les mythes au niveau de la réalité présente. Il prétend qu'on devrait établir une règle spéciale de crédibilité ultra-historique, de manière à renfermer le mythe dans ses dimensions primitives, et à rendre un honneur convenable à la grande, bienfaisante et surhumaine personnalité d'Hèraklès et d'autres héros ou demi-dieux. Appliquer à de tels personnages la commune mesure de l'humanité (dit-il), et pointiller sur la glorieuse peinture qu'en ont faite des hommes reconnaissants, c'est un procédé à la fois choquant et peu rationnel. Toute critique subtile faite pour rechercher la vérité des récits légendaires est déplacée ; nous témoignons notre révérence au dieu en acquiesçant à ce que son histoire renferme d'incroyable, et nous devons nous contenter des meilleures conjectures que nous pouvons faire au milieu de la confusion inextricable et des contradictions sans nombre qu'elle présente (1). Toutefois, bien que Diodore

---

(1) Diodore, IV, 1-8. Ἔνιοι γὰρ τῶν ἀναγινωσκόντων, οὐ δικαίᾳ χρώμενοι κρίσει, τἀκριβὲς ἐπιζητοῦσιν ἐν ταῖς ἀρχαίαις μυθολογίαις, ἐπίσης τοῖς πραττομένοις ἐν τῷ καθ' ἡμᾶς χρόνῳ, καὶ τὰ δισταζόμενα τῶν ἔργων διὰ τὸ μέγεθος ἐκ τοῦ καθ' αὑτοὺς βίου τεκμαιρόμενοι, τὴν Ἡρακλέους δύναμιν ἐκ τῆς ἀσθενείας τῶν νῦν ἀνθρώπων θεωροῦσιν, ὥστε διὰ τὴν ὑπερβολὴν τοῦ μεγέθους τῶν ἔργων

montre ici le sentiment religieux l'emportant sur le point de vue purement historique, et nous rappelle ainsi une époque antérieure à Thucydide, dans un autre endroit il intercale une série d'histoires qui semblent tirées d'Evhémère, et dans lesquelles Uranos, Kronos et Zeus paraissent réduits au rôle de rois humains célébrés pour leurs exploits et leurs bienfaits (1). Un grand nombre des auteurs que Diodore copie ont tellement mêlé les fables grecques, asiatiques, égyptiennes et libyennes, qu'il devient impossible de déterminer quelle partie de cette masse hétérogène peut être considérée comme se rattachant au véritable esprit grec.

Pausanias se montre bien plus rigoureusement hellénique que Diodore dans sa manière d'apprécier les mythes grecs : sa piété sincère le fait pencher en général vers la foi pour ce qui concerne les récits mythiques; néanmoins elle le réduit souvent à la nécessité de leur donner un caractère historique ou allégorique. La foi qu'il ajoute à la réalité de l'histoire et de la chronologie mythiques en général est complète, malgré les nombreuses contradictions qu'il y trouve, et qu'il est incapable de concilier.

Il est un autre auteur qui semble avoir clairement conçu et appliqué logiquement la théorie semihistorique des mythes grecs; c'est Palæphate, dont on a conservé ce qui semble être un court résumé de son ouvrage (2). Dans la

---

ἀπιστεῖσθαι τὴν γραφήν. Καθόλου γὰρ ἐν ταῖς ἀρχαίαις μυθολογίαις οὐκ ἐκ παντὸς τρόπου πικρῶς τὴν ἀλήθειαν ἐξεταστέον. Καὶ γὰρ ἐν τοῖς θεάτροις πεπεισμένοι μήτε Κενταύρους διφυεῖς ἐξ ἑτερογενῶν σωμάτων ὑπάρξαι, μήτε Γηρυόνην τρισώματον, ὅμως προσδεχόμεθα τὰς τοιαύτας μυθολογίας, καὶ ταῖς ἐπισημασίαις συναύξομεν τὴν τοῦ θεοῦ τιμήν. Καὶ γὰρ ἄτοπον, Ἡρακλέα μὲν ἔτι καθ' ἀνθρώπους ὄντα τοῖς ἰδίοις πόνοις ἐξημερῶσαι τὴν οἰκουμένην, τοὺς δ' ἀνθρώπους, ἐπιλαθομένους τῆς κοινῆς εὐεργεσίας, συκοφαντεῖν τὸν ἐπὶ τοῖς καλλίστοις ἔργοις ἔπαινον, etc.

C'est là un passage remarquable : d'abord en ce qu'il montre que des analogies tirées du passé historique sont complétement inapplicables comme récits concernant Hêraklês; ensuite en ce qu'il suspend l'emploi de critérium critiques et scientifiques, et demande un acquiescement mêlé et identifié aux sentiments, comme le vrai moyen de témoigner une pieuse révérence au dieu Hêraklês. Il tend à reproduire cet état de l'âme auquel les mythes s'adressaient, le seul avec lequel ils pussent jamais être en complète harmonie.

(1) Diodor. III, 45-60; 44-46.
(2) Il est fait allusion à l'ouvrage de

brève préface de ce traité « sur les contes incroyables, » il fait observer que quelques hommes, par défaut d'instruction, croient tous les récits qui circulent, tandis que d'autres, d'un esprit plus scrutateur et plus circonspect, n'y croient absolument pas. Il désire vivement éviter chacun de ces extrêmes. D'un côté, il pense qu'aucune histoire n'aurait jamais pu obtenir créance si elle n'avait eu un fondement de vérité; de l'autre, il lui est impossible d'admettre dans les récits existants tout ce qui est en contradiction avec les analogies des phénomènes naturels actuels. Si de telles choses avaient jamais été, elles continueraient encore à être, mais jamais elles ne se sont présentées ainsi; et c'est à la licence des poëtes que l'on doit attribuer les traits des histoires qui sont en dehors de toute analogie. Palæphate désire adopter un terme moyen ; sans tout admettre il ne veut pas tout rejeter : en conséquence, il s'était donné beaucoup de peine pour séparer le faux du vrai dans un grand nombre des récits ; il avait visité les localités où les faits s'étaient passés et avait fait des enquêtes soigneuses auprès des vieillards et d'autres hommes (1). Il présenta les résultats de ses recher-

---

Palæphate (c'était probablement l'ouvrage primitif) dans le *Ciris* de Virgile (88).

« Docta Palæphatiâ testatur voce papyrus. »

La date de Palæphate est inconnue ; ce passage du *Ciris* semble en effet être la seule raison qui existe, d'où l'on puisse tirer une conclusion sur ce point. Ce que nous possédons maintenant est probablement un extrait d'un ouvrage plus considérable, travail dû à un faiseur d'extraits à quelque moment postérieur; V. Vossius de Historicis Græcis, p. 478, éd. Westermann.

(1) Palæphat. init. ap. Script. Mythogr. éd. Westermann, p. 268. Τῶν ἀνθρώπων οἱ μὲν πείθονται πᾶσι τοῖς λεγομένοις, ὡς ἀνομίλητοι σοφίας καὶ ἐπιστήμης — οἱ δὲ πυκνότεροι τὴν φύσιν καὶ πολυπράγμονες ἀπιστοῦσι τὸ παράπαν μηδὲν γενέσθαι τούτων. Ἐμοὶ δὲ δοκεῖ γενέσθαι πάντα τὰ λεγόμενα... γενόμενα δέ τινα οἱ ποιηταὶ καὶ λογόγραφοι παρέτρεψαν εἰς τὸ ἀπιστότερον καὶ θαυμασιώτερον τοῦ θαυμάζειν ἕνεκα τοὺς ἀνθρώπους. Ἐγὼ δὲ γινώσκω, ὅτι οὐ δύναται τὰ τοιαῦτα εἶναι οἷα καὶ λέγεται · τοῦτο δὲ καὶ διείληφα, ὅτι εἰ μὴ ἐγένετο, οὐκ ἂν ἐλέγετο.

Le principal emploi de la théorie semi-historique est brièvement et clairement indiqué ici.

Un des premiers écrivains chrétiens, Minucius Felix, est étonné de la facilité avec laquelle ses ancêtres païens croyaient aux miracles. Si de telles choses avaient jamais été faites dans les temps antérieurs (affirme-t-il), elles continueraient encore à être faites maintenant ; comme elles ne peuvent l'être maintenant, nous pouvons être sûrs

ches dans une nouvelle version de cinquante légendes, parmi les plus célèbres et les plus fabuleuses, comprenant les Centaures, Pasiphaê, Aktæôn, Kadmos et les Sparti, le Sphinx, Kyknos, Dædalos, le cheval de Troie, Æolos, Skylla, Geryôn, Bellerophôn, etc.

Il faut avouer que Palæphate a accompli la promesse qu'il avait faite de transformer les « incredibilia » en récits plausibles et incontestables en eux-mêmes, et qu'en agissant ainsi il suit toujours quelque fil d'analogie, soit dans les choses, soit dans les mots. Les Centaures (nous dit-il) étaient une troupe de jeunes gens du village de Nephelê en Thessalia, qui pour la première fois dressèrent des chevaux et les montèrent dans le dessein de repousser un troupeau de taureaux appartenant à Ixiôn, roi des Lapithæ, animaux qui étaient devenus sauvages et avaient fait un grand dégât : ils poursuivirent à cheval ces taureaux sauvages et les percèrent de leurs lances, ce qui leur valut le nom de *Piqueurs* (κέντορες) et fit croire qu'ils ne faisaient qu'un avec le cheval. Aktæôn était un Arcadien qui négligea la culture de son domaine pour se livrer au plaisir de la chasse, et fut ainsi mangé par la dépense que lui causèrent ses limiers. Le dragon que Kadmos tua à Thêbes était en réalité Drakôn, roi de Thêbes; et les dents du dragon que, disait-on, il avait semées, et d'où sortit une moisson d'hommes armés, étaient dans le fait des dents d'éléphants que Kadmos, riche Phénicien, avait apportées avec lui. Les fils de Drakôn vendirent ces dents d'éléphants et en employèrent le produit à lever des troupes contre Kadmos. Dædalos, au lieu de voler au-dessus de la mer avec des ailes, s'était sauvé de Krête sur une légère embarcation à voiles pendant une violente tempête : Kottos, Briareus et Gygês n'étaient pas des personnages centimanes, mais bien les

---

qu'elles ne l'ont jamais été *réellement* jadis (Minucius Felix, Octav. c. 20) : « Majoribus enim nostris tam facilis in mendaciis fides fuit, ut temerè crediderint etiam alia monstruosa mira miracula, Scyllam multiplicem, Chimæram multiformem, Hydram et Centauros. Quid illas aniles fabulas, de hominibus aves, et feras homines, et de hominibus arbores atque flores? *Quæ si essent facta, fierent; quia fieri non possunt, ideo nec facta sunt.* »

habitants du village de Hekatoncheiria, dans la haute Macédoine, qui faisaient la guerre avec les habitants du mont Olympe contre les Titans : Skylla, à laquelle Odysseus eut tant de peine à échapper, était un vaisseau de pirates à la marche rapide, comme l'était aussi Pegasos, le prétendu cheval ailé de Bellerophôn (1).

Par de telles ingénieuses conjectures, Palæphate élimine toutes les circonstances incroyables et nous laisse une série de contes parfaitement croyables, véritables lieux communs, que nous serions disposés à croire si l'on pouvait produire en leur faveur une très-modeste somme de témoignages. Si son procédé non-seulement désenchante les mythes primitifs, mais encore efface leur caractère générique et essentiel, nous devons nous souvenir que ce n'est pas plus que ce que fait Thucydide dans son esquisse de la guerre de Troie. Palæphate traite les mythes logiquement, selon la théorie semi-histo-

---

(1) Palæphat. Narrat. 1, 3, 6, 13, 20, 21, 29. Deux courts traités sur le même sujet que celui de Palæphate sont imprimés avec ce dernier ouvrage et dans la collection de Gale et dans celle de Westermann ; l'un, intitulé *Heracliti de Incredibilibus*, l'autre, *Anonymi de Incredibilibus*. Ils prétendent tous les deux expliquer quelques-uns des mythes extraordinaires ou miraculeux, et ils suivent une voie qui diffère peu de celle de Palæphate. Skylla était une belle courtisane, entourée d'abominables parasites; elle séduisit et ruina les compagnons d'Odysseus, bien que lui-même fût assez prudent pour échapper à ses pièges (Heraclit. c. 2, p. 313, West.). Atlas était un grand astronome ; Pasiphaê devint éprise d'un jeune homme nommé Tauros ; le monstre appelé la Chimæra était en réalité une reine féroce, qui avait deux frères appelés Leôn et Drakôn ; le bélier qui porta Phryxos et Hellê à travers la mer Egée était un batelier, nommé Krios (Heraclit. c. 2, 6, 15, 24).

Un grand nombre d'explications semblables sont dispersées dans toutes les scholies sur Homère et dans le commentaire d'Eustathe, sans désignation spéciale de leurs auteurs.

Theôn considère comme une preuve d'habileté supérieure de savoir ainsi ramener une fable à une histoire plausible (Progymnasmata, cap. 6, ap. Walz. Coll. Rhet. Græc. I, p. 219). D'autres parmi les rhéteurs aussi exerçaient leurs talents quelquefois en défendant, quelquefois en discutant la probabilité des anciens mythes. V. les Progymnas. de Nicolaus, Κατασκευὴ ὅτι εἰκότα τὰ κατὰ Νιόβην, Ἀνασκευὴ ὅτι οὐκ εἰκότα τὰ κατὰ Νιόβην (ap. Walz. Coll. Rhetor. I, p. 284-318), où il y a beaucoup d'exemples de cette manière capricieuse de traiter les récits.

Cependant Plutarque, dans un de ses traités, admet les Minôtaures, les Sphinx, les Centaures, etc., comme des réalités ; il les regarde comme des produits des désirs monstrueux, effrénés et incestueux de l'homme, qu'il oppose aux passions simples et modérées des animaux (Plut. Gryllus, p. 990).

rique, et ses résultats montrent le maximum que cette théorie puisse jamais présenter (1). A l'aide de conjectures nous sortons de l'impossible, et nous arrivons à des sujets plausibles intrinsèquement, mais dénués de toute preuve ; nous ne pouvons pénétrer au delà de ce point sans la lumière de preuves extrinsèques, puisqu'il n'y a aucun signe intrinsèque pour distinguer la vérité d'une fiction plausible.

Il reste à mentionner la manière dont les philosophes reçurent et traitèrent les anciens mythes. Le premier jugement que nous entendions prononcer par la philosophie est la sévère censure qu'en fait, par des raisons morales, Xénophane de Kolophôn, et vraisemblablement quelques autres de ses contemporains (2). Ce fut apparemment pour répondre à de telles accusations, qui n'admettaient pas une réplique directe, que Théagène de Rhêgium (vers 520 av. J.-C.) émit pour la première fois l'idée d'un double sens dans les récits homériques et hésiodiques, un sens intérieur, différant de celui que présentaient les mots dans leur acception appa-

---

(1) Le savant Mr Jacob Bryant estime les explications de Palæphate comme si elles étaient fondées sur des faits réels. Il admet, par exemple, la ville de Nephelê, citée par cet auteur dans son explication de la fable des Centaures. En outre, il parle avec beaucoup d'éloge de Palæphate en général : « Il (Palæphate) écrivit de bonne heure et semble avoir été un esprit sérieux et sensé ; il voyait l'absurdité des fables sur lesquelles reposait la théologie de son pays. » (Ancient Mythology, vol. I, p. 411-435.)

De même aussi, sir Thomas Brown (Enquiry into Vulgar Errors, liv. I, ch. 6, p. 221, ed. 1835) cite Palæphate comme ayant signalé d'une manière incontestable la base réelle des fables. « Et assurément le penchant pour l'élément fabuleux, dans ces temps, fut plus grand qu'à aucune époque postérieure. Cette période fourmillait de fables, et sur des raisons aussi faibles on prenait des allusions pour des fictions, empoisonnant le monde pour toujours ; jusqu'à quel point on y réussit, c'est ce qu'on peut prouver en citant Palæphate, dans son livre des Contes fabuleux. »

(2) Xenophan. ap. Sext. Empiric. adv. Mathematic. IX, 193. Il désapprouvait aussi les rites accompagnés de lamentations et de pleurs, avec lesquels les Eléates adoraient Leukothea ; il leur disait : εἰ μὲν θεὸν ὑπολαμβάνουσι, μὴ θρηνεῖν· εἰ δὲ ἄνθρωπον, μὴ θύειν (Arist. Rhet. II, 23).

Xénophane disait que les batailles des Titans, des Gigantes et des Centaures étaient « des fictions de nos prédécesseurs, » πλάσματα τῶν προτέρων (Xenoph. Fragm. 1, p. 42, ed. Schneidewin).

V. une curieuse comparaison de la théologie grecque et de la théologie romaine, dans Denys d'Halicar. Ant. Rom. II, 20.

rente, analogue toutefois dans une certaine mesure, et telle qu'une divination sagace pouvait le découvrir. C'est sur ce principe qu'il allégorisa en particulier la bataille des dieux dans l'Iliade (1). Dans le siècle suivant, Anaxagore et Métrodore développèrent l'explication allégorique d'une manière plus compréhensive et plus systématique ; le premier représentait les personnages mythiques comme de pures conceptions intellectuelles revêtues de nom et de genre, et servant à expliquer des préceptes moraux ; le second les rattachait à des principes et à des phénomènes physiques. Métrodore résolvait non-seulement les personnes de Zeus, de Hêrê et d'Athênê, mais encore celles d'Agamemnôn, d'Achille et d'Hectôr, en diverses combinaisons d'éléments et en actions physiques, et considérait les aventures qui leur étaient attribuées comme des faits naturels cachés sous le voile de l'allégorie (2). Empédocle, Prodicus, Antisthène, Parménide, Héraclide de Pont, et, à une époque postérieure, Chrysippe et les philosophes stoïciens en général (3) suivirent plus ou

---

(1) Schol. Iliad. XX, 67 ; Tatien, adv. Græc. c. 48. Héraclite repoussait avec indignation les athées impudents qui critiquaient les mythes divins de l'Iliade, dans leur ignorance de leur vrai sens allégorique : ἡ τῶν ἐπιφυομένων τῷ Ὁμήρῳ τόλμα τοὺς Ἥρας δεσμοὺς αἰτιᾶται, καὶ νομίζουσιν ὕλην τινὰ δαψιλῆ τῆς ἀθέου πρὸς Ὅμηρον ἔχειν μανίας ταῦτα. — Ἦ οὐ μέμνῃ ὅτι τ' ἐκρέμω ὑψόθεν, etc. λέληθε δ' αὐτοὺς ὅτι τούτοις τοῖς ἔπεσι ἐκτεθεολόγηται ἡ τοῦ παντὸς γένεσις, καὶ τὰ συνεχῶς ᾀδόμενα τέσσαρα στοιχεῖα τούτων τῶν στίχων ἐστὶ τάξις (Schol. ad. Hom. Iliad. XV, 18).

(2) Diogen. Laërt. II, 11 ; Tatien, adv. Græc. c. 37 ; Hesychius, v. Ἀγαμέμνονα. V. le tour moral donné aux contes de Circê, des Sirènes et de Skylla, dans Xenoph. Memorab. I, 3, 7 ; II, 6, 11-31. Syncellus, Chronic. p. 149. Ἑρμηνεύουσι δὲ οἱ Ἀναξαγόρειοι τοὺς μυθώδεις θεούς, νοῦν μὲν τὸν Δία, τὴν δὲ Ἀθηνᾶν τέχνην, etc.

Uschold et d'autres auteurs allemands modernes semblent avoir adopté dans toute son étendue le principe d'interprétation proposé par Métrodore ; ils considèrent Odysseus et Penelopê comme des personnifications du soleil et de la lune, etc. V. Helbig, Die Sittlichen Zustaende des Griechischen Heldenalters, Einleitung. P. 29 (Leipzig, 1839).

On en vint aussi à corriger le texte homérique pour échapper à la nécessité d'imputer un mensonge à Zeus (Aristot. de Sophist. Elench. c. 4).

(3) Sextus Empir. IX, 18 ; Diogen. VIII, 76 ; Plut. De Placit. Philosoph. I, 3-6 ; De Poesi Homericâ, 92-126. De Stoicor. Repugn. p. 1050 ; Menander, De Encomiis, c. 5.

Cicéron, De Nat. Deor. I, 14, 15, 16, 41 ; II, 24-25. « Physica ratio non inelegans inclusa in impias fabulas. »

Dans les *Bacchæ* d'Euripide, Pentheus se moque du conte rapportant que Dionysos, l'enfant sans mère, avait été

moins le même principe et regardèrent les dieux populaires comme des personnages allégoriques ; tandis que les commentateurs d'Homère (tels que Stésimbrote, Glaucon et autres, même jusqu'à l'époque alexandrine), bien qu'aucun d'eux n'allât comme Métrodore jusqu'à la limite extrême, employèrent l'allégorie entre autres moyens d'explication dans le dessein de résoudre des difficultés, ou d'éluder des reproches adressés au poëte.

A l'époque de Platon et de Xénophon, cette explication par l'allégorie était une des méthodes reçues pour adoucir les mythes répréhensibles, bien que Platon lui-même la considérât comme une défense insuffisante, en voyant que la masse des jeunes auditeurs ne pouvait pénétrer l'allégorie, mais acceptait littéralement le récit tel qu'il était présenté (1). Pausanias nous dit que, quand il commença à écrire son ouvrage, il regardait un grand nombre des légendes grecques

---

cousu dans la cuisse de Zeus. Tirésias, en lui reprochant son impiété, explique l'histoire par une sorte d'allégorie : le μηρός (la cuisse) Διός (dit-il) était avancé à tort au lieu de l' αἰθὴρ χθόνα ἐγκυκλούμενος (Bacch. 235-290).

Lucrèce (III, 995-1036) allégorise les principales victimes punies dans le royaume de Hadês, Tantalos, Sisyphos, Tityos et les Danaïdes, aussi bien que les exécuteurs du châtiment, Kerberos et les Furies. Les quatre premiers sont des descriptions emblématiques de divers caractères imparfaits ou vicieux dans la nature humaine : le superstitieux, l'ambitieux, l'amoureux, ou bien l'homme insatiable et plaintif; les deux derniers représentent les terreurs qui assiègent l'âme du méchant.

(1) Οἱ νῦν περὶ Ὅμηρον δεινοί, c'est ainsi que Platon appelle ceux qui employaient ce mode d'explication (Cratyle, p. 407).

V. aussi Xénoph. Sympos. III, 6; Plat. Ion, p. 530; Plutarque, De Audiend. Poet. p. 19. Ὑπόνοια était le mot primitif; il fut remplacé plus tard par ἀλληγορία.

Ἥρας δὲ δεσμοὺς καὶ Ἡφαίστου ῥίψεις ὑπὸ πατρὸς μέλλοντας τῇ μητρὶ τυπτομένῃ ἀμυνεῖν, καὶ θεομαχίας ὅσας Ὅμηρος πεποίηκεν, οὐ παραδεκτέον εἰς τὴν πόλιν οὔτ᾽ ἐν ὑπονοίαις πεποιημένας, οὔτ᾽ ἄνευ ὑπονοιῶν. Ὁ γὰρ νέος οὐχ οἷός τε κρίνειν, ὅ, τι τε ὑπόνοια καὶ ὃ μή, ἀλλ᾽ ἃ ἂν τηλικοῦτος ὢν λάβῃ ἐν ταῖς δόξαις, δυσέκνιπτά τε καὶ ἀμετάστατα φιλεῖ γίγνεσθαι (Platon, Republ. II, 17, p. 378).

L'idée d'un sens intérieur et d'un dessein caché dans les anciens poëtes se rencontre plusieurs fois chez Platon (Theætet. c. 93, p. 180) : παρὰ μὲν τῶν ἀρχαίων, μετὰ ποιήσεως ἐπικρυπτομένων τοὺς πολλοὺς, etc.; et Protagor. c. 20, p. 316).

« Modo stoicum Homerum faciunt, modo epicureum, modo peripateticum, modo academicum. Apparet nihil horum esse in illo, quia omnia sunt. » (Sénèque, Ep. 88.) Cf. Plut. De Defectu Oracul. c. 11-12, t. II, p. 702, Wytt. et Julien, Orat. VII, p. 216.)

comme niaises et indignes d'une sérieuse attention ; mais qu'en avançant il arriva à être pleinement convaincu que les anciens sages avaient parlé à dessein dans une langue énigmatique, et qu'il y avait une précieuse vérité enveloppée dans leurs récits : en conséquence, le devoir d'un homme pieux était d'étudier et d'expliquer, mais non de rejeter les histoires répandues et accréditées au sujet des dieux (1). Et d'autres, s'appuyant sur l'analogie des mystères religieux, que l'on ne pouvait sans impiété révéler à personne, si ce n'est à ceux qui avaient été admis et initiés spécialement, soutenaient que ce serait une profanation de faire connaître directement au vulgaire le véritable dessein de la nature et le gouvernement divin : les anciens poëtes et les anciens philosophes avaient pris le seul moyen convenable, c'était de s'adresser à la foule au moyen de figures et de paraboles, et de réserver le sens nu pour les intelligences privilégiées et capables de le saisir (2). Le mode allégorique d'explication appliqué aux

---

(1) Pausan. VIII, 8, 2. Dans le même but (Strabon, X, p. 474). Denys d'Halicarnasse admet jusqu'à un certain point l'allégorie dans les fables (Ant. Rom. II, 20.) Le fragment du traité perdu de Plutarque, sur la fête platæenne des Dædala, est fort instructif au sujet de l'allégorie grecque (Fragm. 9, t. V, p. 754-763, éd. Wytt. ap. Euseb. Præpar. Evang. III, 1).

(2) Cette doctrine est exposée dans Macrobe (I, 2). Il distingue entre *fabula* et *fabulosa narratio* : la première est une pure fiction, imaginée ou pour amuser ou pour instruire, la seconde est fondée sur la vérité, soit par rapport à l'action humaine, soit par rapport à l'action divine. Les dieux (à ce qu'il pense) n'aimaient pas qu'on parlât d'eux publiquement, si ce n'est sous le voile respectueux de la fable (même sentiment que celui d'Hérodote, qui l'amena à s'abstenir d'insérer les ἱεροὶ λόγοι dans son histoire). On ne pouvait parler dans des fables du Dieu suprême, du τἀγαθόν, du πρῶτον αἴτιον; on pouvait et on devait le faire de cette seule manière des autres dieux, des puissances de l'air ou de l'éther, et de l'âme. Les intelligences supérieures devaient seules être admises à la connaissance de la réalité secrète. « De Diis cæteris, et de animâ, non frustra se, nec ut oblectent, ad fabulosa convertunt; sed quia sciunt *inimicam esse naturæ apertam nudamque expositionem sui* : quæ sicut vulgaribus sensibus hominum intellectum sui, vario rerum tegmine operimentoque, subtraxit; ita à prudentibus arcana sua voluit per fabulosa tractari..... Adeo semper ita se et sciri et coli numina maluerunt, qualiter in vulgus antiquitas fabulata est... Secundum hæc Pythagoras ipse atque Empedocles, Parmenides quoque et Heraclides, de Diis fabulati sunt : nec secus Timæus. » Cf. aussi Maxime de Tyr, dissert. 10 et 22. Arnobe expose l'explication allégorique comme étant un pur faux-fuyant, et retient les païens dans le fait historique littéral (Adv. Gent. V, p. 185, éd. Elm.).

anciennes fables (1) devint de plus en plus populaire dans le troisième et quatrième siècle de l'ère chrétienne, surtout

---

Sur l'interprétation allégorique appliquée aux fables grecques, Boettiger (Die Kunstmythologie der Griechen, Abschn. II, p. 176); Nitzsch (Heldensage der Griech. sect. 6, p. 78); Lobeck (Aglaopham. p. 133-155).

(1) Selon l'écrivain anonyme, ap. Westermann (Script. Myth. p. 328), chaque dieu personnel ou portant un nom peut être expliqué de trois manières différentes : soit πραγματικῶς (historiquement, comme ayant été un roi ou un homme), soit ψυχικῶς, théorie dans laquelle Hêrê signifie âme; Athênê, prudence; Aphroditê, désir; Zeus, esprit, etc.; ou στοχειακῶς, système dans lequel Apollon signifie le soleil; Poseidôn, la mer; Hêrê, la couche supérieure de l'air ou l'ether; Athênê, la couche inférieure ou plus dense; Zeus, l'hémisphère supérieur; Kronos, l'inférieur; etc. Cet écrivain pense qu'on peut faire usage de tous ces trois principes d'interprétation, dans le cas où chacun d'eux peut convenir, et qu'aucun d'eux n'exclue les autres. On verra que le premier est un pur évhémérisme; les deux autres sont des modes d'allégorie.

L'explication allégorique des dieux et des mythes divins est largement appliquée dans les traités et de Phurnutus et de Sallustius, que comprend la collection d'écrivains mythologiques de Gale. Sallustius considère les mythes comme étant d'origine divine, et les principaux poètes comme inspirés (θεόληπτοι) : les dieux étaient propices à l'égard de ceux qui racontaient à leur sujet des mythes dignes de respect et de croyance, et Sallustius les prie de vouloir accepter avec faveur ses propres remarques (cap. 3 et 4, p. 245-251, Gale). Il distribue les mythes en cinq classes : théologiques, physiques, spirituels, matériels et mixtes. Il interdit l'usage de parler des dieux sous le voile de l'allégorie, à peu près de la même manière que Macrobe (dans la note précédente) ; en outre, il trouve une bonne excuse même pour ces mythes qui imputaient aux dieux le vol, l'adultère, les outrages envers un père et autres énormités : de tels récits (dit-il) sont éminemment convenables, puisque l'esprit *doit voir tout de suite* que les faits tels qu'ils sont racontés *ne doivent pas* être pris comme étant eux-mêmes la vérité réelle, mais simplement un voile cachant quelque vérité intérieure (p. 247).

Outre la vie d'Homère attribuée à Plutarque (V. Gale, p. 325-332), Hêraclide (*non* Hêraclide de Pont) développe le procédé d'allégorie appliqué aux mythes homériques d'une manière très-systématique et très-sérieuse. L'application de cette théorie est, dans son opinion, le seul moyen de décharger Homère de l'accusation d'une impiété scandaleuse, πάντη γὰρ ἠσέβησεν, εἰ μηδὲν ἠλληγόρησεν (Hêracl. in init. p. 407, Gale). Il prouve en détail que les flèches destructives d'Apollon, dans le premier livre de l'Iliade, ne signifient au fond qu'une peste contagieuse, causée par les ardeurs d'un soleil d'été dans un terrain marécageux (p. 416-424). Athênê, qui se précipite de l'Olympe au moment où Achille est près de tirer son épée contre Agamemnôn, et qui le saisit par les cheveux, est une personnification de la prudence repentante (p. 435). La conspiration tramée contre Zeus, selon Homère (Iliade, I, 400), par les dieux olympiques, et déjouée grâce au secours opportun de Thetis et de Briareus, Hêrê chargée de chaînes et suspendue, Hephæstos précipité de l'Olympe par Zeus et tombant dans Lemnos, le rempart grec détruit par Poseidôn après le départ des Grecs, la scène amoureuse entre Zeus et Hêrê sur

parmi les néo-platoniciens ; il avait à la fois de l'affinité avec le tour oriental de leur pensée, et leur servait de bouclier contre les attaques des chrétiens.

Ce fut la même nécessité impérieuse d'accommoder les vieux mythes à une règle nouvelle et de croyance et d'appréciations qui fit naître l'idée de les transformer en histoire et en allégorie, en décomposant le récit littéral dans le but d'arriver à une base soit de faits positifs particuliers, soit de vérité morale ou de physique générale. Des hommes instruits furent disposés communément à changer en histoire seulement les légendes héroïques, et à mettre plus ou moins d'allégorie dans chacune des légendes divines : la tentative faite par Evhémère pour transformer en histoire les dernières fut, dans la plupart des cas, dénoncée comme irréligieuse, tandis que celle que fit Métrodore d'allégoriser les premières resta sans succès. De plus, en allégorisant même les légendes divines, il était d'usage d'appliquer le système de l'allégorie seulement aux dieux inférieurs, bien qu'il fût poussé plus loin par quelques-uns des grands philosophes stoïciens, qui allégorisaient tous les dieux personnels séparés, ne laissant que l'Ame cosmique (1), pénétrant partout, essentielle comme agissant de concert avec la Matière, dont toutefois elle ne peut être séparée. Mais un grand nombre de païens pieux semblent avoir compris que l'allégorie pous-

---

le mont Gargara, le partage de l'univers entre Zeus, Poseidôn et Hadês ; tous ces récits, il les réduit en manifestations et en luttes particulières des substances élémentaires dans la nature. A la bataille des dieux, si critiquée, il donne un tour en partie physique, en partie moral (p. 481). C'est de la même manière qu'il transforme et justifie les aventures des dieux dans l'Odyssée : les courses errantes d'Odysseus, ainsi que les Lotophages, les Cyclôpes, Circê, les Sirènes, Æolos, Skylla, etc., sont réduits en une suite de tentations imposées comme épreuves à un homme sage et vertueux, emblème de la vie humaine (p. 496). L'histoire d'Arês, d'Aphroditê et d'Hêphæstos, dans le huitième livre de l'Odyssée, semble l'embarrasser plus qu'aucune autre ; il propose deux explications, dont ni l'une ni l'autre ne paraissent le satisfaire lui-même (p. 494).

(1) V. Ritter, Geschichte der Philosophie, 2ᵉ édit., part. 3, liv. II. ch. 4, p. 592 ; Varron ap. Augustin. Civitat. Dei, VI, 5 ; IX, 6 ; Cicéron, Nat. Deor. II, 24-28.

Chrysippe admettait la distinction la plus importante entre Zeus et les autres dieux (Plutarque, De Stoicor. Repugnant. p. 1052).

sée jusque-là était fatale à toute foi religieuse vive (1), en ce qu'elle dépouillait les dieux de leur caractère de Personnes éprouvant de la sympathie pour l'humanité, et dont les dispositions pouvaient être modifiées par la conduite et les prières du croyant : aussi ne se permettaient-ils d'employer l'explication allégorique que pour quelques-unes des légendes répréhensibles rattachées aux dieux supérieurs, en laissant intacte la personnalité de ces derniers.

Cependant une nouveauté, introduite vraisemblablement par le philosophe Empédocle et étendue dans la suite par d'autres, mérite d'être mentionnée, en ce qu'elle modifie considérablement l'ancienne croyance religieuse en établissant un contraste marqué entre les dieux et les démons, distinction à peine indiquée dans Homère, mais reconnue dans « les Travaux et les Jours » d'Hésiode (2). Empédocle élargissait l'abime qui les séparait, et tirait de là des circonstances importantes. Les dieux étaient des agents bons, immortels et puissants, doués de volonté et d'intelligence, mais exempts d'appétits, de passions ou de faiblesses ; les démons étaient d'une nature mixte entre les dieux et les hommes, ministres et interprètes des premiers dans leurs rapports avec les seconds, mais possédant aussi une activité et des dispositions qui leur étaient propres. Bien que n'étant pas immortels, ils jouissaient encore d'une longue vie, et étaient sujets aux passions et aux penchants des hommes, de sorte qu'il y avait parmi eux des démons bienfaisants et des démons malfaisants avec toutes les nuances d'une différence intermédiaire (3). L'er-

---

(1) Plut. De Isid. et Osirid. c. 66, p. 377; c. 70, p. 379. Cf. sur ce sujet O. Müller, Prolegom. Mythol. p. 59 seq., et Eckermann, Lehrbuch der Religionsgeschichte, vol. I, sect. 11, p. 46.

(2) Hésiode, Opp. et Di. 122; dans le même but, Pythagore et Thalès (Diogen. Laërt. VIII, 32, et Plut. Placit. Philos. I, 8).

Les démons hésiodiques sont tous bons. Athenagoras (Legat. Chr. p. 8) dit que Thalès admettait une distinction entre de bons et de mauvais démons; ce qui semble très-douteux.

(3) La distinction entre Θεοὶ et Δαίμονες est exposée spécialement dans le traité de Plutarque, De Defectu Oraculorum, chap. 10, 12, 13, 15, etc. Il semble supposer qu'on peut la rapporter à la doctrine de Zoroastre ou des mystères orphiques, et il la représente comme délivrant le philosophe de grandes perplexités; car il était difficile de savoir où l'on devait tirer la ligne,

reur des vieux mythes (selon ces philosophes) a été d'attribuer aux dieux des actes appartenant réellement aux démons, qui communiquaient toujours immédiatement avec la nature mortelle, inspiraient le pouvoir prophétique aux prêtresses des oracles, envoyaient les songes et les présages, et intervenaient perpétuellement, soit en bien, soit en mal. Les démons méchants et violents, pour avoir commis une foule d'énormités, avaient ainsi parfois encouru une punition de la part des dieux ; en outre, leur naturel méchant avait imposé aux hommes la nécessité de les apaiser par des cérémonies

---

en admettant ou en rejetant la divine Providence : on commettait parfois des erreurs en affirmant que Dieu était cause de tout, et dans d'autres moments, en supposant qu'il n'était cause de rien. Ἐπεὶ τὸ διορίσαι πῶς χρηστέον καὶ μέχρι τίνων τῇ προνοίᾳ, χαλεπόν, οἱ μὲν οὐδενὸς ἁπλῶς τὸν θεὸν, οἱ δὲ ὁμοῦ τι πάντων αἴτιον ποιοῦντες, ἀστοχοῦσι τοῦ μετρίου καὶ πρέποντος. Εὖ μὲν οὖν λέγουσιν οἱ λέγοντες, ὅτι Πλάτων τὸ ταῖς γεννωμέναις ποιότησιν ὑποκείμενον στοιχεῖον ἐξευρών, ὃ νῦν ὕλην καὶ φύσιν καλοῦσιν, πολλῶν ἀπήλλαξε καὶ μεγάλων ἀποριῶν τοὺς φιλοσόφους· ἐμοὶ δὲ δοκοῦσι πλείονας λῦσαι καὶ μείζονας ἀπορίας οἱ τὸ τῶν δαιμόνων γένος ἐν μέσῳ θεῶν καὶ ἀνθρώπων, καὶ τρόπον τινὰ τὴν κοινωνίαν ἡμῶν συνάγον εἰς ταὐτὸ καὶ συνάπτον, ἐξευρόντες (c. 10). Ἡ δαιμόνων φύσις ἔχουσα καὶ πάθος θνητοῦ καὶ θεοῦ δύναμιν (c. 13).

Εἰσὶ γὰρ, ὡς ἐν ἀνθρώποις, καὶ δαίμοσιν ἀρετῆς διαφοραί, καὶ τοῦ παθητικοῦ καὶ ἀλόγου τοῖς μὲν ἀσθενὲς καὶ ἀμαυρὸν ἔτι λείψανον, ὥσπερ περίττωμα, τοῖς δὲ πολὺ καὶ δυσκατάσβεστον ἔνεστιν, ὧν ἴχνη καὶ σύμβολα πολλαχοῦ θυσίαι καὶ τελεταὶ καὶ μυθολογίαι σώζουσι καὶ διαφυλάττουσιν ἐνδιεσπαρμένα (ib.). Cf. Plut. de Isid. et Osir. 25, p. 360.

Καὶ μὴν ὅσας ἔν τε μύθοις καὶ ὕμνοις λέγουσι καὶ ᾄδουσι, τοῦτο μὲν ἁρπαγάς, τοῦτο δὲ πλάνας θεῶν, κρύψεις τε καὶ φυγὰς καὶ λατρείας, οὐ θεῶν εἰσὶν ἀλλὰ δαιμόνων παθήματα, etc. (c. 15), et c. 23 ; encore De Isid. et Osir. c. 25, p. 366.

On excuse des sacrifices humains et d'autres rites répréhensibles, comme étant nécessaires, dans le but de détourner la colère des mauvais démons (c. 14-15).

Empédocle est représenté comme le premier auteur de la doctrine qui imputait des dispositions vicieuses et abominables à beaucoup d'entre les démons (c. 15, 16, 17, 20), τοὺς εἰσαγομένους ὑπὸ Ἐμπεδοκλέους δαίμονας; chassés du ciel par les dieux θεήλατοι καὶ οὐρανοπετεῖς (Plut. de Vitand. Aer. Alien. p. 830); suivi par Platon, Xénocrate et Chrysippe, c. 17 ; cf. Platon (Apolog. Socrat. p. 27 ; Politic. p. 271 ; Symposion, c. 28, p. 203), bien qu'il semble traiter les δαίμονες comme des êtres imparfaits et inconstants, plutôt qu'activement malfaisants. Xénocrate représente quelques-uns d'entre eux comme étant à la fois méchants et puissants à un haut degré : Ξενοκράτης καὶ τῶν ἡμερῶν τὰς ἀποφράδας, καὶ τῶν ἑορτῶν ὅσαι πληγάς τινας ἢ κοπετούς, ἢ νηστείας, ἢ δυσφημίας, ἢ αἰσχρολογίας ἔχουσιν, οὔτε θεῶν τιμαῖς οὔτε δαιμόνων οἴεται προσήκειν χρηστῶν, ἀλλ' εἶναι φύσεις ἐν τῷ περιέχοντι μεγάλας μὲν καὶ ἰσχυράς, δυστρόπους δὲ καὶ σκυθρωπάς, αἳ χαίρουσι τοῖς τοιούτοις, καὶ τυγχάνουσαι πρὸς οὐθὲν ἄλλο

religieuses d'une espèce qui fût agréable à de tels êtres ; de là les sacrifices humains, les spectacles violents, cruels et obscènes, les lamentations et les jeûnes, l'usage de déchirer et de manger de la viande crue, ce qu'on s'était accoutumé à pratiquer dans diverses occasions consacrées, et particulièrement dans les solennités dionysiaques. En outre, les actions incroyables imputées aux dieux, les combats terribles, les convulsions de Typhon et des Titans, les rapts, les enlèvements, la fuite, la servitude et la séquestration, étaient réellement les actes et les souffrances de méchants démons, placés bien au-dessous de l'action souveraine des dieux immortels, action uniforme, ininterrompue et toujours pure. Celle que de tels démons exerçaient sur l'humanité était irrégulière et intermittente. Parfois ils périssaient ou changeaient le lieu de leur séjour, de sorte que des oracles qui avaient jadis été inspirés en venaient, après un temps, à être abandonnés et privés de leurs priviléges (1).

Cette distinction entre les dieux et les démons semblait sauver à un haut degré et la vérité des vieilles légendes et la dignité des dieux. Elle obviait à la nécessité de prononcer ou que les dieux étaient indignes, ou les légendes mensongères. Cependant, bien qu'imaginée dans le but de satisfaire une sensibilité religieuse plus scrupuleuse, elle fut trouvée incommode dans la suite, quand il s'éleva des adversaires contre le paganisme en général. En effet, tandis qu'elle abandonnait comme insoutenable une grande portion de ce qui avait été jadis une foi sincère, elle conservait encore le même mot *démons* avec une signification entièrement altérée.

χεῖρον τρέπονται (Plut. De Isid. et Osir. c. 26, p. 361; Quæst. Rom. p. 283); cf. Stobée, Eclog. Phys. I, p. 62.

(1) Plut. De Defect. Orac. c. 15, p. 418. Chrysippe admettait parmi les diverses causes qu'on peut concevoir pour expliquer l'existence du mal, la supposition de quelques démons négligents et indifférents, δαιμόνια φαῦλα ἐν οἷς τῷ ὄντι γίνονται καὶ ἐγκλητέαι ἀμέλειαι (Plut. De Stoicor. Repugnant. p. 1051). Les Lokriens d'Oponte avaient aussi adopté une distinction, que je ne comprends pas entièrement, entre θεοὶ et δαίμονες : pour eux, δαίμων semble avoir été équivalent de ἥρως (Plut. Quæst. Græc. c. 6, p. 292). V. la note ci-dessus.

Les écrivains chrétiens dans leurs controverses trouvaient d'abondantes raisons chez les *anciens* auteurs païens (1) pour regarder tous les dieux comme des démons, et des raisons non moins abondantes chez les païens *postérieurs* pour dénoncer les démons en général comme des êtres méchants (2).

Voilà les différentes manières dont les anciens mythes furent considérés, pendant la vie littéraire de la Grèce, par les quatre classes nommées plus haut, poëtes, biographes, historiens et philosophes. La manière littérale dont on les acceptait, cette foi inconsciente, absolue, qu'ils obtenaient des auditeurs primitifs auxquels ils étaient adressés, ils ne les trouvaient plus désormais que dans la multitude, qui conservait également le sentiment traditionnel (3) et craignait de

---

(1) Tatien, adv. Græcos, c. 20 ; Clemens Alexandrin. Admonit. ad Gentes, p. 26-29, Sylb.; Minuc. Felix, Octav. c. 26. « Isti igitur impuri spiritus, ut ostensum a Magis, a philosophis, a Platone, sub statuis et imaginibus conservati delitescunt, et afflatu suo quasi auctoritatem præsentis numinis consequuntur, etc. » Cette idée, comme tant d'autres arguments hostiles employés par les chrétiens contre le paganisme, était empruntée des philosophes païens eux-mêmes.

Lactance, De Verâ Philosophiâ, IV. 28. « Ergo iidem sunt Dæmones, quos fatentur execrandos esse : iidem Dii, quibus supplicant. Si nobis credendum esse non putant, credant Homero, qui summum illum Jovem Dæmonibus aggregavit, etc. »

(2) V. t. I, c. 2, les remarques sur la Théogonie hésiodique.

(3) Il y eut une inondation destructrice à Pheneos en Arcadia, vraisemblablement du temps de Plutarque ; l'issue souterraine (βάραθρον) du fleuve s'était insensiblement fermée, et les habitants en attribuaient l'obstruction à la colère d'Apollon, qui avait été provoquée par le vol du trépied pythien qu'Hêraklês avait dérobé : ce dernier avait porté le trépied à Pheneos et l'y avait déposé. Ἀρ' οὖν οὐκ ἀτοπώτερος τούτων ὁ Ἀπόλλων, εἰ Φενεάτας ἀπόλλυσι τοὺς νῦν, ἐμφράξας τὸ βάραθρον, καὶ κατακλύσας τὴν χώραν ἅπασαν αὐτῶν, ὅτι πρὸ χιλίων ἐτῶν, ὥς φασιν, ὁ Ἡρακλῆς ἀνασπάσας τὸν τρίποδα τὸν μαντικὸν εἰς Φενεὸν ἀπήνεγκε (Plut. De Serâ Numin. Vindictâ, p. 557 ; cf. Pausan. VIII, 14, 1). Quand Plutarque dit que l'enlèvement du trépied par Hêraklês avait eu lieu mille ans auparavant, on retrouve le critique auquel il paraît nécessaire de donner un caractère historique et chronologique à la pure légende, qui, aux yeux d'un habitant de Pheneos du temps de l'inondation, était sans doute aussi certaine que si le larcin d'Hêraklês avait été placé dans la génération précédente.

Agathoclê de Syracuse commit des déprédations sur les côtes d'Ithakê et de Korkyra : il donnait pour excuse qu'Odysseus était venu en Sicile et avait privé Polyphêmos de la vue, et qu'à son retour il avait été amicalement reçu par les Phæakiens (Plut. *ib.*).

C'est sans doute une plaisanterie, ou faite par Agathocle, ou plus probablement inventée pour lui ; mais elle repose sur une croyance populaire.

critiquer les actes des dieux (1). Mais, pour des hommes instruits, ils devinrent les sujets d'une analyse respectueuse et curieuse, tous convenant que le Mot tel qu'il leur était proposé était inadmissible, tous cependant étant également convaincus qu'il renfermait un sens important qui, bien que caché, pouvait toutefois être découvert. La force de l'intelligence grecque fut appliquée dans une très-grande mesure à la recherche de cette base inconnue, au moyen de conjectures, où l'on employa parfois le procédé de l'explication semi-historique, parfois celui de l'explication allégorique, sans aucun témoignage indirect dans l'un ou dans l'autre cas, et sans possibilité de vérification. De ce double emploi il résulta, d'une part, une suite de phénomènes réels allégorisés, de l'autre, une longue série de ce qui semblait être des événements historiques et des personnes chronologiques, tirés également des mythes transformés et ne sortant d'aucune autre source.

Le plus que nous puissions faire en employant la théorie semi-historique même dans ses applications les plus heureuses, c'est, après avoir laissé de côté tout ce qui, dans le récit mythique, est miraculeux, haut en couleur ou extravagant, d'arriver à une suite d'incidents croyables, qui, *peut-être*, sont arrivés réellement, et contre lesquels ne peut s'élever aucune présomption intrinsèque. C'est là exacte-

---

(1) « Sanctiusque et reverentius visum, de actis Deorum credere quam scire. » (Tacit. German. c. 34.)
Aristide cependant représente la théologie homérique (aurait-il voulu y comprendre la théologie hésiodique, c'est ce que nous ignorons) comme crue d'une manière toute littérale parmi la multitude à son époque, au second siècle de l'ère chrétienne (Aristid. Orat. III, p.25). Ἀπορῶ, ὅπη πότε χρή με διαθέσθαι μεθ' ὑμῶν, πότερα ὡς τοῖς πολλοῖς δοκεῖ καὶ Ὁμήρῳ δὲ συνδοκεῖ, θεῶν παθήματα συμπεισθῆναι καὶ ἡμᾶς, οἷον Ἄρεος δέσμα καὶ Ἀπόλλωνος θητείας καὶ Ἡφαίστου ῥίψεις εἰς θάλασσαν, οὕτω δὲ καὶ Ἰνοῦς ἄχη καὶ φυγάς τινας. Cf. Lucien, Ζεὺς Τραγῳδός, c. 20, et De Luctu, c. 2; Dionys. Halic. A. R. II, p. 90, Sylb.
Callimaque (Hymn. ad Jov. 9) niait clairement l'assertion des Krêtois affirmant qu'ils possédaient en Krête le tombeau de Zeus, et la regardait comme un exemple du mensonge krêtois ; tandis que Celse ne la niait pas, mais l'expliquait d'une manière figurée αἰνιττόμενος τροπικὰς ὑπονοίας (Origen. cont. Celsum, III, p. 137).

ment le caractère d'un roman moderne bien écrit (comme, par exemple, dans plusieurs des compositions de Defoe), dont toute l'histoire est telle qu'elle peut bien avoir eu lieu dans la vie réelle ; c'est une fiction plausible, et rien de plus. Pour élever une fiction plausible à la dignité supérieure de la vérité, on doit montrer quelque témoignage positif ou quelque base positive de preuves ; une probabilité intrinsèque, même dans la plus grande mesure, n'est pas suffisante seule. Un homme qui nous dirait que le jour de la bataille de Platée il plut sur l'emplacement où s'élève aujourd'hui la ville de New-York ne mériterait ni n'obtiendrait créance, parce qu'il n'a pu avoir aucun moyen de parvenir à une connaissance positive, bien que l'assertion ne soit pas improbable le moins du monde. D'autre part, des assertions très-improbables en elles-mêmes peuvent bien mériter créance, pourvu qu'elles soient appuyées de preuves positives suffisantes. Ainsi le canal ouvert par ordre de Xerxès à travers le promontoire du mont Athos, et la navigation de la flotte des Perses dans ce canal sont des faits que je crois, parce qu'ils sont bien attestés, nonobstant leur extrême improbabilité, qui trompa Juvénal au point de l'amener à signaler le récit comme un exemple frappant du penchant des Grecs pour le mensonge (1). De plus, un grand nombre de critiques ont fait observer que le récit général de la guerre de Troie (à l'exception de quelques actes surhumains) n'est pas plus improbable que celui des croisades, que tout le monde admet comme un fait historique. Mais (même si nous accordons ce principe, qui n'est vrai que dans une faible mesure), il ne suffit pas de montrer une analogie entre les deux cas sous le rapport seulement de présomptions négatives ; on devrait aussi prouver que l'analogie existe entre eux sous le rapport des attestations positives. Les croisades sont un curieux phénomène dans l'histoire ; néanmoins, nous les ac-

---

(1) Juvénal, Sat. X, 174 :
« Creditur olim Velificatus Athos, et quantum Græ-
[cia mendax
Audit in historiâ, etc. »

ceptons comme un fait incontestable, parce que l'improbabilité antérieure cède devant des témoignages contemporains suffisants. Si, pour établir la réalité historique de la guerre de Troie, on produisait des preuves pareilles, et en quantité et en qualité, nous n'hésiterions pas à mettre les deux événements au même niveau.

En appliquant la théorie semi-historique au récit mythique grec, on a souvent oublié qu'on devait avant tout présenter des témoignages assez forts ou une base positive de croyance, avant que nous puissions être appelés à discuter la probabilité ou l'improbabilité antérieure des incidents rapportés. On a supposé tacitement que la croyance des Grecs eux-mêmes, sans le plus faible secours de témoins spéciaux ou contemporains, suffisait comme appui dans un cas quelconque, pourvu seulement qu'on tirât des récits mythiques des raisons suffisantes pour écarter toutes les improbabilités antérieures. On a généralement reconnu que la foi du peuple a dû s'appuyer dans l'origine sur quelque événement historique particulier, renfermant les mêmes personnes, les mêmes choses et les mêmes lieux que présentent les mythes primitifs, ou du moins les plus saillants d'entre eux. Mais si nous examinons les influences auxquelles obéissaient les âmes et qui prédominaient dans la société au sein de laquelle cette croyance naquit dans l'origine, nous verrons que sa foi n'a que peu de valeur et n'est pas une preuve convaincante, et que l'on peut expliquer d'une manière satisfaisante sa naissance et sa diffusion sans supposer une base spéciale quelconque de faits positifs. La foi populaire, en tant qu'elle compte pour quelque chose, témoigne en faveur des mythes entiers et littéraux, qui sont maintenant universellement rejetés comme incroyables (1). Nous avons ainsi le minimum

---

(1) Le colonel Sleeman fait remarquer au sujet de l'esprit historique des Hindous : « L'histoire pour ce peuple n'est qu'un conte de fées » (Rambles and Recollections of an Indian Official, vol. I, c. 9, p. 70). Et encore : « Le poëme populaire du Râmâyana décrit l'enlèvement de l'héroïne par le monstre Rawun, roi de Ceylan, et sa délivrance due à Hunnooman le général des singes. Chaque mot de ce poëme, m'affirmait-on, était écrit, non de la main de la Divi-

même de preuves positives et le maximum de présomptions négatives; nous pouvons diminuer les dernières au moyen d'omissions et d'interpolations conjecturales, mais nous ne pouvons à l'aide d'aucun artifice augmenter les premières. Le récit cesse d'être incroyable, mais il reste encore sans attestation, une simple possibilité banale. La fiction n'est pas

---

nité elle-même, du moins sous son inspiration, ce qui était la même chose, et il devait par conséquent être vrai. Quatre-vingt-dix-neuf sur cent, parmi les Hindous, croient implicitement, non-seulement chaque mot du poëme, mais chaque mot de tout poëme qui ait jamais été composé en sanscrit. Demandez à un homme s'il croit réellement une absurdité énorme quelconque, que l'on cite de ces livres, il répond avec la plus grande « naïveté » du monde : N'est-ce pas écrit dans le livre, et comment y serait-ce écrit, si ce n'était pas vrai ? La religion des Hindous repose sur une entière prostration de l'esprit, cet abandon continuel et habituel des facultés du raisonnement, que nous sommes accoutumés à faire à l'occasion, pendant que nous assistons à une représentation théâtrale ou que nous lisons des ouvrages d'imagination. Nous laissons les scènes, les caractères et les incidents passer devant les yeux de notre esprit et exciter nos sentiments, sans nous arrêter un moment pour nous demander s'ils sont réels ou vrais. Il y a cette seule différence, c'est que, pour les gens instruits parmi nous, même dans ces courts moments d'illusion ou « d'abandon, » une extravagance dans l'action scénique, ou une improbabilité dans la fiction, détruit le charme, rompt l'enchantement qui nous avait liés d'une façon si mystérieuse, et nous rend à la raison et aux réalités de la vie ordinaire. Pour les Hindous, au contraire, plus grande est l'improbabilité, plus monstrueuse et absurde est la fiction, et plus grand est le charme qu'elle exerce sur leurs esprits; plus ils sont versés dans le sanscrit, et plus ils sont sous l'influence de ce charme. Croyant que tout est écrit par la Divinité ou sous ses inspirations, que les hommes et les choses des anciens temps ont été très-différents des hommes et des choses du temps présent, que les héros de ces fables ont été des demi-dieux ou des êtres doués de pouvoirs bien supérieurs à ceux des hommes de leur propre époque, ils n'ont jamais un moment considéré les analogies de la nature ; les questions de probabilité ou de possibilité, d'après ces analogies, ne se sont jamais non plus imposées à leur esprit pour dissiper le charme par lequel ils sont si agréablement séduits. Ils avancent dans la vie en lisant ces monstrueuses fictions, qui choquent le goût et l'intelligence d'autres nations ; ils en parlent, sans jamais révoquer en doute la vérité d'un seul incident, ou l'entendre contester. Il y eut un temps, et il n'est pas bien éloigné, où c'était la même chose en Angleterre et dans toutes les autres nations de l'Europe; et il y a, je le crains, quelques parties de l'Europe où il en est encore ainsi. Mais la foi des Hindous, en tant qu'il s'agit de questions religieuses, n'est ni plus étendue ni plus absurde que celle des Grecs ou des Romains du temps de Socrate ou de Cicéron ; la seule différence qu'il y ait, c'est que chez les Hindous on met sous le chef de la religion un plus grand nombre des questions qui intéressent l'humanité. » (Sleeman, Rambles, etc., vol. I, c. 26, p. 227; cf. vol. II, c. 5, p. 51; VIII, p. 97.)

non plus toujours, ni essentiellement, extravagante et incroyable. Elle est souvent non-seulement plausible et cohérente, mais même plus vraisemblable (si on peut nous passer une expression paradoxale) que la vérité elle-même. Nous ne pouvons pas non plus, dans l'absence de tout critérium extrinsèque, compter sur un signe intrinsèque quelconque pour distinguer l'une de l'autre (1).

Dans la théorie semi-historique touchant les récits mythiques grecs, le critique, sans en avoir conscience, transporte dans l'âge homérique ces habitudes de classification et de distinction, et cette règle d'acceptation ou de rejet qu'il trouve en usage de son propre temps. Parmi nous on fait grand cas de la distinction établie entre un fait historique et une fiction aussi bien qu'on la comprend communément; nous avons une longue histoire du passé, tirée de l'étude de preuves contemporaines, et nous avons toute une littérature

---

(1) Lord Lyttelton, en commentant les contes des bardes irlandais, dans son histoire de Henry II, fait les justes remarques qui suivent (liv. IV, vol. III, p. 13, quarto) : « On peut raisonnablement supposer que dans les manuscrits écrits depuis que les Irlandais reçurent de saint Patrick les lettres romaines, *quelques* vérités traditionnelles rapportées auparavant par les bardes dans leurs poëmes non écrits peuvent avoir été conservées jusqu'à notre époque. Cependant elles ne peuvent avoir été séparées d'une foule d'histoires fabuleuses tirées des mêmes sources, de manière à obtenir une ferme croyance ; en effet, pour établir l'autorité de traditions suspectes, il ne suffit pas de pouvoir montrer qu'elles ne sont pas aussi improbables ni aussi absurdes que d'autres avec lesquelles elles sont mêlées, *puisqu'il peut y avoir des fictions spécieuses aussi bien que des fictions dépourvues de sens*. Un poëte ou un barde, qui vivait au sixième ou au septième siècle après J.-C., si son poëme existe encore, ne peut pas non plus servir d'autorité pour des faits qu'on suppose avoir eu lieu avant l'incarnation, bien que son témoignage (en faisant la part de la licence poétique) puisse être admis pour les faits survenus de son propre temps ou que se rappellent les vieillards qu'il fréquentait. Les historiens les plus judicieux ne font aucune attention aux anciennes traditions anglaises ou galloises rapportées par Geoffrey de Monmouth, bien qu'il ne soit pas impossible que quelques-unes d'entre elles puissent être vraies. »

Une définition du mythe donnée par Plutarque coïncide exactement avec une *spécieuse fiction* : Ὁ μῦθος εἶναι βούλεται λόγος ψευδὴς ἐοικὼς ἀληθινῷ (Plut. Bellone an pace clariores fuerunt Athenienses, p. 348).

« La pensée fondamentale du mythe (comme Creuzer l'appelle avec justesse) consiste à transformer la pensée en un fait qui a eu lieu. » Symbolik der Alten Welt, sect. 43, p. 99.

d'ouvrages fabuleux, marquée de son propre cachet et intéressante à sa façon. Mais ce *sens historique,* qui a maintenant de si profondes racines dans l'esprit moderne que nous avons de la peine à nous imaginer un peuple qui en soit privé, ce sens est un résultat produit par des annales et des recherches, appliquées d'abord au présent, et ensuite conservées et étudiées par les générations suivantes; tandis que, dans une société qui n'a pas encore pris l'habitude d'enregistrer son présent, on ne peut jamais connaître les faits réels du passé, on ne peut ni distinguer ni rechercher la différence qui existe entre des faits attestés et une fiction plausible, entre la vérité et ce qui ressemble à la vérité. Cependant c'est précisément sur la supposition que cette distinction est présente à la pensée habituelle des hommes, que repose la théorie de l'explication semi-historique des mythes.

Il est parfaitement vrai, comme on l'a dit souvent, que l'épopée grecque contient ce qu'on appelle des traditions concernant le passé; et effectivement elles en composent seules la principale partie. Mais que sont ces traditions? Elles forment le sujet de ces chants et de ces récits qui avaient acquis de l'empire sur l'esprit public; elles sont l'œuvre des poëtes et des conteurs eux-mêmes; chacun d'eux trouve quelques histoires préexistantes, et il en ajoute d'autres de son propre fonds, nouvelles, non contées jusque-là, sous l'impulsion et l'autorité de la Muse qui l'inspire. Homère trouva sans doute une foule de chants et de récits en circulation relativement au siége de Troie; il reçut et transmit quelques-unes de ces traditions, en refondit et en transforma d'autres, et agrandit la masse entière par de nouvelles créations dues à son génie. Pour les poëtes postérieurs, tels qu'Arctinus et Leschès, ces créations homériques formaient des parties d'une tradition préexistante, qu'ils traitèrent de la même manière; de sorte que toute la masse des traditions constituant la légende de Troie s'agrandit de plus en plus, à mesure que chaque poëte y vint apporter sa quote part. Supposer une différence générique entre les couches plus anciennes et les couches plus nouvelles de la tradition, considérer les premières comme des fragments d'histoire, et les secondes comme des accessoires de la fiction, est une hypothèse gratuite tout au moins, pour ne pas dire inadmissible. Car plus nous remontons dans le passé, plus nous nous éloignons de la clarté de l'histoire positive, et plus nous nous plongeons profondément dans le demi-jour inconstant et dans les nuages brillants de l'imagination et du sentiment. C'était un des agréables rêves de l'épopée grecque, que l'homme qui voyageait assez loin vers le nord, au delà des monts Rhipées, finirait par atteindre la contrée délicieuse et l'heureux climat des vertueux Hyperboréens, les adorateurs et les favoris d'Apollon, habitant à l'extrême nord au delà du souffle glacé de Boreas. Or croire que nous pouvons, en remontant dans nos recherches le cours du temps, franchir les limites de la fiction, et finir par aborder sur quelques points de vérité solide, c'est là, ce me semble, une espérance non moins illusoire que ce voyage vers le nord en quête de l'Elysée hyperboréen.

La tendance générale à adopter la théorie de l'explication semi-historique quant à la création des mythes grecs naît en partie de la répugnance qu'éprouvent les critiques à imputer aux époques qui créent les mythes une extrême crédulité ou un extrême artifice ; et aussi de la présomption habituelle que l'objet d'une foi compréhensive doit renfermer en soi quelque portion de vérité. Ces bases de raisonnement auraient quelque valeur, si les époques soumises à la discussion avaient possédé des annales et avaient été accoutumées aux recherches critiques. Mais parmi un peuple dépourvu des premières et étranger aux secondes, la crédulité atteint naturellement son plus haut point, aussi bien dans le conteur lui-même que dans ses auditeurs. De plus, on ne peut appliquer ni à l'un ni aux autres l'idée d'une fraude calculée (1), car si les auditeurs sont disposés à accepter ce

---

(1) A propos des libres assertions des highlanders, le Dr Johnson fait les remarques suivantes : « Celui qui va dans les hautes terres avec un esprit naturellement disposé à donner son acquiescement, et avec une crédulité avide de merveilles, peut revenir peut-être avec une opinion très-différente de la mienne ; car les habitants, connaissant l'ignorance où sont tous les étrangers de leur

qui leur est rapporté comme étant une révélation de la Muse, l'*œstrus* de la composition suffit complétement à communiquer une persuasion semblable au poëte dont l'esprit en est pénétré. Il est difficile de dire que la foi de cette époque reste seule à part comme un acte de raison. Elle se confond avec une vive imagination et une émotion sérieuse ; et toutes les fois qu'on agit puissamment sur ces dispositions de l'âme, la foi suit d'une manière inconsciente et comme naturellement. Combien de telles tendances étaient actives et prononcées parmi les Grecs des temps anciens, c'est ce que peuvent nous apprendre la beauté et l'originalité extraordinaires de leur épopée.

Il y a, en outre, une présomption appliquée beaucoup trop largement et sans assez de discernement, même à notre époque avancée, c'est que l'objet d'une foi compréhensive doit renfermer nécessairement quelque chose de vrai, et que l'on peut toujours faire remonter une fiction accréditée à quelque base de vérité historique (1). L'influence de l'imagination et du sentiment n'est pas limitée simplement à l'opération de retoucher, de transformer ou de grossir des récits fondés primitivement sur un fait ; elle créera souvent de nouveaux récits d'elle-même sans une telle base préliminaire. Là où règne un ensemble général de sentiments, religieux ou politiques, qui pénètrent des hommes vivant en société,

---

langage et de leurs antiquités, ne s'attachent peut-être pas très-scrupuleusement à la vérité ; toutefois je ne dis pas qu'ils débitent de propos délibéré un mensonge calculé, ni qu'ils aient le dessein arrêté de tromper. Ils ont peu acquis et peu observé, et ils ne sentent pas toujours leur propre ignorance. Ils n'ont pas beaucoup l'habitude d'être interrogés par d'autres, et ils ne semblent jamais avoir songé à s'interroger eux-mêmes ; *de sorte que, s'ils ne savent pas si ce qu'ils disent est vrai, ils ne remarquent pas non plus distinctement si c'est faux.* M. Boswell mit beaucoup de soin dans ses recherches, et le résultat de ses investigations fut que la réponse faite à la seconde question était ordinairement telle qu'elle rendait nulle la réponse faite à la première. » (Journey to the Western Islands, p. 272, 1st ed., 1775.)

(1) J'ai examiné ce principe plus en détail dans un article de la « Westminster Review » mai 1843, sur les légendes grecques de Niebuhr, article avec lequel on trouvera que coïncident un grand nombre des idées développées dans le présent chapitre.

amour, admiration ou antipathie, tous les incidents qui tendent à jeter du jour sur ces sentiments sont accueillis avec empressement, rapidement mis en circulation, et (en règle générale) aisément accrédités. Si l'on n'a pas sous la main d'incidents réels, on y suppléera, pour répondre à ce besoin, par des fictions propres à faire impression sur les esprits. L'harmonie parfaite qui existe entre de telles fictions et le sentiment dominant tient la place d'une preuve convaincante, et fait que les hommes en les entendant non-seulement y ajoutent foi, mais les écoutent même avec délices. Les révoquer en doute et demander des preuves, c'est une tâche que l'on ne peut entreprendre sans encourir le blâme. L'existence de telles tendances dans l'esprit humain est abondamment prouvée par les innombrables légendes religieuses qui ont eu cours dans diverses parties du monde, et qu'aucun pays n'a produites avec plus de fécondité que la Grèce ; légendes tirant leur origine, non de faits spéciaux rapportés inexactement et exagérés, mais de sentiments pieux pénétrant la société, et traduites en récit par des esprits avancés et imaginatifs ; légendes dans lesquelles non-seulement les incidents, mais souvent même les personnages ne sont pas réels, où cependant on peut discerner clairement le sentiment qui les a créées en trouvant son propre sujet aussi bien que la forme dont il l'a revêtu. D'autres sentiments encore, de même que les sentiments religieux, pourvu qu'ils soient fervents et largement répandus, trouveront leur expression dans un récit circulant au milieu de tous, et deviendront des parties de la croyance publique générale. Chaque caractère célèbre et notoire est la source de mille fictions qui en démontrent les particularités par des exemples. Et s'il est vrai, comme la présente observation peut, je pense, nous le démontrer, que de telles actions créatrices soient visibles et réelles, même maintenant que les matériaux d'une histoire véritable sont abondants et étudiés à l'aide de la critique, nous sommes bien mieux autorisés à conclure que dans les âges dépourvus d'annales, étrangers au témoignage historique et croyant pleinement à l'inspiration divine et pour l'avenir et pour le passé, des récits purement fictifs trouveront une foi facile et absolue, pourvu seulement qu'ils soient plausibles et en harmonie avec les idées préconçues des auditeurs.

Plusieurs savants investigateurs, et particulièrement Creuzer, ont rattaché l'explication allégorique des mythes à l'hypothèse d'une ancienne corporation de prêtres doués d'une haute instruction, originaires soit de l'Egypte, soit de l'Orient, et communiquant aux Grecs grossiers et barbares des connaissances religieuses, physiques et historiques sous le voile de symboles. A une époque, nous dit-on, où le langage était encore dans son enfance, des symboles visibles étaient le moyen le plus actif pour agir sur les esprits d'auditeurs ignorants : le second pas à faire était de passer au langage et aux expressions symboliques ; car une exposition simple et littérale, même eût-elle été tant soit peu comprise, aurait tout au moins été écoutée avec indifférence, comme ne correspondant à aucun besoin intellectuel. C'est donc au moyen de ce procédé d'allégorie que les anciens prêtres exposèrent leurs doctrines touchant Dieu, la nature et l'humanité, c'est-à-dire un monothéisme épuré et une philosophie théologique, et c'est dans ce but que furent faits les plus anciens mythes. Mais il s'éleva sous les mains des poëtes une autre classe de mythes, plus populaires et plus séduisants, mythes purement épiques et décrivant des événements passés, réels ou supposés. Les mythes allégoriques, repris par les poëtes, en vinrent, insensiblement à être confondus dans la même catégorie avec les mythes purement narratifs; on ne songea plus au sujet symbolisé, tandis qu'on en vint à expliquer dans leur propre sens littéral les mots servant au symbole, et la base de l'ancienne allégorie, ainsi perdue dans le public en général, ne fut plus conservée que comme un secret parmi différentes confréries religieuses, composées de membres liés ensemble par une initiation à certaines cérémonies mystiques et dirigées par des familles héréditaires de prêtres qui étaient à leur tête. C'est ainsi que dans les sectes orphiques et bachiques, dans les mystères d'Eleusis et de Samothrace, fut précieusement gardée la doctrine secrète des vieux mythes théologiques et philosophiques, qui avaient jadis constitué le fonds légendaire primitif de la Grèce, entre les mains des premiers prêtres et dans des temps antérieurs à Homère. Des personnes qui avaient passé par toutes les cérémonies préliminaires de l'initiation finissaient par être autorisées à entendre, bien que sous la rigoureuse condition de garder le secret, cette ancienne doctrine religieuse et cosmogonique, révélant la destinée de l'homme et la certitude de récompenses et de punitions après la mort, entièrement dégagées des altérations introduites par les poëtes, aussi bien que des symboles et des allégories sous lesquels elles restaient encore ensevelies aux yeux du vulgaire. On fit ainsi remonter les mystères de la Grèce aux époques les plus reculées, et on les représenta comme étant les seuls fidèles dépositaires de cette théologie et de cette physique plus pures, que des prêtres éclairés venant du dehors avaient communiquées dans l'origine aux habitants alors grossiers du pays (1), bien

---

(1) Pour ce caractère général des mystères grecs, avec le trésor de doctrines qu'ils cachaient, V. *Warburton,* Divine Legation of Moses, liv. II, sect. 4.

Payne Knight, On the symbolical language of ancient Art and Mythology, sect. 6, 10, 11, 40, etc.

Sainte-Croix, Recherches sur les Mystères du Paganisme, sect. 3, p. 106; sect. 4, p. 404, etc.

Creuzer, Symbolik und Mythologie der alten Voelker, sect. 2, 3, 23, 39, 42, etc. Meiners et Heeren adoptent en général la même idée, bien qu'il y ait beaucoup de différences d'opinions entre ces divers auteurs, sur un sujet essentiellement obscur. Warburton soutenait que la doctrine intérieure communiquée dans les mystères était l'existence d'une seule Divinité suprême, combinée avec l'opinion évhémeristique, que les dieux païens avaient été de simples mortels. V. Clemens Alex. Strom. V, p. 592, Sylb.

L'idée adoptée par Hermann au sujet de l'ancienne mythologie grecque est, en beaucoup de points, semblable à celle de Creuzer, bien qu'avec quelque différence considérable. Il pense qu'elle est un agrégat de doctrine philosophique, théologique, physique et morale, exprimée sous la figure de personnifications systématiques, chaque personne étant appelée d'un nom qui signifiait la fonction personnifiée. Cette doctrine fut importée d'Orient en Grèce, où les poëtes, conservant ou traduisant les noms, mais oubliant leur signification et leur liaison, défigurèrent les récits primitifs, dont le sens ne fut plus conservé que dans les anciens mystères. Toutefois, ce sens vrai (à ce qu'il croit) peut être retrouvé par une analyse attentive de la signification des noms, et ses deux dissertations (De Mythologiâ Græcorum antiquissimâ, dans les Opuscula, vol. II) montrent un spécimen de ce développement systématique, qui change l'étymologie en récit. Son dissentiment avec Creuzer est exposé dans leur correspondance publiée, particulièrement dans sa dernière lettre « Brief an Creuzer über das Wesen und die

qu'avec l'inconvénient inévitable d'une expression symbolique. Mais on a démontré que cette théorie, quoique défendue par plusieurs savants, était erronée et sans appui. Elle implique une idée fausse et de l'antiquité et du sens des mystères, que l'on ne peut pas sûrement faire remonter même à

Behandlung der Mythologie, » Leipzig, 1819. La citation suivante, empruntée de sa dissertation latine, expose sa doctrine générale :

Hermann, De Mythologiâ Græcorum antiquissimâ, p. 4 (Opuscula, vol. II, p. 171) : « Videmus rerum divinarum humanarumque scientiam ex Asiâ per Lyciam migrantem in Europam; videmus fabulosos poetas peregrinam doctrinam, monstruoso tumore Orientis sive exutam, sive nondum indutam, quasi de integro Græcâ specie procreantes; videmus poetas illos, quorum omnium vera nomina nominibus — ab arte, quâ clarebant, petitis — obliterata sunt, diu in Thraciâ hærentes, raroque tandem etiam cum aliis Græciæ partibus commercio junctos; qualis Pamphus, non ipse Atheniensis, Atheniensibus hymnos Deorum fecit. Videmus denique retrusam paulatim in mysteriorum secretam illam sapientum doctrinam, vitiatam religionum perturbatione, corruptam inscitiâ interpretum, obscuratam levitate amœniora sectantium, — adeo ut eam ne illi quidem intelligerent, qui hæreditariam a prioribus poësin colentes, quum ingenii præstantiâ omnes præstinguerent, tantâ illos oblivione merserunt, ut ipsi sint primi auctores omnis eruditionis habiti. »

Hermann pense toutefois qu'en poursuivant les suggestions de l'étymologie, on peut découvrir encore des traces de la croyance grecque telle qu'elle existait avant Homère et Hésiode, et faire des compilations qui ressembleraient à une histoire : « Est autem in hâc omni ratione judicio maxime opus, quia non testibus res agitur, sed ad interpretandi solertiam omnia revocanda sunt. »

(P. 172). Dans le même but général, l'ouvrage français de M. Eméric David, Recherches sur le dieu Jupiter, analysé par O. Müller : V. les Kleine Schriften de ce dernier, volume II, page 82.

M. Bryant aussi a déployé un grand luxe de savoir et présenté de nombreuses conjectures étymologiques pour montrer que les mythes grecs ont faussé, altéré et mutilé les exploits et les doctrines de tribus orientales depuis longtemps perdues et disparues, Ammoniens, Cuthites, Arkites, etc. « C'était Noé (pense-t-il) que représentaient ces noms différents, Thoth, Hermès, Menès, Osiris, Zeuth, Atlas, Phorôneus, Promêtheus, liste à laquelle on en pourrait ajouter un nombre beaucoup plus considérable : le Νοῦς d'Anaxagoras était en réalité le patriarche Noé. » (Ant. Mythol. vol. II, p. 253, 272.) « Les Cuthites ou Ammoniens, descendants de Noé, venus de l'Orient, établis en Grèce, célèbres pour leur habileté à bâtir et dans les arts (ib. I, p. 502; II, p. 187). La plus grande partie de la théologie grecque naquit de notions erronées et de bévues, les récits relatifs à leurs dieux et à leurs héros furent fondés sur des termes mal interprétés ou mal employés » (ib. I, p. 452). « Les différentes actions attribuées à divers dieux ou à divers héros grecs se rapportent toutes à un seul peuple ou à une seule famille, et sont au fond une seule et même histoire » (ib. II, p. 57). « Les fables de Promêtheus et de Tityus furent prises à d'anciens temples ammoniens; à des hiéroglyphes mal compris et mal expliqués » (I, p. 426); V. particulièrement vol. II, p. 160.

l'époque d'Hésiode, et qui, bien qu'imposants et vénérables, comme cérémonies religieuses, ne renfermaient aucun enseignement secret ni ésotérique (1).

La doctrine que l'on suppose avoir été symbolisée primitivement et postérieurement obscurcie dans les mythes grecs, y fut en réalité introduite pour la première fois par l'imagination inconsciente d'interprètes plus récents. C'était une des diverses voies que prenaient des hommes instruits pour échapper à la nécessité d'admettre littéralement les anciens mythes, et pour arriver à quelque nouvelle forme de croyance plus conforme aux idées qu'ils se faisaient de ce que devaient être les attributs et le caractère des dieux. C'était un des moyens de constituer, à l'aide des mystères, une religion philosophique séparément du public entier, et de rattacher cette distinction aux époques les plus reculées de la société grecque. Une telle distinction fut à la fois avouée et justifiée par les hommes supérieurs du monde païen dans des temps plus récents. Varron et Scévola divisaient la théologie en trois parties distinctes : la théologie mythique ou fabuleuse, la théologie civile et la théologie physique. La première avait sa place au théâtre et était abandonnée exclusivement aux poëtes ; la seconde appartenait à la cité ou communauté politique comme telle ; elle comprenait le règlement de tout le culte public et des rites reli-

---

(1) L'Anti-Symbolique de Voss, et plus encore l'Aglaophamus de Lobeck, sont très-instructifs au sujet de cette doctrine intérieure supposée et des anciens mystères en général ; le dernier traité en particulier n'est pas moins remarquable pour sa critique judicieuse et circonspecte que pour son abondante érudition.

M. Halhed (Preface to the Gentoo Code of Laws, p. 13-14) fait de bonnes remarques sur la vanité de tous les efforts tentés pour allégoriser la mythologie des Hindous ; il fait observer avec une entière vérité que « le vulgaire et les gens illettrés ont toujours compris la mythologie de leur pays dans son sens littéral ; et il y a eu une époque pour toutes les nations, où les hommes du rang le plus élevé étaient sur ce point aussi vulgaires et aussi illettrés que les hommes du rang le plus bas... Un Hindou considère les miracles étonnants attribués à un Brima ou à un Kishen comme des faits de l'authenticité la plus incontestable, et leur relation comme la plus rigoureusement historique. »

Cf. aussi les remarques de Gibbon sur la tendance que les derniers platoniciens avaient à allégoriser (Hist. Decl. and Fall, vol. IV, p. 71).

gieux, et était confiée en même temps à la direction du magistrat ; la troisième était le privilége des philosophes, mais elle était aussi réservée pour la discussion particulière dans les écoles séparément du public entier (1). Comme membre de la cité, le philosophe partageait les sympathies de l'auditoire au théâtre, et prenait une part fervente, aux cérémonies établies, et il ne trouvait pas d'excuse s'il soumettait à sa propre règle morale ce qu'il avait entendu dans l'un ou vu dans les autres. Mais, dans les réunions particulières d'hommes instruits ou investigateurs, il jouissait de la liberté la plus complète de discuter tout principe reçu et d'émettre ses propres théories sans réticence relativement à l'existence et à la nature des dieux. Ces discussions entretenaient l'activité de l'esprit philosophique et en faisaient jaillir la vérité; mais c'était une vérité telle que la masse du peuple ne devait pas l'entendre, dans la crainte que la foi qu'il avait en son propre culte religieux établi ne fût détruite. En distinguant ainsi la théologie civile de la théologie fabuleuse, Varron pouvait rejeter sur les poëtes tout le blâme des points répréhensibles dans la théologie populaire, et éviter la nécessité de censurer les magistrats, qui (prétendait-il) avaient fait avec les préjugés établis dans le public un aussi bon compromis que le cas le permettait.

---

(1) Varron, ap. Augustin. De Civ. Dei, IV, 27; VI, 5-6. » Dicis fabulosos Deos accommodatos esse ad theatrum, naturales ad mundum, civiles ad urbem. » « Varro, de religionibus loquens, multa esse vera dixit, quæ non modo vulgo scire non sit utile, sed etiam tametsi falsa sint, aliter existimare populum expediat : et ideo Græcos teletas et mysteria taciturnitate parietibusque clausisse » (ib. IV, 31). V. Villoison, De Triplici Theologiâ Commentatio, p. 8; et Lactance, de Origin. Error. II, 3. La doctrine du stoïcien Chrysippe, ap. Etymolog. Magn. v. Τελεταί — Χρύσιππος δέ φησι, τοὺς περὶ τῶν θείων λόγους εἰκότως καλεῖσθαι τελετάς, χρῆναι γὰρ τούτους τελευταίους καὶ ἐπὶ πᾶσι διδάσκεσθαι, τῆς ψυχῆς ἐχούσης ἕρμα καὶ κεκρατημένης, καὶ πρὸς τοὺς ἀμυήτους σιωπᾶν δυναμένης · μέγα γὰρ εἶναι τὸ ἆθλον ὑπὲρ θεῶν ἀκοῦσαί τε ὀρθὰ, καὶ ἐγκρατεῖς γενέσθαι αὐτῶν.

La triple division de Varron est reproduite dans Plutarque, Amatorius, p. 763 : τὰ μὲν μύθῳ, τὰ δὲ νόμῳ, τὰ δὲ λόγῳ, πίστιν ἐξ ἀρχῆς ἔσχηκε · τῆς δ' οὖν περὶ θεῶν δόξης καὶ παντάπασιν ἡγεμόνες καὶ διδάσκαλοι γεγόνασιν ἡμῖν οἵ τε ποιηταί, καὶ οἱ νομοθέται, καὶ τρίτον, οἱ φιλόσοφοι.

Le même conflit de sentiments qui amenait les philosophes à décomposer les mythes divins pour les changer en allégories, poussait les historiens à réduire les mythes héroïques en quelque chose qui ressemblât à une histoire politique continue, avec une longue suite chronologique calculée sur les généalogies héroïques. L'un de ces procédés, aussi bien que l'autre, était une œuvre d'explications conjecturales, ne reposant que sur des hypothèses dénuées d'autorités, et sans critérium ni témoignage quelconque justificatif. Tandis qu'on faisait disparaître la beauté caractéristique du mythe en le réduisant en quelque chose d'antimythique, on cherchait à arriver et à l'histoire et à la philosophie par des routes impraticables. Que les hommes supérieurs de l'antiquité aient fait de grands efforts pour sauver la dignité de légendes qui constituaient le charme de leur littérature, aussi bien que la substance de la religion populaire, c'est ce dont nous ne pouvons nullement être surpris; mais il est agréable de trouver Platon discutant le sujet dans un esprit plus philosophique. On demande au Socrate de Platon s'il croit la fable attique généralement admise relativement à l'enlèvement d'Oreithyia (fille d'Erechtheus) par Boreas; il répond en substance : « Il ne serait pas étonnant que je n'y crusse pas, à l'exemple des gens habiles; je pourrais alors montrer mon habileté en disant qu'un souffle de Boreas la précipita du haut en bas des rochers pendant qu'elle jouait, et qu'ayant été tuée de cette manière elle fut, dit-on, emportée par Boreas. De telles spéculations sont assez amusantes, mais elles conviennent à des hommes d'un esprit trop ingénieux et trop actif, et auxquels il ne faut pas beaucoup porter envie, ne serait-ce que pour cette raison qu'*après avoir redressé une fable, ils seront dans la nécessité d'appliquer le même procédé à une foule d'autres*, telles que les Hippocentaures, les Chimæræ, les Gorgones, Pegasos et autres monstres et invraisemblances sans nombre. Un homme qui, n'ajoutant pas foi à ces récits, essayera de trouver une base probable pour chacun d'eux, déploiera une habileté déplacée et se chargera d'une tâche interminable, pour laquelle, quant à moi du moins, je n'ai pas de loisir : aussi je laisse de côté de pareilles recherches, et je crois la version généralement admise de toutes ces histoires (1). »

Ces remarques de Platon sont importantes, non-seulement parce qu'elles montrent l'inutilité de chercher dans les mythes une base supposée de vérité, mais parce qu'en même temps elles suggèrent le véritable motif pour lequel on doit se défier de toutes les tentatives pareilles. Les mythes forment une classe à part, abondante aussi bien que particulière. Distraire un mythe individuel quelconque de sa propre classe pour le faire rentrer dans l'histoire ou la philosophie, au moyen d'une simple conjecture et sans témoignage indirect, ne présente aucun avantage, à moins qu'on ne puisse faire usage d'un semblable procédé pour le reste. Si le procédé est digne de foi, il doit être appliqué à tout ; et, *e converso*, s'il n'est pas applicable à tout, il n'est pas digne de foi appliqué à un seul mythe en particulier, en supposant toujours qu'aucune preuve spéciale ne soit accessible. Détacher un mythe individuel quelconque de la classe à laquelle il appartient, c'est le présenter sous un point de vue erroné : nous n'avons pas d'autre choix que de les admettre comme ils sont, en nous mettant approximativement dans la disposition d'esprit de ceux auxquels ils étaient destinés et qui les jugeaient dignes de foi.

Si Platon désapprouve ainsi toutes les tentatives faites pour transformer par une explication les mythes en histoire ou en philosophie, reconnaissant indirectement la différence

---

(1) Platon, Phædr. c. 7, p. 229.
Phædr. Εἶπέ μοι, ὦ Σώκρατες, σὺ τοῦτο τὸ μυθολόγημα πείθει ἀληθὲς εἶναι.
Socr. Ἀλλ᾽ εἰ ἀπιστοίην, ὥσπερ οἱ σοφοί, οὐκ ἂν ἄτοπος εἴην, εἶτα σοφιζόμενος φαίην αὐτὴν πνεῦμα Βορέου κατὰ τῶν πλησίον πετρῶν σὺν φαρμακείᾳ παίζουσαν ὦσαι, καὶ οὕτω δὴ τελευτήσασαν λεχθῆναι ὑπὸ τοῦ Βορέου ἀναρπαστὸν γεγονέναι... Ἐγὼ δὲ, ὦ Φαῖδρε, ἄλλως μὲν τὰ τοιαῦτα χαρίεντα ἡγοῦμαι, λίαν δὲ δεινοῦ καὶ ἐπιπόνου καὶ οὐ πάνυ εὐτυχοῦς ἀνδρός, κατ᾽ ἄλλο μὲν οὐδὲν, ὅτι δ᾽ αὐτῷ ἀνάγκη μετὰ τοῦτο τὸ τῶν Ἱπποκενταύρων εἶδος ἐπανορθοῦσθαι, καὶ αὖθις τὸ τῆς Χιμαίρας. Καὶ ἐπιρρεῖ δὲ ὄχλος τοιούτων Γοργόνων καὶ Πηγάσων, καὶ ἄλλων ἀμηχάνων πλήθη τε καὶ ἀτοπίαι τερατολόγων τινῶν φύσεων· αἷς εἴ τις ἀπιστῶν προσβιβᾷ κατὰ τὸ εἰκὸς ἕκαστον, ἅτε ἀγροίκῳ τινὶ σοφίᾳ χρώμενος, πολλῆς αὐτῷ σχολῆς δεήσει. Ἐμοὶ δὲ πρὸς ταῦτα οὐδαμῶς ἐστι σχολή..... Ὅθεν δὴ χαίρειν ἐάσας ταῦτα, πειθόμενος δὲ τῷ νομιζομένῳ περὶ αὐτῶν, ὃ νῦν δὴ ἔλεγον, σκοπῶ οὐ ταῦτα ἀλλ᾽ ἐμαυτόν, etc.

générique qui les sépare, nous trouvons absolument la même idée dominant dans les préceptes élaborés que comprend son traité sur la République. Il y considère les mythes, non pas comme renfermant soit des faits positifs, soit des principes philosophiques, mais comme des parties d'une foi religieuse et patriotique, et des instruments d'enseignement moral. Au lieu de permettre aux poëtes de les arranger d'après l'impulsion de leur propre génie et en vue d'une popularité immédiate, il enjoint au législateur de fournir des types de son propre fonds pour les caractères des dieux et des héros, et de supprimer toutes les légendes divines et héroïques qui ne sont pas en harmonie avec ces règles préétablies. D'après le système de Platon, les mythes ne doivent pas être des sujets pour l'histoire, non plus cependant pour une fiction spontanée ou fortuite ; mais ils doivent l'être pour une foi prescrite : il suppose que le peuple croira comme chose naturelle ce que les poëtes mettent en circulation, et en conséquence il recommande que ces derniers ne propagent rien qui ne tende à ennoblir et à améliorer les sentiments. Il conçoit les mythes comme étant des récits composés dans le but de jeter du jour sur les sentiments généraux des poëtes et de la communauté, relativement au caractère et aux attributs des dieux et des héros, ou relativement aux relations sociales et aux devoirs moraux aussi bien qu'aux mobiles qui font agir l'humanité : de là l'obligation imposée au législateur de prescrire à l'avance les types de caractère qui seront expliqués, et d'empêcher les poëtes de suivre quelque inspiration contraire. « Ne croyons pas nous-mêmes (s'écrie-t-il) et ne permettons à personne de répandre que Thêseus, fils de Poseidôn, et Peirithôos, fils de Zeus, ou tout autre héros ou fils d'un dieu, aient jamais pu en venir à commettre des enlèvements ou d'autres énormités telles qu'on leur en attribue faussement aujourd'hui. Nous devons obliger les poëtes à dire ou que de tels personnages n'étaient pas les fils de dieux, ou qu'ils n'étaient pas les auteurs de tels méfaits (1). »

---

(1) Platon, Republ. III, 5, p. 391. La complète ignorance de tous les hommes

La plupart des mythes que la jeunesse entend et répète (selon Platon) sont faux, mais quelques-uns d'entre eux sont vrais : les mythes saillants et grandioses que l'on trouve dans Homère et dans Hésiode ne sont pas moins des fictions que le reste. Mais la fiction constitue un des instruments indispensables de l'éducation intellectuelle aussi bien que la vérité ; seulement le législateur doit veiller à ce que les fictions employées ainsi soient salutaires et non nuisibles (1). Comme les fictions nuisibles (dit-il) naissent de préjugés erronés touchant le caractère des dieux et des héros, le moyen de les corriger c'est d'imposer, au moyen de compositions autorisées, l'adoption d'une règle plus juste (2).

Les explications que Platon a données avec tant de force dans sa République, et les lois qu'il en tire sont surtout le développement de ce sentiment qui le poussait, de concert avec tant d'autres philosophes, à condamner une partie des récits homériques et hésiodiques (3). Mais la manière dont il

---

relativement aux dieux facilitait la tâche de la fiction (Platon, Kritias, p. 107).

(1) Platon, Republ. II, 16, p. 377 : Λόγων δὲ διττὸν εἶδος, τὸ μὲν ἀληθές, ψεῦδος δ' ἕτερον ; Ναί. Παιδευτέον δ' ἐν ἀμφοτέροις, πρότερον δ' ἐν τοῖς ψεύδεσιν... Οὐ μανθάνεις, ὅτι πρῶτον τοῖς παιδίοις μύθους λέγομεν · τοῦτο δέ που ὡς τὸ ὅλον εἰπεῖν ψεῦδος, ἔνι δὲ καὶ ἀληθῆ... Πρῶτον ἡμῖν ἐπιστατητέον τοῖς μυθοποιοῖς, καὶ ὃν μὲν ἂν καλὸν μῦθον ποιήσωσιν, ἐγκριτέον, ὃν δ' ἂν μή, ἀποκριτέον... ὧν δὲ νῦν λέγουσι, τοὺς πολλοὺς ἐκβλητέον... οὓς Ἡσίοδός καὶ Ὅμηρος ἡμῖν ἐλεγέτην, καὶ οἱ ἄλλοι ποιηταί. Οὗτοι γάρ που μύθους τοῖς ἀνθρώποις ψευδεῖς συντιθέντες ἔλεγόν τε καὶ λέγουσι. Ποίους δή, ἦ δ' ὅς, καὶ τί αὐτῶν μεμφόμενος λέγεις ; Ὅπερ, ἦν δ' ἐγώ, χρὴ καὶ πρῶτον καὶ μάλιστα μέμφεσθαι, ἄλλως τε καὶ ἐάν τις μὴ καλῶς ψεύδηται. Τί τοῦτο ; Ὅταν τις εἰκάζῃ κακῶς τῷ λόγῳ περὶ θεῶν τε καὶ ἡρώων, οἷοί εἰσιν, ὥσπερ γραφεὺς μηδὲν ἐοικότα γράφων οἷς ἂν ὅμοια βούληται γράψαι.

Le même ordre de pensées, ainsi que les préceptes auxquels il sert de base, est poursuivi dans les chap. 17, 18 et 19; cf. de Leg. XII, p. 941.

Au lieu de reconnaître la théologie populaire ou dramatique comme quelque chose de distinct de la théologie civile, (comme le fit Varron), Platon supprime la première comme partie séparée et la fait rentrer dans la seconde.

(2) Platon, Republ. II, c. 21, p. 382. Τὸ ἐν τοῖς λόγοις ψεῦδος πότε καὶ τί χρήσιμον, ὥστε μὴ ἄξιον εἶναι μίσους ; Ἆρ' οὐ πρός τε τοὺς πολεμίους καὶ τῶν καλουμένων φίλων, ὅταν διὰ μανίαν ἤ τινα ἄνοιαν κακόν τι ἐπιχειρῶσι πράττειν, τότε ἀποτροπῆς ἕνεκα ὡς φάρμακον χρήσιμον γίγνεται; Καὶ ἐν αἷς νῦν δὴ ἐλέγομεν ταῖς μυθολογίαις, διὰ τὸ μὴ εἰδέναι ὅπῃ τἀληθὲς ἔχει περὶ τῶν παλαιῶν, ἀφομοιοῦντες τῷ ἀληθεῖ τὸ ψεῦδος, ὅτι μάλιστα, οὕτω χρήσιμον ποιοῦμεν.

(3) On a déjà mentionné le blâme que prononça Xénophane sur les légendes homériques; Héraclite (Diogen.

a exposé cette opinion nous révèle plus clairement le caractère réel du récit mythique. Ces mythes, produit des esprits créateurs de la communauté, sont tirés des attributs supposés des dieux et des héros ; c'est ainsi que Platon les considère, et c'est dans ce sens qu'il propose de les corriger. Le législateur ferait faire une peinture meilleure et plus vraie du temps passé, parce qu'il partirait de conceptions plus vraies (c'est-à-dire plus croyables) des dieux et des héros. Car Platon rejette les mythes concernant Zeus et Hêrê, ou Thêseus et Peirithôos, non parce qu'ils manquent de preuve, mais parce qu'ils sont indignes de dieux et de héros : il propose de provoquer de nouveaux mythes, qui, bien qu'il les reconnaisse dès le début comme des fictions, seront, selon lui, bientôt reçus comme vrais, et fourniront de plus précieuses règles de conduite.

Nous pouvons donc remarquer que Platon désapprouve la tentative faite pour identifier les vieux mythes soit avec une histoire exagérée, soit avec une philosophie déguisée. Il partage la foi générale, sans soupçon ni idée de critique, en ce qui concerne, par exemple, Orpheus, Palamèdês, Dædalos, Amphiôn, Thêseus, Achille, Chirôn et autres personnages mythiques (1); mais ce qui remplit surtout son esprit, c'est le sentiment de profonde révérence dont il a hérité pour ces caractères surhumains et pour l'époque à laquelle ils appartenaient ; sentiment assez fort pour l'amener non-seulement à ne pas croire des légendes qui le combattent, mais encore à créer à dessein de nouvelles légendes dans le but de le développer et de le satisfaire. A force d'examiner ce sentiment, dans l'esprit de Platon aussi bien que dans celui des Grecs en général, nous serons de plus en plus con-

---

Laërt. IX, 1) et Métrodore, le compagnon et le sectateur d'Epicure, n'étaient pas moins prodigues d'invectives, ἐν γράμμασι τοσούτοις τῷ ποιητῇ λελοιδόρηται (Plut. Non posse suaviter vivi secundum Epicurum, p. 1086). Il engageait même des personnes à ne pas rougir d'avouer qu'elles ne connaissaient nullement Homère, au point de ne pas savoir si Hectôr était Grec ou Troyen (Plut. ib. p. 1094).

(1) Platon, Republic. III, 4-5, p. 391 ; De Legg. III, 1, p. 677.

vaincus qu'il formait une partie essentielle et inséparable de la foi religieuse hellénique. Le mythe présuppose une base établie et une grande force expansive de sentiment religieux, social et patriotique, s'exerçant sur un passé qui n'est guère moins que rien quant à la connaissance positive des faits; et c'est là en même temps sa source. Il ressemble à une histoire, en ce que sa forme est narrative; il ressemble à la philosophie, en ce que, dans l'occasion, il sert d'explication; mais, par son essence et sa substance, par les tendances intellectuelles qui le créent aussi bien que par celles qui le jugent et le soutiennent, c'est l'expression popularisée de la foi divine et héroïque du peuple.

On ne peut en aucune façon comprendre l'antiquité grecque, si ce n'est en rapport avec la religion grecque. Elle commence avec des dieux et finit avec des hommes historiques, les premiers étant reconnus non pas seulement comme dieux, mais comme premiers ancêtres, et rattachés aux seconds par une longue généalogie mythique, en partie héroïque et en partie humaine. Or, de telles généalogies n'ont de valeur que si elles sont prises dans leur entier : le dieu ou le héros placé au sommet est effectivement le membre le plus important de tout l'ensemble (1); car la longueur et la continuité de la série sont dues au désir qu'éprouvaient les hommes historiques de se rattacher par un fil généalogique à l'être qu'ils adoraient dans les sacrifices de leurs *gentes*. Sans le dieu, premier auteur de la race, la généalogie entière aurait non-seulement été privée de tête, mais elle aurait perdu toute valeur et tout intérêt. L'orgueil des Hêraklides, des Asklêpiades, des Æakides, des Nêlides, des Dædalides, etc., était attaché au premier héros éponyme et au premier dieu dont ils étaient issus, et non à la ligne des noms, généralement longue et stérile, par laquelle la dignité di-

---

(1) Pour une description de tendances semblables dans les religions asiatiques, V. Movers, Die Phoenizier, c. V, p. 153 (Bonn, 1841) : il fait voir les mêmes phénomènes que chez le Grec, — union entre les idées d'ancêtres et de culte, — les dieux et les hommes confondus dans le passé, — tendance croissante vers l'evhémérisme (p. 156-157).

vine ou héroïque dégénérait insensiblement et rentrait dans l'humanité ordinaire. Il est vrai que la longueur de la généalogie (comme je l'ai déjà fait remarquer) était une preuve de l'humilité de l'homme historique, qui l'amenait à se placer à une distance respectueuse des dieux ou des héros; car Hécatée de Milêtos, qui se disait le quinzième descendant d'un dieu, aurait peut-être regardé comme une impiété présomptueuse dans un homme vivant quelconque la prétention d'avoir un dieu pour père immédiat.

Toute la chronologie de la Grèce, antérieure à 776 ans avant J.-C., consiste en calculs fondés sur ces généalogies mythiques, particulièrement sur celle des rois de Sparte et sur l'origine de leur race attribuée à Hêraklès, trente années étant prises communément comme l'équivalent d'une génération, ou environ trois générations par siècle. Ce procédé de supputation était complétement illusoire, en ce qu'il appliquait des conditions historiques et chronologiques à un cas avec lequel elles n'avaient aucun rapport. Bien que le domaine de l'histoire fût agrandi en apparence, l'élément religieux était tacitement écarté : en rangeant les héros et les dieux dans des séries chronologiques, on les rapprochait insensiblement des limites de l'humanité, et par-là on encourageait indirectement la théorie d'Evhémère. On érigeait en termes définis, pour mesurer la durée du passé, des personnages primitivement légendaires et poétiques; et s'ils gagnaient ainsi en recevant de l'histoire un caractère distinct, ils n'étaient pas sans perdre sous le rapport de l'association religieuse. Evhémère, ainsi que les écrivains chrétiens postérieurs, qui niaient la divinité primitive et essentielle des dieux païens, avait un grand avantage en faisant remonter ses recherches généalogiques d'une manière rigoureuse et suivie; car toute chronologie tombe aussitôt que nous supposons une race supérieure à l'humanité commune.

De plus, il est à remarquer que la généalogie des rois spartiates, qu'Apollodore et Eratosthène prenaient pour base de leur appréciation du temps, ne renferme pas plus d'éléments de crédibilité et n'est pas plus digne de foi que les mille autres généalogies de *gentes* et de familles dont la

Grèce abondait; elle doit plutôt, en effet, être comptée parmi les plus incroyables de toutes, si l'on considère qu'Hèraklès comme premier père est placé à la tête de peut-être plus de généalogies que tout autre dieu ou tout autre héros grec (1). La généalogie qui rattache le roi de Sparte Léonidas à Hèraklès ne repose pas sur une preuve meilleure que celle qui rattache Aristote ou Hippocrate à Asklêpios (2), Evagoras ou Thucydide à Æakos, Socrate à Dædalos, la famille spartiate de hérauts à Talthybios, la famille prophétique des Jamides en Elis à Jamos, ceux qui cueillaient des racines sur le Pèlion à Chirôn, et Hécatée et sa gens à quelque dieu dans la seizième ligne ascendante de la série. Il y a, en vérité, peu d'exagération à dire qu'il n'existait pas de société permanente d'hommes en Grèce, religieuse ou sociale, pas de corps de métier qui n'eût une pareille généalogie; elles avaient toutes leur source dans les mêmes exigences des sentiments et de l'imagination tendant à personnifier aussi bien qu'à sanctifier le lien qui unissait tous les membres. Chacune de ces *gentes* commençait avec un personnage religieux et finissait avec un personnage historique. A un point ou à un autre, en remontant dans la série, des êtres historiques étaient échangés contre des êtres religieux; mais où l'on doit trouver ce point, c'est ce qu'il nous est impossible de dire, et le plus éclairé des anciens Grecs n'avait pas non plus de moyen de le déterminer. Voici cependant ce que nous savons, c'est que la série, prise dans son ensemble,

---

(1) D'après ce qu'Aristote semble reconnaître (Hist. animal. VII, 6), Hèraklès fut père de soixante-douze fils, mais seulement d'une fille; il était essentiellement ἀρρενόγονος, servant à expliquer une des particularités physiques mentionnées par Aristote. Toutefois Euripide cite des filles d'Hèraklès au pluriel (Eurip. Hêrakleid. 45).

(2) Hippocrate était le vingtième dans la généalogie d'Hèraklès, et le dix-neuvième dans celle d'Asklêpios (Vita Hippocrat. par Soranus, ap. Westermann, Scriptor. Biographic. VIII, 1); sur Aristote, V. Diogen. Laërt. V. I, Xenophôn, le médecin de l'empereur Claude, était aussi un Asklépiade (Tacit. Ann. XII, 61).

A Rhodes, île voisine de Kôs, était la gens Ἀλιάδαι, ou fils de Hêlios, distinguée spécialement des Ἀλιασταί ou simple association d'adorateurs de Hêlios; τὸ κοινὸν τῶν Ἀλιαδῶν καὶ τῶν Ἀλιαστῶν (v. l'Inscription dans la Collection de Boeckh, n° 2525, avec une explication de Boeckh).

quelque chère et précieuse qu'elle fût pour le Grec croyant, n'a, aux yeux de l'historien, aucune valeur comme preuve chronologique.

Quand Hécatée visita Thèbes en Égypte, il mentionna aux prêtres égyptiens, sans doute avec un sentiment de satisfaction et d'orgueil, l'imposante généalogie de la gens à laquelle il appartenait, avec quinze ancêtres en ligne ascendante, et un dieu comme premier père de la race. Mais il se trouva prodigieusement dépassé par les prêtres, « qui lui opposèrent une contre-généalogie (1). » Ils lui montrèrent trois cent quarante et une statues de bois colossales, représentant la succession des principaux prêtres du temple, formant une série non interrompue de père en fils, dans un espace de 11,300 ans. Avant le commencement de cette longue période (disaient-ils), les dieux, habitant avec les hommes, avaient exercé le pouvoir en Égypte ; mais ils rejetaient absolument l'idée d'hommes engendrés par des dieux ou celle de héros (2).

Ces deux contre-généalogies sont au même niveau, sous le rapport de la crédibilité et de l'évidence. Chacune d'elles représente en partie la foi religieuse, en partie l'imagination rétrospective des personnes de qui elle émanait. Dans chacune, les membres plus bas de la série (dans quelle mesure, c'est ce que nous ne pouvons pas dire) sont réels, les membres plus élevés fabuleux ; mais dans chacune aussi ce qui donnait à la série tout son intérêt et tout son effet imposant, c'est qu'elle était conçue entière et non interrompue. Ce qui embarrasse beaucoup Hérodote, c'est la différence capitale qui existe entre la chronologie grecque et la chronologie égyptienne, et c'est en vain qu'il fait d'ingénieux efforts pour les concilier. Il n'y a pas de règle d'évidence objective à laquelle on puisse soumettre l'une ou l'autre. Chacune a sa

---

(1) Hérodote, II, 144. Ἑκαταίῳ δὲ γενεηλογήσαντι ἑωυτὸν, καὶ ἀναδήσαντι ἐς ἑκκαιδέκατον θεὸν, ἀντεγενεηλόγησαν ἐπὶ τῇ ἀριθμήσει, οὐ δεκόμενοι παρ' αὐτοῦ, ἀπὸ θεοῦ γενέσθαι ἄνθρωπον· ἀντεγενεηλόγησαν δὲ ὧδε, etc.

(2) Hérod. II, 143-145. Καὶ ταῦτα Αἰγύπτιοι ἀτρεκέως φασὶν ἐπίστασθαι, αἰεί τε λογιζόμενοι καὶ αἰεὶ ἀπογραφόμενοι τὰ ἔτεα.

propre valeur subjective, en rapport avec la foi et les sentiments des Égyptiens et des Grecs, et chacune présuppose dans le croyant certaines préoccupations intellectuelles que l'on ne peut trouver au delà de ses propres limites locales. Le plus ou moins d'étendue de la durée n'a non plus aucune importance, une fois que nous passons les bornes de l'évidence et de la réalité que l'on peut vérifier. Un seul siècle d'une époque constatée, complétement rempli d'événements authentiques et réguliers, présente à l'imagination une plus grande masse de faits et une plus grande difficulté de transition qu'une centaine de siècles d'une généalogie stérile. Hérodote, en discutant l'époque d'Homère et d'Hésiode, considère un point antérieur de 400 ans comme s'il s'agissait seulement de la veille ; nous sommes séparés du règne de Henry VI par un intervalle égal, et le lecteur n'aura pas besoin qu'on lui rappelle quelle longueur cet intervalle nous paraît avoir.

L'époque mythique était peuplée d'un agrégat mêlé de dieux, de héros et d'hommes, tellement confondus ensemble qu'il était souvent impossible de distinguer à quelle classe appartenait un nom individuel quelconque. Quant à ce qui concerne le dieu thrace Zalmoxis, les Grecs de l'Hellespont expliquaient son caractère et ses attributs d'après le système de l'évhémérisme. Ils affirmaient qu'il avait été homme, esclave du philosophe Pythagore à Samos, et qu'à force de talents et d'artifice il avait acquis un ascendant religieux sur les esprits des Thraces, et obtenu d'eux les honneurs divins. Hérodote ne peut se résoudre à croire cette histoire, mais il avoue franchement l'impossibilité dans laquelle il est de déterminer si Zalmoxis était un dieu ou un homme (1), et il ne

---

(1) Hérodote, IV, 94-96. Après avoir rapporté la version évhéméristique donnée par les Grecs de l'Hellespont, il conclut avec sa franchise et sa simplicité caractéristiques : Ἐγὼ δὲ, περὶ μὲν τούτου καὶ τοῦ καταγαίου οἰκήματος, οὔτε ἀπιστέω, οὔτε ὦν πιστεύω τι λίην · δοκέω δὲ πολλοῖς ἔτεσι πρότερον τὸν Ζάλμοξιν τοῦτον γενέσθαι Πυθαγόρεω.

Εἴτε δὲ ἐγένετό τις Ζάλμοξις ἄνθρωπος, εἴτ' ἐστὶ δαίμων τις Γέτῃσι οὗτος ἐπιχώριος, χαιρέτω. C'est ainsi que Plutarque (Numa, c. 19) ne veut pas se charger de déterminer si Janus était un dieu ou un roi, εἴτε δαίμων, εἴτε βασιλεὺς γενόμενος, etc.

Héraclite le philosophe disait que les hommes étaient θεοὶ θνητοί, et les

peut pas non plus se tirer d'un embarras semblable à propos de Dionysos et de Pan. Au milieu de la mêlée de la bataille homérique, la déesse Athênê accorde à Diomêdês la miraculeuse faveur de dissiper le nuage qui offusque sa vue, et lui permet de distinguer les dieux des hommes; il ne faudrait rien moins qu'un pareil miracle pour mettre un lecteur judicieux des récits mythiques en état de tirer une ligne certaine de séparation entre ces deux catégories (1). Mais les auditeurs primitifs des mythes n'éprouvaient ni surprise ni déplaisir de cette confusion de la personne divine avec la personne humaine. La foi formait un nuage devant leurs yeux quand ils regardaient le passé; ils ne connaissaient pas la valeur d'une vue libre, ils ne désiraient pas la posséder. L'intime association qui unissait les dieux et les hommes, et l'erreur d'identité que l'on commettait par occasion à leur égard, étaient en complète harmonie avec l'examen respectueux qu'ils faisaient du passé. Aussi voyons-nous le poëte Ovide (2), dans ses Fastes, quand il se charge de la tâche de

---

dieux ἄνθρωποι ἀθάνατοι (Lucien, Vitar. Auctio. c. 13, vol. I, p. 303, Tauchn. Cf. le même auteur, Dialog. Mort. III, vol. I, p. 182, éd. Tauchn.).

(1) Iliade, V, 127 :

Ἀχλὺν δ' αὖ τοι ἀπ' ὀφθαλμῶν ἕλον,
[ἣ πρὶν ἐπῆεν,
Ὄφρ' εὖ γιγνώσκῃς ἠμὲν θεὸν, ἠδὲ καὶ
[ἄνδρα.

On peut trouver des exemples frappants de cette confusion inextricable entre les dieux et les hommes et dans le troisième livre de Cicéron, De Naturâ Deorum (16-21), et dans la longue dissertation de Strabon (X. p. 467-474) touchant les Kabires, les Korybantes, les Daktyles de l'Ida; d'autant plus qu'il cite les assertions de Phérécyde, d'Acusilas, de Dêmêtrius de Skêpsis et d'autres. Sous l'empire romain, les terres, en Grèce, appartenant aux dieux immortels, étaient exemptées de tribut. Les percepteurs romains refusaient de reconnaître comme dieux immortels tous ceux qui avaient été hommes jadis; mais cette règle ne pouvait être clairement appliquée (Cicéron, Nat. Deor. III, 20). V. les remarques de Pausanias (II, 26, 7) sur Asklêpios : Galien, aussi, éprouve des doutes au sujet d'Asklêpios et de Dionysos : Ἀσκληπιός γέ τοι καὶ Διόνυσος, εἴτ' ἄνθρωποι πρότερον ἤστην, εἴτε καὶ ἀρχῆθεν θεοί (Galien, in Protreptic. 9, t. I, p. 22, éd. Kuhn). Xénophon (De Venat. c. I) considère Chirôn comme frère de Zeus.

Les railleries de Lucien (Deorum Concilium, t. III, p. 527-538, Hems.) font ressortir d'une manière encore plus forte la confusion indiquée ici.

(2) Ovide, Fasti, VI, 6-20.

« Fas mihi præcipue vultus vidisse
[Deorum,
Vel quia sum vates, vel quia sacra
[cano...
... Ecce Deas vidi...
Horrueram, tacitoque animum pal-
[lore fatebar,

dérouler les antiquités légendaires de l'ancienne Rome, acquérant de nouveau, par l'inspiration de Junon, la faculté de voir les dieux et les hommes dans un voisinage immédiat et agissant conjointement, ainsi que cela avait lieu avant le développement du sens critique et historique.

Pour résumer brièvement ce qui a été exposé dans ce chapitre et dans les précédents touchant les mythes grecs, nous dirons :

1. Ils sont un produit spécial de l'imagination et des sentiments, différant radicalement et de l'histoire et de la philosophie ; on ne peut les briser et les décomposer pour les revêtir de la forme de la première, ni les allégoriser en leur donnant le caractère de la seconde. Il y a, il est vrai, quelques mythes particuliers, et même que l'on peut signaler, qui font naître la présomption intrinsèque d'une tendance à allégoriser ; et il y en a sans doute quelques autres, bien qu'on ne puisse les préciser spécialement, qui contiennent des parties de faits positifs, ou des noms de personnes réelles, faisant corps avec eux. Mais il n'est possible de vérifier de tels faits au moyen d'aucune marque intrinsèque, et nous n'avons pas le droit de présumer leur existence dans un cas donné quelconque, à moins qu'on ne puisse produire quelque preuve indirecte.

2. Nous ne sommes pas autorisés à appliquer au monde mythique les lois soit d'une crédibilité historique, soit d'une suite chronologique. Ses personnages sont des dieux, des héros et des hommes, dans une juxta-position constante et une sympathie réciproque ; des hommes aussi, dont nous savons qu'un grand nombre était fictif, sans qu'il nous soit jamais possible de déterminer combien d'entre eux peuvent avoir été réels. Il n'est pas de généalogie de tels personnages qui puisse servir de matériaux pour un calcul chronologique.

Cum Dea, quos fecit, sustulit, ipsa
[metus.
Namque ait : O vates, Romani con-
[ditor anni,
Ause per exiguos magna referre modos ;

Jus tibi fecisti numen cœleste vi-
[dendi,
Cum placuit numeris condere festa
[tuis. »

3. Les mythes sont nés, dans l'origine, à une époque qui n'avait ni annales, ni philosophie, ni critique, ni règle de croyance, et à peine une teinture soit d'astronomie, soit de géographie, mais qui, d'autre part, était pleine d'une foi religieuse, distinguée par une imagination vive et sensible, et voyant des agents personnels là où nous cherchons des objets et des lois de connexion; époque, en outre, désireuse de récits nouveaux, acceptant avec la sensibilité inconsciente de l'enfant (la question de vérité ou de mensonge n'étant jamais soulevée formellement) tout ce qui était en harmonie avec ses sentiments préexistants, et accessible à l'inspiration des prophètes et des poëtes autant qu'elle était indifférente à toute preuve positive. C'est à de tels auditeurs que s'adressait le poëte ou le conteur primitif. C'était la gloire de son génie créateur de donner une expression narrative convenable à la foi et aux émotions qu'il partageait en commun avec eux, et le riche fonds des mythes grecs atteste de quelle manière admirable il accomplissait sa tâche. Comme les dieux et les héros formaient l'objet saillant du respect national, les mythes étaient soit divins, soit héroïques, ou réunissaient les deux éléments (1). Les aventures d'Achille, d'Hélène et de Diomêdês, d'Œdipe et d'Adrastos, de Meleagros et d'Althæa, de Jasôn et du vaisseau Argô étaient racontées par les mêmes bouches, et acceptées avec la même confiance absolue que celles d'Apollon et d'Artemis, d'Arês et d'Aphroditê, de Poseidôn et d'Hêraklês.

4. Cependant l'époque arriva où cette plausibilité cessa d'être complète. L'esprit grec fit un important progrès, social, moral et intellectuel. La philosophie et l'histoire fu-

---

(1) La quatrième églogue de Virgile, sous la forme d'une prophétie, donne une fidèle peinture du passé héroïque et divin auquel appartenaient les légendes de Troie et les Argonautes :

« Ille Deûm vitam accipiet, Divisque [videbit
Permixtos heroas, » etc.
« Alter erit tum Tiphys et altera quæ [vehat Argo
Delectos heroas : erunt etiam altera [bella,
Atque iterum ad Trojam magnus [mittetur Achilles. »

rent constituées, la prose et les annales chronologiques devinrent familières; une règle de croyance plus ou moins critique en vint à être tacitement reconnue. En outre, des hommes supérieurs tirèrent un plus grand profit du stimulant que leur fournissait leur époque, et contractèrent des habitudes de jugement différentes de celles de la multitude : le dieu Elenchos (1) (pour employer une personnification de Ménandre), qui donne et prouve la vérité, descendit dans leurs esprits. C'est dans ce nouveau milieu intellectuel, dont les éléments étaient ainsi altérés et dont la qualité n'était plus uniforme, qu'arrivèrent les mythes par héritage : mais ils ne se trouvèrent plus, à un certain degré, en harmonie même avec les sentiments du peuple, et ils étaient complétement contraires à ceux des hommes instruits. Toutefois le Grec le plus supérieur était toujours un Grec, nourrissant le sentiment de respect commun à tous à l'égard du passé de son pays. Bien qu'il ne pût ni croire ni respecter les mythes tels qu'ils étaient, il se trouvait réduit à l'impérieuse nécessité intellectuelle de les transformer et de les mettre dans un état digne de sa croyance et de son respect. Pendant que le mythe littéral continuait encore à flotter parmi les poëtes et le peuple, des critiques se mirent à l'interpréter, à l'altérer, à le décomposer et à l'amplifier, jusqu'à ce qu'ils trouvassent quelque chose qui satisfît leurs esprits en tant que base supposée réelle. Ils fabriquèrent quelques dogmes d'une philosophie primitive supposée et une longue suite d'histoire et de chronologie imaginaires, en conservant les noms et les générations mythiques, même quand ils étaient obligés d'écarter ou de refondre les événements mythiques. Le mythe expliqué était ainsi élevé à l'état d'un fait réel, tandis que le mythe littéral était rabaissé à l'état de fiction (2).

---

(1) Lucien, Pseudol. c. 4. Παρακλητέος ἡμῖν τῶν Μενάνδρου προλόγων εἷς, ὁ Ἔλεγχος, φίλος ἀληθείᾳ καὶ παρρησίᾳ θεὸς, οὐχ ὁ ἀσημότατος τῶν ἐπὶ τὴν σκηνὴν ἀναβαινόντων (V. Meineke ad Menandr. p. 284).

(2) Le passage suivant de l'ouvrage du Dr Ferguson, Essay on Civil Society (part. II, sect. I, p. 126) vient bien à l'appui du sujet que nous traitons :

« Si des conjectures et des opinions formées à distance n'ont pas une auto-

L'habitude de distinguer le mythe interprété du mythe littéral a passé des hommes lettrés de l'antiquité à ceux du monde moderne, qui ont pour la plupart expliqué les mythes divins comme étant de la philosophie allégorisée, et les mythes héroïques comme étant de l'histoire exagérée, ornée et chargée de couleurs. On a ainsi peuplé les anciens âges de la Grèce de personnages et d'événements presque historiques, tous extraits des mythes après certaines concessions faites à l'ornement poétique. Mais nous ne devons pas considérer cet extrait comme s'il s'agissait de la substance première. Nous ne pouvons bien le comprendre qu'en le voyant dans son rapport avec les mythes littéraux d'où il était tiré, à leur époque primitive et dans un milieu appro-

---

rité suffisante dans l'histoire de l'humanité, on doit pour cette même raison n'admettre qu'avec précaution les antiquités domestiques de toutes les nations. Elles ne sont, pour la plus grande partie, que les conjectures et les fictions des âges postérieurs ; et même là où d'abord elles renfermaient quelque apparence de vérité, elles varient encore avec l'imagination de ceux qui les ont transmises, et reçoivent une forme différente dans chaque génération. On leur imprime le cachet des temps à travers lesquels elles ont passé sous forme de tradition, et non celui des époques auxquelles leurs prétendues descriptions se rapportent..... Quand des fables traditionnelles sont répétées par le vulgaire, elles portent les marques d'un caractère national, et bien que mêlées à des absurdités, souvent elles élèvent l'imagination et touchent le cœur ; quand elles forment la matière de la poésie, et qu'elles sont ornées par le talent et l'éloquence d'un esprit ardent et supérieur, elles instruisent l'intelligence aussi bien qu'elles captivent les passions. C'est seulement quand elles sont maniées par des antiquaires de profession, ou dépouillées des ornements que les lois de l'histoire leur interdisent d'a-

voir, qu'*elles deviennent peu propres même à amuser l'imagination ou à servir à un but quelconque.*

« Il serait absurde de citer la fable de l'Iliade ou de l'Odyssée, les légendes d'Hercule, de Theseus et d'Œdipe, comme autorités dans des faits positifs ayant trait à l'histoire de l'humanité ; mais on peut, à juste titre, les mentionner pour faire connaître ce qu'étaient les conceptions et les sentiments de l'époque où elles furent composées, ou pour caractériser le génie de ce peuple avec l'imagination duquel elles se confondaient, et par qui elles étaient admirées et répétées avec amour. De cette manière on peut admettre la fiction pour attester le génie des nations, alors que l'histoire n'a rien à offrir qui soit digne de crédit. »

Dans le même but, M. Paulin Paris (dans sa lettre à M. H. de Monmerqué, mise en tête du roman de Berte aux Grans Piés, Paris, 1836), relativement aux « romans » du moyen âge : « Pour bien connaître l'histoire du moyen âge, non pas celle des faits, mais celle des mœurs qui rendent les faits vraisemblables, il faut l'avoir étudiée dans les romans, et voilà pourquoi l'histoire de France n'est pas encore faite. » (P. 21.)

prié, avant que les esprits supérieurs eussent dépassé la foi qu'on ajoutait communément à une Nature entièrement personnifiée, et appris à restreindre la libre action divine par la supposition de lois physiques invariables. C'est à ce point de vue que les mythes sont importants pour quiconque voudrait apprécier avec justesse le ton général de la pensée et du sentiment grecs ; car ils formaient le fonds intellectuel de tout le monde hellénique, commun aux hommes et aux femmes, aux riches et aux pauvres, aux savants et aux ignorants ; ils étaient dans toutes les mémoires et dans toutes les bouches (1), tandis que la science et l'histoire étaient confinées dans un nombre d'hommes relativement peu considérable. Nous savons par Thucydide de quelle manière erronée et insouciante le public athénien de son temps retenait l'histoire de Pisistrate, et il n'y avait qu'un siècle d'écoulé (2) ; mais les aventures des dieux et des héros, les innombrables légendes explicatives attachées à des objets visibles et à des cérémonies périodiques, étaient le sujet de la conversation générale, et tout homme qui les eût ignorées se serait trouvé en partie exclu de la sympathie de ses

---

(1) Vopiscus, au commencement de la vie d'Aurélien, a conservé une preuve curieuse de la popularité dont jouissaient les mythes grecs sans éprouver de diminution, à l'exclusion même de l'histoire récente.

Le préfet de la ville de Rome, Junius Tiberianus, prit Vopiscus dans sa voiture le jour de la fête des Hilaria ; il était uni par des liens de parenté à Aurélien, qui était mort environ une génération auparavant, et comme la voiture passait devant le splendide temple du Soleil, qu'avait consacré Aurélien, il demanda à Vopiscus quel auteur avait écrit la vie de cet empereur. Vopiscus répondit qu'il avait lu quelques ouvrages grecs qui parlaient incidemment d'Aurélien, mais rien en latin, ce dont le vénérable préfet fut profondément affligé : « Dolorem gemitûs sui vir sanctus per hæc verba profudit : Ergo *Thersitem, Sinonem, cæteraque illa prodigia vetustatis, et nos bene scimus, et posteri frequentabunt :* divum Aurelianum, clarissimum principem, severissimum imperatorem, per quem totus Romano nomini orbis est restitutus, posteri nescient ? Deus avertat hanc amentiam ! Et tamen, si bene memini, ephemeridas illius viri scriptas habemus, » etc. (Historiæ August. Script. p. 209, éd. Salmas.)

C'est à cette touchante remontrance qu'est due la vie d'Aurélien par Vopiscus. Les matériaux semblent avoir été abondants et authentiques ; il est à regretter qu'ils ne soient pas tombés entre les mains d'un auteur capable d'en tirer un meilleur parti.

(2) Thucydide, VI, 56.

voisins. Les représentations théâtrales, mises sous les yeux de la population entière de la ville et écoutées avec un intérêt enthousiaste, présupposaient à la fois et perpétuaient la connaissance des grands traits de la fable héroïque. En effet, à des époques postérieures, les danseurs de pantomimes embrassaient dans leurs représentations tout le domaine des incidents mythiques, et leur immense succès prouve à la fois combien de tels sujets étaient populaires et comme ils étaient bien connus. On citait sans cesse les noms et les attributs des héros en manière d'explication, pour signaler une morale destinée à consoler, à avertir ou à réprimer : la simple mention de l'un d'eux suffisait à rappeler dans l'esprit de chacun les principaux événements de sa vie, et le poëte ou le rhapsode pouvait ainsi compter qu'il toucherait des cordes non moins familières que sensibles (1).

---

(1) Pausan. I, 3, 3. Λέγεται μὲν δὴ καὶ ἄλλα οὐκ ἀληθῆ παρὰ τοῖς πολλοῖς, οἷα ἱστορίας ἀνηκόοις οὖσι, καὶ ὅποσα ἤκουον εὐθὺς ἐκ παίδων ἔν τε χόροις καὶ τραγῳδίαις πιστὰ ἡγουμένοις, etc. Le traité de Lucien, de Saltatione, prouve d'une manière curieuse combien les mythes étaient dans la mémoire de tous, et dans quelle grande proportion un bon danseur les connaissait (V. en particulier c. 76-79, t. II, p. 308-310, Hemst.).
Antiphanês ap. Athenæ. VI, p. 223.
Μακάριόν ἐστιν ἡ τραγῳδία
Ποίημα κατὰ πάντ', εἴ γε πρῶτον οἱ
[λόγοι
Ὑπὸ τῶν θεατῶν εἰσιν ἐγνωρισμένοι
Πρὶν καί τιν' εἰπεῖν · ὡς ὑπομνῆσαι
[μόνον
Δεῖ τὸν ποιητήν. Οἰδίπουν γὰρ ἂν
[γε φῶ,
Τὰ δ' ἄλλα πάντ' ἴσασιν · ὁ πατὴρ
[Λάϊος,
Μήτηρ Ἰοκάστη, θυγατέρες, παῖδες
[τίνες ·
Τί πείσεθ' οὗτος, τί πεποίηκεν. Ἂν
[πάλιν
Εἴπῃ τις Ἀλκμαίωνα, καὶ τὰ παιδία
Πάντ' εὐθὺς εἴρηχ', ὅτι μανεὶς ἀπέκ-
[τονε

Τὴν μήτερ' · ἀγανακτῶν δ' Ἄδραστος
[εὐθέως
Ἥξει, πάλιν δ' ἄπεισιν, etc.
Les premières pages du onzième discours de Dion Chrysostome contiennent quelques passages frappants relatifs et à la connaissance universelle que l'on avait des mythes, et à l'extrême popularité dont ils jouissaient (Or. XI, p. 307-312, Reisk.). V. aussi le commencement d'Héraclide, de Allegoriâ Homericâ (ap. Scriptor. Myth. éd. Gale, p. 408), au sujet de la connaissance intime des chants d'Homère.
Le poëte Antimaque composa sa Lydê pour se consoler dans sa douleur, en énumérant les ἡρωϊκὰς συμφοράς (Plut. Consolat. ad Apollon. c. 9, p. 106 ; cf. Æschin. cont. Ktesiph. c. 48). Une inscription sépulcrale à Théra, sur la mort prématurée d'Admêtos, jeune homme de la gens héroïque des Ægidæ, fait une allusion touchante à ses ancêtres Pêleus et Pherês (Boeckh, C. I, t. II, p. 1087).
Dêmêtrius de Phalère a conservé un curieux passage d'Aristote (Περὶ Ἑρμηνείας, c. 144), — Ὅσῳ γὰρ αὐτίτης καὶ μονώτης εἰμὶ, φιλομυθότερος γέ-

Les fêtes et les processions religieuses multipliées, aussi bien que les oracles et les prophéties qui circulaient dans chaque cité, produisaient le même effet. Le départ annuel du vaisseau qui portait la Théorie d'Athènes à l'île sacrée de Délos entretenait dans les esprits des Athéniens en général la légende de Thêseus et son entreprise aventureuse en Krète (1) ; et la plupart des autres cérémonies et rites publics avaient également un caractère commémoratif, tiré de quelque personnage ou de quelque incident mythique familier aux indigènes du lieu, et formant pour les étrangers qui le visitaient une partie des curiosités (2). Pen-

---

γονα (cf. le passage dans l'Ethic. ad Nicomach. I, 9, μονώτης καὶ ἄτεκνος). Stahr rapporte ce mot à une lettre d'Aristote écrite dans sa vieillesse, les mythes étant sa consolation dans la solitude (Aristotelia, I, p. 201).
Pour l'emploi des noms et des incidents mythiques comme sujets de comparaison agréable et familière, V. Ménandre. περὶ Ἐπιδεικτικ. § 4, c. 9 et 11, ap. Walz. Coll. Rhet. t. IX. p. 283-294. Une inscription touchante, qui se trouve parmi les inscriptions de Chios publiées dans la collection de Boeckh (n° 2236) montre à quel degré ils passaient dans les chants ordinaires des femmes :
Βιττὼ καὶ Φαννὶς, φίλη ἡμέρη (?) αἱ
[συνέριθοι,
Αἱ πενιχραὶ, γραῖαι, τῇδ' ἐκλίθημεν
[ὁμοῦ.
Ἀμφότεραι Κῶαι, πρῶται γένος – ὦ
[γλυκὺς ὄρθρος,
Πρὸς λύχνον ᾧ μύθους ᾔδομεν ἡμι-
[θέων.
Ces deux pauvres femmes ne craignaient pas de se vanter de leur généalogie. Elles appartenaient probablement à quelque noble gens qui faisait remonter son origine à un dieu ou à un héros. Sur les chants des femmes, V. aussi Agathias, I, 7, p. 29, éd. Bonn.
Dans la famille de l'opulent Athénien Dêmokratês existait une légende ra-

contant que le premier auteur de sa race (fils de Zeus et de la fille d'Archêgetês du dême Aixôneis, auquel il appartenait) avait reçu Hêraklês à sa table : cette légende était si commune que les vieilles femmes la chantaient, — ἅπερ αἱ γραῖαι ᾄδουσι (Platon, Lysis, p. 205). Cf. aussi une légende du dême Ἀναγυροῦς, mentionnée dans Suidas ad voc.
« Quelle est cette jeune fille ? » demande Orestês à Pyladês, dans l'Iphigeneia en Tauris d'Euripide (662), à propos de sa sœur Iphigeneia, qu'il ne sait pas être prêtresse d'Artemis sur une terre étrangère :
Τίς ἐστιν ἡ νεᾶνις; ὡς Ἑλληνικῶς
Ἀνήρεθ' ἡμᾶς τούς τ' ἐν Ἰλίῳ πόνους,
Νόστον τ' Ἀχαιῶν, τόν τ' ἐν οἰωνοῖς
[σοφὸν
Κάλχαντ', Ἀχιλλέως τ' οὔνομα, etc.
..... ἐστὶν ἡ ξένη γένος
Ἐκεῖθεν. Ἀργεία τις, etc.
(1) Platon, Phædon, c. 2.
(2) Le Philopseudes de Lucien (t. III, p. 31, Hemst. ch. 2, 3, 4) montre non-seulement l'orgueil qu'inspiraient au public d'Athènes et de Thèbes en général ses vieux mythes (Triptolemos, Boreas et Oreithyia, les Sparti, etc.), mais la manière dont il traitait tout homme qui révoquait les récits en doute, l'appelant un fou ou un athée. Il fait remarquer que si les guides qui

dant le temps que les Grecs furent sous la domination des Romains, ils s'attachèrent particulièrement à ces curiosités, ainsi qu'à leurs ouvrages d'art et à leurs légendes, comme à une compensation à la dégradation présente. Le citoyen thébain qui se voyait privé de la liberté, dont jouissaient tous les autres Grecs, de consulter Amphiaraos comme un prophète, bien que le sanctuaire et la chapelle du héros fussent dans sa propre ville, ne pouvait être satisfait s'il n'apprenait par le récit consacré l'origine d'une telle défense (1), et s'il n'était ramené ainsi aux rapports hostiles qui avaient existé primitivement entre Amphiaraos et Thèbes. Nous ne pouvons non plus supposer chez les citoyens de Sikyôn rien moins qu'une conception complète et respectueuse de la légende de Thèbes, quand nous lisons le récit donné par Hérodote de la conduite du despote Kleisthenès à l'égard d'Adrastos et de Melanippos (2). Les jeunes gens et les jeunes filles de Trœzen (3), qui, la veille de leur mariage, consacraient tous une offrande de leurs cheveux dans le Herôon d'Hippolytos, entretenaient un souvenir vivant de la légende de cet infortuné qu'Aphroditè avait si cruellement puni pour avoir résisté à son empire. D'abondantes reliques conservées dans un grand nombre de villes et de temples grecs servaient à la fois de mementos et d'attestations pour d'autres événements légendaires, et les tombeaux des héros comptaient parmi les plus puissants stimulants de réminiscence mythique. Le sceptre de Pélops et d'Agamemnôn, conservé encore du temps de Pausanias à Chæroneia en Bœôtia, était l'ouvrage du dieu Hèphæstos. Pendant qu'une foule

---

montraient les antiquités avaient été réduits à ne dire que ce qui était vrai, ils seraient morts de faim ; car les visiteurs étrangers ne se soucieraient pas de n'entendre que la vérité, même quand ils pourraient l'avoir pour rien (μηδὲ ἀμισθὶ τῶν ξένων τἀληθὲς ἀκούειν ἐθελησάντων).

(1) Hérod. VIII, 134.
(2) Hérodote, V, 67.

(3) Euripid. Hippolyt. 1424 ; Pausan. II, 32, 1 ; Lucien, De Deâ Syriâ, c. 60, vol. IV, p. 287, Tauch.

Il est curieux de voir dans le récit de Pausanias comment toutes les particularités insignifiantes des objets environnants étaient rattachées aux détails explicatifs naissant de cette touchante légende. Cf. Pausan. I, 22, 2.

d'autres prétendues productions de la même main divine étaient conservées dans diverses villes de la Grèce, celle-ci était la seule que Pausanias lui-même crût être véritable : elle avait été apportée en Phôkis par Elektra, fille d'Agamemnôn, et avait reçu les honneurs divins des citoyens de Chæroneia (1). Les lances de Mèrionês et d'Odysseus étaient précieusement gardées à Engyion en Sicile, celle d'Achille à Phasèlis : l'épée de Memnôn ornait le temple d'Asklêpios à Nikomèdia ; et Pausanias, avec une confiance absolue, cite les deux dernières comme preuves que les armes des héros étaient faites d'airain (2). Les Tégéates gardaient et montraient la peau du sanglier de Kalydôn comme un précieux trésor : le bouclier d'Euphorbos était suspendu de la même manière dans le temple de Branchidæ près de Milêtos, aussi bien que dans le temple de Hêrê à Argos. Il ne manquait pas de reliques visibles d'Epeios et de Philoktêtês ; en outre Strabon élève la voix avec indignation contre les nombreux Palladium que l'on montrait dans différentes villes, chacun d'eux prétendant être l'image véritable venue de Troie (3). Il serait impossible de spécifier le nombre de chapelles, de sanctuaires, de solennités, de fondations de toutes sortes qui, disait-on, avaient été commencés pour la première fois par des personnages héroïques ou mythiques, par Hêraklês, Jasôn, Mèdea, Alkmæôn, Diomêdês, Odysseus, Danaos et ses filles (4), etc. Peut-être dans quelques-uns de ces cas des critiques isolés pouvaient-ils élever des objections, mais la grande masse du peuple croyait toujours d'une manière ferme et entière à la légende courante.

Si nous analysons les acquisitions intellectuelles d'un citoyen grec ordinaire, depuis les rudes communautés d'Arca-

---

(1) Pausan. IX, 40, 6.
(2) Plutarque, Marcell. c. 20 ; Pausan. III, 3, 6.
(3) Pausan. VIII, 46, 1 ; Diogen. Laërt. VIII, 5 ; Strabon, VI, p. 263 ; Appien, Bell. Mithrid. c. 77 ; Æschyl. Eumén. 380.

Wachsmuth a recueilli dans Pausanias les nombreuses citations ayant trait à ce sujet (Hellenische Alterthumskunde, part. II, sect. 115, p. 111).
(4) Hérod. II, 182 ; Plut. Pyrrh. c. 32 ; Schol. Apoll. Rhod. IV, 1217 ; Diod. IV, 56.

dia ou de Phôkis même jusqu'à Athènes, ce centre des lumières, nous trouverons que, outre les règles d'art et les talents nécessaires à ses besoins journaliers, elles se composaient des divers mythes se rattachant à sa gens, à sa ville, à ses fêtes religieuses et aux mystères auxquels il aurait pu désirer s'initier, aussi bien qu'aux œuvres d'art et aux objets naturels plus frappants qu'il pouvait voir autour de lui, le tout orné et embelli par quelque connaissance des poëtes épiques et dramatiques. Telle était la portée de l'intelligence et de l'imagination d'un Grec ordinaire, considéré séparément du petit nombre des hommes instruits : c'était un agrégat de religion, de souvenirs sociaux et patriotiques, et de fantaisie romanesque, confondus en une seule croyance indivisible. Et ainsi la valeur subjective des mythes, à ne les considérer que comme éléments de la pensée et du sentiment grecs, paraîtra grande incontestablement, quelque faible que puisse être la portion de réalité objective, soit historique, soit philosophique, que l'on peut découvrir en eux.

Nous ne devons pas omettre l'importance incalculable qu'avaient les mythes comme stimulants pour l'imagination de l'artiste grec dans les arts de la statuaire, de la peinture, de la sculpture et de l'architecture. C'était aux légendes et aux personnes divines et héroïques qu'étaient empruntés ces peintures, ces statues, ces bas-reliefs, qui faisaient des temples, des portiques et des édifices publics, à Athènes et ailleurs, les objets d'une admiration sans bornes. Une telle reproduction visible contribuait encore à fixer dans l'esprit public d'une manière familière et indélébile les types des dieux et des héros (1). Les figures dessinées sur les coupes et sur les vases, aussi bien que sur les murs des maisons particulières, étaient principalement tirées de la même source, les mythes étant le grand dépôt des scènes et de la composition artistiques.

Il serait déplacé ici de s'étendre sur l'excellence caracté-

---

(1) Ἡμιθέων ἀρεταῖς, sujets des ouvrages de Polygnote à Athènes (Melanthius, ap. Plut. Cimôn. c. 4); cf. Théocrite, XV, 138.

ristique de l'art grec : le seul point de vue sous lequel je le considère, c'est qu'ayant dans l'origine tiré des mythes ses matériaux, il réagit sur la foi et sur l'imagination mythiques, réaction qui donnait de la force à la première aussi bien que de la netteté à la seconde. Quiconque avait constamment devant les yeux les représentations des combats des Centaures et des Amazones (1), des exploits accomplis par Perseus et Bellerophôn, des incidents dont se composait la guerre de Troie, ou la chasse du sanglier de Kalydôn, arrivait à croire facilement même à celle de ces conceptions qui était plus fantastique que les autres, à mesure qu'il se familiarisait avec elle. Et si quelqu'un eût été lent à ajouter foi à l'efficacité des prières d'Æakos, grâce auxquelles ce pieux héros obtint jadis un secours spécial de Zeus, à un moment où la Grèce périssait victime d'une stérilité prolongée, ses doutes se seraient probablement dissipés si, dans le cas d'une visite faite à l'Æakeion à Ægina, on lui eût montré les statues des mêmes envoyés qui étaient venus en faveur des Grecs en détresse solliciter Æakos de vouloir bien prier pour eux (2). Un temple grec (3) n'était pas simplement un lieu de culte, mais le séjour réel d'un dieu qui, suivant l'opinion commune, y était introduit par la dédicace solennelle, et que l'imagination du peuple identifiait avec sa statue de la manière la plus intime. On concevait la présence ou l'éloignement de la statue comme identiques à l'éloignement ou à la présence de l'être représenté, et tandis que la statue était solennellement lavée, habillée et soignée avec toute la sollicitude respectueuse qu'on eût témoignée à une personne réelle (4), il y

---

(1) Les combats des Centaures et des Amazones étaient constamment associés ensemble dans les anciens bas-reliefs grecs (V. l'Expédition scientifique de Morée, t. II, p. 16, dans l'explication du temple d'Apollon Epikureios à Phigaleia).

(2) Pausan. II, 29, 6.

(3) Ernst Curtius, Die Akropolis von Athen, Berlin, 1844, p. 18. Arnobe adv. Gent. VI, p. 203, éd. Elmenhorst.

(4) V. le cas des Æginètes prêtant pour un temps les Æakides aux Thébains (Hérod. V, 80), qui bientôt cependant les leur rendirent; envoyant également les Æakides à la bataille de Salamis (VIII, 64-80). Quand les Spartiates décrétèrent qu'un seul de leurs deux rois s'absenterait pour le service militaire, ils décrétèrent en même temps qu'un seul des Tyndarides sortirait avec eux (V, 75); ils prêtèrent une fois les

avait souvent une foule de récits miraculeux au sujet de la manifestation d'un sentiment réel à l'intérieur du bois et du marbre. Dans des moments périlleux ou critiques, on affirmait que la statue avait sué, pleuré, fermé les yeux ou brandi la lance qu'elle tenait dans ses mains, en signe de sympathie ou d'indignation (1). De telles légendes, naissant ordinairement aux époques de souffrance et de danger, et trouvant peu d'hommes assez hardis pour les contredire ouvertement, étaient en complète harmonie avec la foi mythique générale et tendaient à la fortifier dans toutes ses ramifications diverses. Ce retour d'activité dans le dieu ou dans le héros servait en même temps à rappeler et à accréditer les mythes préexistants qui se rattachaient à son nom. Quand Boreas, pendant l'invasion de la Grèce par Xerxès, avait, pour exaucer les ferventes prières des Athéniens, envoyé une tempête providentielle et causé un irréparable dommage à l'armada des Perses, la minorité sceptique (à la-

---

Tyndarides comme aides aux ambassadeurs des Locriens Epizéphyriens, qui leur préparèrent une couche à bord de leur vaisseau (Diodor. Excerpt. XVI, p. 15, Dindorf). Les Thêbains concédèrent leur héros Melanippos à Kleisthenês de Sikyôn (V. 68). Ce qui fut envoyé doit probablement avoir été une copie consacrée de la statue véritable.

Touchant les cérémonies en usage à l'égard des statues, V. Plutarque, Alcib. 34; Callim. Hymn. ad. Lavacr. Palladis, init. avec la note de Spanheim; K. O. Müller, Archæologie der Kunst, § 69; cf. Plutarque, Quæst. Rom. § 61, p. 279; et Tacit. Mor. Germ. c. 40; Diodor. XVII, 49.

La manière dont la présence réelle d'un héros était identifiée avec sa statue (τὸν δίκαιον δεῖ θεὸν Οἴκοι μένειν σώζοντα τοὺς ἱδρυμένους. — Menander, Fragm. Ἡνίοχος, p. 71, Meineke), son terrain consacré et son oracle, ne sont nulle part attestés d'une manière plus forte que dans les Heroïca de Philostrate (chap. 2-20, p. 674-692; et De Vit. Apollôn. Tyan. IV, 11), à propos de Prôtesilaos à Elæos, d'Ajax à l'Aianteion, et d'Hektôr à Ilion; Prôtesilaos paraissait exactement avec l'appareil de sa statue, — χλαμύδα ἐνῆπται, ξένε, τὸν Θετταλικὸν τρόπον, ὥσπερ καὶ τὸ ἄγαλμα τοῦτο (p. 674). La présence et la sympathie du héros Lykos sont absolument nécessaires pour satisfaire les dikastes athéniens (Aristoph. Vesp. 389-820). Le fragment de Lucilius cité par Lactance, De Falsâ Religione (I, 22), est curieux. — Τοῖς ἥρωσι τοῖς κατὰ τὴν πόλιν καὶ τὴν χώραν ἱδρυμένοις (Lycurgue cont. Léocr. c. 1).

(1) Plutarque, Timoléon, c. 12; Strabon, VI, p. 264. Théophraste considère la transpiration comme un phénomène naturel dans les statues faites de bois de cèdre (Histor. Plant. V, 10). Plutarque discute la crédibilité de cette sorte de miracles dans sa vie de Coriolan, c. 37-38.

quelle Platon fait allusion), doutant du mythe de Boreas et d'Oreithyia et de l'étroite connexion qui le rattachait par-là à Erectheus et aux Erechtides en général, doit pour le moment avoir été réduite à un silence absolu (1).

---

(1) Hérod. VII, 189. Cf. la reconnaissance des Mégalopolitains envers Boreas, pour les avoir sauvés de l'attaque du roi lacédæmonien Agis (Pausan. VIII, 27, 4,—VIII, 36, 4). Lorsque les dix mille Grecs traversèrent, dans leur retraite, les froides montagnes de l'Armenia, Boreas leur envoya au visage un vent « brûlant et glacial qui était intolérable. » Un des prophètes recommanda de lui offrir un sacrifice, ce qui fut exécuté, « et l'effet douloureux du vent parut à chacun cesser aussitôt d'une manière marquée » (καὶ πᾶσι δὴ περιφανῶς ἔδοξε λῆξαι τὸ χαλεπὸν τοῦ πνεύματος. — Xénoph. Anab. IV. 5, 3).

CHAPITRE III

LA VEINE MYTHIQUE GRECQUE COMPARÉE A CELLE DE L'EUROPE MODERNE.

Μῦθος. — *Sage*. — Manifestation universelle de l'esprit humain. — Analogie des Germains et des Celtes avec les Grecs.— Différences entre eux — poésie grecque incomparable — progrès en Grèce s'effectuant lui-même. — Progrès accompli chez les Germains par de violentes influences extérieures. — Action de la civilisation romaine et du christianisme sur les mythes germains primitifs. — Altération dans les généalogies mythiques. — Odin et les autres dieux rabaissés à la condition de mortels. — Paganisme grec. — Ce qui serait arrivé s'il avait été remplacé par le christianisme en 500 av. J.-C. — Saxo Grammaticus et Snorro Sturléson comparés à Phérécyde et à Hellanicus. — Tendances à créer des mythes dans l'Europe moderne, subsistant encore, mais entraînées dans une nouvelle voie. 1. Idéal du saint ; 2. Idéal du chevalier. — Légendes des saints. —Leur analogie avec la théologie homérique. — Idéal de chevalerie. — Romans de Charlemagne et d'Arthur. — Acceptés comme faits réels du temps passé. — Epopée teutonique et scandinave. Son analogie avec l'épopée grecque.— Caractère héroïque et expansion du sujet se développant de lui-même, communs aux deux épopées. — Points de différence entre elles. — L'épopée du moyen âge ne resta pas si complètement seule, et ne fut pas si intimement mêlée à la religion que l'épopée grecque. — Histoire d'Angleterre. — Comment elle est conçue jusqu'au dix-septième siècle. — Elle commençait avec Brute le Troyen. — Foi ardente et tenace manifestée dans la défense de cette histoire primitive. — Jugement de Milton. — Règle d'évidence historique — elle s'est élevée quant à l'Angleterre. — Non quant à la Grèce. — La manière dont Milton traite l'histoire fabuleuse de l'Angleterre est inadmissible. — Deux voies ouvertes pour traiter les mythes grecs : 1º les omettre, ou 2º les raconter comme mythes. Raisons pour préférer la dernière. — Triple division du temps passé par Varron.

J'ai déjà fait remarquer que l'existence de ce récit populaire, que les Allemands expriment par le mot significatif *Sage* ou *Volks-Sage*, est, à un degré plus ou moins élevé de perfection ou de développement, un phénomène commun à presque toutes les classes de la société et à presque toutes les parties du globe. C'est l'effusion naturelle de l'homme illettré, imaginatif et croyant, et son maximum d'influence appartient à un état primitif de l'esprit humain ; car la multiplication des faits constatés, la diffusion de la science positive et la formation d'une règle critique de croyance tendent à affaiblir sa dignité et à arrêter son épanchement facile et abondant. Il fournit au poëte et des matériaux à combiner de nouveau et à orner, et une base aussi bien qu'un stimulant pour de nouvelles inventions personnelles ; et cela à une époque où le poëte enseigne tout à la fois la religion, l'histoire et la philosophie, et n'est pas, comme il le devient à une période plus avancée, celui qui seul fournit une fiction avouée, bien qu'intéressante.

De tels récits populaires et de tels chants historiques (en entendant par historique seulement ce qui est accepté comme histoire) se trouvent dans la plupart des régions du globe, et particulièrement parmi les populations teutoniques et celtiques de l'ancienne Europe. Les vieux chants gothiques furent fondus et transformés en une histoire continue par l'historien Ablavius (1) ; et les poëmes des Germains touchant Tuisto, le dieu né de la terre, son fils Mannus, et ses descendants, les éponymes des diverses tribus germaniques (2), comme les indique brièvement Tacite, nous rappellent Hésiode, Eumèle ou les hymnes homériques. Jacob Grimm, dans sa savante et remarquable mythologie allemande, a présenté des preuves abondantes de la grande analogie fondamentale qui existe, avec beaucoup de différences particulières, dans le monde mythique des Germains, des Scandinaves et des Grecs ; et la dissertation de M. Price (mise en tête de son édition de l'ouvrage de Warton, *History of English Poetry*) appuie et explique l'idée de Grimm. La même

---

(1) Jornandès, De Reb. Geticis, chap. 4-6).

(2) Tacite, Mor. German. c. 2. « Celebrant carminibus antiquis, quod unum apud eos memoriæ et annalium genus est, Tuistonem Deum terrâ editum, et filium Mannum, originem gentis conditoresque. Quidam licentiâ vetustatis, plures Deo ortos, pluresque gentis appellationes, Marsos, Gambrivios, Suevos, Vandaliosque affirmant : eaque vera et antiqua nomina. »

imagination disposée à tout personnifier, la même conception toujours présente de la volonté, des sympathies et des antipathies des dieux, considérées comme causes premières des phénomènes, et comme distinctes d'une marche suivie et invariable de la nature ; les mêmes relations entre les dieux, les héros et les hommes, avec une égale difficulté de distinguer les uns des autres dans une foule de noms individuels ; une habitude semblable de transporter en bloc les attributs humains aux dieux, sans les renfermer dans les limites, ni les soumettre aux conditions de l'humanité ; une même disposition à croire aux nymphes, aux géants et à d'autres êtres qui ne sont ni dieux ni hommes, la même union de la foi et du sentiment religieux avec le sentiment et la foi patriotiques, tels sont les traits positifs, communs aux anciens Grecs et aux anciens Germains ; et les conditions négatives chez les deux peuples n'ont pas moins d'analogie : l'absence d'ouvrages en prose, d'annales positives et de culture scientifique. La faculté qui crée les mythes trouvait ainsi une base préliminaire et des encouragements tout à fait semblables.

Mais, quoique les forces productrices fussent de la même espèce, les résultats atteignirent un degré bien différent, et les circonstances qui concoururent à leur développement le furent encore bien davantage.

D'abord, l'abondance, la beauté et la longue continuité de l'ancienne poésie grecque, dans l'âge purement poétique, est un phénomène qui n'a pas de pendant ailleurs.

En second lieu, la transition par laquelle l'esprit grec passa de son état poétique à son état relativement positif, s'effectua d'elle-même ; elle s'accomplit par sa propre force inhérente et expansive ; elle fut aidée, il est vrai, par les circonstances extérieures, mais elle n'en reçut nullement l'empreinte, elle ne fut pas provoquée par elles. De la poésie d'Homère à l'histoire de Thucydide et à la philosophie de Platon et d'Aristote, il fut fait un pas prodigieux, mais c'était la croissance naturelle du jeune Grec devenant homme fait ; et ce qui est d'une importance plus grande encore, elle s'accomplit sans briser le fil ni de la tradition religieuse ni de la tradition patriotique, sans aucune innovation coërcitive ni changement violent dans les sentiments de l'âme. Le monde légendaire, bien que dépassé par les jugements moraux et la critique rationnelle d'hommes supérieurs, conservait encore son empire sur les sentiments comme objet d'un examen passionné et respectueux.

Bien différent fut le développement des anciens Germains. Nous savons peu de chose de leur première poésie, mais nous ne serons pas exposés à nous tromper en affirmant qu'ils n'avaient rien à comparer, soit avec l'Iliade, soit avec l'Odyssée. En les supposant laissés à eux-mêmes, auraient-ils eu une force progressive suffisante pour faire un pas semblable à celui des Grecs? C'est là une question à laquelle nous ne pouvons répondre. Leur condition intellectuelle aussi bien que politique fut violemment changée par une action étrangère venue du dehors. L'influence de l'empire romain introduisit artificiellement parmi eux de nouvelles institutions, de nouvelles opinions, des habitudes de luxe, et, par-dessus tout, une religion nouvelle; les Germains, après avoir subi cette influence, se faisant successivement les instruments de cette révolution vis-à-vis de tels de leurs frères qui restaient encore païens. Ce fut une révolution qui s'opéra souvent au moyen de mesures pénales et coërcitives : on déposa et on renia formellement les anciens dieux Thor et Wodan ; leurs images furent réduites en poussière, et les chênes consacrés au culte et à la prophétie furent abattus. Mais même là où la conversion fut le fruit des prédications et de la persuasion, elle n'en brisa pas moins tous les rapports qu'avait un Germain avec ce monde mythique qu'il appelait son passé, et dont les anciens dieux faisaient à la fois le charme et la sainteté : il fut réduit alors à l'alternative de les considérer comme des hommes ou comme des démons (1). Ce regard

---

(1) Au sujet de l'influence hostile exercée par le changement de religion sur la vieille poésie scandinave, voir un intéressant article de Jacob Grimm dans les Goettinger Gelehrte Anzeigen, feb. 1830, p. 268-273; examen de la Saga d'Olaf Tryggyson. L'article *Helden* dans sa Mythologie allemande est aussi fort instructif sur le même sujet; voir aussi l'Introduction du livre, p. 11, 2ᵉ édition.

Eichhoff a fait une observation sem-

jeté en arrière, où se mêlaient la religion et le patriotisme, fruit de l'union de la piété avec le sentiment à l'égard des ancêtres, qui constituait la manière particulière de voir et des Grecs et des Germains au sujet de leur antiquité privée d'annales, fut, chez ces derniers, banni par le christianisme; et, tandis que la racine des vieux mythes était ainsi rongée, les cérémonies et les coutumes commémoratives auxquelles ils se rattachaient, ou perdirent leur caractère consacré, ou disparurent complétement. En outre, des influences nouvelles de grande importance agirent dans le même temps avec succès. La langue latine avec quelque teinture de littérature latine, l'habitude d'écrire et d'enregistrer les événements présents, l'idée d'une loi systématique et d'un accommodement à l'amiable des différends, tout cela forma une part de l'action exercée par la civilisation romaine, même après le déclin de l'empire romain, sur les tribus teutoniques et celtiques. Il se forma une classe d'hommes qui recevaient une instruction spéciale dont la base était latine, et qui avaient des principes chrétiens; elle était aussi composée presque entièrement de prêtres, opposés, aussi bien par des motifs de rivalité que par le sentiment religieux, aux anciens bardes et aux anciens conteurs de la communauté. Les « hommes lettrés (1) » furent distingués des « hommes versés dans les histoires, » et la littérature latine contribua de concert avec la religion à faire déchoir les mythes d'un

---

blable à propos des vieux mythes des Russes païens : « L'établissement du christianisme, ce gage du bonheur des nations, fut vivement apprécié par les Russes, qui, dans leur juste reconnaissance, le personnifièrent dans un héros. Vladimir le Grand, ami des arts et protecteur de la religion, devint l'Arthus et le Charlemagne de la Russie, et ses hauts faits furent un mythe national qui domina tous ceux du paganisme. Autour de lui se groupèrent ces guerriers aux formes athlétiques, au cœur généreux, dont la poésie aime à entourer le berceau mystérieux des peuples; et les exploits du vaillant Dobrinia, de Rogdai, d'Ilia, de Curilo, animèrent les ballades nationales, et vivent encore dans de naïfs récits. » (Eichhoff, Histoire de la langue et de la littérature des Slaves, Paris, 1839, part. 3, ch. 2, p. 190.)

(1) Cette distinction est présentée d'une manière curieuse par Saxo Grammaticus, lorsqu'il dit d'un Anglais nommé Lucas, qu'il était « literis quidem tenuiter instructus, sed historiarum scientiâ apprime eruditus » (p. 330, dans les Historische Forschungen de Dahlmann, vol. I, p. 176).

paganisme ignorant. Charlemagne, il est vrai, dans le même temps qu'il employait des procédés agressifs et violents pour introduire le christianisme parmi les Saxons, prenait aussi le soin spécial de mettre par écrit et de conserver les vieux chants païens. Mais on ne peut guère douter que cette mesure ne lui fût inspirée par l'intelligence large et éclairée qui lui était particulière. La disposition générale des chrétiens lettrés de cette époque est plus exactement représentée par son fils Louis le Débonnaire, qui, ayant appris ces chants dans son enfance, en vint à les abhorrer quand il fut arrivé à l'âge mûr, et ne put jamais être amené soit à les répéter, soit à les tolérer (1).

Selon l'ancienne foi païenne, la généalogie des rois saxons, angles, danois, norvégiens et suédois, et probablement aussi celle des rois germains et scandinaves en général, remontaient à Odin, ou à quelques-uns de ses compagnons imémdiats ou de ses fils héroïques (2). J'ai déjà fait observer que la valeur de ces généalogies consistait non pas

---

(1) Barbara et antiquissima carmina (dit Eginhart dans sa vie de Charlemagne), quibus veterum regum actus et bella canebantur, conscripsit. »
Theganus dit de Louis le Débonnaire : « Poetica carmina gentilia, quæ in juventute didicerat, respuit, nec legere, nec audire, nec docere, voluit. » (De Gestis Ludovici Imperatoris, ap. Pithœum, p. 304, c. 19.)
(2) V. Deutsche Mythologie de Grimm, art. *Helden*, p. 356, 2ᵉ édit. Hengist et Horsa avaient la quatrième place dans la descendance d'Odin (Bede le Vénérable, Hist. I, 15). Thiodolff, le scalde de Harold Haarfager, roi de Norvége, faisait remonter la généalogie de son souverain, par trente générations, à Yngarfrey, fils de Niord, compagnon d'Odin à Upsal; les rois d'Upsal s'appelaient Ynglinger, et le fils de Thiodolff, Ynglingatal (Dahlmann, Histor. Forschung. 1, p. 379). Eyvind, autre scalde, un siècle plus tard, tirait la généalogie de Jarl Hacon de Saming, fils de Yngwifrey (p. 381); Are Frode, l'historien islandais, faisait remonter sa propre origine à Yngwe par trente-six générations, généalogie qu'accepte Torfæus comme digne de foi, l'opposant à la série de rois donnée par Saxo Grammaticus (p. 352). Torfæus représente Harold Haarfager comme descendant d'Odin par vingt-sept générations ; Alfred d'Angleterre, par vingt-trois ; Offa de Mercie, par quinze (p. 362). V. aussi la traduction faite par Lange de la Saga-bibliothek de P. A. Müller, Introd. p. 28, et les tables généalogiques mises en tête de l'Edda de Snorro Sturleson.
M. Sharon Turner pense que l'existence humaine d'Odin est prouvée d'une manière distincte, vraisemblablement sur les mêmes preuves qui faisaient croire à Evhémère à l'existence humaine de Zeus (History of the Anglo-Saxons, Appendix au liv. II, ch. 3, p. 219, 5ᵉ édit.).

tant dans leur longueur que dans le respect attaché au nom servant de source première. Après que le culte affecté à Odin eut cessé, on prolongea la ligne généalogique jusqu'à Japhet ou à Noé, et Odin n'étant plus regardé comme digne d'être au sommet, fut dégradé et devint un des simples membres humains de cette généalogie (1). Et nous trouvons que cette altération des généalogies mythiques primitives eut lieu même chez les Scandinaves, bien que l'introduction du christianisme eût été plus longtemps retardée dans ces contrées, de manière à laisser à la veine poétique païenne le temps de parvenir à un plus grand développement, et semble avoir fait naître un sentiment moins prononcé d'antipathie (particulièrement en Islande) à l'égard de la foi éteinte (2). Les poëmes et les contes dont se

---

(1). Dahlmann, Histor. Forschung. t. I, p. 390. Il y a un remarquable article sur ce sujet dans la Zeitschrift für Geschichtswissenschaft (Berlin, v. I, p. 237-282) par Stuhr, « Ueber einige Hauptfragen des Nordischen Alterthums, » où l'écrivain explique le puissant motif et la tendance efficace qui poussaient le clergé chrétien, ayant affaire à ces païens teutoniques nouvellement convertis, à expliquer les anciens dieux à la manière d'Evhémère, et à représenter une généalogie, qu'ils ne pouvaient effacer des esprits, comme étant composée seulement de simples mortels.

M. John Kemble (Ueber die Stammtafel der Westsachsen ap. Stuhr, p. 254) fait remarquer que « nobilitas » chez ce peuple consistait à descendre d'Odin et des autres dieux.

Le colonel Sleeman traite de la même manière les légendes religieuses des Hindous, tant est naturel le procédé d'Evhémère, à l'égard de toute religion à laquelle un critique ne croit pas :

« Ils (les Hindous) pensent naturellement que les incarnations de leurs trois grandes divinités étaient des êtres infiniment supérieurs aux prophètes, égaux dans tous leurs attributs et toutes leurs prérogatives aux divinités elles-mêmes. *Mais nous sommes disposé à croire que les incarnations n'étaient rien de plus que des grands hommes que leurs flatteurs et leurs poëtes avaient élevés au rang des dieux ; telle était la manière dont les hommes faisaient leurs dieux dans la Grèce et l'Egypte anciennes.* Tout ce que les poëtes ont chanté des actions de ces hommes est actuellement reçu comme révélation du ciel ; bien que rien ne puisse être plus monstrueux que les actions attribuées à la meilleure incarnation, Krishna, du meilleur des dieux, Vishnoo. » (Sleeman, Rambles and Recollections of an Indian Official, v. I, c. 8, p. 61.)

(2) V. P. E. Müller, Ueber der Ursprung und Verfall der Islaendischen Historiographie, p. 63.

Dans le Leitfaden zur Nordischen Alterthumskunde, p. 4-5 (Copenhagen 1837), il y a un sommaire instructif des différents systèmes d'explication appliqués aux mythes du Nord : 1° historique ; 2° géographique ; 3° astronomique ; 4° physique ; 5° allégorique.

compose l'Edda, bien qu'ils n'aient été mis par écrit qu'après l'époque du christianisme, ne présentent pas les anciens dieux sous un point de vue odieux ou dégradant à dessein.

Le fait mentionné plus haut, à savoir que Noé a pris la place d'Odin à la tête de la généalogie, est d'autant plus digne d'attention qu'il jette du jour sur le vrai caractère de ces généalogies, et montre qu'elles naquirent, non de données historiques erronées, mais du tour du sentiment religieux ; nous voyons en outre qu'elles n'ont de véritable valeur que parce qu'on les a prises dans leur intégrité, comme rattachant la race existante des hommes à un premier auteur divin. Si nous pouvions nous figurer le paganisme grec remplacé par le christianisme l'an 500 av. J.-C., les grandes généalogies si vénérées des gentes grecques auraient subi la même modification : les Hèraklides, les Pélopides, les Æakides, les Asklépiades, etc., se seraient perdus dans quelque agrégat plus compréhensif ayant pour racine l'archéologie de l'Ancien Testament. Les anciennes légendes héroïques se rattachant à ces noms d'ancêtres auraient été ou bien oubliées, ou transformées de manière à s'accorder avec la nouvelle veine de pensée ; car le culte, les cérémonies et les coutumes, après leur changement, auraient été complétement en opposition avec elles, et le sentiment mythique aurait cessé de s'occuper de ceux auxquels on n'eût plus adressé de prières. Si le chêne de Dôdônê eût été coupé, ou si l'on eût cessé d'envoyer le vaisseau qui portait la Théorie d'Athènes à Dèlos, les mythes de Thèseus et des deux colombes noires auraient perdu leur à propos et auraient péri. Mais, de la façon dont se sont passées les choses, le changement qui eut lieu d'Homère à Thucydide et à Aristote s'opéra intérieurement, d'une manière graduelle et imperceptible. La philosophie et l'histoire vinrent s'ajouter aux anciennes idées dans les esprits d'un petit nombre d'hommes supérieurs ; mais les sentiments du public en général continuèrent à être ce qu'ils étaient, les objets sacrés restèrent les mêmes et pour les yeux et pour le cœur, et le culte des anciens dieux fut même embelli par de nouveaux architectes et de nouveaux sculpteurs, qui contribuèrent dans une large mesure à augmenter son effet imposant.

Ainsi donc, tandis qu'en Grèce le courant d'où sortirent les mythes poursuivit la même route, seulement avec une marche moins rapide et une moindre influence, dans l'Europe moderne, son ancien lit étant intercepté, il passa dans des canaux nouveaux et multipliés. L'ancienne religion, bien que comme foi dominante, manifestée publiquement et unanimement, elle ait fini par s'éteindre, persista encore sous forme de morceaux et de fragments détachés et avec divers changements de nom et de forme. Les dieux et les déesses du paganisme, dépouillés ainsi de leur divinité, continuèrent à être l'objet des souvenirs et des craintes de leurs premiers adorateurs, mais furent parfois représentés (d'après des principes semblables à ceux d'Evhémère) comme ayant été des hommes éminents et glorieux, parfois abaissés à l'état de démons, de magiciens, d'elfes, de fées et d'autres agents surnaturels d'un degré inférieur et d'une nature généralement malfaisante. Des écrivains chrétiens, tels que Saxo Grammaticus et Snorro Sturleson, mirent par écrit les anciens chants oraux des scaldes scandinaves et arrangèrent les événements qu'ils renfermaient en un récit continu; ils accomplirent sous ce rapport une tâche semblable à celle dont les logographes grecs, Phérécyde et Hellanicus, s'étaient acquittés à l'égard d'Hésiode et des poëtes cycliques. Mais, tandis que Phérécyde et Hellanicus compilaient sous l'influence de sentiments réellement semblables à ceux des poëtes auxquels ils consacraient leurs soins, les logographes chrétiens se firent un devoir de signaler l'Odin et le Thor des anciens scaldes comme des démons et des enchanteurs rusés qui avaient fasciné les esprits des hommes et leur avaient fait croire faussement qu'ils étaient dieux (1). Dans quelques cas

---

(1) « Interea tamen homines christiani in numina non credant ethnica, nec aliter fidem narrationibus hisce adstruere vel adhibere debent, quam in libri hujus procemio monitum est de causis et occasionibus cur et quomodo genus humanum a verâ fide aberraverit. » (Extrait de l'Édda en prose, p. 75, dans le Lexicon Mythologicum ad calcem Eddæ Sæmund. v. III, p. 357, Copenh. edit.)

On peut trouver un conseil semblable

les idées et les récits païens furent modifiés de manière à s'accorder avec le sentiment chrétien. Mais quand ils étaient conservés sans subir un tel changement, ils se montraient d'une manière palpable et étaient signalés par leurs compilateurs comme étant en opposition avec la croyance religieuse du peuple, et comme associés soit à une imposture, soit à des esprits malfaisants.

Une nouvelle veine de sentiment était née en Europe, non conforme, il est vrai, aux vieux mythes, laissant cependant encore en vigueur le besoin de récits mythiques en général. Et ce besoin fut satisfait, généralement parlant, par deux classes de récits, les légendes des Saints catholiques et les romans de chevalerie, correspondant à deux types de caractères, tous deux parfaitement appropriés aux sentiments du temps, l'idéal de la sainteté et l'idéal de la chevalerie.

---

dans un autre passage cité par P. E. Müller, Ueber den Ursprung und Verfall der Islandischen Historiographie, p. 138, Copenhagen, 1813; cf. le Prologue de l'Edda en prose, p. 6, et Mallet, Introduction à l'Histoire de Danemark, c. 7, p. 114-132.

Saxo Grammaticus représente Odin parfois comme un magicien, parfois comme un mauvais esprit, parfois comme un grand prêtre ou pontife du paganisme, qui imposa si puissamment au peuple dont il était entouré, qu'il en reçut les honneurs divins. Thor aussi est considéré comme ayant été un mauvais esprit (V. Lexicon Mytholog. *ut suprà* p. 567, 915).

Sur la fonction de Snorro comme logographe, v. Præfat. ad Eddam, *ut suprà*, p. 11. Il est beaucoup plus fidèle à l'ancienne religion et moins ennemi d'elle que les autres logographes des anciennes Sagas scandinaves (Leitfaden der nordischen Alterthümer, p. 14, par la Société des Antiquaires de Copenhague, 1837).

Par une transformation singulière, dépendant de la même disposition d'esprit, les auteurs des Chansons de Geste françaises au douzième siècle changèrent Apollon en un mauvais esprit, patron des musulmans (V. le Roman de Garin le Loherain, par M. Paulin Pâris, 1833, p. 31) : « Car mieux vaut Dieux que ne fait Apollis. » M. Pâris fait remarquer : « Cet ancien Dieu des beaux-arts est l'un des démons désignés le plus souvent dans nos poëmes, comme patron des musulmans. »

Le prophète Mahomet aussi anathématisa l'ancienne épopée persane, antérieure à sa religion. C'est à l'occasion de Naser-Ibn-al-Hareth, qui avait apporté de Perse l'histoire de Rustem et d'Isfendiar, et la faisait réciter par des chanteuses dans les assemblées des Koreischites, que Mahomet prononça le vers suivant (du Koran) : « Il y a des hommes qui achètent des contes frivoles, pour détourner les hommes de la voie de Dieu d'une manière insensée, et pour la livrer à la risée ; mais leur punition les couvrira de honte. » (Mohl, Préface au livre des Rois de Ferdousi, p. 13.)

Ces deux classes de récits correspondent, pour le caractère aussi bien que pour le dessein général, aux mythes grecs; ce sont des histoires acceptées comme des réalités, grâce à leur complète conformité avec les prédispositions et la foi profonde d'un auditoire dénué de sens critique, et préparées à l'avance par leurs auteurs, non avec un souci quelconque des conditions de l'évidence historique, mais dans le but de provoquer la sympathie, l'émotion ou le respect. Le type du caractère de la sainteté appartient au christianisme; c'est l'histoire de Jésus-Christ telle qu'elle est décrite dans les Évangiles, et celle des prophètes dans l'Ancien Testament; tandis que les vies des saints qui acquirent un renom religieux du quatrième au quatorzième siècle de l'ère chrétienne, furent revêtues d'attributs et expliquées par d'abondants détails tendant à les assimiler à ce modèle révéré. Les nombreux miracles, la guérison des maladies, l'expulsion des démons, les tentations et les souffrances, l'enseignement et les préceptes dont abonde la biographie des saints catholiques, provinrent surtout de ce pieux sentiment, commun à l'écrivain et à ses lecteurs. Un grand nombre des autres incidents, racontés dans les mêmes ouvrages, naquirent d'allégories mal expliquées, de cérémonies et de coutumes auxquelles on aimait à trouver une origine consacrée, ou de la disposition à transformer l'étymologie d'un nom en fait historique; beaucoup ont aussi été suggérés par des particularités locales et par le désir de stimuler ou de justifier les pieuses émotions des pèlerins qui visitaient quelque chapelle ou quelque image consacrée. La foi de l'époque rattacha la colombe au Saint-Esprit, le serpent à Satan; des lions, des loups, des cerfs, des licornes, etc., furent les sujets d'autres associations emblématiques; et de tels modes de croyance trouvèrent une expression particulière dans une foule de récits qui présentèrent les saints en conflit ou en communauté d'action avec ces divers animaux. Les légendes de cette espèce, multipliées à l'infini, populaires et touchantes au plus haut degré, à l'époque du moyen âge, ne sont pas des faits particuliers exagérés; ce sont les émanations détaillées de quelque croyance ou de quelque sentiment répandu alors, qu'elles servaient à satisfaire, et qui en retour les soutenaient et les accréditaient dans une large mesure (1).

---

(1) M. Guizot (Cours d'Histoire moderne, leçon 17) et M. Ampère (Histoire littéraire de la France, t. II, c. 14, 15, 16) ont touché les légendes des saints; mais on peut trouver sur ce sujet un exposé beaucoup plus abondant et plus approfondi, accompagné d'une critique très-juste, dans le remarquable Essai sur les légendes pieuses du moyen âge, par L. F. Alfred Maury, Paris, 1843.

M. Guizot signale à peine le plus ou le moins de faits positifs contenus dans ces biographies : il les considère entièrement comme nées des émotions prédominantes et des exigences intellectuelles de l'époque et comme y répondant : « Au milieu d'un déluge de fables absurdes, la morale éclate avec un grand empire » (p. 159, éd. 1829). « Les légendes ont été pour les chrétiens de ce temps (qu'on me permette cette comparaison purement littéraire) ce que sont pour les Orientaux ces longs récits, ces histoires si brillantes et si variées dont les Mille et une Nuits nous donnent un échantillon. C'était là que l'imagination populaire errait librement dans un monde inconnu, merveilleux, plein de mouvement et de poésie (p. 175, *ibid.*).

M. Guizot prend pour terme de comparaison les contes des Nuits arabes, en les supposant écoutés par un Oriental avec une foi absolue et confiante. Considérée par rapport à un Européen instruit, qui lit ces récits comme une fiction agréable, mais reconnue pour telle, la comparaison ne serait pas juste ; car personne dans cet âge ne songeait à révoquer en doute la vérité des biographies. Toutes les remarques de M. Guizot supposent cette foi accordée implicitement à ces biographies comme à des histoires littérales : peut-être, en appréciant les sentiments auxquels elles durent leur popularité extraordinaire, attribue-t-il trop peu de prédominance au sentiment religieux et trop d'influence aux autres besoins intellectuels qui alors l'accompagnaient ; d'autant plus qu'il fait remarquer dans la leçon précédente (p. 116) : « le caractère général de l'époque est la concentration du développement intellectuel dans la sphère religieuse. »

On voit dans l'ouvrage de M. Maury, avec une grande abondance de détails, comment ce sentiment religieux si absorbant agit en produisant et en accréditant de nouveaux sujets de récits : « Tous les écrits du moyen âge nous apportent la preuve de cette préoccupation exclusive des esprits vers l'Histoire sainte et les prodiges qui avaient signalé l'avénement du christianisme. Tous nous montrent la pensée de Dieu et du Ciel dominant les moindres œuvres de cette époque de naïveté et de crédule simplicité. D'ailleurs n'était-ce pas le moine, le clerc, qui constituaient alors les seuls écrivains? Qu'y a-t-il d'étonnant que le sujet habituel de leurs méditations, de leurs études, se reflétât sans cesse dans leurs ouvrages? Partout reparaissait à l'imagination Jésus et ses saints : cette image, l'esprit l'accueillait avec soumission et obéissance ; il n'osait pas encore envisager ces célestes pensées avec l'œil de la critique, armé de défiance et de doute; au contraire, l'intelligence les acceptait toutes indistinctement et s'en nourrissait avec avidité. Ainsi s'accréditaient tous les jours de nouvelles fables. *Une foi vive veut sans cesse de nouveaux faits qu'elle puisse croire, comme la charité veut de nouveaux bienfaits pour s'exercer* » (p. 43). Les remarques sur l'Histoire de saint Christophe, dont la personnalité fut allégorisée par Luther et Melanchthon, sont curieuses (p. 57).

Les lecteurs de Pausanias reconnaîtront la grande analogie qui existe en général entre les histoires qu'on lui racontait dans les temples qu'il visitait et ces légendes du moyen âge. Bien que le type caractéristique sur lequel ces dernières jettent du jour diffère en réalité considérablement, cependant la source aussi bien que la circulation, les forces productrices aussi bien que les forces servant d'appui, étaient dans les deux cas les mêmes. De telles légendes étaient le produit naturel d'une foi religieuse ardente, absolue, et mêlée aux sentiments à une époque où la raison n'a pas besoin d'être trompée. Les vies des saints nous ramènent même dans le passé à la théologie simple et toujours active de l'âge homérique; tant la main de Dieu se montre d'une manière constante, même dans les plus petits détails, pour venir en aide à un individu qu'il favorise; tant le point de vue scientifique, par rapport aux phénomènes de la nature, est complétement absorbé dans le point de vue religieux (1). Pendant que la Grèce et Rome étaient dans toute leur force intellectuelle, le sentiment de la marche invariable de la nature et de l'explication scientifique des phénomènes était né dans les esprits supérieurs, et par eux indirectement s'était formé dans le reste de la communauté, limitant ainsi dans une certaine mesure le domaine ouvert à une légende religieuse qui devait l'occuper. Au déclin de la littérature et de la philosophie païennes, avant le sixième siècle de l'ère chrétienne, cette conception scientifique disparut insensible-

---

(1) « Dans les prodiges que l'on admettait avoir dû nécessairement s'opérer au tombeau du saint nouvellement canonisé, l'expression « Cæci visum, « claudi gressum, muti loquelam, surdi « auditum, paralytici membrorum offi- « cium, recuperabant » était devenue plutôt une formule d'usage que la relation littérale du fait. » (Maury, Essai sur les légendes pieuses du moyen âge, p. 5.)

Dans le même but, M. Ampère, ch. 14, p. 361 : « Il y a un certain nombre de faits que l'hagiographie reproduit constamment, quel que soit son héros; ordinairement ce personnage a eu dans sa jeunesse une vision qui lui a révélé son avenir, ou bien une prophétie qui lui a annoncé ce qu'il serait un jour. Plus tard il opère un certain nombre de miracles, toujours les mêmes, il exorcise des possédés, ressuscite des morts; il est averti de sa fin par un songe. Puis sur son tombeau s'accomplissent d'autres merveilles à peu près semblables.

ment et laissa l'esprit libre de se faire une explication religieuse de la nature, explication non moins simple et « *naïve* » que celle qui avait prévalu du temps du paganisme homérique (1). Le grand mouvement religieux de la Réforme et

---

(1) Quelques mots de M. Ampère pour éclairer ce point : « C'est donc au sixième siècle que la légende se constitue ; c'est alors qu'elle prend complétement le caractère naïf qui lui appartient, qu'elle est elle-même, qu'elle se sépare de toute influence étrangère. En même temps l'ignorance devient de plus en plus grossière, et par suite la crédulité s'accroît, les calamités du temps sont plus lourdes, et l'on a un plus grand besoin de remède et de consolation..... Les récits miraculeux se substituent aux arguments de la théologie. Les miracles sont devenus la meilleure démonstration du christianisme ; c'est la seule que puissent comprendre les esprits grossiers des barbares » (c. 15, p. 373).

Et, c. 17, p. 401 : « Un des caractères de la légende est de mêler constamment le puéril au grand ; il faut l'avouer, elle défigure parfois un peu ces hommes d'une trempe si forte, en mettant sur leur compte des anecdotes dont le caractère n'est pas toujours sérieux ; elle en a usé ainsi pour saint Columban, dont nous verrons tout à l'heure le rôle vis-à-vis de Brunehaut et des chefs mérovingiens. La légende aurait pu se dispenser de nous apprendre comment un jour il se fit rapporter par un corbeau les gants qu'il avait perdus ; comment, un autre jour, il empêcha la bière de couler d'un tonneau percé, et diverses merveilles certainement indignes de sa mémoire. »

Le miracle par lequel saint Columban employait le corbeau pour recouvrer les gants qu'il avait perdus présente exactement le caractère de l'époque homérique et hésiodique. La foi sincère de l'homme homérique, aussi bien que la sympathie respectueuse à l'égard de Zeus ou d'Athênê, est indiquée par l'invocation qu'il leur adresse pour obtenir leur aide dans ses souffrances particulières, et dans ses besoins, et dans ses dangers. La critique de M. Ampère, d'autre part, est analogue à celle des païens postérieurs, après que la conception d'une marche régulière de la nature eut fini par s'établir dans les esprits, en tant que l'on comprenait que cette intervention exceptionnelle des dieux était, relativement parlant, rare, et supposable seulement dans ce qu'on appelait de grandes crises. Dans la vieille légende hésiodique (V. t. I, ch. 9), Apollon est instruit par un corbeau de l'infidélité de la nymphe Korônis à son égard, Τῷ μὲν ἄρ' ἄγγελος ἦλθε κόραξ, etc. (le corbeau paraît ailleurs comme compagnon d'Apollon, Plut. de Isid. et Os. p. 379; Hérod. IV, 15). Pindare, dans la version qu'il donna de la légende, éliminait le corbeau, sans spécifier *comment* Apollon avait connu le fait. Les Scholiastes louent beaucoup Pindare d'avoir rejeté la puérile version de l'histoire : ἐπαινεῖ τὸν Πίνδαρον ὁ Ἀρτέμων ὅτι παραχρουσάμενος τὴν περὶ τὸν κόρακα ἱστορίαν, αὐτὸν δι' ἑαυτοῦ ἐγνωκέναι φησὶ τὸν Ἀπόλλω...Χαίρειν οὖν ἐάσας τῷ τοιούτῳ μύθῳ τέλεως ὄντι ληρώδει, etc. Cf. aussi la critique du Schol. ad Soph. Œdip. Col. 1378 sur le vieux poëme épique la Thêbaïs, et les remarques d'Arrien (Exp. Al. III, 4) sur l'intervention divine qui permit à Alexandre et à son armée de trouver leur route à travers les sables du désert jusqu'au temple d'Ammon.

Aux yeux de M. Ampère, le récit du biographe de saint Columban paraît

la formation successive d'habitudes critiques et philosophiques dans l'esprit moderne, ont fait que ces légendes des saints, croyance jadis chère à un nombreux public dont elles

---

puéril (οὔπω ἴδον ὧδε θεοὺς ἀναφανδὰ φιλεῦντας, Odyss. III, 221) ; aux yeux de ce biographe, la critique de M. Ampère aurait paru impie. Une fois qu'il est accordé que les phénomènes sont susceptibles d'être répartis sous deux dénominations, les phénomènes naturels et les miraculeux, on doit laisser aux sentiments de chaque individu le soin de déterminer ce qui est ou non une occasion convenable pour un miracle. Diodore et Pausanias différaient d'opinion (comme on l'a dit dans un précédent chapitre) au sujet de la mort d'Actæon dévoré par ses propres limiers ; le premier soutenait que le cas convenait bien à une intervention spéciale de la déesse Artemis ; le second, qu'il n'en était pas ainsi. La question est une de celles qui ne peuvent être décidées que par les sentiments religieux et la conscience de deux personnes opposées de sentiment : on ne peut leur imposer aucune règle commune de jugement ; car il n'est pas de raisons tirées de la science ou de la philosophie qui soient valables, vu que, dans ce cas, la question même en litige est de savoir si le point de vue scientifique est admissible. Ceux qui sont disposés à adopter la croyance surnaturelle trouveront que, dans chaque cas, il leur est possible d'employer le langage dont se sert, pour réprouver les sceptiques de son époque, Denys d'Halicarnasse, en racontant un miracle opéré par Vesta, pendant les premiers temps de Rome, dans le but de sauver une vierge accusée injustement : « Il n'est pas inutile (fait-il observer) de raconter la manifestation (ἐπιφάνειαν) spéciale par laquelle la déesse intervint en faveur de ces vierges accusées injustement. Car ces circonstances, extraordinaires comme elles le sont, ont été jugées dignes de foi par les Romains, et les historiens en ont parlé beaucoup. Il est vrai que ceux qui adoptent le système de philosophie athée (si toutefois nous devons l'appeler *philosophie*), mettant en pièces comme ils le font *toutes* les manifestations spéciales (ἀπάσας διασύροντες τὰς ἐπιφανείας τῶν θεῶν) des dieux qui ont eu lieu chez les Grecs ou chez les barbares, tourneront naturellement aussi *ces* histoires-*ci* en ridicule, en les attribuant aux vains bavardages des hommes, comme si aucun des dieux ne se souciait de l'humanité. Mais ceux qui, ayant poussé plus loin leurs recherches, croient que les dieux ne sont pas indifférents aux affaires humaines, mais qu'ils sont favorables aux hommes bons et hostiles aux méchants, ne regarderont pas les manifestations spéciales *dont nous parlons* comme *plus* incroyables que d'autres. » (Dionys. Halic. II, 68-69.) Plutarque, après avoir signalé le grand nombre de récits miraculeux en circulation, exprime le désir qu'il a de tirer une ligne entre le vrai et le faux, mais il ne sait où la placer : « L'excès de crédulité aussi bien que d'incrédulité (nous dit-il) dans de tels sujets est également dangereux ; la meilleure marche à suivre est la précaution, et rien de trop. » (Camille, c. 6.) Polybe est d'avis de permettre aux historiens de raconter un nombre suffisant de miracles pour conserver un sentiment de piété dans la multitude, mais pas plus ; mesurer la juste quantité (fait-il observer) est chose difficile, mais non impossible (δυσπαράγραφός ἐστιν ἡ ποσότης, οὐ μὴν ἀπαράγραφός γε, XVI, 12).

faisaient les délices (1), ont perdu absolument tout crédit, sans même être regardées, chez les protestants du moins, comme dignes d'un examen sérieux relativement à leur authenticité, marque de la valeur passagère de la croyance publique, quelque fervente et sincère qu'elle soit, comme preuve de vérité historique, si elle se joint à des prédispositions religieuses.

La même veine productrice de mythes, la même sensibilité et la même facilité à croire, qui avaient créé le besoin des légendes des Saints et l'avaient satisfait à la fois, préparèrent aussi le fonds abondant de poésie narrative romanesque, servant à amplifier et à expliquer l'idéal de la chevalerie. Ce que les légendes de Troie, de Thêbes, du sanglier de Kalydôn, d'Œdipe, de Thêseus, etc., étaient pour un Grec des anciens temps, les contes d'Arthur, de Charlemagne, des Niebelungen le furent pour un Anglais, un Français ou un Allemand du douzième ou du treizième siècle. Ce n'était ni une fiction reconnue ni de l'histoire dont on eût prouvé l'authenticité; c'était de l'histoire telle qu'elle est sentie et accueillie par des esprits qui n'ont pas l'habitude de rechercher l'évidence et qui ignorent la nécessité de le faire. On sait que la Chronique de Turpin, pure compilation de légendes poétiques concernant Charlemagne, était acceptée comme de l'histoire véritable, et que même elle était déclarée telle par l'autorité d'un pape; et les auteurs des romans annoncent eux-mêmes, non moins que ceux de l'ancienne épopée grecque, qu'ils vont raconter des faits réels et positifs (2). Il est certain que Charlemagne est un grand nom

---

(1) La grande collection faite par les Bollandistes des Vies des Saints, qui devait comprendre l'année entière, ne dépassa pas neuf mois, de janvier à octobre, qui occupent cinquante-trois gros volumes. Le mois d'avril remplit trois de ces volumes, et présente les vies de 1,472 saints. Si la collection avait renfermé toute l'année, le nombre total de ces biographies aurait à peine été au-dessous de 25,000, et aurait pu même dépasser ce chiffre (V. Guizot, Cours d'histoire moderne, leçon 17, p. 157).

(2) V. History of English Poetry de Warton, vol. I, dissert. I, p. 17. Et dans la sect. 3, p. 140 : « Vincent de Beauvais, qui vivait sous Louis IX de France (vers 1260), et qui, à cause de son érudition extraordinaire, fut nommé

historique, et il est possible, bien que cela ne soit pas certain, que le nom d'Arthur puisse être historique aussi. Mais le Charlemagne de l'histoire et le Charlemagne du roman n'ont guère de commun que le nom ; nous ne pourrions non plus jamais déterminer que par des preuves indépendantes (et dans ce cas nous les possédons) si Charlemagne était un personnage réel ou fictif (1). Ce nom illustre, aussi bien

---

précepteur des fils de ce roi, range très-sérieusement le Charlemagne de l'archevêque Turpin parmi les histoires réelles, et le place sur le même niveau que celles de Suétone et de César. Il était lui-même historien, et il a laissé une histoire considérable du monde, remplie d'une grande variété de lecture, et qui jouissait d'une haute réputation dans le moyen âge ; mais quelque édification, quelque charme que cet ouvrage puisse avoir procuré à ses contemporains, à présent il ne sert qu'à constater leurs préjugés et à caractériser leur crédulité. » Sur la pleine croyance que le quatorzième siècle accordait à Arthur et aux Contes de la Table Ronde, et sur les étranges erreurs historiques du poëte Gower au quinzième, V. le même ouvrage, sect. 7, vol. II, p. 33 ; sect. 19, vol. II, p. 239.

« L'auteur de la Chronique de Turpin (dit M. Sismondi, Littérature du Midi, vol. I, ch. 7, p. 289) n'avait point l'intention de briller aux yeux du public par une invention heureuse, ni d'amuser les oisifs par des contes merveilleux qu'ils reconnaîtraient pour tels ; il présentait aux Français tous ces faits étranges comme de l'histoire, et la lecture des légendes fabuleuses avait accoutumé à croire à de plus grandes merveilles encore ; aussi plusieurs de ces fables furent-elles reproduites dans la Chronique de saint Denis. »

Et *ib.*, p. 290 : « Souvent les anciens romanciers, lorsqu'ils entreprennent un récit de la cour de Charlemagne, prennent un ton plus élevé : ce ne sont point des fables qu'ils vont conter, c'est de l'histoire nationale, c'est la gloire de leurs ancêtres qu'ils veulent célébrer, et ils ont droit alors à demander qu'on les écoute avec respect. »

La Chronique de Turpin fut insérée, même à une date aussi avancée que l'année 1556, dans la collection des anciens historiens allemands imprimée à Francfort par Scardius (Ginguené, Histoire littéraire d'Italie, vol. IV, part. II, c. 3, p. 157).

Au sujet de ce même fait, à savoir que ces romans étaient acceptés par les auditeurs comme des histoires réelles, V. Sir Walter Scott, préface de Sir Tristram, p. 67. Les auteurs des légendes des saints ne sont pas moins explicites quand ils affirment que tout ce qu'ils racontent est vrai et bien attesté (Ampère, c. 14, p. 358).

(1) La série des articles de M. Fauriel, publiée dans la Revue des Deux-Mondes, vol. XIII, est très-instructive touchant l'origine, le caractère et l'influence des romans de chevalerie. Bien que le nom de Charlemagne paraisse, les romanciers ne peuvent réellement le distinguer de Charles Martel ou de Charles le Chauve (p. 537-539). Ils lui attribuent une expédition en terre sainte, dans laquelle il conquit Jérusalem sur les Sarrasins, obtint la possession des reliques de la passion du Christ, la couronne d'épines, etc. Il porta ces précieuses reliques à Rome, d'où elles furent enlevées et apportées en Espagne par un émir sarrasin nommé Balan, à la tête de son armée.

qu'Arthur, personnage plus problématique, les romanciers s'en emparent, non pas avec l'idée de célébrer des réalités vérifiées auparavant, mais dans le but d'exposer ou d'amplifier un idéal de leur invention, de manière à exciter les sentiments et à captiver en même temps la foi de leurs auditeurs.

Distinguer, parmi les personnages de l'épopée carlovingienne, les réels des fictifs, examiner si l'expédition attribuée à Charlemagne contre Jérusalem avait jamais eu lieu ou non, séparer la vérité de l'exagération dans les exploits des chevaliers de la Table-Ronde, c'étaient là des problèmes que les auditeurs de cette époque n'avaient ni le désir de soulever ni le moyen de résoudre. Ils acceptaient le récit tel qu'ils l'entendaient, sans soupçon ni réserves : les incidents racontés, aussi bien que les liens qui les unissaient, étaient en complète harmonie avec leurs sentiments, et satisfaisaient aussi bien leurs sympathies que leur curiosité, et il ne leur fallait rien de plus pour les engager à y croire, quelque faible que pût être la base historique, ou dût-elle même ne pas exister (1).

L'expédition de Charlemagne contre les Sarrasins en Espagne fut entreprise dans le but de recouvrer les reliques : « Ces divers romans peuvent être regardés comme la suite, comme le développement de la fiction de la conquête de Jérusalem par Charlemagne. »

Relativement au roman de Renaud de Montauban (où sont décrites les luttes d'un seigneur féodal contre l'empereur), M. Fauriel fait observer : « Il n'y a, je crois, aucun fondement historique ; c'est, selon toute apparence, la plus pure expression poétique du fait général », etc. (p. 542).

(1) Parmi les « formules consacrées » (fait remarquer M. Fauriel) des romanciers de l'épopée carlovingienne, il y a des affirmations de leur propre véracité, de l'exactitude de ce qu'ils vont raconter, une spécification de témoins qu'ils ont consultés, d'appels à de prétendues chroniques : « Que ces citations, ces indications soient parfois sérieuses et sincères, cela peut être ; mais c'est une exception et une exception rare. De telles allégations de la part des romanciers sont en général un pur et simple mensonge, mais non toutefois un mensonge gratuit. C'est un mensonge qui a sa raison et sa convenance : il tient au désir et au besoin de satisfaire une opinion accoutumée à supposer et à chercher du vrai dans les fictions du genre de celles où l'on allègue ces prétendues autorités. La manière dont les auteurs de ces fictions les qualifient souvent eux-mêmes est une conséquence naturelle de leur prétention d'y avoir suivi des documents vénérables. Ils les qualifient de chansons de *vieille histoire*, *haute histoire*, de *bonne geste*, de grande

Les romans de chevalerie représentaient, pour ceux qui les entendaient, des faits réels du temps passé, « les gloires

baronnie : et ce n'est pas pour se vanter qu'ils parlent ainsi ; la vanité d'auteur n'est rien chez eux en comparaison du besoin qu'ils ont d'être crus, de passer pour de simples traducteurs, de simples répétiteurs de légendes ou d'histoire consacrée. Ces protestations de véracité, qui, plus ou moins expresses, sont de rigueur dans les romans carlovingiens, y sont aussi fréquemment accompagnées de protestations accessoires contre les romanciers, qui, ayant déjà traité un sujet donné, sont accusés d'y avoir faussé la vérité. » (Fauriel, Orig. de l'épopée chevaleresque, dans la Revue des Deux-Mondes, vol. XIII, p. 554).

Sur le cycle de la Table-Ronde, V. la même série d'articles (Rev. D. M. t. XIV, p. 170-184). Les chevaliers du Saint-Graal étaient une sorte d'« idéal » des Templiers : « Une race de princes héroïques, originaires de l'Asie, fut prédestinée par le ciel même à la garde du Saint-Graal. Perille fut le premier de cette race qui, s'étant converti au christianisme, passa en Europe sous l'empereur Vespasien », etc. ; vient ensuite une série d'incidents fabuleux ; l'action surnaturelle dans l'épopée est semblable à ce que nous voyons dans Homère, Διὸς δ' ἐτελείετο βουλή.

M. Paulin Pâris, dans ses préfaces aux romans des Douze Pairs de France, a combattu un grand nombre des idées de M. Fauriel, et avec succès, quant à ce qui concerne l'origine provençale des chansons de geste, affirmée par ce dernier. Quant aux romans de la Table-Ronde, il est d'accord en substance avec M. Fauriel ; mais il essaye d'attribuer une plus grande valeur historique aux poëmes de l'épopée carlovingienne, sans aucun succès à mon avis. Mais sa propre analyse du vieux poëme de Garin le Loherain appuie l'opinion même qu'il réfute : « Nous sommes au règne de Charles Martel, et nous reconnaissons sous d'autres noms les détails exacts de la fameuse défaite d'Attila dans les champs catalauniques. Saint Loup et saint Nicaise, glorieux prélats du quatrième siècle, reviennent figurer autour du père de Pépin le Bref ; enfin, pour compléter la confusion, Charles Martel meurt sur le champ de bataille, à la place du roi des Visigoths, Théodoric... *Toutes les parties de la narration sont vraies*, seulement *toutes s'y trouvent déplacées*. En général, les peuples n'entendent rien à la chronologie ; les événements restent : les individus, les lieux et les époques ne laissent plus aucune trace ; c'est, pour ainsi dire, une décoration scénique que l'on applique indifféremment à des récits souvent contraires. » (Préface au roman de Garin le Loherain, p. 16-20, Paris, 1833.) Cf. aussi sa lettre à M. Monmerqué, mise en tête du roman de Berthe aux Grans Piés, Paris, 1836.

Dire que *toutes* les parties du récit sont vraies est contraire à ce que M. Pâris veut prouver ; *quelques* parties peuvent être vraies, prises à part ; mais ces fragments de vérité sont fondus dans une masse abondante de fictions, et ne peuvent en être distingués que si nous possédons quelque critérium indépendant. Un poëte qui choisit un incident pris dans le quatrième siècle, un autre dans le cinquième et quelques autres dans le huitième, et qui ensuite les réunit tous pour en faire un récit continu, avec beaucoup d'additions personnelles, montre qu'il prend les différents faits parce qu'ils conviennent au dessein de sa narration, non parce qu'ils se trouvent attestés par une preuve historique. Ses auditeurs ne sont pas des critiques : ils désirent que leur imagination et leurs

des hommes d'autrefois, » pour nous servir de l'expression hésiodique (1), en même temps qu'ils renfermaient et complétaient les détails d'un idéal héroïque, tel que cet âge pouvait le concevoir et l'admirer, une piété fervente, combinée avec la force, la bravoure, et l'amour d'attaques aventureuses dirigées parfois contre les infidèles, parfois contre des enchanteurs ou des monstres, parfois tentées pour la défense du beau sexe. De tels traits caractéristiques étaient naturellement populaires, dans un siècle de luttes féodales et de manque universel de sécurité, où les principaux sujets de respect et d'intérêts communs étaient l'Église et les Croisades, et où l'on embrassait particulièrement ces dernières avec un enthousiasme véritablement étonnant.

Le long poëme allemand, le Lied des Niebelungen, aussi bien que la Volsunga Saga et une portion des chants de l'Edda, se rapporte à un fonds commun de personnages mythiques, surhumains, et d'aventures fabuleuses, identifié avec l'antiquité la plus reculée de la race teutonique et scandinave, et représentant leur sentiment primitif à l'égard d'ancêtres d'origine divine. Sigurd, Brynhilde, Gudrun et Atle sont des caractères mythiques célébrés aussi bien par les scaldes scandinaves que par les poëtes épiques allemands, mais avec beaucoup de variétés et d'additions séparées pour distinguer les uns des autres. L'épopée allemande, plus récente et plus travaillée, renferme divers personnages inconnus aux chants de l'Edda, en particulier le nom saillant de Dieterich de Berne ; elle présente en outre les détails et les caractères principaux comme étant chrétiens, tandis que dans l'Edda il n'y a pas de trace d'autre chose que de paganisme. Il y a en effet, dans cette version ancienne et païenne,

---

sentiments soient touchés, et ils se contentent d'accepter, sans le révoquer en doute, tout ce qui remplit ce but.

(1) Hésiode, Theogon. 100 ; κλέα προτέρων ἀνθρώπων. Puttenham parle du reste des bardes existant de son temps (1589) : « Harpeurs aveugles, ou ménestrels de taverne de ce genre, dont les sujets sont pour la plupart des *histoires de l'ancien temps*, comme le Tale of Sir Topaze, les Reportes de Bevis de Southampton, d'Adam Bell, de Clymne of the Clough et d'autres vieux romans ou *Historical Rhymes*. » (Arte of English Poesie, liv. II, c. 9.)

une remarquable analogie avec bien des points du récit mythique grec. De même qu'Achille est condamné à une courte existence, et les Labdakides de Thèbes au malheur, de même dans la famille des Volsungs, bien qu'issue des dieux et protégée par eux, la malédiction du Destin est suspendue au-dessus de leur tête et les entraîne à leur ruine, malgré de prééminentes qualités personnelles (1). Plus cette vieille his-

---

(1) Relativement à la Volsunga Saga et au Lied des Niebelungen, l'ouvrage de Lange (Untersuchungen über die Geschichte und das Verhaltniss der Nordischen und Deutschen Heldensage) est une remarquable traduction de la Sagabibliothek danoise de P. E. Müller.

P. E. Müller soutient effectivement la base historique des contes concernant es Volsungs (V. p. 102-107), mais à 'aide d'arguments très-peu satisfaisants, bien que la véritable origine scandinave du conte soit parfaitement démontrée. Le chapitre ajouté à la fin par Lange lui-même (V. p. 432, etc.) renferme des vues plus justes, quant au caractère de la mythologie primitive, bien qu'il avance aussi quelques idées relativement à quelque chose « de purement symbolique » à l'arrière-plan, idées qu'il me semble difficile d'adopter (V. p. 477, etc.). — Il y a de très-anciennes ballades épiques chantées par le peuple dans les îles Féroé, dont un grand nombre se rapportent à Sigurd et à ses aventures (p. 412).

Jacob Grimm, dans sa Deutsche Mythologie, conserve le caractère purement mythique, en tant qu'opposé au caractère historique de Sigfried et de Dieterich (art. *Helden*, p. 344-346).

De même aussi, dans la grande épopée persane de Ferdousi, les caractères principaux sont religieux et mythiques. M. Mohl fait les remarques suivantes :
« Les caractères des personnages principaux de l'ancienne histoire de Perse se retrouvent dans le livre des Rois (de Ferdousi), tels que les indiquent les parties des livres de Zoroaster que nous possédons encore. Kaioumors, Djemschid, Feridoun, Gushtasp, Isfendiar, etc., jouent, dans le poëme épique, le même rôle que dans les livres sacrés : à cela près que, dans les derniers, ils nous apparaissent à travers une atmosphère mythologique qui grandit tous leurs traits ; mais cette différence est précisément celle qu'on devait s'attendre à trouver entre la tradition religieuse et la tradition épique. » (Mohl, livre des Rois, par Ferdousi, préface, p. 1.)

Les historiens persans postérieurs à Ferdousi ont tous pris son poëme comme base de leurs histoires, et l'ont même copié littéralement et avec fidélité (Mohl, p. 53). Un grand nombre de ses héros devinrent les sujets de longues biographies épiques, écrites et récitées sans art ni grâce, souvent par des écrivains dont les noms sont inconnus (*ib.* p. 54-70). M. Morier nous dit que « les Persans actuels croient encore que le shah Nameh renferme leur ancienne histoire. » (Adventures of Hadgi Baba, c. 32.) Comme les romanciers chrétiens transformaient Apollon en patron des musulmans, ainsi Ferdousi fait d'Alexandre le Grand un chrétien : « La critique historique (fait remarquer M. Mohl) était, du temps de Ferdousi, chose presque inconnue. » (*Ib.* 48.) Au sujet de l'absence non-seulement de toute historiographie, mais aussi de toute idée de cette science, ou de goût pour elle chez les Indiens, les Persans, les Arabes, etc., des an-

toire teutonique a été retracée et comparée complétement, dans ses différentes transformations et avec ses divers accessoires, moins il est possible de prouver pour elle une connexion quelconque bien établie avec des noms ou des événements authentiques, tels que les présente l'histoire. Nous devons consentir à admettre que ses personnages diffèrent de l'humanité ordinaire dans la conception primitive, et qu'ils appartiennent au monde mythique subjectif de la race qui les chantait.

Telles étaient les compositions qui au moyen âge non-seulement excitaient les émotions, mais encore satisfaisaient la curiosité historique aveugle du public ordinaire. Les exploits d'une foule de ces héros romanesques ressemblent en plusieurs points à ceux des Grecs : les aventures de Perseus, d'Achille, d'Odysseus, d'Atalantè, de Bellerophôn, de Jasôn, la guerre de Troie ou l'expédition des Argonautes en général, auraient parfaitement convenu à l'épopée carlovingienne ou aux autres épopées de l'époque .(1). L'épopée du moyen âge, comme

---

ciens temps, V. le savant livre de Nork, Die Goetter Syriens, préface, p. 8, sq. (Stuttgart, 1842).

(1) Plusieurs parmi les héros de l'ancien monde furent en effet eux-mêmes des sujets populaires dans les romanciers du moyen âge, Thêseus, Jasôn, etc.; Alexandre le Grand plus qu'aucun autre.

Le Dr Warton fait remarquer, au sujet de l'expédition des Argonautes : « Peu d'histoires dans l'antiquité ont plus le caractère de l'un des anciens romans que celle de Jasôn. Une expédition d'un nouveau genre est entreprise pour aller dans une contrée étrangère et éloignée. La fille du roi du nouveau pays est une enchanteresse : elle devient amoureuse du jeune prince, qui est le chef des aventuriers. Le prix qu'il cherche est gardé par des taureaux aux pieds d'airain dont la bouche vomit du feu, et par un hideux dragon qui ne dort jamais. La princesse lui prête l'assistance de ses charmes et de ses enchantements pour triompher de ces obstacles; elle lui assure la possession du prix, quitte la cour de son père, et le suit dans sa contrée natale. » (Warton, Observations on Spenser, vol. 1, p. 178.)

Dans le même but, M. Ginguené dit : « Le premier modèle des fées n'est-il pas dans Circé, dans Calypso, dans Médée? celui des géants dans Polyphème, dans Cacus et dans les géants ou les Titans, cette race ennemie de Jupiter? Les serpents et les dragons des romans ne sont-ils pas des successeurs du dragon des Hespérides et de celui de la Toison d'or? Les magiciens! la Thessalie en était pleine. Les armes enchantées et impénétrables! elles sont de la même trempe, et on peut les croire forgées au même fourneau que celles d'Achille et d'Énée. » (Ginguené, Histoire littéraire d'Italie, vol. IV, part. 2, ch. 3, p. 151.)

l'épopée grecque, était éminemment expansive de sa nature. De nouvelles histoires furent successivement rattachées aux noms de Charlemagne et d'Arthur, et à leurs compagnons, précisément comme la légende de Troie fut agrandie par Arctinus, Leschès et Sthésichore, comme celle de Thèbes fut étendue par de nouvelles misères accumulées sur la tête maudite d'Œdipe, et celle du sanglier de Kalydôn par l'addition d'Atalantê. A tout prendre, l'état d'esprit des auditeurs semble dans les deux cas avoir été à peu près le même; avides d'émotion et de sympathie, non-seulement ils faisaient un accueil cordial à tout récit qui était à l'unisson de leurs sentiments, mais encore ils y croyaient de bonne foi.

Néanmoins il y avait des différences qui méritent d'être mentionnées et qui rendent la proposition précédente plus absolument exacte par rapport à la Grèce que par rapport au moyen âge. Les récits de l'épopée et les mythes dans leur signification la plus populaire et la plus étendue furent la seule nourriture intellectuelle dont était pourvu le public grec jusqu'au sixième siècle avant l'ère chrétienne : il n'y avait ni ouvrages en prose, ni histoire, ni philosophie. Mais tel ne fut pas le cas à l'époque où parut l'épopée du moyen âge. A ce moment, une partie de la société possédait la langue latine, avait l'habitude d'écrire, et quelque teinture et d'histoire et de philosophie; il y avait une série de chroniques, chétives à la vérité et imparfaites, mais qui se rapportaient aux événements contemporains et empêchaient que l'histoire réelle du passé ne tombât dans l'oubli; il y avait même individuellement des hommes lettrés, au douzième siècle, dont la connaissance qu'ils avaient de la littérature latine fut assez grande pour développer leur esprit et faire faire des progrès à leur jugement. De plus, l'épopée du moyen âge, bien que profondément imbue d'idées religieuses, n'était pas directement amalgamée avec la religion du peuple et ne trouvait pas toujours faveur auprès du clergé; les héros de l'épopée grecque, au contraire, furent rattachés de mille manières aux pratiques et au culte existant alors et aux localités sacrées ; bien plus, Homère et Hésiode passent, avec Hérodote, pour avoir construit l'édifice de la théologie grecque. Nous voyons ainsi que l'épopée ancienne était exempte de certaines influences capables de la troubler dont était entourée celle du moyen âge, et en même temps qu'elle était plus étroitement identifiée avec les veines de pensée et de sentiment qui dominaient dans le public grec. Toutefois ces influences, bien qu'agissant en sens contraire, n'empêchèrent pas le pape Calixte II de déclarer que la chronique de Turpin était une histoire véritable.

Si nous prenons l'histoire de notre propre pays telle qu'elle fut conçue et écrite depuis le douzième siècle jusqu'au dix-septième par Hardyng, Fabyan, Grafton, Hollinshed et autres, nous verrons qu'elle était supposée commencer avec Brute le Troyen, et qu'elle était amenée de là, pendant bien des siècles et par une longue succession de rois, jusqu'au temps de Jules César. L'imagination d'autres nations en Europe se plut également à croire qu'elles descendaient de Troie, idée qui avait vraisemblablement sa source dans une imitation respectueuse des Romains et de leur origine troyenne. Quant à ce qui concerne les Anglais, celui surtout qui mit cette croyance en circulation fut Geoffrey (Godefroid) de Monmouth. Elle passa, après peu de résistance ou de discussion, dans la foi nationale, les rois, à partir de Brute, étant inscrits dans une série régulière, chronologique, avec leurs dates respectives annexées. Dans une contestation qui s'éleva entre l'Angleterre et l'Écosse pendant le règne d'Édouard Ier (1301 de l'ère chrétienne), on inséra solennellement dans un document présenté à l'appui des droits de la couronne d'Angleterre, l'origine des rois d'Angleterre descendant de Brute le Troyen, comme un argument propre à soutenir le point en litige ; et il passa sans être attaqué par la partie adverse (1), incident qui nous remet en mé-

---

(1) V. Warton, History of English poetry, sect. 3, p. 131, note. « Personne, avant le seizième siècle, n'osait douter que les Francs tirassent leur origine de Francus, fils d'Hector ; que les Espagnols descendissent de Japhet, les Bretons de Brutus, et les Écossais de Fergus. » (*Ib.* p. 140.)

D'après le prologue de l'Edda en prose, Odin était le roi suprême de Troie en Asie, « in eâ terrâ quam nos Turciam appellamus... Hinc omnes Bo-

moire l'appel que, lors de la dispute qui s'éleva entre les Athéniens et Philippe de Macédoine, au sujet d'Amphipolis, fit Eschine aux droits dotaux primitifs d'Akamas, fils de Thêseus, ainsi que la défense produite par les Athéniens à l'appui de leur conquête de Sigeion, contre les réclamations des Mitylênæens, défense dans laquelle les premiers alléguaient qu'ils avaient autant de droits à posséder la ville qu'aucun des autres Grecs qui avaient formé une partie de l'armement victorieux d'Agamemnôn (1).

La ténacité avec laquelle on défendit cette ancienne série de rois anglais n'est pas moins remarquable que la facilité avec laquelle on l'admit. Les chroniqueurs, au commencement du dix-septième siècle, protestèrent avec chaleur contre le scepticisme importun qui voulait annuler tant de souverains vénérables et effacer tant de nobles actions. Ils en appelèrent aux sentiments patriotiques de leurs auditeurs, représentèrent l'énormité d'un procédé consistant à élever une critique présomptueuse contre la croyance des âges, et insistèrent sur le danger du précédent quant à ce qui concernait l'histoire en général (2). Quel était l'état de cette controverse à l'époque et aux yeux de l'illustre auteur du

---

realis plagæ magnates vel primores genealogias suas referunt, atque principes illius urbis inter numina locant; sed in primis ipsum Priamum pro Odeno ponunt, » etc. Ils identifiaient aussi *Tros* avec *Thor*. (V. Lexicon Mythologicum ad calcem Eddæ Sæmund. p. 552, vol. III.)

(1) V. vol. II, ch. 1, et Eschine, De Falsâ Legatione, c. 14; Hérod. V, 94. Les Hêraklides prétendaient un droit sur le territoire voisin du mont Eryx en Sicile, par suite de la victoire remportée par Hêraklês, leur premier père, sur Eryx, le héros éponyme du lieu (Hérod. V, 43).

(2) Les remarques qui se trouvent dans la chronique de Speed (liv. 5, c. 3, sect. 11-12), et la préface de la Continuation of Stowe's Chronicle, par Howes, publiée en 1631, sont curieuses en tant qu'elles expliquent cette foi si vive. Le chancelier Fortescue, en gravant dans l'esprit de son royal élève, le fils de Henry VI, le caractère limité de la monarchie anglaise, la fait venir de Brute le Troyen : « Quant aux différents pouvoirs que les rois prétendent avoir sur leurs sujets, je suis fermement convaincu que cette prétention vient uniquement de la nature différente de leur institution primitive. Ainsi le royaume d'Angleterre tira son origine de Brute et des Troyens, qui l'accompagnèrent, venant d'Italie et de Grèce, et devint une sorte de gouvernement mixte composé du pouvoir royal et du pouvoir politique. » (Hallam, Hist. Mid. Ages, ch. 8, p. 3, p. 230.)

Paradis perdu, c'est ce que montreront ses propres paroles, que je vais citer telles qu'elles se trouvent dans la seconde page de son Histoire d'Angleterre. Après avoir dit quelques mots des histoires de Samothes, fils de Japhet, d'Albion, fils de Neptune, etc., il continue : « Mais quant à Brutus et à sa descendance, ainsi qu'à toute la lignée de rois jusqu'au moment où Jules-César entre en scène, nous ne pouvons pas si aisément nous en délivrer ; ce sont des séries d'ancêtres longtemps prolongées, des lois et des actions signalées qui ne semblent pas simplement avoir été empruntées ou imaginées, et qui n'ont pas produit une médiocre impression sur la croyance ordinaire : *Elles sont défendues par beaucoup de personnes et entièrement niées par un petit nombre.* Car quoi ! Bien qu'on abandonnât Brutus et toute la fable troyenne, en voyant que ceux qui songeaient d'abord à nous donner quelque premier auteur illustre commençaient par se contenter de Brutus le consul, jusqu'à ce que, par une invention meilleure, quoiqu'ils ne voulussent pas renoncer au nom, ils apprissent à le faire remonter plus haut dans des temps plus fabuleux, et jetassent en même temps du jour sur les contes troyens, dans leur désir de faire sortir les Bretons de la même source que les Romains, voici où l'on s'arrêta : *On ne peut penser sans une trop grande incrédulité qu'aucun de ces anciens rois indigènes n'ait été un personnage réel et n'ait pas fait pendant sa vie au moins quelque chose de ce qui a été si longtemps un objet de souvenir.* C'est pour ces raisons, et pour celles que j'ai mentionnées plus haut, que j'ai voulu ne pas omettre ce qui avait reçu l'approbation de tant de personnes. Certain ou incertain, je le laisse sous la responsabilité de ceux que je dois suivre : *Quant à ce qui s'éloigne de l'impossible et de l'absurde* et est attesté par d'anciens écrivains d'après des livres plus anciens, je ne le rejette pas, comme étant le sujet légitime et propre de l'histoire (1). »

---

(1) « Antiquitas enim recepit fabulas fictas etiam nonnunquam incondite : hæc ætas autem jam exculta, præsertim eludens, omne quod fieri non potest, respuit, » etc. (Cicéron, De Republicâ, II, 10, p. 147, ed. Maii.)

Cependant, malgré la croyance générale de tant de siècles, malgré l'accord de conviction chez les historiens et les poëtes, malgré la déclaration de Milton, arrachée à ses sentiments plutôt qu'à sa raison, à savoir que cette longue suite de rois et d'exploits presque historiques ne pouvaient pas *tous* être indignes de foi, malgré un ensemble si considérable d'autorités et de précédents, les historiens du dix-neuvième siècle commencent l'histoire d'Angleterre avec Jules-César. Ils n'essaient pas soit de fixer la date de l'avénement du roi Bladud, soit de déterminer quelle peut être la base de vérité dans le touchant récit de Lear (1). La règle de crédibilité historique, surtout pour ce qui concerne les événements modernes, s'est en effet élevée d'une manière importante et sensible dans les cent dernières années.

Mais pour ce qui concerne l'ancienne histoire grecque, les règles de l'évidence continuent encore à être peu rigoureuses. Le mot de Milton, au sujet de l'histoire d'Angleterre avant César, représente encore assez exactement le sentiment qui domine maintenant à propos de l'histoire mythique de la Grèce : « Cependant on ne peut penser sans une trop grande incrédulité qu'aucun de ces anciens rois indigènes (Agamemnôn, Achille, Odysseus, Jasôn, Adrastos, Amphiaraos, Meleagros, etc.) n'ait jamais été un personnage réel ou n'ait jamais fait dans sa vie au moins quelque partie de ce qui a été si longtemps un *objet de souvenir*. » Au milieu

---

(1) Le Dr Zachary Grey fait les observations suivantes dans ses Notes on Shakespeare (London, 1754, vol. I, p. 112). En commentant le passage du roi Lear, *Néron est un pêcheur dans le lac des ténèbres*, il dit : « C'est là un des *anachronismes* les plus remarquables de Shakespeare. Le roi Lear succéda à son père Bladud l'an du monde 3105, et Néron, l'an du monde 4017, était âgé de seize ans, quand il épousa Octavie, fille de César. » V. Funccii Chronologia, p. 94.

Une telle différence chronologique supposée ne serait guère signalée dans un commentaire écrit maintenant.

L'introduction mise par M. Giles en tête de sa récente traduction de Geoffrey de Monmouth (1842) donne une juste idée et de l'usage que nos vieux poëtes faisaient de ses récits, et de la croyance générale et absolue qu'on leur accorda si longtemps. La liste des anciens rois anglais donnée par M. Giles mérite aussi attention, comme servant de pendant aux généalogies grecques antérieures aux Olympiades.

d'une grande quantité de fictions (nous dit-on encore), il doit y avoir quelque vérité ; mais comment distinguer une telle vérité? Milton n'essaie même pas de faire le départ, il se contente de « se tenir à distance de l'impossible et de l'absurde, » et il termine par un récit qui a, il est vrai, le mérite d'être sobre en couleur, mais qu'il ne songe jamais un instant à recommander à ses lecteurs comme vrai. Ainsi, pour ce qui concerne les légendes de la Grèce, Troie, Thèbes, les Argonautes, le Sanglier de Kalydôn, Hêraklês, Thêseus, Œdipe, on reste encore convaincu qu'il doit y avoir au fond quelque chose de vrai ; et plus d'un lecteur de cet ouvrage sera fâché, je le crains, de ne pas voir conjurer devant lui l'Eidôlon d'une histoire authentique, même bien que l'étincelle essentielle de l'évidence manque complétement (1).

---

(1) Le passage suivant de la préface de M. Price, mise en tête de Warton's History of English Poetry, est à la fois juste et fortement caractérisé : toute la préface est en effet remplie de réflexions philosophiques sur les fables populaires en général. M. Price fait observer (p. 79) :

« Le grand mal dont est menacé au jour actuel cette question si longtemps débattue, c'est un extrême aussi dangereux que l'incrédulité de M. Ritson, une disposition à admettre comme histoire authentique, sous une couleur légèrement fabuleuse, tout incident consigné dans la British Chronicle. On condamne maintenant à une interprétation allégorique toutes les circonstances merveilleuses ; on impose une explication forcée aux déviations moins manifestes de ce qui est probable ; et on emploie le subterfuge habituel d'une recherche déconcertée, les leçons fautives et les sophismes étymologiques, pour ramener tout texte réfractaire et intraitable à quelque chose qui ressemble à ce que demandait la logique. On aurait pu espérer que l'insuccès notoire de Denys et de Plutarque dans l'Histoire romaine aurait empêché la répétition d'une erreur que ni le savoir ni l'habileté ne peuvent rendre agréable, et que le ravage et le dégât fatal causés par ces anciens écrivains (si remarquables à d'autres égards), dans l'un des monuments les plus beaux et les plus intéressants d'histoire traditionnelle, auraient agi comme correctifs suffisants sur tous les aspirants à venir. Les partisans de ce système auraient pu du moins apprendre par l'exemple philosophique de Tite Live (s'il est permis d'attribuer à la philosophie une ligne de conduite qui peut-être était inspirée par un sentiment puissant de la beauté poétique) que le souvenir traditionnel ne peut gagner entre les mains de l'historien futur que grâce à une seule aide attrayante, à savoir la grandeur et les nobles agréments de ce style incomparable dont est écrite la première décade, et que le premier devoir envers l'antiquité, ainsi que le plus agréable à l'égard de la postérité, est de transmettre le récit reçu comme une tradition sans mélange, dans toute la plénitude de ses merveilles et l'imposante dignité de son action surnaturelle. Dans quelque large mesure cependant que nous puissions admettre que des événe-

J'ose croire que notre grand poëte a suivi des principes erronés, quant aux vieilles fables anglaises, non moins dans ce qu'il écarte que dans ce qu'il conserve. Omettre le miraculeux et le fantastique (c'est là ce qu'il entend réellement par « l'impossible et l'absurde »), c'est enlever l'âme de ces récits jadis populaires, c'est leur ôter à la fois leur véritable marque distinctive et le charme par lequel ils agissaient sur les sentiments des croyants. Nous devrions encore moins consentir à briser et à désenchanter de la même manière les mythes de l'ancienne Grèce, en partie parce qu'ils possèdent les beautés et le caractère mythiques à un point bien plus élevé de perfection, en partie parce qu'ils entraient plus profondément dans l'esprit d'un Grec et pénétraient à la fois et dans le sentiment public et dans le sentiment privé de

---

ments réels ont fourni la substance d'un récit traditionnel quelconque, toutefois le compte de faits véritables et l'espèce de ces faits, l'époque de leur apparition, les noms des agents et la localité attribuée à la scène, tout cela est combiné d'après des principes tellement en dehors de notre connaissance, qu'il devient impossible de s'arrêter avec certitude à un seul point qui soit mieux prouvé que son pendant. Pour prononcer de telles décisions, la probabilité sera souvent le guide le plus trompeur que nous puissions suivre; car, indépendamment de l'axiome historique connu : « Le vrai n'est pas toujours le vraisemblable, » on pourrait citer d'innombrables exemples où la tradition a eu recours à cette même probabilité pour donner une sanction plausible à ses incidents les plus fictifs et les plus romanesques. Ce sera un travail beaucoup plus utile, partout où il pourra être exécuté, de suivre le progrès de ce récit traditionnel dans le pays où il s'est trouvé placé, en s'en référant à ces monuments naturels ou artificiels qui sont les sources invariables des événements fictifs; et, en comparant rigoureusement ses détails avec les souvenirs analogues d'autres nations, de séparer ces éléments, qui ont évidemment un caractère indigène, des incidents portant l'empreinte d'une origine étrangère. *Peut-être gagnerons-nous peu par un tel procédé pour l'histoire des événements humains;* mais ce sera une addition importante à notre fonds de connaissances, quant à *l'histoire de l'esprit humain.* On y verra infailliblement déployées, comme dans l'analyse de toute source semblable, les opérations de ce procédé d'épuration qui élimine toujours les actes monotones de violence dont est remplie la chronique de la carrière primitive d'une nation, et on y reconnaîtra présenté l'attribut le plus brillant dans la liste des facultés intellectuelles de l'homme, à savoir une imagination ardente et vigoureuse, répandant sur tous les mouvements de l'âme la dignité et l'éclat de la vertu, qui, bien que trompeurs, si on les considère historiquement, ne sont jamais sans offrir une puissante compensation, et c'est là la tendance morale de toutes leurs leçons. »

la nation à un degré beaucoup plus grand que les anciennes fables anglaises ne le faisaient en Angleterre.

Deux voies, et deux seulement, sont ouvertes : l'une serait d'omettre absolument les mythes, ce qui est la manière dont les historiens modernes traitent les vieilles fables anglaises ; la seconde serait de les raconter comme mythes, de reconnaître et de respecter leur nature particulière, et de s'abstenir de les confondre avec l'histoire ordinaire et justifiable. Il y a de bonnes raisons pour suivre cette seconde méthode par rapport aux mythes grecs, et considérés ainsi, ils forment un important chapitre dans l'histoire de l'esprit grec et, à vrai dire, dans celle du genre humain en général. La foi historique des Grecs, aussi bien que celle d'autres peuples, quant aux temps primitifs dénués d'annales, est aussi subjective et aussi personnelle que leur foi religieuse : chez les Grecs, en particulier, les deux sentiments sont mêlés d'une façon si intime qu'une grande violence seule peut les séparer. Dieux, héros et hommes, religion et patriotisme, choses divines, héroïques et humaines, les Grecs formaient de tous ces éléments réunis ensemble un seul tissu indivisible, dont ils ne songeaient pas à distinguer et dont ils ne distinguaient pas réellement les fils de vérité et de réalité, quels qu'ils pussent avoir été dans l'origine. Composées de tels matériaux et animées par l'étincelle électrique du génie, les antiquités mythiques de la Grèce formaient un tout à la fois digne de créance et enchanteur pour la foi et les sentiments du peuple ; mais il cesse d'être digne de créance et enchanteur, si nous le séparons de ces conditions subjectives, pour soumettre ses éléments tout nus à l'examen d'une critique objective. En outre, les portions détachées du passé mythique des Grecs devraient être considérées eu égard à l'agrégat dont elles forment une partie : détacher les légendes divines des légendes héroïques, ou quelqu'une des légendes héroïques du reste, comme s'il existait entre elles une différence essentielle et générique, c'est présenter le tout sous un point de vue erroné. On ne doit pas plus traiter d'une manière objective les mythes de Troie et de Thèbes, avec l'idée de découvrir une base historique, que ceux de Zeus en Krête, d'Apollon et d'Artemis à Dêlos, d'Hermês ou de Promêtheus. Isoler le siége de Troie des autres mythes, comme s'il avait droit à la prééminence, en qualité d'événement historique et chronologique constaté, c'est un procédé qui détruit le caractère et le lien véritables du monde mythique : nous transportons seulement le récit (comme on l'a fait observer dans le chapitre précédent) d'une classe à laquelle il se rattache par les liens et d'une commune origine et d'une affinité fraternelle, à une autre classe avec laquelle il n'a aucune relation, si ce n'est celle que peut lui imposer une critique violente et gratuite.

En tirant cette ligne de démarcation marquée entre le monde mythique et le monde historique, entre des sujets appropriés seulement à l'histoire subjective et des sujets où l'on peut atteindre une évidence objective, nous ne ferons que développer dans la mesure qui lui convient le principe juste et bien connu que Varron a posé il y a longtemps. Cet homme savant reconnaissait trois périodes à distinguer dans le temps qui précédait sa propre époque : « D'abord, le temps qui s'était écoulé depuis les commencements de l'humanité jusqu'au premier déluge; temps complétement inconnu. Secondement, la période depuis le premier déluge jusqu'à la première Olympiade, appelée *la période mythique*, parce qu'on rapporte une foule de choses fabuleuses qu'elle renferme. En troisième lieu, le temps depuis la première Olympiade jusqu'à nous, temps appelé la *période historique*, parce que les choses qui s'y sont faites sont comprises dans de vraies histoires (1). »

---

(1) Varron ap. Censorin. De Die Natali ; Varronis Fragm. p. 119, éd. Scaliger, 1623 : « Varo tria discrimina temporum esse tradit. Primum, ab hominum principio usque ad cataclysmum priorem, quod propter ignorantiam vocatur ἄδηλον. Secundum, a cataclysmo priore ad Olympiadem primam, quod, quia in eo multa fabulosa referuntur, *Mythicon* nominatur. Tertium, a primâ Olympiade ad nos ; quod dicitur *Historicon*, quia res in eo gestæ veris historiis continentur.

Dans le même but Africanus, ap. Eusebium, Præp. Ev. XX, p. 487 : Μέχρι μὲν Ὀλυμπιάδων, οὐδὲν ἀκριβὲς ἱστόρηται τοῖς Ἕλλησι, πάντων συγκεχυμένων, καὶ κατὰ μηδὲν αὐτοῖς τῶν πρὸ τοῦ συμφωνούντων, etc.

En prenant le commencement de l'histoire véritable ou objective au point indiqué par Varron, je considère encore la période mythique et la période historique comme séparées par un plus grand abîme qu'il ne l'aurait admis. Choisir une seule année comme point absolu de départ ne doit pas naturellement être compris littéralement; mais, en réalité, ceci a très-peu d'importance quant à la question présente, en considérant que ces grands événements mythiques, les siéges de Thèbes et de Troie, l'expédition des Argonautes, la chasse du sanglier de Kalydôn, le retour des Hèraklides, etc., sont tous placés longtemps avant la première Olympiade par ceux qui ont appliqué des limites chronologiques aux récits mythiques. La période qui précède immédiatement la première Olympiade est une des plus stériles en événements; la chronologie reçue reconnaît 400 ans, et Hérodote en admettait 500 depuis cette date jusqu'à la guerre de Troie.

CHAPITRE IV

DERNIERS ÉVÉNEMENTS DE LA GRÈCE LÉGENDAIRE. — PÉRIODE DE TÉNÈBRES INTERMÉDIAIRES PRÉCÉDANT L'AURORE DE LA GRÈCE HISTORIQUE.

Exil et abaissement des Hêraklides. — Ils reparaissent formant une armée puissante avec les Dôriens. — Exposé mythique de cette alliance, aussi bien que des trois tribus de Dôriens. — Têmenos, Kresphontês et Aristodêmos envahissent le Péloponèse en traversant le golfe de Corinthe. — Le prophète Karnos tué par Hippotês. — Oxylos choisi comme guide. — Partage des contrées du Péloponèse entre les envahisseurs. — Valeur explicative de ces événements légendaires. — Titre mythique des Dôriens à la possession du Péloponèse. — Platon établit un titre différent dans le même but. — Autres légendes touchant les Achæens et Tisamenos. — Occupation d'Argos, de Sparte et de la Messênia par les Dôriens. — Dôriens à Corinthe. — Alêtês. — Oxylos et les Ætoliens à Elis. — Droits des Eleiens à surveiller les jeux Olympiques. — Familles de Têmenos et de Kresphontês, les dernières dans la série de sujets propres au drame héroïque. — Prétentions des rois historiques de Sparte à une origine achæenne. — Peuples quittant le Péloponèse à la suite de l'occupation dôrienne. — Epeiens, Pyliens, Achæens, Ioniens. — Ioniens au nord du Péloponèse. — Non reconnus par Homère. — Date assignée par Thucydide au retour des Hêraclides. — Les Thessaliens passent de la Thesprôtis dans la Thessalia. — Caractère non hellénique des Thessaliens. — Bœôtiens. — Leur migration de Thessalia en Bœôtia. — Légendes contradictoires relativement aux Bœôtiens. — Affinités entre la Bœôtia et la Thessalia. — Transition de la Bœôtia mythique à la Bœôtia historique. — Séparation des races mythiques de la Grèce. — Emigration æolienne sous les Pélopides. — Emigration ionienne. — Elle forme une ramification de l'histoire légendaire d'Athènes. — Thêseus et Menesthēus. — Les fils de Thêseus recouvrent la royauté de leur père. — Ils sont remplacés par les Nêlides. — Melanthos et Kodros. — Dévouement et mort de Kodros. — Plus de rois à Athènes. — Querelle des fils de Kodros et émigration de Neileus. — Races différentes qui fournirent des émigrants à l'Ionia. — Colonies dôriennes en Asie. — Thêra. — Légende des Minyæ de Lemnos. — Minyæ en Triphylia. — Migration de Dôriens en Krête. — Récit d'Andrôn. — Althæmenês, fondateur de Rhodes. — Kôs, Knidos et Karpathos. — Lacune qui existe entre la légende et l'histoire. — Difficulté d'expliquer cette lacune par l'hypothèse d'une tradition continue. — Un tel intervalle se rattache essentiellement à la naissance de la légende.

SECTION I. — RETOUR DES HÉRAKLIDES DANS LE PÉLOPONÈSE.

Dans les chapitres IV et VII du premier volume, nous avons retracé la descendance des deux familles mythiques les plus distinguées du Péloponèse, les Persides et les Pélopides. Nous avons suivi les premiers jusqu'à Hèraklès et à son fils Hyllos, et les seconds jusqu'à Orestès, fils d'Agamemnôn, qui est laissé en possession de cette suprématie dans la péninsule, à laquelle son père avait dû le commandement suprême dans la guerre de Troie. Les Hèraklides ou fils d'Hèraklès sont bannis et réduits à dépendre de l'aide ou de la protection étrangère : Hyllos avait péri dans un combat singulier contre Echemos de Tegea (uni aux Pélopides par un mariage avec Timandra, sœur de Klytæmnèstra) (1), et une convention solennelle avait été faite, comme condition préliminaire de ce duel, à savoir que sa famille n'entreprendrait pas une tentative semblable d'invasion pendant l'intervalle de cent années. A l'expiration du terme stipulé, la tentative fut renouvelée, et avec un succès complet; mais ce succès ne fut pas dû autant à la valeur des envahisseurs qu'à un puissant corps de nouveaux alliés. Les Hèraklides reparaissent comme chefs et compagnons des Dôriens, section septentrionale des Grecs, qui prennent de l'importance maintenant pour la première fois, pauvre il est vrai en renom mythique, puisqu'il n'est jamais question d'eux dans l'Iliade, et qu'ils sont mentionnés une fois accidentellement dans l'Odyssée, comme étant une fraction des habitants de la Krète parlant divers idiomes, mais destinée à former un des éléments principaux et prédominants pendant toute la durée de l'existence de la Hellas historique.

Le fils de Hyllos, Kleodæos, aussi bien que son petit-fils Aristomachos, était mort alors, et la descendance d'Hèraklès était représentée par les trois fils de ce dernier, Têmenos, Kresphontès et Aristodèmos. C'est sous leur conduite

---

(1) Hésiode, Eoiai, Fragm. 58, p. 43, éd. Düntzer.

que les Dôriens pénétrèrent dans la péninsule. Le récit mythique faisait remonter l'union intime qui existait entre les Hêraklides et les Dôriens à une guerre antérieure, où Hêraklês lui-même avait rendu un service inappréciable au roi Ægimios, vivement pressé dans une lutte avec les Lapithæ. Hêraklês défit les Lapithæ et tua leur roi Korônos ; dans sa reconnaissance Ægimios céda à son libérateur un tiers de tout le pays qu'il possédait et adopta Hyllos pour fils. Hêraklês désira que le territoire accordé ainsi pût être tenu en réserve jusqu'à ce qu'il vînt un moment où ses descendants pourraient en avoir besoin; et ce moment arriva après la mort de Hyllos (V. vol. Ier, ch. V). Quelques-uns des Hêraklides trouvèrent alors asile à Trikorythos en Attique, mais les autres, tournant leurs pas vers Ægimios, sollicitèrent de lui la portion du pays qui avait été promise au vaillant auteur de leur race. Ægimios les reçut selon son engagement et leur céda le tiers de son territoire, en vertu de la stipulation (1). A partir de ce moment les Hêraklides et les Dôriens furent intimement unis dans une seule société commune. Pamphylos et Dymas, fils d'Ægimios, accompagnèrent Têmenos et ses deux frères dans leur expédition contre le Péloponèse.

Tel est l'incident mythique qui prétend expliquer l'origine de ces trois tribus dans lesquelles toutes les communautés

---

(1) Diodore, IV, 37-60; Apollod. II, 7, 7. Ephore ap. Steph. Byz. Δυμᾶν, Fragm. 10, éd Marx.
Pindare appelle les institutions dôriennes τεθμοὶ Αἰγιμίου Δωρικοί (Pyth. I, 124).
Il existait un ancien poëme épique, aujourd'hui perdu, mais cité dans quelques rares occasions par des auteurs conservés encore, sous le titre de Αἰγίμιος ; on l'attribuait parfois à Hésiode, parfois à Kerkops (Athenæ. XI, p. 503). Le petit nombre de fragments qui restent ne nous permet pas d'en comprendre le plan, en tant qu'ils embrassent différents incidents mythiques très-éloignés les uns des autres, Iô, les Argonautes, Pêleus et Thetis, etc. Mais le titre qu'il porte semble impliquer que la guerre d'Ægimios contre les Lapithæ, et le secours que lui prêta Hêraklês, étaient un de ses principaux sujets. O. Müller (History of the Dorians, vol. I. b. 1. c. 8) et Welcker (Der Epische Kyklus, p. 263) me semblent tous deux aller au delà des preuves bien modiques que nous possédons, quand ils déterminent ce poëme aujourd'hui perdu; cf. Marktscheffel, Præfat. Hesiod. Fragm. cap. 5, p. 159.

doriennes étaient ordinairement réparties, les Hylléis, les Pamphyli et les Dymanes, la première des trois renfermant certaines familles particulières, telles que celle des rois de Sparte, qui portaient le nom spécial d'Héraklides. Hyllos, Pamphylos et Dymas sont les héros éponymes des trois tribus dôriennes.

Têmenos et ses deux frères résolurent d'attaquer le Péloponèse, non dans une marche par terre, le long de l'isthme, semblable à celle dans laquelle Hyllos avait été tué précédemment, mais par mer, en franchissant le bras étroit qui sépare les promontoires de Rhion et d'Antirrhion, par lesquels commence le golfe de Corinthe. Selon un seul récit, il est vrai, que toutefois Hérodote ne semble pas avoir connu, on dit qu'ils choisirent cette ligne de marche sur l'injonction expresse du dieu de Delphes, daignant leur expliquer une réponse qui avait été faite à Hyllos dans les termes équivoques habituels aux oracles. Les Lokriens Ozoles et les Ætoliens, habitant la côte septentrionale du golfe de Corinthe, furent les uns et les autres favorables à l'entreprise, et les premiers leur accordèrent un port pour construire leurs vaisseaux, circonstance mémorable qui fit donner au port pour toujours dans la suite le nom de Naupaktos. Aristodèmos y mourut frappé de la foudre, laissant deux fils jumeaux, Eurysthenês et Proklês ; mais ses deux frères survivants continuèrent de presser l'expédition avec activité.

Dans ces conjonctures, un prophète akarnanien, nommé Karnos, se présenta dans le camp (1) sous l'inspiration d'Apollon, et fit entendre diverses prédictions. Il fut cepen-

---

(1) Au sujet de ce prophète, cf. Œnomaus ap. Eusebium, Præparat. Evangel. V, p. 211. D'après cette indication, Kleodæos (appelé ici *Aridæos*), fils d'Hyllos, et Aristomachos, fils de Kleodæos, avaient fait tous deux des tentatives séparées et successives pour pénétrer dans le Péloponèse en traversant l'isthme; tous deux avaient échoué et péri, pour avoir mal compris l'avertissement de l'oracle de Delphes : Œnomaus n'avait rien pu savoir de l'assurance donnée par Hyllos, comme condition du combat singulier livré entre lui et Echemos (selon Hérodote), à savoir que les Héraklides ne feraient pas de nouvelles tentatives pendant cent ans : si on avait compris qu'ils avaient donné, puis violé une telle assurance, on aurait probablement produit cette violation pour expliquer leur échec.

dant si fortement soupçonné d'une collusion perfide avec les Péloponésiens, qu'Hippotês, arrière-petit-fils d'Hêraklês par Phylas et Antiochos, le tua. Sa mort attira sur l'armée la colère d'Apollon, qui détruisit leurs vaisseaux et les frappa de la famine. Têmenos, dans sa détresse, s'adressa de nouveau à l'oracle de Delphes pour obtenir aide et conseil; il apprit la cause de tant de souffrances et reçut l'ordre de bannir Hippotês pour dix ans, d'offrir un sacrifice en expiation du meurtre de Karnos, et de chercher comme guide de l'armée un homme qui aurait trois yeux (1). En revenant à Naupaktos, il rencontra l'Ætolien Oxylos, fils d'Andræmôn, qui retournait dans son pays, après un exil temporaire en Elis, encouru pour homicide : Oxylos avait perdu un œil; mais comme il était monté sur un cheval, l'homme et le cheval réunis complétaient les trois yeux voulus, et il fut adopté comme étant le guide qu'avait prescrit l'oracle (2). Sous sa conduite, ils réparèrent leurs vaisseaux, abordèrent sur la côte opposée de l'Achaia, et marchèrent pour attaquer Tisamenos, fils d'Orestês, alors le puissant maître de la péninsule. Il se livra une grande bataille, dans laquelle ce dernier fut vaincu et tué; Pamphylos et Dymas périrent également. Cette bataille rendit les Dôriens si complétement maîtres du Péloponèse, qu'ils procédèrent à la répartition du territoire entre eux. La fertile contrée de l'Elis avait été, par une stipulation antérieure, réservée à Oxylos, en récompense des services qu'il avait rendus comme guide; et il fut convenu que les trois Hêraklides, Têmenos, Kresphontês et les fils, encore enfants, d'Aristodèmos, tireraient au sort Argos, Sparte et Messênê. Argos échut à Têmenos, Sparte aux fils d'Aristodèmos, et Messênê à Kresphontês; ce dernier s'était assuré Messênê, le territoire le plus fertile des trois, en mettant, par fraude, dans le vase d'où l'on tirait les lots, un morceau d'argile au lieu d'une pierre; les lots de ses

---

(1) Apollod. II, 8, 3; Pausan. III, 13, 3.

(2) Apollod. II, 8, 3. D'après le récit de Pausanias, la bête que montait Oxylos était une mule et avait perdu un œil (Paus. V, 3, 5).

frères furent tirés, tandis que le sien resta de côté. Chacun d'eux offrit un sacrifice solennel en l'honneur de ce partage; mais, comme ils procédaient à la cérémonie, on vit sur l'autel de chacun des frères un signe miraculeux : un crapaud correspondant à Argos, un serpent à Sparte, et un renard à Messênê. Les prophètes, consultés, donnèrent le sens de ces indications mystérieuses : le crapaud, animal lent et stationnaire, prouvait que le possesseur d'Argos ne réussirait pas dans des entreprises faites au delà des limites de sa propre ville; le serpent indiquait l'avenir formidable de guerre offensive réservé à Sparte; le renard annonçait aux Messéniens une carrière de ruse et de fraude.

Tel est le court récit que fait Apollodore du retour des Hêraklides, point auquel nous passons, comme si un magicien nous touchait de sa baguette, de la Grèce mythique à la Grèce historique. Le récit porte le cachet non de l'histoire, mais de la légende; c'est un abrégé d'un ou de plusieurs d'entre les poëtes généalogiques (I), et il présente un exposé, qui leur paraissait satisfaisant, de la première formation du grand établissement dôrien dans le Péloponèse, aussi bien que de celui de l'Elis, la contrée semi-ætolienne. Ses incidents sont conçus de manière à expliquer les institutions dôriennes : la triple division des tribus, marque caractéristique des Dôriens; l'origine de la grande fête des Karneia à Sparte et dans d'autres cités dôriennes, qu'on prétendait être célébrée en expiation du meurtre de Karnos; la différence d'humeur et de caractère des États dôriens dans leurs rapports mutuels; l'ancienne alliance des Dôriens avec Elis, ce qui contribua à donner aux jeux Olympiques l'ascendant et la vogue; la dépendance respectueuse des Dôriens vis-à-

---

(1) Hérodote fait observer, à propos du récit que les Lacédæmoniens faisaient au sujet de leurs deux premiers rois dans le Péloponèse (Euristhenês et Proklês, les fils jumeaux d'Aristodêmos), que les Lacédæmoniens *ne s'accordaient dans leur récit avec aucun des poëtes*, — Λακεδαιμόνιοι γὰρ, ὁμολογέοντες οὐδενὶ ποιητῇ λέγουσιν αὐτὸν Ἀριστόδημον... βασιλεύοντα ἀγαγεῖν σφέας ἐς ταύτην τὴν χώρην τὴν νῦν ἐκτέαται, ἀλλ' οὐ τοὺς Ἀριστοδήμου παῖδας (Hérod. VI, 52).

vis de l'oracle de Delphes, et enfin l'étymologie du nom de Naupaktos. Si nous possédions le récit plus détaillé, nous trouverions probablement beaucoup plus d'exemples du passé légendaire revêtu d'une couleur propre aux circonstances du présent historique.

Avant tout, cette légende établit en faveur des Dôriens et de leurs rois un titre mythique à leurs établissements du Péloponèse; Argos, Sparte et Messênê sont présentées comme appartenant légitimement, et rendues, par un juste retour, aux enfants d'Hêraklês. C'était à eux que Zeus avait donné spécialement le territoire de Sparte; les Dôriens entrèrent dans le pays en qualité de sujets et d'auxiliaires (1). Platon donne de la légende une version très-différente, mais nous voyons qu'il dispose aussi le récit de manière à ce qu'il comprenne des prétentions légitimes de la part des conquérants. Selon lui, les Achæens, à leur retour dans leur patrie après la prise de Troie, trouvèrent dans leurs concitoyens, génération qui avait grandi pendant leur absence, de la répugnance à les laisser rentrer; après un effort infructueux tenté pour faire valoir leurs droits, ils finirent par être chassés, mais non sans beaucoup de luttes et de sang versé. Un chef nommé Dôrieus réunit tous ces exilés en un seul corps, et d'après lui ils reçurent le nom de Dôriens au lieu de celui d'Achæens; ensuite, revenant dans le Péloponèse sous la conduite des Hêraklides, ils recouvrèrent par la force les possessions dont ils avaient été exclus, et constituèrent les trois établissements dôriens, sous la domination séparée des frères Hêraklides, à Argos, à Sparte, à Messênê. Ces trois

---

(1) Tyrtée, Fragm.
Αὐτὸς γὰρ Κρονίων, καλλιστεφάνου
[πόσις Ἥρας,
Ζεὺς Ἡρακλείδαις τήν δε δέδωκε
[πόλιν·
Οἷσιν ἅμα, προλιπόντες Ἐρίνεον ἠνε-
[μόεντα,
Εὐρεῖαν Πέλοπος νῆσον ἀφικόμεθα.
C'est ainsi que Pindare dit qu'Apollon avait placé les fils d'Hêraklês, conjointement avec ceux d'Ægimios, à Sparte, à Argos et à Pylos (Pyth. V, 93).

Isocrate (Or. VI, *Archidamus*, p. 120) établit un bon titre par une ligne différente de raisonnement mythique. Il semble qu'il a existé d'autres récits, contenant des raisons mythiques qui expliquaient pourquoi les Hêraklides n'acquirent *pas* la possession de l'Arcadia (Polyæn. I, 7).

dynasties fraternelles furent fondées sur un plan d'union intime et elles se jurèrent une alliance mutuelle, dans le but de résister à toute attaque qui pourrait être dirigée contre elles de l'Asie (1), soit par le reste des Troyens, soit par leurs alliés. Tel est le récit auquel Platon ajoutait foi; essentiellement différent sous le rapport des incidents racontés, il est cependant analogue pour le sentiment mythique, et il renferme également l'idée d'un droit à reconquérir le pays. De plus, les deux récits s'accordent à représenter et la conquête entière et la triple division du Péloponèse dôrien comme commencées et achevées dans une seule et même entreprise, de manière à ne faire qu'un seul événement, que Platon aurait probablement appelé le Retour des Achæens, mais qui était communément connu sous le nom de Retour des Hèraklides. Bien que cette donnée soit inadmissible et qu'en même temps elle ne s'accorde pas avec d'autres assertions qui se rapprochent tout près des temps historiques, cependant elle porte tous les signes montrant qu'elle était l'idée primitive présentée dans l'origine par les poëtes généalogiques. La manière large dont les incidents sont groupés ensemble était facile à suivre pour l'imagination et faisait en même temps une vive impression sur les sentiments.

On ne doit jamais supposer que l'existence d'une seule narration légendaire exclue la possibilité d'autres récits circulant en même temps, mais ne s'accordant pas avec elle; et il en existait un grand nombre de ce genre relativement au premier établissement des Dôriens du Péloponèse. Dans le récit d'Apollodore que j'ai rapporté, conçu, à ce qu'il semble, sous l'influence de sentiments dôriens, il est dit que Tisamenos avait été tué dans l'invasion. Mais, d'après une autre narration, qui semble avoir trouvé faveur chez les Achæens historiques sur la côte septentrionale du Péloponèse, Tisamenos, bien que chassé de son royaume de Sparte ou d'Argos par les envahisseurs, ne fut pas tué : il lui fut permis de se retirer, en vertu d'un accord, avec un certain

---

(1) Platon, Legg. III, 6-7, p. 682-686.

nombre de ses sujets, et il dirigea ses pas vers la côte du Péloponèse au sud du golfe de Corinthe, occupée alors par les Ioniens. Comme il existait entre les Ioniens et les Achæens des relations non-seulement d'amitié, mais encore de commune origine (les héros éponymes Iôn et Achæos passent pour frères, tous deux fils de Xuthos), Tisamenos sollicita les Ioniens de l'admettre, lui et ses compagnons d'exil, dans leur territoire. Les chefs ioniens repoussèrent cette requête, dans la crainte que Tisamenos ne vînt à être choisi comme souverain de tout le pays ; alors ce dernier accomplit son projet par la force. Après un combat acharné, les Ioniens furent vaincus et mis en fuite, et Tisamenos acquit ainsi la possession d'Helikê, aussi bien que la côte septentrionale de la péninsule, à l'ouest de Sikyôn; côte qui continua à être occupée par les Achæens, et reçut d'eux son nom, qu'elle garda pendant toute la durée des temps historiques. Les Ioniens se retirèrent en Attique ; un grand nombre d'entre eux prirent part à ce qui est appelé l'émigration ionienne vers la côte de l'Asie Mineure, qui eut lieu peu de temps après. Pausanias, il est vrai, nous dit que Tisamenos, après avoir remporté une victoire décisive sur les Ioniens, tomba dans l'engagement (1), et ne vécut pas lui-même pour occuper la contrée dont ses troupes restaient maîtresses. Mais cette histoire de la mort de Tisamenos semble inspirée par le désir qu'éprouvait Pausanias de réunir dans un seul récit deux légendes différentes ; du moins les Achæens historiques continuèrent dans la suite à croire que Tisamenos lui-même avait vécu et régné dans leur territoire, et avait laissé une dynastie royale qui dura jusqu'à Ogygès (2), après lequel elle fut remplacée par un gouvernement populaire (3).

---

(1) Pausan. VII. 1-3.
(2) Polyb. II, 45 ; IV, 1 ; Strabon, VIII, p. 383-384. Ce Tisamenos tire son nom de l'acte mémorable de vengeance attribué à son père Orestês. C'est ainsi que, dans la légende du siège de Thêbes, Thersandros, comme l'un des Epigones, vengea son père Polynikês ; le fils de Thersandros fut appelé aussi *Tisamenos* (Hérod. IV, 149). Cf. O. Müller, Dorians, I, p. 69, n. 9, trad. angl.
(3) Diodore, IV, 1. L'historien Ephore comprenait dans son ouvrage un récit extrêmement détaillé de ce grand événement de la légende grecque, le Retour des Hêraklides, dont il déclarait faire

La conquête de Têmenos, l'aîné des trois Hêraklides, ne comprenait dans l'origine qu'Argos et son voisinage : ce fut de là que Trœzen, Epidauros, Ægina, Sikyôn et Phlionte furent successivement occupées par des Dôriens, les fils et le gendre de Têmenos, Dèiphontês, Phalkês et Keisos étant les chefs sous la conduite desquels s'accomplit cet événement (1). A Sparte, le succès des Dôriens fut favorisé par la trahison d'un homme, nommé Philonomos, qui reçut pour récompense la ville d'Amyklæ et le territoire voisin (2). On dit que la Messènia se soumit sans résistance à la domination de l'Hèraklide Kresphontês, qui établit sa résidence à Stenyklaros ; le Pylien Melanthos, qui régnait alors sur le pays et représentait la grande lignée mythique de Nèleus et de Nestôr, s'enfuit en Attique avec ses dieux lares et une partie de ses sujets (3).

Le seul établissement dôrien dans la péninsule qui ne se rattache pas directement au triple partage est Corinthe, qui devint, dit-on, dôrienne un peu plus tard et sous un autre chef, bien qu'encore Hêraklide. Hippotês, descendant d'Hêraklês à la quatrième génération, mais non par Hyllos, s'était rendu coupable (comme on l'a déjà dit) du meurtre de Karnos, le prophète, au camp de Naupaktos, crime qui lui avait valu le bannissement et un exil de dix années ; son fils tira le nom d'Alêtês des longues courses errantes auxquelles le père fut condamné. A la tête d'une troupe de Dôriens, Alêtês attaqua Corinthe : il assit son camp sur l'éminence de Solygeia, près de la ville, et harcela les habitants par des combats continuels jusqu'à ce qu'il les contraignît à se rendre. Même à l'époque de la guerre du Péloponèse, les Corinthiens déclaraient reconnaître la colline sur laquelle avait été placé le camp de ces assaillants. La grande dynastie mythique des Sisyphides fut chassée, et Alêtês devint chef

---

le commencement de son histoire suivie : à quelles sources empruntait-il, c'est ce que nous ignorons.

(1) Strabon, VIII, p. 389. Pausan. II, 6, 2 ; 12, 1.

(2) Conôn, Narr. 36 ; Strabon, VIII, p. 365.

(3) Strab. VIII, p. 359 ; Conôn, Narr. 39.

et Œkiste (fondateur) de la cité dôrienne ; cependant un grand nombre des habitants, Æoliens ou Ioniens, se retirèrent (1).

Quelques-uns disent que l'établissement d'Oxylos et de ses Ætoliens en Elis ne rencontra que très-peu d'opposition ; le chef déclarait lui-même descendre d'Ætolos, qui avait été, à une époque antérieure, banni d'Elis et envoyé en Ætolia, et les deux peuples, Epeiens et Ætoliens, reconnaissaient une origine commune de famille (2). D'abord, il est vrai, d'après Ephore, les Epeiens parurent en armes, déterminés à repousser les envahisseurs ; mais on finit par convenir des deux côtés qu'on s'en remettrait à l'issue d'un combat singulier. Degmenos, le champion des Epeiens, se fiait dans la longue portée de son arc et de sa flèche ; mais l'Ætolien Pyræchmês vint muni de sa fronde, arme alors inconnue et récemment inventée par les Ætoliens, qui portait beaucoup plus loin que l'arc de son ennemi ; il tua ainsi Degmenos, et assura la victoire à Oxylos et à ses compagnons. D'après un récit, les Epeiens furent chassés ; d'après un autre, ils fraternisèrent amicalement avec les nouveaux venus. Quelle que puisse être la vérité sur ce point, il est certain que leur nom se perdit à partir de ce moment, et qu'ils ne reparaissent jamais parmi les éléments historiques de la Grèce (3) : nous entendons désormais parler seulement d'Eleiens, que l'on disait issus des Ætoliens (4).

Un privilége de la plus grande importance se rattachait à la conquête du territoire éleien par Oxylos, joint au titre qu'il avait à la reconnaissance des rois dôriens. Les Eleiens

---

(1) Thucyd. IV, 42. Schol. Pind. Olymp. XIII, 17 ; et Nem. VII, 155 ; Conôn. Narrat. 26 ; Ephor. ap. Strab. VIII, p. 389.
Thucydide appelle Æoliens les habitants de Corinthe qui précédèrent les Dôriens ; Conôn les appelle Ioniens.
(2) Ephore ap. Strab. X, p. 463.
(3) Strabon, VIII, p. 358 ; Pausan. V, 4, 1. Une des six villes de la Triphylia mentionnées par Hérodote est appelée Ἔπειον (Hérod. IV, 149).
(4) Hérod. VIII, 73 ; Pausan. V, 1, 2. Hécatée affirmait que les Epeiens étaient complètement étrangers aux Eleiens ; Strabon ne semble pas avoir pu s'assurer soit de l'affirmative soit de la négative (Hécatée, Fragm. 348, éd. Didot ; Strabon, VIII, p. 341).

acquirent l'administration du temple d'Olympia, que les Achæens avaient, dit-on, possédée avant eux ; et, par égard pour cette fonction sacrée, qui, en se développant postérieurement, leur donna le droit de célébrer les grands jeux Olympiques, leur territoire fut solennellement déclaré inviolable. Telle était l'assertion d'Ephore (1). Nous trouvons, dans ce cas comme dans tant d'autres, que le retour des Hêraklides sert à fournir une base légendaire pour l'état historique de choses dans le Péloponèse.

C'était l'habitude des grands tragiques attiques, à de rares exceptions près, de choisir les sujets de leurs drames dans le monde héroïque ou légendaire. Euripide avait composé trois drames, aujourd'hui perdus, sur les aventures de Têmenos, de sa fille Hyrnethô et de son gendre Dêiphontês, sur les malheurs de famille de Kresphontês et de Meropê, et sur la valeur heureuse d'Archelaos, fils de Têmenos en Macédoine, où, disait-on, il avait commencé la dynastie des rois Têmenides. Le premier et le second de ces sujets étaient éminemment tragiques, et le troisième, se rapportant à Archelaos, semble avoir été entrepris par Euripide pour flatter son protecteur Archelaos, qui régnait de son temps en Macédoine : on nous dit même que ces exploits, attribués à Têmenos par la version ordinaire de la légende, étaient rapportés dans le drame d'Euripide comme ayant été accomplis par Archelaos, son fils (2). De tous les héros dont parlent les trois tragiques attiques, ces Hêraklides dôriens sont les derniers dans la série généalogique descendante, signe qui indique entre autres que nous approchons du terrain de la véritable histoire.

---

(1) Ephore ap. Strab. VIII, p. 358. Le récit des habitants de Pisa, territoire plus immédiatement voisin d'Olympia, était très-différent de celui-ci.

(2) Agatharchides ap. Photium, sect. 250, p. 1332. Οὐδ' Εὐριπίδου κατηγορῶ, τῷ Ἀρχελάῳ περιτεθεικότος τὰς Τημένου πράξεις.

Cf. les Fragments des Τημένιδαι,
Ἀρχέλαος et Κρεσφόγτης, dans l'édition d'Euripide de Dindorf, avec les remarques explicatives de Welcker, Griechische Tragoedien, p. 697, 708, 828.

Le prologue de l'Archelaos semble avoir parcouru la série entière de la lignée des Hêraklides en descendant, à partir d'Ægyptos et de Danaos.

Bien que le nom d'Achæens, comme désignant un peuple, soit désormais limité au territoire situé au nord du Péloponèse et spécialement appelé Achaia, et aux habitants de l'Achæa Phthiôtis, au nord du mont Œta, et bien que les grands États du Péloponèse semblent toujours s'être glorifiés du titre de Dôriens, cependant nous voyons les rois de Sparte, même dans l'âge historique, s'efforcer de s'approprier les gloires mythiques des Achæens, et de se mettre en avant comme les représentants d'Agamemnôn et d'Orestês. Le roi de Sparte Kleomenês alla même jusqu'à désavouer formellement toute origine dôrienne; car lorsque la prêtresse à Athènes, ne voulut pas lui permettre de sacrifier dans le temple d'Athênê, sous prétexte qu'il était péremptoirement fermé à tous les Dôriens, il répondit : « Je ne suis pas Dôrien, mais Achæen (1). » Non-seulement l'ambassadeur spartiate, devant Gelôn de Syracuse, rattacha à l'ancien nom et aux prérogatives élevées d'Agamemnôn (2) le titre imprescriptible qu'avait son pays au commandement suprême des forces militaires des Grecs, mais, poussant plus loin le même sentiment, les Spartiates, dit-on, rapportèrent à Sparte, de Tegea, les ossements d'Orestês, et d'Helikê ceux de Tisamenos (3), sur l'ordre de l'oracle de Delphes. Il y a encore un autre récit rapportant qu'Oxylos, en Elis, reçut du même oracle l'injonction d'appeler dans son pays un Achæen, comme Œkiste, conjointement avec lui-même; et qu'il fit venir d'Helikê Agorios, l'arrière-petit-fils d'Orestês, avec un petit nombre d'Achæens qui se joignirent à lui (4). Les Dôriens eux-mêmes, étant singulièrement pauvres en légendes nationales, s'efforçaient, assez naturellement, de se parer de ces ornements légendaires que les Achæens possédaient en abondance.

Comme conséquence des établissements dôriens dans le Péloponèse, on dit qu'il y eut plusieurs émigrations des peuples qui y habitaient auparavant. 1. Les Epeiens d'Elis sont

---

(1) Hérod. V, 72.
(2) Hérod. VII, 159.
(3) Hérod. I, 68 ; Pausan. VII, 1, 3.
(4) Pausan. V, 4

ou chassés ou se fondent dans les nouveaux venus conduits par Oxylos, et perdent leur nom séparé. 2. Les Pyliens, avec la grande famille héroïque de Nêleus et de son fils Nestôr, qui les commande, font place à l'établissement dôrien de la Messènia, et se retirent à Athènes, où leur chef Melanthos devient roi ; un grand nombre d'entre eux prennent part à l'émigration ionienne postérieure. 3. Une partie des Achæens, sous les ordres de Penthilos et d'autres descendants d'Orestès, quittent le Péloponèse et forment ce qu'on appelle l'émigration æolienne, qui se dirige vers Lesbos, la Troade et le golfe d'Adramyttion : le nom d'*Æoliens*, que ne connaissait pas Homère et qui vraisemblablement n'était appliqué à aucune tribu séparée, étant introduit pour désigner une section considérable de la race hellénique, en partie dans la Grèce propre et en partie dans l'Asie. 4. Une autre partie des Achæens chasse les Ioniens de l'Achaia proprement dite, au nord du Péloponèse ; les Ioniens se retirent en Attique.

Les poëmes homériques indiquent des Achæens, des Pyliens et des Epeiens dans le Péloponèse, mais ils ne font pas mention d'Ioniens dans le district septentrional de l'Achaia ; au contraire, le Catalogue de l'Iliade comprend distinctement ce territoire dans les possessions d'Agamemnôn. Bien qu'on ne doive pas prendre le Catalogue d'Homère pour un document historique, propre à être invoqué comme témoignage de l'état réel du Péloponèse à une époque antérieure quelconque, il semble certainement être une autorité meilleure que les assertions avancées par Hérodote et par d'autres, relativement à l'occupation du nord du Péloponèse par les Ioniens, et à leur expulsion de ce pays par Tisamenos. Autant que l'on peut ajouter foi au Catalogue, il dément l'idée de l'existence d'Ioniens à Hêlikê, et appuie ce qui semble être en soi une supposition plus naturelle, à savoir que les Achæens historiques au nord du Péloponèse sont un petit reste de la puissante population achæenne, qui n'avait jamais été inquiétée et qui jadis avait été répartie dans toute la péninsule, jusqu'à ce qu'elle fût dissoute et expulsée en partie par les Dôriens.

Les légendes homériques, les plus anciennes incontestablement que nous possédions, sont appropriées à une population d'Achæens, de Danaens et d'Argiens, n'ayant pas vraisemblablement de nom spécial et reconnu soit pour tout le peuple, soit pour une partie, si ce n'est celui de chaque tribu ou de chaque royaume séparé. Les légendes post-homériques s'appliquent à une population classée tout différemment, les Hellènes, distribués en Dôriens, en Ioniens et en Æoliens. Si nous connaissions mieux l'époque et les circonstances dans lesquelles naquirent ces différentes légendes, il nous serait possible probablement d'expliquer leurs contradictions; mais, dans notre ignorance présente, nous ne pouvons que signaler le fait.

Quelque difficulté que la critique moderne puisse trouver au sujet de l'événement appelé « le retour des Hêraklides, » les meilleurs historiens de l'antiquité n'expriment aucun doute à son égard. Thucydide l'admet comme un événement isolé et littéral, ayant sa date assignable, et amenant d'un seul coup l'acquisition du Péloponèse. Il lui assigne comme date la quatre-vingtième année après la prise de Troie. A-t-il le premier déterminé cette époque ou l'a-t-il copiée sur quelque auteur antérieur, c'est ce que nous ne savons pas. Elle doit avoir été fixée d'après quelque supputation de générations, car il n'y avait pas d'autres moyens accessibles; probablement au moyen de la descendance des Hêraklides, qui, appartenant aux rois de Sparte, formait le fil de connexion le plus apparent et le plus notoire entre le monde réel et le monde mythique des Grecs, et mesurait l'intervalle séparant le siége de Troie lui-même et la première Olympiade régulièrement constatée. Hêraklès lui-même représente la génération qui précède le siége, et son fils Tlepolemos combat dans l'armée des assiégeants. Si nous supposons que la première génération après Hêraklès commence avec l'ouverture du siége, la quatrième génération après lui coïncidera avec la quatre-vingt-dixième année après la même époque; et conséquemment, en déduisant dix ans pour la durée de la lutte, elle coïncidera avec la quatre-vingtième année après la prise de la ville (1); trente années étant prises pour une génération. La date assignée par Thucydide s'accordera ainsi avec la distance qui sépare Têmenos, Kresphontês et Aristodêmos d'Hêraklès. L'intervalle de quatre-vingts ans entre la prise de Troie et le retour des Hêraklides, semble avoir été admis par Apollodore et Erathosthène et par quelques autres chronologistes de profession dans l'antiquité ; mais il y avait des calculs différents qui trouvaient aussi plus ou moins d'appui.

SECTION II. — MIGRATION DES THESSALIENS ET DES BŒOTIENS.

Dans le même passage où Thucydide parle du retour des Hêraklides, il marque aussi la date d'un autre événement un peu antérieur qui, dit-on, modifia profondément l'état de la Grèce septentrionale. « Soixante ans après la prise de Troie (nous dit-il) les Bœôtiens furent chassés d'Arnê par les Thessaliens, et émigrèrent dans le pays appelé alors Kadmêïs, mais actuellement Bœôtia, où auparavant s'était établie une fraction de leur race qui avait fourni le contingent pour la guerre de Troie. »

L'expulsion mentionnée ici des Bœôtiens chassés d'Arnê « par les Thessaliens, » a été interprétée probablement pour faire allusion à l'immigration des Thessaliens, proprement appelés ainsi, de la Thesprôtis en Epiros dans la Thessalia. Hérodote rapporte (2) que les Thessaliens avaient immigré dans la Thessalia en quittant le territoire de la Thesprôtis, bien qu'il ne dise rien sur l'époque ou les circonstances. Antiphos et Pheidippos paraissent dans le Catalogue homérique comme chefs du contingent grec des îles de Kôs et de Karpathos, sur la côte sud-est de l'Asie Mineure : ils sont fils de Thessalos, qui est lui-même fils d'Hêraklès. Il circulait une légende racontant que ces deux chefs, dans la dis-

---

(1) La date de Thucydide est calculée, μετὰ Ἰλίου ἅλωσιν (I, 13).

(2) Hérod. VII, 176.

persion qui avait suivi la victoire, avaient été poussés par des tempêtes dans la mer Ionienne, et jetés sur la côte d'Epiros, où ils abordèrent et s'établirent à Ephyrê, dans la Thesprôtis (1). C'était Thessalos, petit-fils de Pheidippos, qui, disait-on, avait conduit les Thesprotiens, à travers les défilés du Pindos, dans la Thessalia, avait conquis la fertile plaine située au centre de ce pays, et lui avait donné son propre nom à la place de celui d'Æolis qu'il portait antérieurement (2).

Quoi que nous puissions penser de cette légende, telle qu'elle est, l'état de la Thessalia durant les âges historiques rend cette idée très-probable que les Thessaliens, proprement appelés ainsi, étaient une troupe de conquérants immigrants. Ils paraissent toujours comme étant une race grossière, belliqueuse, violente et non civilisée, distincte de ses voisins les Achæens, les Magnetes et les Perrhæbiens, et les tenant tous les trois dans une dépendance tributaire. Ces trois tribus sont vis-à-vis d'eux dans un rapport analogue à celui des Periœki lacédæmoniens vis-à-vis de Sparte, tandis que les Penestæ, qui cultivaient leurs terres, font presque le pendant exact des Ilotes. En outre, le niveau peu élevé de goût et d'intelligence chez les Thessaliens, aussi bien que certains points de leur costume, les assimile plus aux Macédoniens et aux Epirotes qu'aux Hellènes (3). Leur position en Thessalia est à bien des égards analogue à celle des Dôriens spartiates dans le Péloponèse, et il semble qu'il y a de bonnes raisons pour conclure que les premiers, aussi bien

---

(1) V. l'épigramme attribuée à Aristote (Antholog. Græc. t. I, p. 181, éd. Reisk; Velleius Paterculus, I, 1).
Les Scholies de Lycophrôn (912) donnent un récit quelque peu différent. Ephyrê est représentée comme l'ancien nom légendaire de la ville de Krannon en Thessalia (Kineas, ap. Schol. Pindar. Pyth. X, 85), ce qui fait naître la confusion avec la Thesprotienne Ephyrê.

(2) Hérod. VII, 176; Velleius Patercul. 1, 2, 3; Charax, ap. Stephan. Byz. v. Δώριον; Polyæn. VIII, 44.
Il y avait toutefois plusieurs assertions différentes sur l'extraction de Thessalos aussi bien que sur le nom du pays (Strabon, IX, p. 443; Stephan. Byz. v. Αἱμονία).

(3) V. K. O. Müller, History of the Dorians, Introduc. sect. 4.

que les seconds, furent dans l'origine des envahisseurs victorieux, bien que nous ne puissions prétendre déterminer l'époque à laquelle eut lieu l'invasion. La grande famille des Aleuades (1), et probablement encore d'autres familles thessaliennes, descendaient d'Hèraklès, comme les rois de Sparte.

Dans le cas de la migration supposée des Bœôtiens de Thessalia en Bœôtia, il n'y a pas de raisons historiques semblables pour justifier la croyance au fait capital de la légende, et les différents récits légendaires ne s'accordaient pas non plus entre eux. Tandis que l'épopée homérique reconnait les Bœôtiens en Bœôtia, mais non en Thessalia, Thucydide rapporte un récit qu'il avait trouvé au sujet de leur migration de ce dernier pays dans le premier. Mais pour échapper à la nécessité de contredire absolument Homère, il insère comme parenthèse qu'il y avait eu antérieurement une fraction détachée de Bœôtiens en Bœôtia, à l'époque de la guerre de Troie (2), fraction d'où furent tirées les troupes qui servirent avec Agamemnôn. Néanmoins la différence avec l'Iliade, bien que moins sensiblement frappante, n'est pas écartée, en tant que le Catalogue est d'une abondance inusitée dans l'énumération qu'il fait des contingents de la Thessalia, et qu'il ne mentionne pas une fois les Bœôtiens. Homère distingue Orchomenos d'avec la Bœôtia, et il ne mentionne pas particulièrement Thèbes dans le Catalogue : à d'autres égards son énumération des villes coïncide assez bien avec le pays connu historiquement dans la suite sous le nom de Bœôtia.

Pausanias nous donne une courte esquisse des événements qu'il suppose avoir eu lieu dans cette partie de la Grèce entre le siége de Troie et le retour des Hêraklides. Peneleos, le chef des Bœôtiens au siége, ayant été tué par Eurypylos, fils de Telephos, Tisamenos, fils de Thersandros et petit-fils de Polynikès, remplit les fonctions de chef et pendant le

---

(1) Pindare, Pyth. X, 2.
(2) Thucyd. I, 12. Ἦν δὲ αὐτῶν καὶ ἀποδασμὸς πρότερον ἐν τῇ γῇ ταύτῃ ἀφ' ὧν καὶ ἐς Ἴλιον ἐστράτευσαν.

reste du siége et après leur retour. Autesiôn, son fils et son successeur, fut soumis à la colère des Erinnyes vengeresses de Laïos et d'Œdipe : l'oracle lui ordonna de s'expatrier, et il se joignit aux Dôriens. Damasichthôn, fils d'Opheltas et petit-fils de Peneleôs, devint roi des Bœôtiens à sa place ; il eut pour successeur Ptolemæos, qui fut lui-même remplacé par Xanthos. Une guerre ayant éclaté à cette époque entre les Athéniens et les Bœôtiens, Xanthos engagea un combat singulier avec Melanthos, fils d'Andropompos, le champion de l'Attique, et périt victime de la ruse de son adversaire. Après la mort de Xanthos, les Bœôtiens passèrent de la royauté à un gouvernement populaire (1). Comme Melanthos était de la race des Nêlides et avait émigré de Pylos à Athènes par suite de l'heureux établissement des Dôriens dans la Messênia, le duel avec Xanthos doit naturellement avoir été postérieur au retour des Hêraklides.

Ici donc nous avons un sommaire de l'histoire bœôtienne supposée entre le siége de Troie et le retour des Hêraklides, et il n'y est pas fait mention de l'immigration de la masse des Bœôtiens venus de la Thessalia, et vraisemblablement il ne reste pas la possibilité d'y faire rentrer un incident si important et si capital. Les légendes que suit Pausanias diffèrent de celles qu'adopte Thucydide, mais elles s'accordent beaucoup mieux avec Homère.

L'autorité de Thucydide est, à juste titre, si grande, que la migration annoncée ici distinctement par lui est communément présentée comme une date fixée, au double point de vue historique et chronologique. Mais on peut montrer que dans ce cas il ne suivait qu'une seule des nombreuses légendes contradictoires, dont il n'était possible de vérifier aucune.

Pausanias reconnaissait une émigration des Bœôtiens venant de la Thessalia dans des temps anciens antérieurs à la guerre de Troie (2) ; et le récit d'Ephore, tel que le donne Strabon, déclarait rapporter une série de changements dans

---

(1) Pausan. IX, 5, 8.   (2) Pausan. X, 8, 3.

les peuples qui occupèrent le pays : d'abord les Aones et les Temmikes, les Lélèges et les Hiantes non helléniques ; puis les Kadmeiens, qui, après le second siége de Thèbes par les Epigones, furent chassés par les Thraces et les Pélasges, et se retirèrent en Thessalia, où ils formèrent, en s'unissant aux habitants d'Arnê, l'agrégat complet portant le nom de Bœôtiens. Après la guerre de Troie, et vers le temps de l'émigration æolienne, ces Bœôtiens revinrent de Thessalia et reconquirent la Bœôtia, d'où ils chassèrent les Thraces et les Pélasges : les premiers se retirèrent vers le Parnasse, et les seconds en Attique. Ce fut à cette occasion (dit-il) que les Minyæ d'Orchomenos furent soumis et incorporés de force aux Bœôtiens. Ephore semble avoir suivi en général le même récit que Thucydide, touchant le mouvement des Bœôtiens venus de la Thessalia ; il y joint cependant plusieurs détails qui circulaient, comme servant à expliquer des proverbes et des coutumes (1).

Le seul fait que nous puissions constater, indépendamment de ces légendes, c'est qu'il existait certaines homonymies et certaines affinités de culte religieux entre des parties de la Bœôtia et des parties de la Thessalia, qui semblent indiquer une parenté de race. Une ville appelée Arnê (2), semblable par le nom à la cité thessalienne, était énumérée dans le Catalogue bœôtien d'Homère, et des antiquaires l'identifiaient parfois avec la ville historique Chæroneia (3) ; parfois avec Akræphion. De plus, il y avait près de la bœôtienne Korôneia

---

(1) Ephor. Fragm. 30, éd. Marx.; Strabon, IX, p. 401-402. L'histoire des Bœôtiens à Arnê dans Polyæn. (I, 12) vient problement d'Ephore.

Diodore (XIX, 53) donne un sommaire de l'histoire légendaire de Thèbes à partir de Deukaliôn ; il nous dit que les Bœôtiens furent chassés de leur pays, et obligés de se retirer en Thessalia pendant la guerre de Troie, par suite de l'absence de tant de leurs braves guerriers alors à Troie ; ils ne retrouvèrent pas le chemin de la Bœôtia avant la quatrième génération.

(2) Stephan. Byz. v. Ἄρνη, fait de la Thessalienne Arnê une ἄποικος de la cité bœôtienne.

(3) Homère, Iliade II ; Strabon, IX, p. 413 ; Pausan. IX, 40, 3.

Quelques-unes des familles à Chæroneia, même pendant le temps de la domination romaine en Grèce, faisaient remonter leur origine à Peripoltas le prophète, qui, disait-on, avait accompagné Opheltas dans sa marche envahissante hors de la Thessalia (Plutarq. Cimon, c. I).

une rivière nommée Kuarios ou Koralios, et un temple vénérable dédié à Athênê Itonienne, sur le terrain sacré duquel était tenue la Pambœôtia ou conseil public des Bœôtiens; il y avait aussi un temple et une rivière du même nom en Thessalia, près d'une ville appelée Iton ou Itônos (1). D'après ces circonstances, nous pouvons présumer une certaine parenté ancienne entre la population de ces contrées, et cela suffit pour expliquer la naissance de légendes, vraies ou non en réalité, servant à décrire des migrations de ces peuples qui allaient et revenaient.

Ce qui est plus important à remarquer, c'est que les récits de Thucydide et d'Éphore nous font passer de la Bœôtia mythique à la Bœôtia historique. Orchomenos est devenue bœôtienne, et nous n'entendons plus parler des Minyæ, jadis puissants; il n'y a plus de Kadmeiens à Thêbes, ni de Bœôtiens en Thessalia. Les Minyæ et les Kadmeiens disparaissent dans l'émigration ionienne, dont nous allons nous occuper. La Bœôtia historique est constituée maintenant; apparemment elle forme une ligue fédérative sous la présidence de Thêbes, précisément comme nous la trouvons à l'époque de la guerre des Perses et de celle du Péloponèse.

---

(1) Strabon. IX, 411-435; Homère, Iliade, II, 696; Hécatée, Fragm. 338, Didot.

Le fragment d'Alcée (cité par Strabon, mais brièvement et avec un texte mutilé) ne sert qu'à reconnaître la rivière et la ville.

Itônos, dit-on, était fils d'Amphyktyôn, et Bœôtos fils d'Itônos (Pausan. IX, I, 1, 34, 1; cf. Steph. Byz. v. Βοιωτία) et de Melanippê. D'après une autre généalogie légendaire (née probablement après que le nom *æolien* eut été adopté comme nom de classe pour une section considérable de Grecs, mais aussi ancienne que le poëte Asius, Olymp. 30), le héros éponyme Bœôtos se rattachait à la grande lignée d'Æolos par son père le dieu Poseidôn, qui l'avait eu soit de Melanippê, soit d'Arnê, fille d'Æolos (Asius, Fragm. 8, éd. Düntzer; Strabon, VI, p. 265; Diodor. V, 67; Hellanicus ap. Schol. Iliad. II, 494). Deux pièces perdues d'Euripide avaient pour sujets les malheurs de Melanippê et des deux jumeaux qu'elle avait eus de Poseidôn, Bœôtos et Æolos (Hygin, Fab. 186; V. les fragments de Μελανίππη Σοφή et de Μελανίππη Δεσμῶτις dans l'édition de Dindorf, et les commentaires instructifs de Welcker, Griech. Tragoed. vol. II, p. 840-860).

SECTION III. — ÉMIGRATIONS DE GRÈCE EN ASIE ET DANS LES ILES DE LA MER ÆGÉE.

1. ÆOLIENNE. — 2. IONIENNE. — 3. DORIENNE.

Pour compléter la transition par laquelle la Grèce passa de sa condition mythique à sa condition historique, la séparation des races appartenant à la première doit suivre l'introduction de celles qui appartiennent à la seconde. Ce fait s'accomplit au moyen de la migration æolienne et de la migration ionienne.

Les chefs qui président à l'émigration æolienne sont les représentants de la lignée héroïque des Pélopides ; ceux qui sont à la tête de l'émigration ionienne appartiennent aux Nèlides ; et même, dans ce qu'on appelle l'émigration dôrienne à Thèra, l'Œkiste Thèras n'est pas un Dôrien, mais un Kadmeien, le descendant légitime d'Œdipe et de Kadmos.

Les colonies æoliennes, ioniennes et dôriennes furent établies le long du littoral occidental de l'Asie Mineure, des côtes de la Propontis au sud jusqu'en Lykia (je parlerai plus exactement de leurs limites dans un autre chapitre) ; les Æoliens occupaient la partie septentrionale avec les îles de Lesbos et de Tenedos ; les Dôriens étaient dans la partie la plus méridionale ; ils possédaient en même temps les îles voisines de Rhodes et de Kôs ; et les Ioniens, placés entre eux, comprenaient Chios, Samos et les Cyclades.

1. Émigration æolienne.

L'émigration æolienne fut conduite par les Pélopides ; le récit primitif semble avoir été qu'Orestès lui-même était à la tête du premier départ de colons, et Pindare, ainsi qu'Hellanicus, conserve encore cette version de l'événement (1).

---

(1) Pindare, Nem. XI, 43 ; Hellanic. Fragm. 114, éd Didot. Cf. Stephan. Byz. v. Πέρινθος.

Mais des récits plus répandus représentaient les descendants d'Orestès comme chefs des expéditions en Æolis, à savoir son fils illégitime Penthilos, qu'il avait eu d'Erigonê, fille d'Ægisthos (1), avec Echelatos et Gras, le fils et le petit-fils de Penthilos, et de plus Kleuês et Malaos, descendants d'Agamemnôn par une autre ligne. D'après le récit donné par Strabon, Orestès commença l'émigration, mais mourut en route, dans l'Arcadia; son fils Penthilos, se chargeant de conduire les émigrants, les mena par la longue route de terre, à travers la Bœôtia et la Thessalia, jusqu'en Thrace (2); de là Archelaos, fils de Penthilos, leur fit traverser l'Hellespont et les établit à Daskylion, sur la Propontis. Gras, fils d'Archelaos, se rendit à Lesbos et s'empara de l'île. Kleuês et Malaos, à la tête d'un autre corps d'Achæens, furent plus longs dans leur voyage, et s'arrêtèrent pendant un temps considérable près du mont Phrikion, dans le territoire de la Lokris; enfin cependant ils passèrent par mer en Asie et prirent possession de Kymê, au sud du golfe d'Adramyttion, la plus importante de toutes les cités æoliennes sur le continent (3). C'est de Lesbos et de Kymê que les autres villes æoliennes moins considérables, se répandant sur la région de l'Ida aussi bien que sur la Troade, et comprenant l'île de Tenedos, avaient, dit-on, tiré leur origine.

Bien qu'il y ait de nombreuses différences dans les détails, les récits s'accordent à représenter ces établissements æoliens comme formés par les Achæens s'expatriant de la

---

(1) Cinæthon ap. Pausan. II, 18, 5. Il existait des Penthilides, à Lesbos, pendant les temps historiques (Aristot. Polit. V, 10, 2).

(2) On a quelquefois supposé que le pays appelé Thrace signifie ici la résidence des Thraces près du Parnasse; mais la longueur du voyage et le nombre d'années qu'il dura, sont marqués d'une manière si spéciale, que je pense que l'auteur a voulu parler de la Thrace dans son sens primitif et usuel.

(1) Strabon, XIII, p. 582. Hellanicus semble avoir parlé de ce séjour près du mont Phrykion (V. Steph. Byz. v. Φρίχιον). Dans un autre récit (XIII, p. 621), copié probablement sur Ephore de Kymê, Strabon rattache l'établissement de cette colonie à la suite de la guerre de Troie. Les Pélasges, qui occupaient alors le territoire, et qui avaient été les alliés de Priam, furent affaiblis par la défaite qu'ils avaient éprouvée, et ne purent résister aux immigrants.

Laconie, sous la conduite des Pélopides dépossédés (1). On nous dit que dans leur voyage à travers la Bœôtia ils reçurent de grands renforts, et Strabon ajoute que les émigrants partirent d'Aulis, port où Agamemnôn s'était embarqué lors de son expédition contre Troie (2). Il nous apprend aussi qu'ils manquèrent leur course et qu'ils subirent bien des pertes par suite de leur ignorance de la navigation, mais nous ne savons pas à quels incidents particuliers il fait allusion (3).

2. Émigration ionienne.

L'émigration ionienne est indiquée comme émanant des Athéniens et dirigée par eux, et elle se rattache à l'histoire légendaire antérieure d'Athènes, qu'il faut donc récapituler ici en peu de mots.

Le grand héros mythique Thêseus, dont nous avons rappelé dans un des chapitres du premier volume la vaillance militaire et les courses glorieuses, était plus remarquable encore aux yeux des Athéniens comme réformateur politique à l'intérieur. On supposait qu'il leur avait rendu l'inestimable service de transformer en une seule société les nombreux États dont se composait l'Attique. Chaque dème, ou du moins un grand nombre d'entre eux tous, avait, avant son époque, joui d'une indépendance politique sous ses propres magistrats et avec ses assemblées particulières, reconnaissant seulement une union fédérale avec les autres, sous la présidence d'Athènes. Par un mélange de conciliation et de force, Thêseus réussit à abaisser la puissance de tous ces gouvernements séparés, et à les amener à se réunir en un seul système politique centralisé à Athènes. On dit qu'il établit un gouvernement constitutionnel, conservant pour lui-même un pouvoir défini comme roi ou président, et répartissant le peuple en trois classes : les Eupatridæ, sorte

---

(1) Velleius Patercul. I, 4; Cf. Antikleidês ap. Athenæ. XI, c. 3; Pausan. III, 2, 1.

(2) Strabon, IX, p. 401.
(3) Strabon, I, p. 10.

de noblesse sacerdotale ; les Gèomori et les Demiurgi, laboureurs et artisans (1). Ayant réussi, à l'aide de ces importants changements, à faire fonctionner la machine politique, il en fixa le souvenir, pour sa postérité, en introduisant des fêtes solennelles et appropriées à ce but. Pour confirmer la domination d'Athènes sur le territoire de la Megaris, on dit de plus qu'il éleva à l'extrémité de ce dernier pays, du côté de l'isthme, une colonne marquant la limite entre le Péloponèse et l'Iônia.

Mais une révolution si étendue ne s'accomplit pas sans faire naître beaucoup de mécontentement. Menestheus, rival de Thêseus, le premier modèle, nous dit-on, d'un démagogue adroit, profita de ce sentiment pour attaquer et miner son pouvoir. Thêseus avait quitté l'Attique pour accompagner et aider son ami Peirithoos dans son voyage aux enfers, où ils devaient enlever la déesse Persephonê, ou (comme le racontaient de préférence ceux qui écrivaient l'histoire légendaire en critiques) dans un voyage entrepris vers la résidence d'Aïdôneus, roi des Molosses, en Épiros, pour enlever sa fille. Peirithoos périt dans cette entreprise, tandis que Thêseus fut jeté en prison, et il ne fut délivré que grâce à l'intercession d'Hêraklês. Ce fut pendant son absence temporaire que les Tyndarides Kastôr et Pollux envahirent l'Attique, dans le but de recouvrer leur sœur Hélène, que Thêseus avait antérieurement enlevée de Sparte et déposée à Aphidnæ, et les partisans de Menestheus profitèrent et de l'absence de Thêseus et du malheur que sa conduite licencieuse avait attiré sur le pays, pour ruiner sa popularité aux yeux du peuple. A son retour il ne les trouva plus disposés à supporter sa domination ou à lui continuer les honneurs que leurs sentiments de gratitude lui avaient accordés naguère. Aussi, après avoir placé ses fils sous la protection d'Elephenôr en Eubœa, chercha-t-il un asile chez Lykomêdês, prince de Scyros, où cependant il ne trouva qu'un accueil perfide et une mort déloyale (2).

---

(1) Plutarque, Thêseus, c. 24, 25, 26.   (2) Plutarque, Thêseus, c. 34-35.

Menestheus, succédant aux honneurs du héros expatrié, commanda les troupes athéniennes au siége de Troie; mais, bien qu'il eût survécu à la prise, il ne retourna jamais à Athènes, et il y avait des récits différents relativement au lieu où il s'établit avec ses compagnons. Durant cet intervalle les sentiments des Athéniens changèrent; ils rendirent aux fils de Thêseus, qui avaient servi à Troie sous Elephenôr et étaient revenus sains et saufs, le rang et les fonctions de leur père. Les Thêseides Demophoôn, Oxyntas, Apheidas et Thymœtès avaient successivement occupé ce poste dans l'espace d'environ soixante ans (1), quand les Dôriens, envahissant le Péloponèse (comme on l'a rapporté auparavant), forcèrent Melanthos et la famille des Nêlides à abandonner leur royaume de Pylos. Les réfugiés trouvèrent asile à Athènes, où une heureuse aventure éleva bientôt Melanthos au trône. Une guerre ayant éclaté entre les Athéniens et les Bœôtiens relativement aux frontières d'Œnoê, le roi bœôtien Xanthos provoqua Thymœtès à un combat singulier : ce dernier déclinant le cartel, Melanthos non-seulement se présenta à sa place, mais il usa d'un adroit stratagème avec tant de succès qu'il tua son adversaire. Il fut sur-le-champ choisi comme roi, Thymœtès étant contraint de résigner son autorité (2).

Melanthos et son fils Kodros régnèrent pendant environ soixante ans : durant ce temps des troupes considérables de fugitifs, échappant aux nouveaux envahisseurs sur tous les points de la Grèce, furent reçus par les Athéniens : de sorte que l'Attique devint assez populeuse pour exciter les alar-

---

(1) Eusèbe, Chronic. Can. p. 228-229, éd. Scaliger; Pausan. II, 18, 7.

(2) Ephore ap. Harpocration. v. Ἀπατούρια : Ἔφορος ἐν δευτέρῳ, ὡς διὰ τὴν ὑπὲρ τῶν ὁρίων ἀπάτην γενομένην, ὅτι πολεμούντων Ἀθηναίων πρὸς Βοιωτοὺς ὑπὲρ τῆς τῶν Μελαινῶν χώρας, Μέλανθος ὁ τῶν Ἀθηναίων βασιλεὺς Ξάνθον τὸν Θηβαῖον μονομαχῶν ἀπέκτεινεν. Cf. Strabon, IX, p. 393.

Ephore fait venir le terme Ἀπατούρια des mots signifiant une tromperie au sujet des limites, et il prétend que le nom de cette grande fête ionienne a été tiré du stratagème de Melanthos, décrit dans Cônôn (Narr. 39) et dans Polyen (I. 19). Toute la dérivation est un produit erroné de l'imagination, et l'histoire offre un curieux modèle d'une légende naissant d'une étymologie.

mes et la jalousie des Dôriens du Péloponèse. Une puissante armée dôrienne, sous le commandement d'Alêtês de Corinthe et d'Althæmenês d'Argos, fut donc envoyée pour envahir le territoire athénien, où l'oracle de Delphes leur promit la victoire, pourvu qu'ils s'abstinssent de faire du mal à la personne de Kodros. On donna à l'armée dôrienne des ordres sévères pour qu'on eût à respecter le roi ; mais l'oracle avait fini par être connu des Athéniens (1), et le généreux prince résolut d'attirer la mort sur lui, comme moyen de sauver son pays. Il se déguisa en paysan et provoqua à dessein une querelle avec quelques soldats dôriens, qui le tuèrent sans soupçonner son caractère royal. Aussitôt que cet événement fut connu, les chefs dôriens, désespérant du succès, renoncèrent à leur entreprise et évacuèrent le pays (2). Cependant en se retirant ils gardèrent Megara, où ils établirent des habitants permanents, et qui devint dès ce moment dôrienne, vraisemblablement d'abord dépendante de Corinthe, bien que par la suite elle acquît sa liberté et finît par être une communauté autonome (3). Cet acte mémorable de patriotisme et de dévouement, analogue à celui des filles d'Erechtheus à Athènes, et de Menœkeus à Thèbes, donna à Kodros le droit d'être rangé parmi les plus beaux caractères de la légende grecque.

Kodros est compté comme le dernier roi d'Athènes : ses descendants furent appelés archontes, mais ils conservèrent cette dignité pendant leur vie, usage qui prévalut pendant une longue suite d'années après. Medon et Neileus, ses deux fils, s'étant querellés au sujet de la succession, l'oracle de Delphes se prononça en faveur du premier ; alors le second,

---

(1) L'orateur Lycurgue, dans son éloge de Kodros, mentionne un citoyen de Delphes, nommé Kleomantis, qui communiqua secrètement l'oracle aux Athéniens, et reçut pour récompense la σίτησις ἐν πρυτανείῳ (Lycurg. contra Leocrat. c. 20).

(2) Phérécyde, Fragm. 110, éd. Didot ; Vell. Paterc. I, 2 ; Conôn, Narr. 26 ; Polyæn. I, c. 18.

Hellanicus faisait remonter la généalogie de Kodros par dix générations jusqu'à Deukaliôn. (Fragm. 10, édit. Didot.)

(3) Strabon, XIV, p. 653.

blessé de la préférence, résolut de chercher une nouvelle patrie (1). Il y avait à ce moment un grand nombre de sections de Grecs dépossédés, et une population étrangère accumulée en Attique, qui désiraient s'établir au delà de la mer. Les expéditions qui partirent pour franchir la mer Ægée, principalement sous la conduite de membres de la famille des Kodrides, composèrent collectivement la mémorable émigration ionienne, dont les Ioniens, récemment chassés du Péloponèse, formaient une part, mais, à ce qu'il semblerait, seulement une faible part; car nous trouvons une foule de races entièrement distinctes, dont quelques-unes étaient renommées dans la légende, qui abandonnèrent la Grèce au milieu de cette réunion de colons. Les Kadmeiens, les Minyæ d'Orchomenos, les Abantes d'Eubœa, les Dryopes, les Molosses, les Phokiens, les Bœôtiens, les Pélasges arcadiens et même les Dôriens d'Epidauros sont représentés comme fournissant chacun une partie des équipages de ces vaisseaux émigrants (2). Les résultats ne furent pas non plus indignes d'une telle affluence de races diverses. Non-seulement les Cyclades, dans la mer Ægée, mais encore les grandes îles de Samos et de Chios, près de la côte asiatique, furent colonisées, et on fonda dix cités différentes sur le littoral de l'Asie Mineure, depuis Milêtos au sud jusqu'à Phokæa au nord, et toutes elles adoptèrent le nom d'Ioniennes. Athènes fut la métropole ou cité mère de toutes ces villes : Androklos et Neileus, les Œkistes d'Ephesos et de Milêtos, et probablement d'autres Œkistes aussi, partirent du Prytaneion d'Athènes, avec ces solennités (3) religieuses et politiques, qui marquaient ordinairement le départ d'un essaim de colons grecs.

D'autres familles mythiques, outre la ligne héroïque de

---

(1) Pausan. VII, 2, 1.
(2) Hérodote, I, 146; Pausan. VII, 2, 3, 4. Isocrate vante ses ancêtres athéniens pour avoir fourni, au moyen de cette émigration, des établissements à un nombre si considérable de Grecs pauvres et malheureux aux dépens des Barbares (Or. XII. Panathenaic. p. 241).
(3) Hérod. I, 146; VII, 95; VIII, 46. Vellei. Paterc. 1, 4. Phérécyde, Fragm. III, éd. Didot.

Nêleus et de Nestôr, que représentaient les fils de Kodros, prirent une part importante dans l'expédition. Hérodote mentionne des chefs lykiens, descendants de Glaukos, fils d'Hippolochos, et Pausanias nous parle de Philôtas descendant de Peneleôs, qui vint à la tête d'un corps de Thêbains : il est question dans l'Iliade et de Glaukos et de Peneleôs (1). Et c'est un fait remarquable rapporté par Pausanias (bien que nous ne sachions pas d'après quelle autorité), que les habitants de Phokæa, qui était la cité la plus septentrionale de l'Iônia, sur les frontières de l'Æolis, et l'une des dernières fondées, composée principalement de colons phokiens, sous la conduite des Athéniens Philogenès et Dæmôn, ne furent pas admis dans l'Amphiktyonie pan-ionienne, avant qu'ils eussent consenti à se choisir des chefs dans la famille des Kodrides (2). Proklês, le chef qui conduisit les émigrants ioniens d'Epidauros à Samos, appartenait, dit-on, à la lignée de Iôn, fils de Xuthos (3).

Je ne parlerai plus dans ce moment des douze États ioniens composant l'Amphiktyonie pan-ionienne, et dont quelques-uns sont au nombre des plus grandes cités de la Hellas ; j'aurai à en parler de nouveau en arrivant au domaine de l'histoire.

3. Emigrations dôriennes.

Les émigrations æoliennes et ioniennes nous sont ainsi présentées toutes les deux comme des conséquences directes de l'événement appelé le Retour des Hêraklides, et c'est de la même manière que la formation de l'Hexapolis dôrienne à l'angle sud-ouest de l'Asie Mineure, Kôs, Knidos, Halikarnassos et Rhodes, avec ses trois cités séparées, et les établissements dôriens en Krête, Melos et Thêra, sont tous rapportés plus ou moins directement à la même grande révolution.

---

(1) Hérod. I, 147 ; Pausan. VII, 2, 7. (3) Pausan. VII, 4, 3.
(2) Pausan. VII, 2, 2 ; VII, 3, 4.

Thêra, plus particulièrement, a sa racine dans le monde légendaire. Son Œkiste fut Thêras, descendant de la lignée héroïque d'Œdipe et de Kadmos, et oncle maternel des jeunes rois de Sparte, Eurysthenês et Proklês, pendant la minorité desquels il avait exercé la régence. A leur majorité, ses fonctions cessèrent; mais, ne pouvant supporter une condition privée, il résolut de se mettre à la tête d'un corps d'émigrants. Il en vint une foule se joindre à lui avec empressement, et l'expédition fut en outre renforcée par un corps d'aventuriers appartenant aux Minyæ, dont les Lacédæmoniens étaient désireux de se débarrasser. Il n'y avait pas longtemps que ces Minyæ étaient arrivés en Laconie, en quittant l'île de Lemnos, d'où ils avaient été chassés par les Pélasges venus en fugitifs de l'Attique. Ils abordèrent sans demander permission, établirent leur séjour et commencèrent à « allumer leurs feux » sur le mont Têygetês (Taygète). Quand les Lacédæmoniens envoyèrent demander qui ils étaient et pourquoi ils étaient venus, les Minyæ répondirent qu'ils étaient fils des Argonautes qui avaient abordé à Lemnos, et qu'étant chassés de leurs propres demeures, ils se croyaient en droit de solliciter un asile sur le territoire de leurs pères; ils demandaient en même temps à être admis à partager et les terres et les honneurs de l'État. Les Lacédæmoniens accédèrent à leur requête, surtout pour ce motif qu'ils avaient des ancêtres communs, leurs propres grands héros, les Tyndarides, ayant été enrôlés dans l'équipage de l'Argô : les Minyæ furent donc admis comme citoyens dans les tribus, reçurent des lots de terre, et commencèrent à s'unir par des mariages avec les familles établies auparavant. Toutefois ils ne tardèrent pas à se montrer insolents : ils demandèrent à partager la royauté (privilége vénéré des Hêraklides), et tinrent une conduite si mauvaise sous d'autres rapports, que les Lacédæmoniens résolurent de les mettre à mort, et commencèrent par les jeter en prison.

Pendant leur emprisonnement, leurs épouses, Spartiates de naissance, et dont un grand nombre étaient filles des principaux personnages, sollicitèrent la permission de pénétrer auprès d'eux pour les voir : elles l'obtinrent, et profitèrent de l'entrevue pour changer de vêtements avec leurs maris, qui parvinrent ainsi à s'échapper et se réfugièrent de nouveau sur le Têygetès. La plupart d'entre eux quittèrent la Laconie et se rendirent en Triphylia, dans les régions occidentales du Péloponèse, d'où ils chassèrent les Paroreatæ et les Kaukones, et fondèrent eux-mêmes six villes, dont la principale était Lepreon. Un certain nombre d'entre eux cependant, autorisés par les Lacédæmoniens, se joignirent à Thêras et partirent avec lui pour l'île de Kallistè, possédée alors par des habitants phéniciens qui étaient descendus des parents et des compagnons de Kadmos, et que ce prince y avait laissés lorsqu'il partit à la recherche d'Europê, huit générations auparavant. Arrivant ainsi chez des hommes unis à lui par la parenté, Thêras trouva une réception fraternelle, et l'île tira de lui le nom de Thêra, sous lequel elle est connue historiquement (1).

Telle est la légende de la fondation de Thêra, crue et par les Lacédæmoniens et par les Thêræens, et intéressante en ce qu'elle nous présente d'une manière aussi caractéristique que vive les personnages et les sentiments du monde mythique, les Argonautes avec les Tyndarides comme leurs compagnons, et les Minyæ comme leurs enfants. A Lepreon et dans d'autres villes de la Triphylia, il semble qu'on a cru pendant les temps historiques à la descendance des Minyæ d'autrefois, et cette croyance pouvait être confirmée par la mention que fait Homère de la rivière Minyeios dans ces régions (2). Mais on ne s'accordait pas sur la légende qui devait prouver cette descendance; tandis que quelques-uns adoptaient le récit d'Hérodote qui vient d'être cité, d'autres croyaient que Chlôris, qui était venue de la cité minyeienne d'Orchomenos à Pylos comme épouse de Nêleus,

---

(1) Hérod. IV, 145-149; Valer. Maxim. IV, c. 6; Polyæn. VII, 49, qui donne toutefois le récit d'une manière différente en mentionnant « des Tyrrhéniens de Lemnos secourant Sparte pendant la guerre des Ilotes. » Un autre récit dans sa collection (VIII, 71), bien qu'imparfaitement conservé, semble se rapprocher de plus près d'Hérodote.

(2) Homère, Iliade, XI, 721.

avait amené avec elle une troupe de ses compatriotes (1).

Ces Minyæ de Lemnos et d'Imbros reparaissent comme faisant partie d'un autre récit relatif à l'établissement de la colonie de Mèlos. On a déjà dit que, quand les Hèraklides et les Dôriens envahirent la Laconie, l'Achæen Philonomos leur livra le pays par trahison, acte dont il fut récompensé par le don du territoire d'Amyklæ. Il peupla, dit-on, ce territoire en y introduisant des détachements de Minyæ de Lemnos et d'Imbros, qui, à la troisième génération après le retour des Hèraclides, se montrèrent si mécontents et si mutins, que les Lacédæmoniens résolurent de les renvoyer du pays comme émigrants, sous leurs chefs Polis et Delphos. Prenant la direction de la Krête, ils s'arrêtèrent en route pour déposer une partie de leurs colons dans l'île de Mèlos, qui resta pendant toute la durée des temps historiques une colonie fidèle et dévouée de Lacédæmôn (2). A leur arrivée en Krête, on dit qu'ils s'établirent dans la ville de Gortyn. De plus, nous trouvons que d'autres établissements dôriens, soit de Lacédæmon, soit d'Argos, furent formés en Krête, et Lyktos est mentionnée en particulier non-seulement comme une colonie de Sparte, mais comme se distinguant par l'analogie de ses lois et de ses coutumes avec celles de la métropole (3). On dit même que la Krête, immédiatement après la guerre de Troie, frappée par la colère des dieux, avait été dépeuplée par la famine et la peste, et que, trois générations après, l'affluence des émigrants avait été si con-

---

(1) Strabon, VIII, p. 347. M. Raoul Rochette, pour qui presque toutes les légendes sont comme si elles étaient de l'histoire authentique, est très-fâché de voir Strabon admettre cette diversité de récits. (Histoire des colonies grecques, t. III, ch. 7, p. 54) : « Après des détails si clairs et si positifs, comment est-il possible que ce même Strabon, bouleversant toute la chronologie, fasse arriver les Minyens dans la Triphylie sous la conduite de Chloris, mère de Nestor? »

Le récit que rejette ainsi M. Raoul Rochette est tout à fait égal, sous le rapport de la crédibilité, à celui qu'il accepte : on ne peut, en effet, appliquer aucune mesure de crédibilité.

(2) Conôn, Narrat. 36. Cf. Plutarque, Quæst. Græc. c. 21, où il est fait mention de Tyrrhéniens de Lemnos, comme dans le passage de Polyen auquel il est fait allusion dans une note précédente.

(3) Strabon, X, p. 481; Aristot. Polit. 11, 10.

sidérable, que la population entière de l'île fut renouvelée, à l'exception des Eteokrètes à Polychnæ et à Præsos (1).

Il y avait des Dôriens en Krète du temps de l'Odyssée : Homère mentionne des langues et des races d'hommes différentes, Eteokrètes, Kydônes, Dôriens, Achæens et Pélasges, comme existant toutes ensemble dans l'île, qui, d'après sa description, est populeuse et renferme quatre-vingt-dix villes. Une légende donnée par Andrôn, reposant vraisemblablement sur l'assertion d'Hérodote et rapportant que Dôros, fils d'Hellên, s'était établi en Histiæôtis, attribuait la première introduction des trois dernières races à Tektaphos, fils de Dôros, qui avait emmené de ce pays une colonie de Dôriens, d'Achæens et de Pélasges, et avait abordé en Krète pendant le règne du roi indigène Krès (2). Le récit d'Andrôn s'adapte si exactement avec la mention d'habitants krètois faite dans le Catalogue homérique, que nous pouvons raisonnablement supposer qu'il avait été arrangé à dessein en vue de ce Catalogue, pour expliquer d'une manière quelque peu plausible et conforme à la chronologie légendaire reçue, comment il se fit qu'il y avait des Dôriens en Krète avant la guerre de Troie, les colonies dôriennes après le retour des Hêraklides étant naturellement de beaucoup postérieures à l'ordre de temps supposé. Afin de trouver un chef

---

(1) Hérod. VII, 171 (V. vol. 1, ch. 12). Diodore (V. 80), aussi bien qu'Hérodote, mentionne en général des immigrations considérables en Krète venant de Lacédæmôn et d'Argos; mais, même dans ses laborieuses recherches M. Raoul Rochette (Histoire des colonies grecques, t. III, c. 9, p. 60-68.) n'a réussi à en recueillir aucune particularité distincte.

(2) Steph. Byz. v. Δωριον. Περὶ ὧν ἱστορεῖ Ἄνδρων, Κρητὸς ἐν τῇ νήσῳ βασιλεύοντος, Τέκταφον τὸν Δώρου τοῦ Ἕλληνος, ὁρμήσαντα ἐκ τῆς ἐν Θετταλίᾳ τότε μὲν Δωρίδος, νῦν δὲ Ἱστιαιώτιδος καλουμένης, ἀφικέσθαι εἰς Κρήτην μετὰ Δωριέων τε καὶ Ἀχαιῶν καὶ Πελασγῶν, τῶν οὐκ ἀπαράντων εἰς Τυῤῥηνίαν. Cf. Strabon, X, p. 475-476, d'après lequel il est clair qu'Andrôn présentait l'histoire en s'en référant d'une manière spéciale au passage de l'Odyssée qu'il explique (XV, 175).

On ne peut déterminer avec précision l'époque d'Andrôn, un des auteurs d'Atthides; mais il est difficile de le placer plus tôt que l'an 300 avant J.-C. V. la Dissertation préliminaire de C. Müller qui précède les Fragmenta Historicorum Græcorum, éd. Didot, p. 82; et la Prolusio de Atthidum Scriptoribus, mise en tête de l'édition qu'a donnée Lenz des Fragments de Phanodêmos et de Dêmon, p. 28. Lips. 1812.

assez ancien pour son hypothèse, Andrôn remonte à l'éponyme primitif Dôros, et il attribue à son fils Tektaphos l'introduction en Krète d'une colonie mixte de Dôriens, d'Achæens et de Pélasges. Ce sont exactement les trois races énumérées dans l'Odyssée, et le roi Krès, qui, selon l'assertion d'Andrôn, régnait alors dans l'île, représente les Eteokrètes et les Kydônes de la liste d'Homère. Le récit semble avoir été en faveur parmi les historiens natifs de Krète, en ce que sans doute il sert à empêcher ce qui autrement serait une contradiction dans la chronologie légendaire (1).

Une autre émigration dôrienne allant du Peloponèse en Krète, qui s'étendit aussi à Rhodes et à Kôs, fut, dit-on encore, conduite par Althæmenês, qui avait été un des chefs de l'expédition contre l'Attique dans laquelle périt Kodros. Ce prince, Hèraklide et arrière-petit-fils de Têmenos, fut amené à s'expatrier par suite d'une querelle de famille, et conduisit un corps de colons dôriens d'Argos d'abord en Krète, où quelques-uns d'entre eux restèrent; mais le plus grand nombre l'accompagna à Rhodes, et dans cette île, après en avoir chassé les Kariens, qui la possédaient, fonda les trois villes de Lindos, d'Ialysos et de Kameiros (2).

Il convient d'ajouter ici que la légende des archéologues rhodiens, relative à leur Œkiste Althæmenês, qui était adoré dans l'île avec des honneurs héroïques, était totalement différente de la précédente. Althæmenês était Krètois, fils du roi Katreus et petit-fils de Minôs. Un oracle lui prédit qu'un jour il tuerait son père : impatient d'échapper à une si terrible destinée, il quitta la Krète et conduisit une colonie à Rhodes, où on lui attribuait la fondation du fameux temple de Zeus Atabyrien sur le sommet élevé du mont

---

(1) V. Diodore, IV, 60 ; V. 80. D'après Strabon (*l. c.*), nous voyons cependant que d'autres rejetaient le récit d'Andrôn.

O. Müller (History of the Dorians, b. I, c. 1, § 9) accepte l'histoire comme vraie en substance, en écartant le nom de Dôros, et même il tient pour certain que Minos de Knôssos était Dôrien ; mais la preuve qu'il apporte à l'appui de cette conclusion me semble peu précise et imaginaire.

(2) Conôn, Narrat. 47; Ephore, Frag. 62, éd. Marx.

Atabyrum, bâti de manière à avoir vue sur la Krête. Il était établi dans l'île depuis quelque temps, lorsque son père Katreus, désireux d'embrasser encore son fils unique, partit de Krête pour le rejoindre : il aborda à Rhodes de nuit, sans être connu, et une collision accidentelle eut lieu entre ses serviteurs et les insulaires. Althæmenês courut au rivage pour repousser les ennemis supposés, et dans la mêlée il eut le malheur de tuer son vieux père (1).

On rapporte que les émigrants qui accompagnaient Althæmenês, ou quelques autres colons dôriens dans la suite, s'établirent à Kôs, à Knidos, à Karpathos et à Halikarnassos. On attribuait toutefois la fondation de cette dernière ville à Anthês de Trœzên : les émigrants qui l'accompagnaient avaient appartenu, disait-on, à la tribu dymanienne, une des trois tribus qui se trouvaient toujours dans un état dôrien ; et la ville semble avoir été désignée comme étant une colonie parfois de Trœzên, parfois d'Argos (2).

Nous avons ainsi les colonies æoliennes, ioniennes et dôriennes établies en Asie, toutes nées de l'époque légendaire, et toutes présentées comme conséquences, directes ou indirectes, de ce qui est appelé le Retour des Hêraklides, ou la conquête du Péloponèse par les Dôriens. Selon la chronologie admise, vient après elles une période, que l'on suppose comprendre environ trois siècles, et qui est presque complétement vide de faits, jusqu'à ce que nous arrivions à une chronologie authentique et à la première Olympiade consta-

---

(1) Diodore, V, 59 ; Apollod. III, 2, 2. Dans le chapitre 57, Diodore avait fait une allusion expresse aux mythologues natifs de Rhodes, et à l'un d'eux en particulier, nommé Zenon.
Wesseling suppose que Rhodes eut deux fondateurs différents, nommés tous deux Althæmenês ; cela est assurément nécessaire, si nous devons considérer les deux récits comme historiques.

(2) Strabon, XIV, p. 653 ; Pausan. II, 39, 3 ; Callimaque ap. Steph. Byz. v. Ἁλικάρνασσος.

Hérodote (VII, 99) appelle Halikarnassos une colonie de Trœzên ; Pomponius Mela (I, 16), d'Argos. Vitruve nomme à la fois Argos et Trœzên (II, 8, 12) ; mais les deux œkistes qu'il mentionne, Melas et Arevanius, n'étaient pas si bien connus qu'Anthês, les habitants d'Halicarnassos étant appelés Antheadæ (V. Steph. Byz. v. Ἀθῆναι ; et une inscription curieuse dans le Corpus Inscriptionum de Boeckh, n° 2655).

tée ; elles forment ainsi les derniers événements du monde mythique, d'où nous passons maintenant à la Grèce historique, telle qu'elle existe à l'époque qui vient d'être mentionnée. C'est par ces migrations que les éléments de l'agrégat hellénique sont répartis dans les lieux qu'ils occupent à l'aube du jour historique, Dôriens, Arcadiens, Ætolo-Eleiens et Achæens, qui se partagent le Péloponèse d'une manière inégale, Æoliens, Ioniens et Dôriens, établis et dans les îles de la mer Ægée et sur le littoral de l'Asie Mineure. Le retour des Hèraklides, aussi bien que les trois émigrations æolienne, ionienne et dôrienne, présente l'explication légendaire appropriée aux sentiments et à la croyance du peuple, par laquelle nous voyons comment la Grèce passa des races héroïques qui assiégèrent Troie et Thêbes, dirigèrent l'aventureux navire Argô et tuèrent le monstrueux sanglier de Kalydôn, aux races historiques, nommées et classées différemment, qui fournirent des vainqueurs aux jeux Olympiques et Pythiens.

Un patient et savant écrivain français, M. Raoul Rochette, qui explique tous les événements de l'époque héroïque, généralement parlant, comme étant autant d'histoire réelle, et n'est indulgent que pour les erreurs et les exagérations des poëtes, est fort embarrassé par la lacune et l'interruption que présente cette série historique continue supposée, depuis le retour des Hèraklides jusqu'au commencement des Olympiades. Il ne peut s'expliquer une si longue période de repos absolu, après les incidents importants et les aventures frappantes de l'âge héroïque. S'il n'est rien arrivé qui mérite d'être mentionné durant cette longue période, comme il le présume d'après ce fait que rien n'a été transmis, il conclut que la cause en a dû être l'état de souffrance et d'épuisement dans lequel les guerres et les révolutions antérieures avaient laissé les Grecs, un long intervalle d'inaction complète étant nécessaire pour guérir de telles blessures (1).

---

(1) « La période qui me semble la plus obscure et la plus remplie de difficultés n'est pas celle que je viens de parcourir : c'est celle qui sépare l'époque des

En admettant que l'opinion de M. Raoul Rochette sur les temps héroïques soit juste, et en raisonnant sur la supposition que les aventures attribuées aux héros grecs sont des faits historiques réels, transmis par la tradition depuis une période de quatre siècles avant les Olympiades constatées par l'histoire, et seulement embellis par les descriptions des poëtes, la lacune sur laquelle il s'arrête est tout au moins embarrassante et inexplicable. Il est étrange que le courant de la tradition, si jadis il a commencé à couler, ait disparu (comme le font plusieurs rivières de la Grèce) pendant deux ou trois siècles pour reparaître ensuite. Mais si nous faisons ce qui me semble être la juste distinction entre la légende et l'histoire, nous verrons que l'existence d'une lacune entre les deux est parfaitement conforme aux conditions qui ont déterminé la naissance de la première. Ce n'est pas le passé immédiat, mais un passé lointain, supposé tel, qui forme l'atmosphère propre au récit mythique, passé dans l'origine tout à fait indéterminé quant à la distance qui le sépare du

---

Héraclides de l'institution des Olympiades. La perte des ouvrages d'Ephore et de Théopompe est sans doute la cause en grande partie du vide immense que nous offre dans cet intervalle l'histoire de la Grèce. Mais si l'on en excepte l'établissement des colonies éoliennes, doriennes et ioniennes de l'Asie Mineure, et quelques événements très-rapprochés de la première de ces époques, l'espace de plus de quatre siècles qui les sépare est couvert d'une obscurité presque impénétrable, et l'on aura toujours lieu de s'étonner que les ouvrages des anciens n'offrent aucun secours pour remplir une lacune aussi considérable. Une pareille absence doit aussi nous faire soupçonner qu'il se passa dans la Grèce peu de ces grands événements qui se gravent fortement dans la mémoire des hommes : puisque, si les traces ne s'en étaient point conservées dans les écrits des contemporains, au moins le souvenir s'en serait-il perpétué par des monuments; or les hommes et l'histoire se taisent également. Il faut donc croire que la Grèce, agitée depuis si longtemps par des révolutions de toute espèce, épuisée par ses dernières émigrations, se tourna tout entière vers des occupations paisibles, et ne chercha, pendant ce long intervalle, qu'à guérir, au sein du repos et de l'abondance qui en sont la suite, les plaies profondes que sa population avait souffertes. » (Raoul Rochette, Histoire des colonies grecques, t. II, c. 16, p. 455).

Dans le même but Gillies (History of Greece, c. 3, p. 67, quarto) : « Les affaires obscures de la Grèce, pendant les quatre siècles suivants, correspondent mal à la splendeur de la guerre de Troie et même de l'expédition des Argonautes, » etc.

présent, comme nous le voyons dans l'Iliade et dans l'Odyssée. Et même quand nous arrivons aux poëtes généalogiques, qui prétendent donner une mesure certaine du temps passé, et une suite de personnes aussi bien que d'événements, les noms qu'ils se plaisent le plus à honorer et dont ils décrivent les exploits avec le plus de complaisance sont encore ceux de ces dieux et des héros, ancêtres de la tribu, et de leurs contemporains supposés, ancêtres séparés de l'auditeur actuel par une longue lignée. On concevait les dieux et les héros comme séparés de lui par plusieurs générations, et les sujets légendaires que l'on groupait autour d'eux n'en paraissaient que plus imposants quand ils étaient présentés à une distance respectueuse, au delà du temps du père et du grand-père et de tous les prédécesseurs connus. Les odes de Pindare expliquent cette tendance d'une manière frappante. Nous voyons ainsi comment il se fit qu'entre les temps assignés aux aventures héroïques et les temps pourvus d'annales historiques, il existait une lacune intermédiaire, remplie de noms obscurs ; et comment dans la même société, qui ne tenait pas à rappeler les actions des pères et des grands-pères de ses membres, il circulait des récits très-populaires et très-accrédités au sujet d'ancêtres réels ou supposés depuis longtemps passés et disparus. Les siècles obscurs et stériles en événements qui précèdent immédiatement la première Olympiade constatée, forment la séparation naturelle entre le retour légendaire des Hêraklides et les guerres historiques de Sparte contre Messênê ; entre le domaine de la légende où les faits réels (s'il en existe) sont si intimement combinés avec ses accessoires fictifs, qu'ils ne peuvent en être distingués qu'à l'aide d'une preuve extrinsèque, et celui de l'histoire, où quelques faits réels peuvent être prouvés d'une manière certaine, et où l'on peut appliquer utilement la sagacité de la critique pour essayer d'en augmenter le nombre.

CHAPITRE V

APPLICATION DE LA CHRONOLOGIE A LA LÉGENDE GRECQUE

Différents systèmes de chronologie proposés pour les événements mythiques. — Les données essentielles à une détermination chronologique manquent ici. — Des chronologistes modernes reprennent le même problème que les anciens, mais avec une règle différente de croyance. — Opinion de M. Clinton sur les computations relatives à la guerre de Troie. — La valeur de la computation chronologique dépend du degré de confiance que méritent les généalogies. — M. Clinton défend les généalogies. — Ses preuves. — 1. Inscriptions. — Aucune n'est d'une antiquité prouvée. — Généalogies nombreuses et d'une date non assignable. — 2. Anciens poëtes. — M. Clinton divise les personnages généalogiques en réels et en fabuleux ; principes sur lesquels il s'appuie. — Remarques sur son opinion. — Ses concessions sont partielles et illogiques, elles suffisent cependant pour rendre les généalogies inconciliables avec la chronologie. — Principes de M. Clinton touchant la preuve historique. — Dans quelle mesure peut exister la présomption en faveur des anciens poëtes. — Une fiction plausible remplit les conditions posées par M. Clinton. — Elle ne peut être distinguée de la vérité sans le secours de preuves. — Kadmos, Danaos, Hyllos, etc., tous éponymes et rentrant dans la définition que donne M. Clinton des personnages fictifs. — Le réel, dans les généalogies, ne peut être distingué du fictif. — A quelle époque les poëtes ont-ils commencé à produire des généalogies continues, passant du monde mythique au monde réel? — Evidence d'un progrès intellectuel quand on dispose le passé méthodiquement, même sur des principes fictifs.

Je n'ai pas besoin de répéter ce qui a été déjà suffisamment démontré dans les pages précédentes, à savoir qu'il ne me semble pas possible de réduire en histoire ou en chronologie la masse des incidents antérieurs à l'an 776 av. J.-C., et que tout système chronologique que l'on voudrait leur appliquer doit être nécessairement dénué de preuves et illusoire. On l'a cependant fait dans les anciens temps, et on a continué à le faire dans les temps modernes ; et l'on peut trouver les divers systèmes employés à ce but exposés et comparés dans le premier volume (le dernier publié) des Fasti Hellenici de M. Fynes Clinton. Il y avait entre les Grecs, et il y a encore entre les érudits modernes des différences importantes quant aux dates des principaux événements : Eratosthène différait d'Hérodote ainsi que de Phanias et de Callimaque, tandis que Larcher et Raoul Rochette (qui suivent Hérodote) sont en opposition avec O. Müller et M. Clinton (1). Afin que le lecteur puisse avoir une idée générale de l'ordre dans lequel ces événements légendaires étaient disposés, je transcris des Fasti Hellenici une double table chronologique, qui se trouve à la page 139, et dans laquelle les dates sont placées en séries, depuis Phorôneus jusqu'à l'Olympiade de Corœbus en 776 av. J.-C., dans la première colonne selon le système d'Eratosthène, dans la seconde selon celui de Callimaque.

---

(1) Larcher et Raoul Rochette, adoptant la date chronologique d'Hérodote, fixent la prise de Troie à 1270 avant J.-C. et le retour des Hêraklides à 1190 avant J.-C. Selon le système d'Eratosthène, ces deux événements ont lieu en 1184 et 1104 avant J.-C.

O. Müller, dans ses Tables chronologiques (Appendix VI à l'History of Dorians, vol. II, p. 441, trad. ang.), ne donne ni dates ni computation d'années antérieures à la prise de Troie et au retour des Hêraklides, qu'il place avec Eratosthène en 1184 et en 1104 avant J.-C.

C. Müller pense (dans son Annotatio ad Marmor Parium, ajoutée aux Fragmenta Historicorum Græcorum, éd. Didot, p. 556, 568, 572 ; cf. sa notice servant de préface aux Fragments d'Hellanicus, p. 28 du même volume) que les anciens chronologistes, en arrangeant les événements mythiques en antécédents et en conséquents, furent guidés par certaines prédilections numériques, particulièrement par un respect pour le cycle de 63 ans, produit des nombres sacrés $7 \times 9 = 63$. Je ne puis croire qu'il démontre son hypothèse d'une manière satisfaisante, quant au cycle particulier suivi, bien qu'il ne soit pas improbable que quelques théories numériques préconçues aient guidé ces anciens calculateurs. Il appelle l'attention sur ce fait, que la computation de dates faite par les Alexandrins se trouvait seulement dans un nombre d'autres calculs en opposition entre eux, et que les investigateurs modernes sont trop disposés à la considérer comme si elle était seule ou qu'elle impliquât quelque autorité supérieure (p. 568-572 ; cf. Clemen. Alex. Stromat. I, p. 145, Sylb.). Par exemple, O. Müller fait observer (Appendix à l'Hist. of Dorians, p. 442) que l'on peut regarder « la critique de Larcher, qui rejette les chronologistes alexandrins, peut-être comme aussi dépourvue de fondements qu'elle est présomptueuse, » observation qui, tout au moins, attribue à Eratosthène une bien plus haute autorité que celle à laquelle il a droit.

TABLE CHRONOLOGIQUE

« La table suivante, dit M. Clinton, offre une vue som-

ANNÉES avant la guerre de Troie.		ANNÉES intermédiaires entre les différents événements	Av. J.-C. Eratosth.	Av. J.-C Callim.
(570) (1)	Phoroneus, p. 19................	287	(1753)	(1697)
(283)	Danaus, p. 73.................... Pelasgus V. p. 13, 88...........	33	(1466)	(1410)
(250)	Deukalion, p. 42................	50	(1433)	(1377)
(200)	Erechtheus...................... Dardanus, p, 88	50	(1383)	(1327)
(150)	Azan, Aphidas, Elatus..........	20	(1333)	(1277)
130	Kadmus, p. 85.................	30	1313	1257
(100)	Pelops........................	22	(1283)	(1227)
78	Naissance d'Hercules...........	36	1261	1205
(42)	Argonautes....................	12	(1225)	(1169)
30	Première guerre de Thêbes, p. 51, h.	4	1213	1157
26	Mort d'Hercules................	2	1209	1153
24	Mort d'Eurystheus, p. 106, x.....	4	1207	1151
20	Mort d'Hyllus.................	$2^a 9^m$	1203	1147
18	Avénement d'Agamemnon........	2	1200	1144
16	Seconde guerre de Thêbes, p. 87, 1.	6	1198	1142
10	Expédition de Troie ($9^a 1^m$).....	9	1192	1136
ANNÉES après la chute de Troie				
8	Prise de Troie.................	7	1183	1127
	Orestes règne à Argos dans la 8ᵉ année.	52	1176	1120
60	Les Thessali occupent la Thessalie... Les Bœoti retournent en Bœotia dans la 60ᵉ année..................... Migration éolienne sous Penthilus....	20	1124	1068
80	Retour des Heraclidæ dans la 80ᵉ année.	29	1104	1048
109	Aletes règne à Corinthe, p. 130, m...	1	1075	1019
110	Migration de Theras............	29	1074	1018
131	Lesbos occupée 130 ans après l'ère...	8	1053	997
139	Mort de Codrus................	1	1045	989
140	Emigration ionienne 60 ans après le retour	11	1044	988
151	Cymê fondée 150 ans après l'ère.....	18	1033	977
169	Smyrna, 168 ans après l'ère, p. 105, t.	131	1015	959
300	Olympiade d'Iphitus.............	229 108 52	884	828
408 352	Olympiade de Corœbus...........	»	776	776

(1) Ces dates, distinguées du reste au moyen de crochets, sont proposées comme de simples conjectures fondées sur la longueur probable des générations.

maire des principales périodes depuis Phorôneus jusqu'à l'Olympiade de Corœbus, et présente une double série de dates ; l'une partant de la date d'Eratosthène, l'autre d'une date fondée sur les calculs réduits de Phanias et de Callimaque, qui effacent cinquante-six ans du compte d'Eratosthène. Phanias, comme nous l'avons vu, omettait cinquante-cinq ans entre le retour et les Olympiades constatées ; car c'est ainsi que nous pouvons comprendre son calcul : Callimaque, cinquante-six ans entre l'Olympiade d'Iphitus et l'Olympiade dans laquelle Corœbus fut vainqueur (1). La première colonne de cette table présente les années *courantes* avant et après la chute de Troie ; dans la seconde colonne de dates sont exprimés les intervalles *complets*. »

Partout où l'application de la chronologie est possible, des recherches telles que celles de M. Clinton, qui ont tant servi à mieux faire comprendre les temps primitifs de la Grèce, méritent une respectueuse attention. Mais le plus habile chronologiste ne peut rien accomplir, s'il n'a à sa disposition une base certaine de faits réels, pure et pouvant être distinguée de la fiction, attestée par des témoins qui connaissent la vérité et veuillent en même temps la déclarer. En possession de ce fond préliminaire, il peut s'en servir comme d'un argument pour réfuter des mensonges distincts et corriger des erreurs partielles ; mais si tous les documents originaux qui lui sont soumis contiennent des éléments de vérité (du moins partout où il *y a* vérité), dans une sorte de combinaison chimique avec la fiction, qu'il n'a aucun moyen de décomposer, il est dans la condition de quelqu'un qui essaie de résoudre un problème sans avoir de données : il est obligé d'abord d'établir ses propres données et d'en tirer ses conclusions. Les documents fournis par les poëtes épiques, nos seuls témoins originaux dans ce cas, correspondent à ce que nous venons d'exposer. Que la proportion

---

(1) La date donnée par Callimaque pour *Iphitus* est approuvée par Clavier (Prem. Temps, t. II, p. 203), qui la considère comme n'étant pas éloignée de la vérité.

de vérité qu'ils renferment soit plus ou moins grande, c'est ce qui de toute manière ne peut être déterminé, et le mélange de fiction constant et intime est à la fois incontestable en lui-même, et essentiel en effet au but et à la profession de ceux de qui émanent les récits. Tout atteste un tel caractère, même là où leurs récits s'accordent; et c'est d'un tas de tels contes, qui ne s'accordent pas, mais diffèrent de mille manières, et qui ne renferment pas un fragment de pure vérité prouvée d'une façon authentique, que la critique est appelée à tirer une série méthodique d'événements historiques ornée de dates chronologiques.

Si nous pouvions imaginer un savant critique moderne transporté en Grèce à l'époque de la guerre des Perses, avec ses habitudes actuelles d'appréciation quant aux preuves historiques, sans partager les sentiments religieux ou patriotiques du pays, et invité à préparer, au moyen de l'ensemble considérable de l'épopée grecque existant alors, une histoire et une chronologie de la Grèce antérieures à l'an 776 av. J.-C., en donnant des raisons pour ce qu'il aurait accepté aussi bien que pour ce qu'il aurait rejeté, je suis persuadé qu'il aurait considéré l'entreprise comme n'étant guère qu'une opération conjecturale. Mais le critique moderne trouve que non-seulement Phérécyde et Hellanicus, mais encore Hérodote et Thucydide ont ou tenté la tâche ou confirmé l'opinion qu'elle était praticable, ce qui n'est nullement surprenant quand on considère l'expérience bornée qu'ils avaient de l'évidence historique et le puissant ascendant qu'exerçaient sur leur esprit la religion et le patriotisme, en les prédisposant à une foi d'antiquaire; en conséquence il accepte le problème tel qu'ils l'avaient légué, ajoutant ses propres efforts pour en donner une solution satisfaisante. Néanmoins, non-seulement il les suit avec quelque réserve et quelque gêne, mais même il admet d'importantes distinctions tout à fait étrangères à leurs habitudes de pensée. Thucydide parle des actions d'Hellèn et de celles de ses fils avec autant de confiance que nous parlons maintenant de Guillaume le Conquérant : M. Clinton considère Hellèn et ses fils Dôros, Æolos et Xuthos comme des personnages fictifs. Hérodote énumère les grandes généalogies héroïques à partir de Kadmos et de Danaos, en ajoutant une foi aussi complète aux premiers membres de la série qu'aux derniers : mais M. Clinton admet une distinction radicale dans l'évidence des événements qui ont précédé et suivi la première Olympiade constatée, soit l'an 776 av. J.-C., « la première date dans la chronologie grecque (remarque-t-il, p. 123) qui peut être fixée sur une *preuve authentique,* » le point le plus élevé auquel on peut porter la chronologie grecque, *en remontant dans ses calculs.* Cette époque importante dans le développement grec, le commencement d'une vie chronologique authentique, Hérodote et Thucydide n'en eurent aucune connaissance ou ils n'en tinrent aucun compte les chronologistes postérieurs, à partir de Timée, la marquèrent, et la firent servir, dès son point de départ, de base à leurs comparaisons chronologiques ; mais ni Eratosthène ni Apollodore ne semblent avoir reconnu (bien que Varron et Africanus l'aient fait) une différence marquée, sous le rapport de la certitude ou de l'authenticité, entre la période qui précéda cette époque et la période qui la suivit.

Ce qui sert à mieux faire comprendre cette opinion de M. Clinton, à savoir que la première Olympiade constatée est la plus ancienne date qui puisse être fixée sur une preuve authentique, ce sont les justes remarques suivantes, qui se trouvent à la page 138, au sujet des vues différentes d'Eratosthène, de Phanias et de Callimaque, quant à la date de la guerre de Troie : « La chronologie d'Eratosthène (dit-il), fondée sur une comparaison attentive des circonstances, et approuvée par ceux auxquels étaient ouvertes les mêmes sources d'information, a droit à notre respect. Mais nous devons nous rappeler qu'une date conjecturale ne peut jamais acquérir l'autorité d'une preuve ; que ce qui est accepté comme remplaçant un témoignage n'en est pas un équivalent : des témoins seuls peuvent prouver une date, et, à leur défaut, nous ne pouvons évidemment parvenir à la connaître. Si, dans l'absence d'une lumière meilleure, nous cherchons ce qui est probable, nous ne devons pas oublier la distinction qui existe entre une conjecture et une preuve, entre ce qui est probable et ce qui est certain. La computation d'Eratosthène relative à la guerre de Troie prête donc à la discussion ; mais si nous la trouvons contraire aux opinions de beaucoup d'écrivains antérieurs, qui fixaient une date plus rapprochée, ainsi qu'à la longueur reconnue de chaque génération dans les dynasties les plus authentiques, nous sommes autorisés à suivre d'autres guides, qui nous donnent une époque plus rapprochée. "

Ici encore M. Clinton reconnaît évidemment le manque de preuves et l'incertitude irrémédiable de la chronologie grecque avant les Olympiades. Or la conclusion raisonnable à tirer de son argument, c'est non-seulement que « la computation d'Eratosthène prêtait à la discussion » (ce qui sera contesté par bien peu de personnes), mais qu'Eratosthène et Phanias avaient tous les deux émis des opinions positives sur un point pour lequel on ne pouvait pas avoir de preuves suffisantes, et qu'en conséquence ni l'un ni l'autre ne devaient être pris pour guides (1). M. Clinton parle, il est vrai, de dynasties authentiques antérieures à la première Olympiade constatée ; mais s'il en existe de pareilles, en remontant de cette époque à un point supposé, contemporain de la guerre de Troie ou antérieur à cette guerre, je ne vois pas de bonne raison à l'appui de la distinction marquée qu'il établit entre la chronologie qui précède l'Olympiade de Corœbus et celle qui la suit, ni à l'appui de la nécessité qu'il sent de suspendre son calcul ascendant à l'époque mentionnée en dernier, et de commencer une opération différente appelée « un calcul descendant » à partir de l'époque plus haute (supposée constatée sans le secours d'aucun calcul ascendant) du premier patriarche de qui émane une telle dynastie authentique (2).

---

(1) Karl Müller fait observer (dans la Dissertation à laquelle il est fait mention plus haut, ajoutée aux Fragmenta Historicorum Græcorum, p. 568) : « Quod attinet æram Trojanam, tot obruimur et tam diversis veterum scriptorum computationibus, ut singulas enumerare negotium sit tædii plenum, eas vel probare vel improbare res vana nec vacua ab arrogantiâ. Nam nemo hodie nescit quænam fides his habenda sit omnibus. »

(2) Je ne puis approuver la distinction qu'établit M. Clinton entre une chro-

Hérodote et Thucydide pourraient bien, sur cette supposition, demander à M. Clinton pourquoi il leur demandait de changer leur manière de procéder à l'année 776 av. J.-C., et pourquoi ils ne seraient pas autorisés à poursuivre leur « calcul chronologique ascendant, » sans interruption depuis Léonidas jusqu'à Danaos, ou depuis Pisistrate jusqu'à Hellên

---

nologie ascendante et une chronologie descendante. Sa doctrine est qu'une chronologie ascendante est digne de foi et praticable jusqu'à la première Olympiade constatée ; la chronologie descendante est digne de foi et praticable à partir de Phorôneus jusqu'à l'émigration ionienne : ce qui est incertain, c'est la longueur de la ligne intermédiaire qui unit l'émigration ionienne à la première Olympiade constatée, le terme supérieur et le terme inférieur (V. Fasti Hellenici, vol. I, Introduct. p. 9, 2ᵉ édit. et p. 123, c. 6).

Toute chronologie doit commencer par un calcul ascendant ; lorsque par ce procédé nous sommes arrivés à une ère certaine et déterminée dans un temps assez ancien, nous pouvons, s'il nous plaît, calculer en descendant à partir de cette date. Nous devons être en état de calculer en remontant depuis le temps actuel jusqu'à l'ère chrétienne, avant de pouvoir nous servir de cet événement comme d'un point fixe pour des déterminations chronologiques en général. Mais si Eratosthène pouvait faire exactement le calcul ascendant depuis sa propre époque jusqu'à la chute de Troie, il pouvait aussi faire le calcul ascendant jusqu'au point plus rapproché de l'émigration ionienne. Il est vrai qu'Eratosthène donne toutes les indications chronologiques à partir d'un point plus ancien jusqu'à un point plus récent (autant du moins que nous pouvons en juger d'après Clem. Alex. Strom. I, p. 336) ; il dit : « De la prise de Troie au retour des Hêraklides il y a 80 ans ; de là à l'émigration ionienne, 60 ans ; ensuite en continuant jusqu'à la tutelle de Lykurgue, 159 ans ; puis, jusqu'à la première année de la première Olympiade, 108 ans ; de cette Olympiade à l'invasion de Xerxès, 297 ans ; de là au commencement de la guerre du Péloponèse, 48 ans, » etc. Mais ici il n'y a pas de différence entre compter en remontant aussi haut que la première Olympiade, et ensuite compter en descendant pour les intervalles de temps qui la précèdent. Eratosthène d'abord trouva ou fit quelques calculs ascendants jusqu'à la prise de Troie, soit à partir de son propre temps, soit à partir de quelque époque à une distance connue de la sienne ; ensuite il prend la prise de Troie comme ère, et détermine des intervalles descendant jusqu'à la guerre du Péloponèse ; entre autres assertions, il indique clairement cet intervalle que M. Clinton déclare impossible à découvrir, à savoir l'espace de temps entre l'émigration ionienne et la première Olympiade, en mettant une seule époque entre ces deux événements. Je rejette la computation d'Eratosthène, ou toute autre computation servant à déterminer la date supposée de la guerre de Troie ; mais, si je l'admettais, je n'hésiterais pas à admettre aussi l'espace qu'il détermine entre l'émigration ionienne et la première Olympiade. Eusèbe (Præp. Ev. X, 9, p. 485) compte en remontant à partir de la naissance du Christ, avec diverses haltes, mais sans aucune interruption, jusqu'aux premiers phénomènes de l'antiquité grecque, le déluge de Deukalion et la conflagration de Phaëtôn.

et Deukaliôn, sans changer en rien le point de vue. Des dynasties authentiques à partir des Olympiades jusqu'à une époque antérieure à la guerre de Troie nous permettraient d'obtenir une preuve chronologique de la dernière date, au lieu d'être réduits (comme M. Clinton affirme que nous le sommes) à une « conjecture » à la place de preuve.

Toute la question relative à l'importance du calcul depuis les Olympiades jusqu'à Phorôneus roule en réalité sur ce seul point : Ces généalogies prétendant remplir l'espace qui sépare ces deux époques sont-elles authentiques et dignes de foi ou non ? M. Clinton paraît sentir qu'elles ne le sont pas, quand il admet la différence essentielle dans le caractère de la preuve, et la nécessité de changer la méthode de computation avant et après la première Olympiade constatée ; toutefois dans sa préface il s'efforce de prouver qu'elles ont une valeur historique et qu'elles sont en général exactement présentées ; de plus, que les personnages fictifs, partout où il y en a d'entremêlés, peuvent être découverts et éliminés. Les preuves sur lesquelles il s'appuie sont : 1° les inscriptions ; 2° les anciens poëtes.

I. Une inscription, n'étant autre chose qu'un écrit sur marbre, présente une valeur d'évidence aux mêmes conditions qu'un écrit sur papier publié. Si l'auteur de l'inscription rapporte un fait contemporain qu'il avait les moyens de connaître, et s'il n'y a pas de raison pour soupçonner un faux rapport, nous croyons son assertion ; si, d'un autre côté, il cite des faits appartenant à une époque de beaucoup antérieure à son propre temps, son autorité compte pour peu de chose, excepté en tant qu'il nous est possible de vérifier et d'apprécier ses moyens d'information.

Ainsi, pour apprécier la force d'une inscription quelconque comme preuve, le premier point, le plus indispensable est de nous assurer de sa date. Parmi toutes les annales publiques et toutes les inscriptions que cite M. Clinton, il n'y en a pas une qui puisse être rapportée positivement à une date antérieure à 776 avant J.-C. Le disque d'Iphitos, les annales publiques à Sparte, à Corinthe et à Elis, la liste des prêtresses de Junon à Argos, tout cela est d'une date absolument dénuée de preuves. O. Müller est, il est vrai, de l'opinion de M. Clinton (bien qu'à mon avis sans preuve suffisante), en attribuant le disque d'Iphitos à l'époque où l'on place ce prince ; et si même nous faisons une telle concession, nous aurons (en adoptant la détermination donnée par M. Clinton pour le siècle d'Iphitos) une inscription aussi ancienne que l'an 828 avant J.-C. Mais quand M. Clinton cite O. Müller comme admettant les annales de Sparte, de Corinthe et d'Elis, il est juste d'ajouter que ce dernier ne déclare pas garantir l'authenticité de ces documents, ni l'époque à laquelle on commença à tenir de tels registres. On ne peut douter qu'il n'y eût des listes des rois de Sparte qui les faisaient remonter jusqu'à Hêraklês, et des rois d'Elis depuis Oxylos jusqu'à Iphitos ; mais la question est celle-ci : à quel moment ces listes commencèrent-elles à être tenues d'une manière non interrompue ? C'est là un point que nous n'avons aucun moyen de décider ; nous ne pouvons pas non plus accepter la conjecture que propose, sans l'appuyer, M. Clinton, quand il nous dit : » *Peut-être* ces annales ont-elles commencé à être écrites à une époque aussi reculée que l'an 1048 avant J.-C., temps probable de la conquête dorienne. » Il nous dit encore : « A Argos on conservait un registre des prêtresses de Junon, qui *pouvait être* plus ancien que les catalogues des rois de Sparte ou de Corinthe. Ce registre, qui servit à Hellanicus pour composer son ouvrage, renfermait les prêtresses depuis les temps les plus anciens jusqu'à l'époque d'Hellanicus lui-même... Mais ce catalogue *pouvait avoir* été commencé dès la guerre de Troie elle-même, et même à une date plus reculée. »·(P. x, xi.) Au sujet des inscriptions citées par Hérodote, qui se trouvaient dans le temple d'Apollon l'Isménien à Thèbes, et dans lesquelles Amphitryôn et Laodamas sont nommés, M. Clinton dit encore : « Elles étaient anciennes du temps d'Hérodote, qui *peut* les reporter à quatre cents ans avant lui ; et, dans ce cas, elles *pouvaient*, à trois cents ans près, se rapprocher de Laodamas, et à quatre cents ans près, de l'époque probable de Kadmus lui-même. » — « On accorde (ajoute-t-il dans une note) que ces inscriptions n'étaient *pas vraies*, c'est-à-dire qu'elles n'avaient pas la date que leur assignait Hérodote lui-même; mais on ne peut douter qu'elles ne fussent anciennes, etc. »

Le temps où Hérodote vit le temple d'Apollon Isménien à Thêbes ne peut guère avoir été plus ancien que l'an 450 avant J.-C. : en remontant de là dans notre calcul jusqu'à 776 avant J.-C., nous avons un intervalle de trois cent vingt-six ans : les inscriptions que vit Hérodote peuvent donc bien avoir été *anciennes*, sans être antérieures à la première Olympiade constatée. M. Clinton nous dit, il est vrai, que *ancien* « pourrait » être expliqué par quatre cents années avant Hérodote. Mais il n'est pas de lecteur scrupuleux qui puisse se permettre de transformer une possibilité aussi peu sérieuse en une raison concluante, et d'en profiter en y joignant d'autres possibilités semblables énumérées auparavant, dans le but de montrer qu'il existait réellement des inscriptions en Grèce d'une date antérieure à 776 avant J.-C. A moins que M. Clinton puisse le prouver, il ne peut tirer aucun avantage des inscriptions dans la tentative qu'il fait pour établir la réalité des personnages ou des événements mythiques.

La vérité est que la généalogie héraklide des rois de Sparte (comme on l'a fait remarquer dans un chapitre précédent) n'est qu'une des nombreuses généalogies divines et héroïques dont abondait le monde hellénique (1), classe de

---

(1) Voir la succession de noms fabuleux placée en tête de l'inscription d'Halicarnasse, et annonçant qu'elle énumère la série des prêtres de Poseidôn depuis la fondation de la ville (Inscript. n° 2655, Boeckh), avec le commentaire du savant éditeur; cf. aussi ce qu'il déclare être une inscription d'une généalogie partiellement fabuleuse à Hierapytna en Krête (n° 2563).

Les mémorables marbres de Paros sont eux-mêmes une inscription, où la légende et l'histoire, les dieux, les héros et les hommes sont confondus dans diverses époques successives, sans que l'auteur ait conscience d'une transition quelconque.

Le catalogue des prêtresses de Hêrê à Argos remontait à la limite extrême des temps fabuleux ; c'est ce que nous pouvons savoir par les Fragments d'Hellanicus (Fragm. 45-53). Il en était de même des registres à Sikyôn : ils annonçaient qu'ils inscrivaient Amphiôn, fils de Zeus et d'Antiopê, comme l'inventeur de la musique de harpe (Plut. De Musicâ, c. 3, p. 1132).

J'ai fait remarquer dans une page précédente que M. Clinton cite par er-

documents qui ne deviennent des preuves historiques qu'autant que dans les séries ascendantes les noms sont rendus authentiques pour avoir été inscrits sur des registres contemporains ou presque contemporains. A quelle période commença l'usage de les enregistrer, c'est ce que nous ignorons. Toutefois on peut faire deux remarques relatives à une conjecture approximative quelconque, quant à l'époque où commença un enregistrement réel : d'abord, le nombre de noms dans la généalogie, ou la longueur du temps passé

---

reur K. O. Müller comme croyant à l'*authenticité* chronologique des listes des anciens rois de Sparte ; il dit (vol. III, app. 6, p. 330) : « M. Müller pense qu'un récit *authentique* des années de chaque règne lacédæmonien depuis le retour des Hèraklides jusqu'à l'Olympiade de Korœbus avait été conservé jusqu'au temps d'Eratosthène et d'Apollodore. » Mais c'est une méprise ; car Müller désavoue expressément toute croyance à l'*authenticité* des listes (Dorians, I, p. 146) ; il dit : « Je ne prétends pas que les comptes chronologiques dans les listes spartiates forment un *document authentique*, plus que ceux du catalogue des prêtresses de Hèrè et de la liste des prêtres d'Halicarnasse. Les exposés chronologiques dans les listes spartiates peuvent avoir été formés d'après des souvenirs imparfaits ; mais les chronologistes alexandrins doivent avoir trouvé ces tables existant encore, » etc.

Les différences signalées dans Hérodote (VI, 52) suffisent seules pour prouver que l'on ne commença à tenir des registres continus des rois lacédæmoniens que très-longtemps après la date que donne ici M. Clinton.

Xénophon (Agésilas, VIII, 7) admet ce qu'Hérodote mentionne comme ayant été l'histoire lacédæmonienne primitive, à savoir qu'Aristodêmos (et non ses fils) fut le roi qui conduisit à Sparte les envahisseurs Dôriens. Ce qui est bien plus remarquable, c'est que Xénophon l'appelle Ἀριστόδημος ὁ Ἡρακλέους. La conclusion raisonnable à tirer de là, c'est que Xénophon croyait qu'Aristodêmos était *fils* d'Hèraklès, et que c'était une des diverses histoires généalogiques courantes. Mais ici intervient la critique : « ὁ Ἡρακλέους (fait observer Schneider), non παῖς, sed ἀπόγονος, ut ex Herodoto VIII, 131, admonuit Weiske. » Assurément si telle avait été la pensée de Xénophon, il aurait dit ὁ ἀφ Ἡρακλέους.

Il serait possible de citer des cas particuliers et exceptionnels, où la phrase très-commune de ὁ suivi d'un génitif signifie *descendant* et non *fils*. Mais si un doute est permis sur ce point, des computations chronologiques, fondées sur des généalogies, seront exposées à un soupçon sérieux de plus. Pourquoi veut-on que nous supposions que Xénophon ait été obligé de donner le même récit qu'Hérodote, à moins qu'il ne nous le dise en propres termes ?

M. John Brandis, dans une dissertation instructive (De Temporum Græcorum antiquissimorum rationibus, Bonn. 1857), insiste avec force sur ce point, qu'Hérodote ne connaissait rien de ces registres des rois spartiates, et qu'ils n'existaient pas à Sparte quand son histoire fut composée (p. 6). M. Brandis considère Hellanicus comme ayant le premier arrangé et disposé avec méthode ces anciennes généalogies (p. 8-37).

qu'elle déclare embrasser, n'apporte aucune présomption d'une antiquité plus haute par rapport au moment de l'inscription; en second lieu, en considérant le petit nombre et la grossièreté reconnus des monuments écrits chez les Grecs, même jusqu'à la soixantième Olympiade (540 av. J.-C.), et l'absence de l'habitude de l'écriture, aussi bien que le peu de cas que l'on faisait de son importance, ce que montre un tel état de choses, on peut présumer que l'enregistrement écrit des généalogies de famille ne commença que longtemps après 776 avant J.-C., et celui qui soutient qu'il commença plus tôt est soumis à l'obligation de le prouver. Et ce qui justifie encore cette seconde observation, c'est que nous remarquons qu'il n'y a pas de liste inscrite, excepté celle des vainqueurs olympiques, qui aille même aussi haut que 776 avant J.-C. La liste suivante, que produisent O. Müller et M. Clinton est celle des Karneonikæ ou vainqueurs à la fête des Karneia, qui ne va que jusqu'à l'an 676 avant J.-C.

Si donc les inscriptions servent peu à M. Clinton pour appuyer son système d'une histoire et d'une chronologie grecques antérieures aux Olympiades constatées, examinons les conséquences qu'il tire de son autre source de preuves, les anciens poëtes. Et ici l'on trouvera d'abord que, pour soutenir la crédibilité de ces témoins, il expose des principes, relativement à l'évidence historique, à la fois insoutenables en eux-mêmes et particulièrement inapplicables aux anciens temps de la Grèce; en second lieu, que son raisonnement est en même temps illogique, en tant qu'il renferme des points admis qui, compris et suivis littéralement, présentent ces mêmes témoins comme mêlant la vérité et la fiction d'une façon habituelle, aveugle et inconsciente, ce qui les rend impropres à être crus sur leur témoignage isolé et dénué d'appui.

Pour nous occuper d'abord du second point, il dit, Introduction, p. ii-iii : « L'autorité même des généalogies a été révoquée en doute par beaucoup de personnes capables et savantes, qui rejettent Danaus, Kadmus, Hercule, Thêseus et une foule d'autres, comme personnages fictifs. Il est évident que tous les faits sortaient habituellement des mains des poëtes embellis de beaucoup d'additions fabuleuses, et sans aucun doute on composa des généalogies fictives. Cependant de ce que plusieurs généalogies étaient fictives, nous ne sommes pas autorisés à conclure que toutes étaient fabuleuses. Ainsi, dans l'appréciation de la valeur historique des généalogies transmises par les anciens poëtes, nous pouvons prendre un terme moyen, c'est de ne pas les rejeter comme complétement fausses, ni cependant de les admettre implicitement toutes comme vraies. Les généalogies *contiennent beaucoup de personnages réels*, mais ils sont *unis à beaucoup de noms fictifs*. Toutefois les fictions auront une base de vérité : l'expression généalogique peut être fausse, mais la connexion qu'elle rend est réelle. Ceux mêmes qui rejettent le tout comme fabuleux peuvent encore ne pas voir de mauvais œil l'exposition des anciens temps présentée dans ce volume : car il est nécessaire, pour bien comprendre l'antiquité, que les opinions des Grecs relativement à leur propre origine nous soient mises sous les yeux, même si ce sont des opinions erronées, et que leur histoire soit racontée comme ils l'avaient racontée eux-mêmes. Les noms conservés par les anciennes généalogies peuvent être considérés comme étant de trois sortes : ou ils étaient le nom d'une race ou d'un clan transformé en nom d'un individu, ou ils étaient complétement fictifs, ou en dernier lieu ils étaient des noms historiques réels. On essaie dans les quatre tables généalogiques insérées ci-dessous de distinguer ces trois classes de noms... Parmi ceux qui sont laissés dans la troisième classe (c'est-à-dire les réels), tous n'ont pas droit à y rester. Mais je n'ai placé dans la troisième classe que les noms sur lesquels il semblait qu'il n'y avait que peu de doute. Le reste est laissé à l'appréciation du lecteur. »

Conformément à ce principe de division, M. Clinton donne quatre tables généalogiques (1) dans lesquelles les noms des personnages représentant les races sont imprimés en lettres capitales, et ceux des personnages purement fic-

---

(1) V. l'ouvrage de M. Clinton, p. 32, 40, 100.

tifs en italique. Et ces tables offrent un curieux échantillon du mélange intime de la fiction avec ce qu'il appelle vérité : un fils réel et un père mythique, une épouse mythique et un époux réel, *vice versâ*.

Au sujet des tables de M. Clinton nous pouvons faire les remarques suivantes :

I. Les noms séparés comme fictifs ne sont distingués par aucun caractère commun, ni par quelque marque assignable ou justifiable, de ceux qui sont laissés comme réels. Pour prendre un exemple (p. 40), pourquoi Itônus Ier est-il indiqué par les italiques comme être fictif, tandis qu'Itônus II, avec Physcus, Cynus, Salmôneus, Ormenus, etc., à la même page, sont, conservés comme réels, tous étant éponymes de villes exactement au même titre qu'Itônus?

2. Si nous devons exclure Hellèn, Dôrus, Æolus, Iôn, etc., comme n'étant pas des individus réels, mais des expressions représentant des races personnifiées, pourquoi devons-nous conserver Kadmus, Danaus, Hyllus et plusieurs autres, qui sont précisément aussi bien éponymes de races et de tribus que les quatre noms mentionnés plus haut? Hyllus, Pamphylus et Dymas sont les éponymes des trois tribus dôriennes (1), exactement comme Hoplès et les trois autres fils d'Iôn l'étaient des quatre tribus attiques : Kadmus et Danaus étaient dans le même rapport vis-à-vis des Kadmeiens et des Danaens, qu'Argus et Achæus vis-à-vis des Argiens et des Achæens. En outre, il y a beaucoup d'autres noms réellement éponymes que nous ne pouvons actuellement reconnaître comme tels, par suite de la connaissance imparfaite que nous avons des subdivisions de la population hellénique, dont chacune, généralement parlant, avait son dieu et son héros, auquel on rapportait l'origine du nom. Si donc des noms éponymes doivent être exclus de la catégorie des êtres réels, nous trouverons que les rangs des hommes réels

---

(1) « C'est de ces trois personnages » (Hyllos, Pamphylos et Dymas), dit M. Clinton, vol. I, ch. 5. p. 109, « que les trois tribus dôriennes tiraient leurs noms. »

seront éclaircis dans une bien plus grande mesure que ne l'indiquent les tables de M. Clinton.

3. Bien que M. Clinton ne développe d'une manière conséquente aucune de ses qualifications parmi les noms et les personnages des vieux mythes, qualifications propres à leur ôter leurs priviléges, néanmoins il les pousse assez loin pour faire disparaître une proportion sensible de l'ensemble. Par une telle concession faite ainsi au scepticisme moderne, il a abandonné le point de vue d'Hellanicus et d'Hérodote et des anciens historiens en général; et il est singulier que les noms, qu'il a mis le plus d'empressement à sacrifier, sont précisément ceux auxquels ils étaient le plus attachés, et que leur foi aurait abandonnés avec le plus de peine, je veux dire les héros éponymes. Ni Hérodote, ni Hellanicus, ni Eratosthène, ni aucun autre des chronologistes de l'antiquité n'auraient admis la distinction que M. Clinton établit entre des personnes réelles et des personnes fictives dans l'ancien monde mythique, bien qu'ils puissent à l'occasion peut-être, sur des motifs particuliers, révoquer en doute l'existence de quelques caractères individuels parmi les ancêtres mythiques de la Grèce; mais ils ne songèrent jamais à cette division générale en personnages réels et en personnages fictifs, qui forme le principe du « moyen terme » de M. Clinton. Leurs computations chronologiques relatives à l'antiquité grecque supposaient que les caractères mythiques, dans leur succession pleine et entière, étaient tous des personnages réels. Dressant la liste entière comme réelle, ils calculaient tant de générations pour un siècle, et déterminaient ainsi le nombre de siècles par lesquels ils étaient séparés des dieux, des héros et des hommes autochthones, qui formaient à leurs yeux le point de départ historique. Mais aussitôt qu'on admet que les personnages du monde mythique sont divisibles en deux classes, qu'ils sont en partie réels et en partie fictifs, l'intégrité de la série est brisée, et elle ne peut plus servir de base à un calcul chronologique. Dans l'opinion des anciens chronologistes, trois personnes successives de la même lignée, le grand-père, le père et le fils, comptaient pour un siècle; et cela

peut passer en bloc, tant que l'on est entièrement convaincu que ce sont tous des personnages réels ; mais si dans la succession de personnes A, B, C, vous effacez B comme étant une fiction, la continuité des données nécessaires à une computation chronologique disparaît. Or M. Clinton n'est pas conséquent avec lui-même en ce que, pendant qu'il abandonne la foi historique absolue des chronologistes grecs, il continue néanmoins ses computations chronologiques sur les données de cette ancienne foi, sur la réalité supposée de toutes les personnes composant ses générations antéhistoriques. Que devient, par exemple, la généalogie hèraklide des rois spartiates, si l'on admet que les personnages éponymes doivent être effacés comme fictifs, vu qu'Hyllos, par lequel ces rois faisaient remonter leur origine à Hèraklès, rentre de la manière la plus distincte dans cette catégorie, autant que Hoplès le fils d'Iôn ? On trouvera que dès qu'on cesse de croire au monde mythique comme à une succession d'individus réels sans interruption et sans mélange, il devient impropre à servir de base pour des computations chronologiques, et que M. Clinton, quand il mutilait les données des anciens chronologistes, aurait dû en même temps abandonner leurs problèmes comme insolubles. Des généalogies de personnes réelles, telles que celles auxquelles Hérodote et Eratosthène ajoutaient foi, fournissent une base passable à des calculs chronologiques, l'erreur admise dans de certaines limites ; « des généalogies contenant beaucoup de personnes réelles unies à beaucoup de noms fictifs » (pour employer les termes de M. Clinton cités tout à l'heure) sont essentiellement inutiles à un tel but.

Il est juste d'ajouter ici que je partage les idées de M. Clinton au sujet de ces personnages éponymes : j'admets avec lui que « l'expression généalogique peut souvent être fausse, quand la connexion qu'elle rend est réelle. » Ainsi, par exemple, l'adoption de Hyllos par Ægimios, père de Pamphilos et de Dymas, qui lui accorde les priviléges de fils et le tiers de ses possessions, peut raisonnablement être prise pour une expression mythique de l'union fraternelle des trois tribus dôriennes, les Hyllèis, les Pamphyli et les

Dymanes ; il en est de même au sujet de la parenté d'Iôn et d'Achæos, de Dôros et d'Æolos. Si nous expliquons de cette manière le nom d'Hyllos, ou celui d'Iôn, ou celui d'Achæos, nous ne pouvons en même temps employer aucun de ces personnages comme unité dans un calcul chronologique, et il n'est pas logique non plus de les reconnaître en bloc comme membres d'une classe distincte, et cependant de les inscrire comme des individus réels, en mesurant la durée du temps passé.

4. M. Clinton, en exprimant son désir de raconter l'histoire des Grecs comme ils l'ont racontée eux-mêmes, semble ne pas comprendre quelle différence capitale sépare son point de vue du leur. La distinction qu'il établit entre les personnages réels et les fictifs aurait paru extravagante, pour ne pas dire choquante, à Hérodote ou à Eratosthène. Sans aucun doute, il serait bon que l'ancienne histoire des Grecs (si on doit l'appeler ainsi) fût racontée comme ils l'ont racontée eux-mêmes, et c'est avec cette pensée que je me suis efforcé, dans les récits précédents, autant que je l'ai pu, de présenter les légendes primitives avec leur couleur et leur physionomie originales, tout en signalant le travail de transformation et de distillation qui en a fait de l'histoire, en les faisant passer par le creuset des annalistes postérieurs. C'est la légende ainsi transformée que M. Clinton semble prendre pour l'histoire racontée par les Grecs eux-mêmes, ce que l'on peut admettre comme vrai, à moins que le sens de l'expression ne soit expliqué d'une manière spéciale. Toutefois, dans la distinction générale qu'il fait entre les personnages réels et les fictifs du monde mythique, il s'éloigne essentiellement du point de vue même des Grecs plus récents. Et s'il avait suivi cette distinction d'une manière logique dans la critique qui lui est particulière, il aurait senti le sol se dérober sous ses pas dans sa marche ascendante même jusqu'à Troie, pour ne pas mentionner la série de dix-huit générations en remontant à Phorôneus ; mais il *ne* la suit pas d'une manière logique, aussi dans la pratique s'éloigne-t-il peu des traces des anciens.

Il en a été dit assez pour montrer que les témoins sur lesquels s'appuie M. Clinton mêlent la vérité et la fiction d'une manière habituelle et inconsciente, sans distinction, et cela de son propre aveu. Considérons maintenant les principes qu'il pose touchant la preuve historique. (Introduction, p. vi, vii) :

« Nous pouvons reconnaître comme personnages réels tous ceux qu'aucun motif ne force à rejeter. La présomption est en faveur de l'ancienne tradition, si l'on ne peut présenter d'argument qui la détruise. Les personnages peuvent être considérés comme réels, quand le portrait qui en est donné s'accorde avec l'état du pays à cette époque ; quand on n'a eu à satisfaire, en les inventant, ni préjugé national ni vanité nationale; quand la tradition permanente et générale, quand des tribus rivales ou hostiles s'accordent sur les faits principaux ; quand les actes attribués au personnage (dépouillés de leur ornement poétique) rentrent dans le système politique de l'époque ou forment la base d'autres événements qui tombent dans les temps historiques connus. Kadmus et Danaus paraissent être des personnages réels : car il est conforme à l'état de l'humanité et parfaitement croyable, que des aventuriers phéniciens et égyptiens, aux époques où l'on place ces personnages, aient pu trouver leur route jusqu'aux rivages de la Grèce; et les Grecs (comme on l'a déjà fait observer) n'avaient pas de raison fondée sur une vanité nationale quelconque pour imaginer ces établissements. Hercule était un personnage réel. Ses actes étaient rapportés par ceux qui n'étaient point amis des Dôriens; par les Achæens, les Æoliens et les Ioniens, qui n'avaient pas un sentiment de vanité à satisfaire en célébrant le héros d'un peuple hostile et rival. Ses descendants dans une foule de branches restèrent établis dans beaucoup d'États jusqu'aux temps historiques. Son fils Tlepolemus, son petit-fils et son arrière petit-fils, Cleodæus et Aristomachus, sont reconnus (c'est-à-dire par O. Müller) comme des personnages réels ; et il n'y a pas de raison que l'on puisse donner pour admettre ceux-ci, qui ne soit également valable pour établir la réalité et d'Hercule et d'Hyllus. Avant tout, Hercule est rendu authentique par les témoignages et de l'Iliade et de l'Odyssée. »

Ces principes ne semblent pas s'accorder avec des vues saines touchant les conditions du témoignage historique. D'après ce qui est posé ici, nous sommes tenus d'accepter comme réels tous les personnages mentionnés par Homère, Arctinus, Leschès, les poëtes hésiodiques, Eumèle, Asius, etc., à moins que nous ne puissions présenter quelque raison positive, dans chaque cas particulier, pour prouver le contraire. Si ce principe est vrai, une assez grande partie de l'histoire d'Angleterre, depuis Brute le Troyen jusqu'à Jules César, devrait aussitôt être admise comme valable et digne de créance. Ce que M. Clinton appelle ici l'*ancienne tradition* est effectivement le récit de ces anciens poëtes. Le mot *tradition* est un terme équivoque, et il suppose tout ce qui est en question ; car, tandis que dans son sens apparent et littéral, il implique seulement une chose transmise, soit vérité, soit fiction, on le comprend tacitement comme impliquant un récit descriptif de quelque fait réel, né au moment où a eu lieu ce fait et exact dans l'origine, mais corrompu par une transmission orale postérieure. Comprenant donc par les mots de M. Clinton, *ancienne tradition*, les récits des anciens poëtes, nous trouverons son principe totalement inadmissible, à savoir que nous sommes tenus d'admettre les personnes ou les assertions d'Homère et d'Hésiode comme réelles, à moins que nous ne puissions présenter des raisons qui prouvent le contraire. Admettre ce point, ce serait les mettre sur un pied d'égalité avec de bons témoignages contemporains ; car on ne peut réclamer de plus grand privilége en faveur même de Thucydide que le titre à la croyance accordée à son témoignage, excepté là où il peut être contredit d'après des raisons spéciales. La présomption en faveur d'un témoin qui affirme est ou forte ou faible, ou n'est positivement rien, d'après la raison complexe de ses moyens d'information, de ses habitudes morales et intellectuelles et des motifs qu'il a de dire la vérité. Ainsi, par exemple, quand Hésiode nous dit que son père quitta la ville æolienne Kymè et vint à Askra en Bœôtia, nous pouvons le croire complétement ; mais quand il nous décrit les batailles que se livrent les dieux olympiques et les Titans, ou Hèraklès et Kyknos, ou quand Homère dépeint Hectôr tâchant, avec l'aide d'Apollon, de défendre Troie, Achille et Odysseus s'efforçant, avec le concours d'Hêrê et de Poseidôn, de détruire cette ville, événements passés et accomplis depuis longtemps, de son propre aveu, nous ne pouvons supposer que l'un ou l'autre soit en aucune manière digne de foi. On ne peut montrer qu'ils possédassent quelque moyen d'information, tandis qu'il est certain qu'ils ne pouvaient avoir aucune raison pour tenir compte de la vérité historique : leur objet était de satisfaire le désir de récit exempt de toute pensée critique, et d'exciter les émotions de leurs auditeurs. M. Clinton dit que « les personnages peuvent être considérés comme réels quand la description qu'on en fait s'accorde avec l'état du pays à cette époque. » Mais il a oublié d'abord que nous ne savons rien de l'état du pays, si ce n'est ce que ces mêmes poëtes nous apprennent; ensuite, que des personnages fictifs peuvent aussi bien s'accorder avec l'état du pays que des personnages réels. Ainsi donc, tandis que d'un côté nous n'avons pas de preuve indépendante pour affirmer ou pour nier que les caractères d'Achille et d'Agamemnôn fussent conformes à l'état de la Grèce ou de l'Asie Mineure à une certaine date supposée, 1183 av. J.-C., d'un autre côté, même en supposant qu'une telle conformité fût démontrée, cela même ne prouverait pas que ce sont des personnages réels.

Le raisonnement de M. Clinton néglige complétement l'existence d'une *fiction plausible*, c'est-à-dire d'histoires fictives qui s'harmonisent parfaitement bien avec la suite générale des faits, et qui se distinguent des événements réels non par un caractère intrinsèque quelconque, mais par cette circonstance que le fait réel a quelque témoin compétent et bien informé qui en établit l'authenticité soit directement, soit par une induction légitime. La fiction peut être et est souvent extravagante et incroyable; mais elle peut aussi être plausible et spécieuse, et dans ce cas ce n'est que par l'absence d'un certificat qui l'atteste qu'on la distingue de la vérité. Or toutes les marques distinctives que M. Clinton propose comme garanties de la réalité des personnages homériques pourront précisément aussi bien se trouver dans une fiction plausible que dans un fait réel : la plausibilité de la fiction consiste à satisfaire à ces conditions-là et à d'autres semblables. Dans la plupart des cas, les récits des poëtes *rentraient* effectivement dans le courant actuel des sentiments de leur auditoire : « préjugé et vanité » ne sont pas les seuls sentiments; mais sans doute on faisait souvent appel au préjugé et à la vanité, et c'était à cette harmonie dans la manière de sentir qu'ils devaient leur empire sur la croyance des hommes. Sans aucun doute, l'Iliade faisait un très-puissant appel au respect dû aux ancêtres, tant dieux que héros, parmi les colons asiatiques qui l'entendaient pour la première fois; la tentation de produire un récit intéressant est un stimulant tout à fait suffisant pour l'invention du poëte, et la plausibilité du récit est un passe-port suffisant pour qu'il soit cru des auditeurs. M. Clinton parle « d'une tradition permanente et générale. » Mais de ce qu'un poëte a été cru jadis généralement pour avoir, par la beauté de son récit, produit un grand effet, ce n'est pas une preuve que ce récit fût fondé sur un fait; autrement, que dirons-nous des légendes divines et de la partie considérable de la narration homérique que M. Clinton lui-même écarte comme fausse, sous la désignation « d'ornement poétique? » Quand un incident mythique est rapporté comme « formant la base » de quelque fait notoire ou de quelque institution historique connue, comme, par exemple, l'heureux stratagème au moyen duquel Melanthos tua Xanthos dans la lutte au sujet des frontières, qui a été racontée dans le précédent chapitre, nous pouvons adopter un des deux points de vue : ou nous pouvons considérer l'incident comme réel et ayant été réellement l'occasion de ce qui en est décrit comme le résultat, ou nous pouvons considérer l'incident comme une légende inventée dans le but de produire quelque origine plausible de la réalité, « *Aut ex re nomen, aut ex vocabulo fabula* (1). » Dans les cas où l'incident légendaire est rap-

---

(1) Pomponius Mela, III, 7.

porté à une époque de beaucoup antérieure à tout monument, comme cela a lieu communément, le second mode de procéder me paraît beaucoup plus conforme à la raison et à la probabilité que le premier. On doit se rappeler que toutes les personnes et tous les faits que défend ici M. Clinton comme faits historiques, sont rapportés à une époque qui précède de beaucoup le premier commencement des annales.

J'ai déjà fait remarquer que M. Clinton recule devant sa propre règle en traitant Kadmos et Danaos comme des personnes réelles, puisqu'ils sont autant éponymes de tribus ou de races que Dôros et Hellên. Et s'il peut admettre qu'Hêraklês soit un homme réel, je ne vois pas sur quelle raison il peut rejeter d'une manière logique qui que ce soit des personnages mythiques, car il n'y en a pas un dont les exploits soient d'une façon plus frappante en désaccord avec la règle de la probabilité historique. M. Clinton raisonne sur la supposition que « Hercule était un héros *dôrien;* » mais il était Achæen et Kadmeien aussi bien que dôrien, bien que les légendes qui le concernent soient différentes dans chacun des trois caractères. Son fils Tlepolemos et son petit-fils Kleodæos appartiennent-ils à la catégorie des hommes historiques, c'est ce que je ne prendrai pas sur moi de dire, quoique O. Müller semble l'admettre (sans aucune garantie, à mon avis); mais Hyllos n'est certainement pas un homme réel, si l'on doit se fier à la règle de M. Clinton lui-même, touchant les éponymes. « Les descendants d'Hercule (fait observer M. Clinton) restèrent établis dans beaucoup d'États jusqu'aux temps historiques. » Il en fut de même de ceux de Zeus et d'Apollon, et de ce dieu que l'historien Hécatée reconnaissait comme l'auteur de sa race à la seizième génération. Les rois titulaires d'Ephesos, dans les temps historiques, aussi bien que Pisistrate, le despote d'Athènes, faisaient remonter leur origine à Æolos et à Hellên; cependant M. Clinton n'hésite pas à rejeter Æolos et Hellên comme personnages fictifs. Je prétends qu'il ne convient pas de citer l'Iliade et l'Odyssée (ainsi que le fait M. Clinton) comme preuve de la personnalité historique d'Hêraklês; car, même pour les hommes ordinaires qui figurent dans ces poëmes, nous n'avons aucun moyen de distinguer les réels des fictifs ; tandis que l'Hêraklès homérique est incontestablement plus qu'un homme ordinaire ; c'est le fils favori de Zeus, prédestiné dès sa naissance à une vie de labeur et de servitude, préparation à une glorieuse immortalité. Sans doute, le poëte croyait lui-même à la réalité d'Hêraklès, mais c'était une réalité revêtue d'attributs surhumains.

M. Clinton fait l'observation suivante (Introd., p. II) : « De ce que quelques généalogies étaient fictives, nous ne sommes pas autorisés à conclure qu'elles étaient toutes fabuleuses. » Il n'est nullement nécessaire que nous soutenions un principe si étendu ; il suffit que toutes soient fabuleuses en ce qui concerne les dieux et les héros, *quelques-unes* fabuleuses d'un bout à l'autre, et qu'il n'y en ait aucune dont la vérité puisse être prouvée pour la période antérieure aux Olympiades constatées. Combien de ces généalogies, ou quelles portions particulières, peuvent être vraies, c'est ce que personne ne peut dire. Les dieux et les héros sont, à notre point de vue, essentiellement fictifs ; mais au point de vue des Grecs ils étaient les plus réels de tous les membres des séries, ou, si nous pouvons nous permettre cette expression, les Grecs s'y rattachaient avec la foi la plus grande. Ces êtres ne faisaient pas seulement partie de la généalogie telle qu'elle était conçue dans l'origine, mais ils étaient, par leur nature même, la principale raison qui la faisait concevoir comme une chaîne d'or destinée à rattacher l'homme vivant à un premier père divin. Ainsi la généalogie prise dans son ensemble (car c'est en cela que consiste sa valeur) était une fiction dès le commencement ; mais les noms du père et du grand-père de l'homme vivant, à l'époque duquel elle parut pour la première fois, étaient sans doute ceux d'hommes réels. C'est pourquoi toutes les fois que nous pouvons vérifier la date d'une généalogie appliquée à quelque personne vivante, nous pouvons avec raison présumer que les deux derniers membres sont également des personnes réelles ; mais cela ne peut s'appliquer au temps qui précède les Olympiades, encore moins aux temps prétendus de la guerre de Troie, de la chasse du sanglier de Kalydôn ou du déluge de

Deukaliôn. Ce raisonnement que fait M. Clinton (Introd., p. vi) : « Puisque Aristomachus était un homme réel, son père Cleodæus, son grand-père Hyllus et les autres, en remontant ainsi plus haut, etc., doivent donc avoir été des hommes réels, » est une conclusion inadmissible. L'historien Hécatée était un homme réel, et sans doute son père Hegesandros aussi ; mais il serait peu sûr de remonter quinze degrés sur son échelle généalogique, jusqu'à ce qu'on rencontrât le premier père divin dont il se vantait : on trouvera les degrés supérieurs de l'échelle brisés et sans réalité. Nous ne mentionnerons pas que l'induction d'après laquelle un fils réel suppose un père réel ne s'accorde pas avec ce que M. Clinton lui-même admet dans ses tables généalogiques : il y insère, en effet, les noms de plusieurs pères mythiques qui auraient engendré des fils historiques réels.

L'autorité universelle dont jouit l'ouvrage de M. Clinton, et le sincère respect que je professe pour les élucidations qu'il donne sur la chronologie plus récente m'ont imposé le devoir de produire les raisons pour lesquelles je m'éloigne de ses conclusions relatives au temps qui précède la première Olympiade constatée. Le lecteur désireux de voir les conjectures nombreuses et contradictoires (elles ne méritent pas d'autre nom) que firent les Grecs eux-mêmes, dans le but de donner une chronologie à leurs récits mythiques, les trouvera dans des notes abondantes annexées à la première moitié de son premier volume. Considérant de telles recherches non-seulement comme inutiles pour arriver à quelque résultat digne de foi, mais comme servant à détourner l'attention de la forme véritable de la légende grecque et de son caractère réellement explicatif, je n'ai pas cru qu'il fût convenable de suivre la même marche dans le présent ouvrage. Toutefois, quelque différence qu'il y ait entre les idées de M. Clinton et les miennes sur ce sujet, je m'accorde avec lui pour repousser l'application de l'étymologie (Introd. p. xi-xii) comme système général d'explication aux caractères et aux événements de la légende grecque. Parmi les nombreuses causes qui agirent comme motifs d'inspiration et comme stimulants sur l'imagination grecque dans la création de ces intéressants récits, sans doute l'étymologie a eu sa part; mais elle ne peut être appliquée (ainsi qu'a cherché Hermann à le faire, plus que personne) dans le but de donner un sens et un système supposés à tout l'ensemble des récits mythiques. J'ai déjà fait une remarque sur ce point dans un précédent chapitre.

Il serait curieux de déterminer à quelle époque ou par qui furent formées et conservées les plus anciennes généalogies continues, qui rattachaient des personnes existantes à l'époque antérieure supposée de la légende. Ni Homère ni Hésiode ne mentionnaient de personnes ni de circonstances *présentes* qui pussent être constatées; s'ils l'avaient fait, l'époque des unes ou des autres aurait pu être déterminée sur de bonnes preuves; et nous pouvons à bon droit présumer que cela a été impossible, d'après les controverses sans fin qui eurent lieu sur ce point entre les anciens écrivains. Dans les « Travaux et les Jours » d'Hésiode, les héros de Troie et de Thèbes sont même présentés comme étant une race éteinte (1), différant radicalement des propres contemporains du poëte, qui sont une race nouvelle, beaucoup trop dépravée pour être considérée comme issue des héros; de sorte que nous ne pouvons guère supposer qu'Hésiode (bien que son père fût natif de Kymè en Æolia) ait admis la généalogie des chefs æoliens, comme descendants censés d'Agamemnôn. Il est certain que les plus anciens poëtes n'essayèrent pas de faire usage de séries déterminées de pères et de fils pour mesurer l'intervalle supposé entre leur propre temps et la guerre de Troie, ou pour le réunir comme par un pont. Eumèle et Asius ont-ils fait une tentative semblable, c'est ce que nous ne pouvons pas dire, mais les plus anciennes généalogies ascendantes continues que nous trouvions mentionnées sont celles de Phérécyde, d'Hellanicus et d'Hérodote. On sait qu'Hérodote, dans sa manière de calculer la généalogie ascendante des rois spartiates, fixe la date de la guerre de Troie à une époque antérieure à lui-même de huit cents ans,

---

(1) V. vol. I, ch. 2.

vers 1270-1250 avant J.-C. environ ; tandis que les chronologistes alexandrins postérieurs, Eratosthène et Apollodore placent cet événement en 1184 et 1183 avant J.-C. ; et les marbres de Paros le rapportent à une date intermédiaire, différant des deux précédentes, 1209 avant J.-C. Ephore, Phanias, Timée, Clitarque et Duris avaient chacun leur date conjecturale particulière ; mais la computation des chronologistes alexandrins fut la plus généralement suivie par ceux qui leur succédèrent, et semble avoir passé aux temps modernes comme la date admise de ce grand événement légendaire, bien que quelques investigateurs distingués aient adopté l'époque d'Hérodote, que Larcher a essayé de soutenir dans une dissertation élaborée, mais faible (1). Il n'est pas nécessaire de

---

(1) Larcher, Chronologie d'Hérodote, ch. 14, p. 352-401.

Depuis la prise de Troie jusqu'au passage d'Alexandre en Asie à la tête de son armée d'invasion, événement dont la date, 334 avant J.-C., est connue, on fit les différents calculs suivants :

Phanias....	donnait	715 ans
Ephore.....	—	735 —
Eratosthène.	—	774 —
Timée..... } Clitarque.. }	—	820 —
Duris......	—	1000 —

(Clemens Alexand. Strom. I, p. 337.)

Démocrite supposait un espace de 730 ans entre le temps où il composa son Μικρὸς Διάκοσμος et la prise de Troie (Diog. Laërt. IX, 41). Isocrate pensait que les Lacédæmoniens avaient été établis dans le Péloponèse 700 ans, et il le répète dans trois passages différents (Archidam. p. 118 ; Panathen. p. 275 ; De-Pace, p. 178). Les dates de ces trois discours eux-mêmes diffèrent de vingt-quatre ans, l'Archidamus étant plus ancien que le Panathénaïque de cet espace de temps ; cependant il emploie le même nombre d'années pour chacun en remontant dans son calcul jusqu'à la guerre de Troie (V. Clinton, vol. I, Introd. p. 5). En compte rond, son calcul coïncide assez bien avec les 800 ans donnés par Hérodote dans le siècle précédent.

Les remarques de Boeckh sur les marbres de Paros en général, dans son Corpus Inscriptionum Græc. t. II, p. 322-336, ont une extrême valeur, mais particulièrement la critique qu'il fait de l'époque de la guerre de Troie, qui est la vingt-quatrième époque sur les marbres. Les anciens chronologistes, à partir de Damastês et d'Hellanicus, déclaraient fixer non-seulement l'année exacte, mais le mois, le jour et l'heure exacts de cette prise célèbre. M. Clinton ne prétend pas à autre chose qu'à la possibilité de déterminer l'événement à cinquante années près. (Introd. p. VI.) Boeckh explique la façon dont ils argumentent.

O. Müller fait observer (History of the Dorians, t. II, p. 462. Trad. ang.) :
« En calculant à partir de la migration des Hêraklides, nous suivons la chronologie alexandrine, au sujet de laquelle il serait à remarquer que les matériaux que nous possédons nous permettent seulement de lui rendre son

dire qu'à mes yeux la recherche n'a pas d'autre valeur, si ce n'est qu'elle jette du jour sur les idées qui guidaient l'esprit grec, et qu'elle montre le progrès qu'il a fait depuis le temps d'Homère jusqu'à celui d'Hérodote ; car elle atteste un progrès intellectuel considérable au moment où l'on commença à disposer le passé méthodiquement, même en le faisant d'après des principes fictifs, et dépourvu encore comme on l'était de ces annales qui seules pouvaient donner une direction meilleure. L'homme homérique se contentait de sentir, d'imaginer et de croire les incidents particuliers d'un passé supposé, sans essayer de graduer la ligne de connexion qui les rattachait à lui-même : établir des hypothèses fictives et des liens intermédiaires est l'œuvre d'une époque postérieure, quand on commence à sentir l'aiguillon d'une curiosité légitime, sans matériaux authentiques à lui fournir. Nous avons alors la forme de l'histoire s'exerçant sur la matière de la légende, le passage de la légende à l'histoire, moins intéressant, il est vrai, que chacune d'elles séparément, nécessaire cependant comme degré entre les deux.

état primitif, non d'en apprécier la justesse. »

Mais je ne vois pas sur quelle preuve on peut même aller jusque-là. M. Clinton, admettant qu'Eratosthène fixait sa date par conjecture, suppose qu'il avait choisi « son terme moyen entre les computations plus longues et les calculs plus courts de ses prédécesseurs. » Boeckh regarde cette explication comme peu satisfaisante (*l. c.* p. 328).

CHAPITRE VI

ÉTAT DE LA SOCIÉTÉ ET DES MŒURS TEL QU'IL EST PRÉSENTÉ DANS LA LÉGENDE GRECQUE.

Les poëmes légendaires de la Grèce sont de précieux tableaux des mœurs réelles, bien que ne rapportant pas de faits historiques. — Ils sont les monuments de l'état primitif de la société grecque, le point de départ de l'histoire grecque. — Comparaison de la Grèce légendaire et de la Grèce historique. — Gouvernement de la dernière. — De la première. — Le roi, dans la Grèce légendaire. — Son ascendant personnel dominant. — Difficulté qu'éprouvait Aristote à s'expliquer l'obéissance volontaire rendue aux anciens rois. — La Boulê, l'Agora ; leur intervention limitée et leur subordination au roi. — L'Agora. — Moyen de promulguer les intentions du roi. — Agora convoquée par Telemachos à Ithakê. — Agora dans le second livre de l'Iliade. — Tableau de soumission qu'elle présente. — Conduite d'Odysseus à l'égard du peuple et des chefs. — Justice rendue dans l'agora par le roi ou les chefs. — Plaintes d'Hésiode au sujet d'une sentence injuste rendue à son égard. — Le roi, parmi les hommes, est analogue à Zeus parmi les dieux. — Le conseil et l'assemblée, dans l'origine intermédiaires par lesquels le roi agissait, deviennent, dans la Grèce historique, les dépositaires du pouvoir. — Rois spartiates, exception à la règle générale. — Leurs pouvoirs limités. — Emploi du discours en public comme moyen de gouvernement. — Il date des temps les plus anciens. — Ses effets comme stimulant le développement intellectuel. — Sentiment moral et social dans la Grèce légendaire. — Toute-puissance du sentiment personnel à l'égard des dieux, du roi ou des individus. — Effet de cérémonies spéciales. — Contraste avec les sentiments dans Athènes historique. — Force du lien de famille. — Mariage. — Respect rendu à l'épouse. — Frères et parents. — Hospitalité. — Accueil fait à l'étranger et au suppliant. — Sympathies personnelles, forme la plus ancienne de sociabilité. — Passions féroces et agressives non réprimées. — Tableau tracé par Hésiode encore plus sombre. — Contraste entre la Grèce héroïque et la Grèce historique. — Orphelins. — Mutilation des cadavres. — Manière de traiter l'homicide. — Apaisé par une compensation (ποινή) considérable offerte aux parents de l'homme assassiné. — Puni dans la Grèce historique comme un crime contre la société. — Condition, occupations et professions des Grecs homériques. — Esclaves. — Thêtes. — Commerce et navigation très-bornés des Grecs homériques. — Krêtois, Taphiens, Phéniciens. — Nature du commerce phénicien tel que l'indique Homère. — Armes et manière de combattre des Grecs homériques. — Contraste avec l'ordre de bataille dans la Grèce historique. — Changement analogue dans l'ordre militaire et dans la société civile. — Fortifications des villes. — Résidences les plus anciennes des Grecs. — Villages élevés sur des collines et de difficile accès. — La société homérique reconnaît des villes fortifiées, des biens individuels et de forts attachements locaux. — Moyens de défense supérieurs aux moyens d'attaque. — Piraterie habituelle. — Connaissance étendue de la géographie dans les poëmes hésiodiques, relativement à Homère. — Astronomie et physique. — Argent monnayé, écriture, arts. — Poésie épique. — Sa grande et durable influence sur l'esprit grec.

Bien que les personnages et les événements particuliers consignés dans les poëmes légendaires de la Grèce ne doivent pas être considérés comme appartenant au domaine de l'histoire réelle, néanmoins ces poëmes sont pleins d'instruction comme tableaux de la vie et des mœurs ; et précisément les mêmes circonstances qui enlèvent à leurs auteurs toute crédibilité comme historiens, les rendent d'autant plus précieux comme interprètes inconscients de la société dont eux-mêmes étaient les contemporains. Tandis que, de leur propre aveu, ils décrivaient un passé que rien n'atteste, ils empruntent involontairement leurs combinaisons au présent qui les entoure. Car, dans des communautés telles que celles des Grecs primitifs, sans livres, sans moyen de faire de longs voyages, sans connaissance des langues et des habitudes étrangères, l'imagination même des hommes richement doués était naturellement assujettie aux circonstances au milieu desquelles ils vivaient à un bien plus haut degré qu'à l'époque postérieure de Solôn ou d'Hérodote ; si bien que les caractères qu'ils concevaient et les scènes qu'ils décrivaient présentaient habituellement, pour cette raison, une ressemblance générique plus frappante avec les réalités de leur propre époque et de leur propre localité. La poésie de cet âge ne s'adressait pas non plus à des auteurs lettrés et critiques, attentifs à découvrir un plagiat, rassasiés d'images simples, et recherchant quelque chose de nouveau et de particulier dans toute production récente. Pour faire naître des émotions, il suffisait de dépeindre avec génie et avec chaleur les plus apparentes manifestations des aventures et des souffrances de l'humanité, et d'idéaliser ce type de société, à la fois privé et public, avec lequel étaient familiers les auditeurs se pressant autour du poëte. Même dans la description des dieux, où l'on aurait pu s'attendre à une grande latitude et à de grands écarts (1), nous voyons Homère introduire dans l'Olympe les passions, les caprices, l'amour du pouvoir et du patronage, l'alternative de dignité et de faiblesse, qui animaient le cœur d'un chef grec ordinaire; et cette tendance à reproduire en substance les relations sociales auxquelles il avait été accoutumé, agissait habituellement d'une manière encore plus puissante quand il avait à décrire des caractères purement humains, le chef et son peuple, le guerrier et ses compagnons, l'époux, l'épouse, le père et le fils, ou les rudiments imparfaits de la justice et de l'administration. Il ne peut y avoir de raison pour douter que son récit sur tous ces points, même avec des caractères et des événements fictifs, ne se rapproche étroitement de la réalité en général (2). La nécessité dans laquelle il était de tirer d'un fonds, heureusement non épuisé alors, d'expérience et d'observation personnelles, est une des causes de cette fraîcheur et de cette vivacité de description qui le rendent incomparable et qui constituèrent le charme impérissable de l'Iliade et de l'Odyssée depuis le commencement jusqu'à la fin de la littérature grecque.

Si donc nous renonçons à l'idée d'appliquer un système chronologique et historique aux événements de la légende grecque, nous pouvons les mettre à profit comme monuments précieux de cet état de société, de sentiment et d'intelligence, qui doit être pour nous le point de départ de l'histoire du peuple. Naturellement l'âge légendaire, comme tous ceux qui le suivirent, eut ses causes antérieures et ses conditions déterminantes; mais nous n'en avons aucune notion, et nous

---

(1) Καὶ τοὺς θεοὺς δὲ διὰ τοῦτο πάντες φασὶ βασιλεύεσθαι, ὅτι καὶ αὐτοί, οἱ μὲν ἔτι καὶ νῦν, οἱ δὲ τὸ ἀρχαῖον, ἐβασιλεύοντο. Ὥσπερ δὲ καὶ τὰ εἴδη ἑαυτοῖς ἀφομοιοῦσιν οἱ ἄνθρωποι, οὕτω καὶ τοὺς βίους τῶν θεῶν. (Aristot. Politic. I, 1, 7.)

(2) Dans les peintures des héros homériques, il n'y a pas une considérable différence de caractère reconnue entre une race de Grecs et une autre race, ou même entre Grecs et Troyens. V. Helbig, Die Sittlichen Zustaende des Griechischen Heldenalters, part. II, p. 53.

sommes obligés d'admettre cette supposition comme un premier fait, dans le but de suivre ses changements postérieurs. Concevoir une origine ou un commencement absolu (comme Niebuhr l'a fait remarquer avec justesse) dépasse la limite de nos facultés : nous ne pouvons saisir ni vérifier rien au delà du progrès, ou du développement, ou du déclin (1), — changement d'un ensemble de circonstances en un autre, résultant de quelque combinaison déterminée de lois physiques ou morales. Dans le cas des Grecs, l'âge légendaire, comme étant absolument le plus ancien que nous connaissions, doit être pris comme le premier état par lequel commence cette série de changements. Nous devons dépeindre son caractère saillant aussi bien qu'il nous est possible, et montrer comment en partie il sert à préparer les âges postérieurs de Solôn, de Periklès et de Démosthène, et comment en partie il forme un contraste servant à les faire ressortir.

I. La condition politique que la légende grecque nous présente partout diffère d'une manière frappante, dans ses traits principaux, de celle qui avait fini par prévaloir universellement parmi les Grecs à l'époque de la guerre du Péloponèse. L'oligarchie, aussi bien que la démocratie historique, s'accordait à vouloir un certain système de gouvernement établi, comprenant ces trois éléments, des fonctions spécialement désignées, des fonctionnaires temporaires et une responsabilité finale (sous une forme ou sous une autre) vis-à-vis de la masse des citoyens ayant qualité pour s'ériger en juges, soit comme sénat, soit comme eccle-

---

(1) Niebuhr, Roemische Geschichte, vol. I, p. 55, 2ᵉ édit.: « Si l'on reconnaît cependant que toute origine dépasse les limites de nos idées, qui n'embrassent que le développement et le progrès, et que l'on se borne à remonter de degrés en degrés dans tout le domaine de l'histoire, on trouvera souvent, sur les côtes opposées de la même mer, des peuples d'une même souche (c'est-à-dire identiques comme ayant les mêmes mœurs et la même langue particulières), sans qu'il y ait rien qui oblige à supposer que l'une de ces côtes séparées fût la demeure primitive d'où une partie de ces peuplades s'est embarquée pour se rendre sur l'autre côte. Le fait est analogue à la géographie des races animales et à celle de la végétation, dont les grands domaines sont séparés par des montagnes et renferment des mers bornées par de certaines limites. »

sia, soit comme l'un et l'autre. Il y avait naturellement de nombreuses et capitales distinctions entre un gouvernement et un autre, par rapport à la qualité exigée du citoyen, aux attributs et à l'action de l'assemblée générale, à l'admissibilité au pouvoir, etc.; et on pouvait souvent être mécontent de la manière dont ces questions étaient résolues dans la ville de chacun. Mais aux yeux de tout homme, quelque principe ou système déterminant, quelque chose de semblable à ce qu'on appelle une *constitution* dans les temps modernes était indispensable à un gouvernement quelconque ayant droit à être nommé légitime, ou capable de faire naître dans l'esprit d'un Grec le sentiment d'une obligation morale l'astreignant à lui obéir. Les fonctionnaires qui exerçaient l'autorité sous ce gouvernement pouvaient être plus ou moins capables ou populaires ; mais les sentiments personnels du Grec à leur égard se perdaient ordinairement dans son attachement ou dans son aversion pour le système en général. Si quelque homme énergique pouvait, au moyen de l'audace ou de l'astuce, renverser la constitution et se faire maître permanent, selon sa propre volonté et son bon plaisir, quand même il eût bien gouverné, il ne pouvait jamais inspirer au peuple aucun sentiment de devoirs à remplir à son égard. Son sceptre était illégitime dès le commencement, et même un attentat à sa vie, loin d'être interdit par ce sentiment moral qui condamnait le sang versé dans d'autres cas, était considéré comme méritoire. Il ne pouvait non plus être appelé autrement que d'un nom (1) (τύραννος, *despote*) qui le flétrissait comme l'objet d'un mélange de crainte et de haine.

---

(1) Le nom grec τύραννος ne peut être rendu convenablement par *tyran;* car beaucoup d'entre les τύραννοι ne méritaient nullement d'être appelés ainsi, et il n'est pas conforme aux usages du langage de parler d'un tyran doux et bien intentionné. Le mot *despote* est le terme qui s'en rapproche le plus, puisqu'il implique, comme on le sait, qu'un homme a acquis plus de pouvoir qu'il ne devrait en avoir, tandis qu'il n'exclut pas le bon emploi que quelques individus pouvaient faire d'un tel pouvoir. Ce mot est cependant tout à fait insuffisant pour exprimer toute la force du sentiment grec qu'inspirait le terme original.

Si nous reportons les yeux de la Grèce historique sur la Grèce légendaire, nous trouvons un tableau tout contraire à l'esquisse qui vient d'être tracée. Nous distinguons un gouvernement où il y a peu ou point de plan ou de système, encore moins une idée quelconque de responsabilité vis-à-vis des gouvernés, mais où la principale source d'obéissance de la part du peuple consiste dans ses sentiments et dans son respect personnels à l'égard du chef. Nous remarquons d'abord et avant tout le Roi ; ensuite, un nombre limité de rois ou de chefs subordonnés ; après eux, la masse des hommes libres armés, des laboureurs, des artisans, des pirates, etc.; au dernier degré, les ouvriers libres salariés et les esclaves achetés. Il n'y a pas entre le roi et les autres chefs d'espace large ou infranchissable qui les sépare ; à chacun d'eux le titre de *Basileus* est applicable aussi bien qu'à lui-même : le roi a hérité de ses ancêtres sa suprématie, qui passe par transmission, en règle générale, à son fils aîné, pour avoir été conférée à sa famille, comme un privilége, par la faveur de Zeus (1). A la guerre, il est le chef, le premier en bravoure personnelle, il dirige tous les mouvements militaires; pendant la paix, il est le protecteur ordi-

---

(1) Le roi phæakien Alkinoos (Odyss. VII, 55-65) : il y a douze autres Βασιλῆες Phæakiens ; il est lui-même le treizième (VIII, 391).

Les principaux héros dans l'Iliade et les prétendants de Penelopê dans l'Odyssée sont habituellement et indistinctement appelés et Βασιλῆες et Ἄνακτες ; le dernier mot toutefois les désigne comme hommes possédant du bien et maîtres d'esclaves (il est analogue au mot postérieur δεσπότης, qui ne se rencontre pas dans Homère, quoique δέσποινα se trouve dans l'Odyssée), tandis que le premier terme les signale comme personnages tenant un rang distingué dans la tribu (Voyez Odyss. I, 393-401 ; XIV, 63). Un chef pouvait seulement être Βασιλεὺς d'hommes libres; mais il pouvait être Ἄναξ soit d'hommes libres, soit d'esclaves.

Agamemnôn et Menelaos appartiennent à la race la plus royale (γένος βασιλεύτερον; cf. Tyrtée, Fragm. ix, v. 8, p. 9, éd. Schneidewin), celle des Pélopides, à qui le sceptre fait dans l'origine pour Zeus a été donné par Hermês (Iliade, II, 101 ; IX, 160 ; X, 239) ; cf. Odyss. XV, 539. Les descendants de Dardanos sont les rejetons favoris de Zeus, γένος βασιλεύτατον parmi les Troyens (Iliad. XX, 304). Ces races forment les pendants des *prosapiæ* royales appelées Amali, Asdingi, Gungingi et Lithingi, chez les Goths, les Vandales et les Lombards (Jornandes, De Rebus Geticis, c. 14-22 ; Paul Warnefrid, Gest. Langob. c. 14-21); et de l'ἀρχικὸν γένος chez les Epirotes Chaoniens (Thucyd. II, 80).

naire de ceux qu'on lèse et qu'on opprime ; il offre en outre ces prières et ces sacrifices publics dont le but est d'obtenir pour tout le peuple la faveur des dieux. Un ample domaine lui est assigné comme accompagnement de sa haute position, tandis que le produit de ses champs et de son bétail est consacré en partie à une hospitalité abondante, bien que grossière. De plus, on lui fait de fréquents présents pour détourner son inimitié, se concilier sa faveur (1), ou racheter ses exactions ; et quand on a fait du butin sur l'ennemi, une large part, levée préalablement et comprenant probablement la

---

(1) Odyss. I, 392 ; XI, 184 ; XIII, 14 ; XIX, 109.
Οὐ μὲν γάρ τι κακὸν βασιλευέμεν·
[αἶψά τέ οἱ δῶ
Ἀφνειὸν πέλεται, καὶ τιμηέστερος
[αὐτός.
Iliade, IX, 154-297 (quand Agamemnôn promet sept villes à Achille, comme moyen d'apaiser sa colère) :
Ἐν δ' ἄνδρες ναίουσι πολύρρηνες, πο-
[λυβοῦται,
Οἵ κέ σε δωτίνῃσι, θεὸν ὥς, τιμή-
[σουσι,
Καί σοι ὑπὸ σκήπτρῳ λιπαρὰς τε-
[λέουσι θέμιστας.
V. Iliade, XII, 312 ; et les reproches de Thersitês (II, 226) βασιλῆας δωροφάγους (Hésiode, Opp. Di. 38-264).
Les rois romains avaient un vaste τέμενος qui leur était assigné : « Agri, arva, et arbusta et pascui læti atque uberes. » (Cicéron, De Republ. V. 2) ; les rois germains recevaient des présents : « Mos est civitatibus (fait observer Tacite au sujet des Germains qu'il décrit, M. G. 15) ultro ac viritim conferre principibus, vel armentorum vel frugum, quod pro honore acceptum etiam necessitatibus subvenit. »
Le revenu des rois des Perses avant Darius consistait seulement dans ce qu'on appelait δῶρα ou présents (Hérod. III, 89) ; Darius le premier introduisit et le nom de tribut et l'imposition déterminée. Le roi Polydektês à Seriphos invite ses amis à une fête, à la condition que chaque hôte contribuera à un ἔρανος à son bénéfice (Phérécyde, Fragm. 26, éd. Didot) ; cas dont le banquet thrace préparé par Seuthês est un pendant exact (Xenoph. Anab. VII, 3, 16-32 ; cf. Thucyd. II, 97, et Welcker, Æschyl. Trilogie, p. 381).
De telles aides, ou dons gratuits, même si elles furent volontaires dans l'origine, finirent par devenir obligatoires. Dans les monarchies européennes du moyen âge, ce qu'on appelait dons libres était plus ancien que les taxes publiques : « Les aides féodales (fait remarquer M. Hallam) sont le commencement d'une taxation dont pendant un long temps elles remplirent le but. » (Middle Ages, c. II, part. I, p. 189.) Il en est de même au sujet des aides dans l'ancienne monarchie française. « La Cour des Aides avait été instituée, et sa juridiction s'était formée, lorsque le domaine des rois suffisait à toutes les dépenses de l'Etat ; les droits d'aides étaient alors des suppléments peu considérables et toujours temporaires. Depuis, le domaine des rois avait été anéanti : les aides, au contraire, étaient devenues permanentes et formaient presque la totalité des ressources du trésor. » (Histoire de la Fronde, par M. de Saint-Aulaire, c. 3, p. 124.)

captive la plus attrayante, est réservée pour lui en dehors de la distribution générale (1).

Telle est, dans les temps héroïques de la Grèce, la position du roi, le seul personnage (si nous exceptons les hérauts et les prêtres, les uns et les autres à la fois spéciaux et subordonnés) qui nous soit présenté alors comme revêtu d'une autorité individuelle quelconque, personnage qui accomplit ou dirige toutes les fonctions exécutives, alors en petit nombre, que demande la société. Son ascendant personnel, dû à la faveur divine répandue et sur lui-même individuellement et sur sa race, et probablement à l'opinion que l'on avait en général qu'il était d'origine divine, est le trait saillant du tableau. Le peuple est attentif à sa voix, adopte ses propositions et obéit à ses ordres; non-seulement la résistance à ses actes, mais même la critique qu'on en fait, sont en général présentées sous un point de vue odieux; et en effet on n'en entend jamais parler, si ce n'est de la part d'un ou de plusieurs des princes subordonnés. Toutefois, pour entretenir et justifier de tels sentiments dans l'esprit public, le roi doit posséder lui-même diverses qualités corporelles et intellectuelles, et cela encore à un degré supérieur (2). Il doit être brave dans le combat, sage dans le conseil et éloquent dans

---

(1) Ἐπὶ ῥητοῖς γέρασι πατρικαὶ βασιλεῖαι, est la description que fait Thucydide de ces gouvernements héroïques (I, 13).

Le langage d'Aristote (Polit. III, 10, 1) est à peu près le même : Ἡ βασιλεία — ἡ περὶ τοὺς ἡρωικοὺς χρόνους — αὐτὴ δ' ἦν ἑκόντων μέν, ἐπί τισι δ' ὡρισμένοις · στρατηγὸς δ' ἦν καὶ δικαστὴς ὁ βασιλεύς, καὶ τῶν πρὸς τοὺς θεοὺς κύριος.

Cependant on peut difficilement dire exactement que l'autorité du roi fût *définie*; rien ne saurait être plus indéterminé.

Agamemnôn avait ou s'arrogeait le pouvoir de mettre à mort un soldat désobéissant. (Arist. Polit. III, 9, 2.) Les mots qu'Aristote lisait dans le discours d'Agamemnôn dans l'Iliade — πὰρ γὰρ ἐμοὶ θάνατος — ne sont pas dans nos exemplaires actuels : les critiques alexandrins effaçaient beaucoup de traces des anciennes coutumes.

(2) Des phrases frappantes sur ce point sont mises dans la bouche de Sarpedôn (Iliade, XII, 310-322).

Les rois reçoivent leur nom et leur mission de Zeus : Ἐκ δὲ Διὸς βασιλῆες (Hésiode, Théog. 96; Callim. Hymn. ad Jov. 79) : κρατερῷ θεράποντε Διός est une sorte de paraphrase pour exprimer la dignité royale dans le cas de Pelias et de Nêleus (Odyss. XI, 255 ; cf. Iliade, II, 204).

l'agora : il doit être doué d'activité et de force corporelle plus que les autres hommes, et être versé non-seulement dans la pratique de ses armes, mais encore dans ces exercices athlétiques que la foule aime à contempler. Même les variétés plus vulgaires des talents manuels sont un trait de plus de son caractère, telles que l'adresse du charpentier ou du constructeur de vaisseau, l'habileté du laboureur à tracer un sillon droit, ou la persistance infatigable du faucheur qui travaille sans se reposer ni se rafraîchir pendant la plus longue journée (1). Les conditions nécessaires pour obtenir l'obéissance volontaire pendant les temps héroïques de la Grèce sont une transmission héréditaire de la force personnelle et d'une supériorité intellectuelle aussi bien que corporelle, qui se rencontrent dans le chef, accompagnées de la faveur des dieux : un vieux chef, tel que Pêleus et Laërtes, ne peut conserver sa position (2). Mais, d'autre part, là où se trouvent ces éléments de force, on tolère beaucoup de violence, de caprice et de rapacité : le jugement moral n'est pas scrupuleux en scrutant la conduite de personnages doués d'une manière si prééminente. Comme dans le cas des dieux, les épithètes générales de *bon, juste*, etc., leur sont appliquées comme des euphémismes qui ont leur source dans la soumission et la crainte, et qui non-seulement ne sont pas suggérés, mais sont souvent formellement démentis par leurs actes particuliers. Ces mots signifient (3) l'homme qui a la

---

(1) Odysseus construit son propre lit, sa chambre à coucher et son propre radeau (Odyss. XXIII, 188; V, 246-255); il se vante d'être un excellent faucheur et un excellent laboureur (XVIII, 365-375); pour sa force étonnante dans les luttes d'athlètes, voir VIII, 180-230. Pâris prit part à la construction de sa propre maison (Iliade, VI, 314).

(2) Odyss. XI, 496 ; XXIV, 136-248.

(3) V. ce sens saillant des mots ἀγαθός, ἐσθλός, κακός, etc., expliqué en grand détail dans les excellents Prolégomènes de Welcker mis en tête de Théognis, sect. 9-16. Camerarius, dans ses notes sur ce poëte (V, 19), avait déjà compris clairement le sens dans lequel ces mots sont employés. Iliade, XV, 323. Οἷά τε τοῖς ἀγαθοῖσι παραδρώωσι χέρηες. Cf. Hésiode, Opp. Di. 216, et le vers dans Athénée, V, p. 178, Αὐτόματοι δ' ἀγαθοὶ δειλῶν ἐπὶ δαῖτας ἴασιν.

« *Moralis* illarum vocum vis, et *civilis* — quarum hæc a lexicographis et commentatoribus plurimis fere neglecta est — probe discernendæ erunt. Quod quo facilius fieret, nescio an ubi posterior intellectus valet, majusculâ scribendum fuisset Ἀγαθοὶ et Κακοί. »

naissance, la richesse, l'influence et l'audace, dont le bras est fort pour détruire ou pour protéger, quel que puisse être le tour de ses sentiments moraux; tandis que l'épithète contraire, *mauvais*, désigne l'homme pauvre, humble et faible, dont les dispositions, quelque vertueuses qu'elles soient, ne font naître dans l'esprit de la société que peu d'espérance ou de crainte.

Aristote, dans sa théorie générale du gouvernement, pose ce principe (1), que les plus anciennes sources de l'obéissance et de l'autorité parmi les hommes sont personnelles, et qu'elles se montrent de la manière la plus parfaite dans le type de la suprématie paternelle; et qu'en conséquence le gouvernement royal, comme étant le plus conforme à cette phase de sentiment social, fut probablement le premier qui s'établit partout. Et effectivement il continua encore de son temps à prévaloir en général chez les nations non helléniques qui entouraient immédiatement la Grèce, bien que les cités phéniciennes et Carthage, les plus civilisés de tous les États non helléniques, fussent des républiques. Néanmoins les sentiments à l'égard de la royauté étaient si complétement changés parmi les Grecs de son temps, qu'il trouve de la difficulté à pénétrer les motifs de l'obéissance volontaire rendue par ses ancêtres à leurs anciens chefs héroïques. Il ne peut s'expliquer d'une manière satisfaisante comment un homme quelconque pouvait avoir eu une assez grande supériorité sur les compagnons qui l'entouraient pour conserver

---

Si l'on avait pu suivre cet avis de Welcker, on aurait évité bien des malentendus. Le rapport de ces mots au pouvoir et non au mérite est leur sens primitif dans la langue grecque; il vient de l'Iliade et détermine la désignation habituelle des partis pendant la période des luttes politiques actives. Le sens moral du mot ne paraît guère qu'au moment des discussions soulevées par Socrate et poursuivies par ses disciples; mais le sens primitif continua encore à se maintenir sur le même pied que le sens nouveau.

J'aurai occasion de parler sur ce sujet avec plus de détails, quand j'en viendrai à exposer les partis politiques de la Grèce. A présent il suffit de faire remarquer que les épithètes d'*hommes bons*, les *hommes les meilleurs* (les *classes meilleures*, suivant une phrase commune même maintenant) appliquées habituellement dans la suite aux partis aristocratiques, viennent de la période la plus grossière de la société grecque.

(1) Aristot. Polit. I, 1, 7.

un si immense ascendant personnel ; il suppose que dans de si petites communautés un grand mérite était très-rare, de sorte que le chef avait peu de compétiteurs (1). Ces remarques jettent un grand jour sur la révolution qui, pendant les siècles précédents, s'était opérée dans l'esprit grec, relativement aux motifs intrinsèques de soumission politique. Mais on trouvera le lien qui rattache le gouvernement homérique au gouvernement républicain dans deux accessoires de la royauté homérique, que nous avons à signaler maintenant : la Boulè, ou conseil des chefs, et l'Agora, ou assemblée générale des hommes libres.

Ces deux réunions, plus ou moins souvent convoquées, et mêlées aux plus anciennes habitudes des communautés grecques primitives, sont présentées dans les monuments de l'époque légendaire comme des occasions de conseiller le roi, et des moyens de faire connaître ses intentions au peuple, plutôt que comme des entraves mises à son autorité. Incontestablement elles doivent avoir contribué, dans la pratique au dernier résultat aussi bien qu'au premier ; mais ce n'est pas là le jour sous lequel les poëmes homériques les présentent. Les chefs, les rois, les princes ou gérontes (car le même mot, en grec, désigne à la fois un vieillard et un homme d'un rang et d'une position remarquables) composent le conseil (2), dans lequel, d'après ce que nous voyons dans

---

(1) Καὶ διὰ τοῦτ' ἴσως ἐβασιλεύοντο πρότερον, ὅτι σπάνιον ἦν εὑρεῖν ἄνδρας διαφέροντας κατ' ἀρετήν, ἄλλως τε καὶ τότε μικρὰς οἰκοῦντας πόλεις (Polit. III, 10, 7) ; et le même traité, V, 8, 5, et V, 8, 22. Οὐ γίνονται δ' ἔτι βασιλεῖαι νῦν, etc.

Aristote traite de la monarchie avec beaucoup moins de détails que de l'oligarchie ou de la démocratie : le dixième et le onzième chapitre de son troisième livre, dans lequel il en parle, sont néanmoins très-intéressants à étudier.

Dans la conception de Platon aussi, le gouvernement royal, pour bien fonctionner, implique une race supérieure à l'humanité afin de tenir le sceptre (Legg. IV, 6, p. 713).

Les poëtes dramatiques athéniens (particulièrement Euripide) mettent souvent dans la bouche de leurs personnages héroïques des sentiments populaires adaptés à l'atmosphère démocratique d'Athènes, et très-différents de ce que nous trouvons dans Homère.

(2) Βουλὴν δὲ πρῶτον μεγαθύμων ἷζε γερόντων (Iliade, II, 53) ; cf. X, 195-415). Ἰλίου, παλαιοῦ δημογέροντος (XI, 371). De même aussi les mots modernes *seigneur*, *signore*, de *senior* ; et le mot arabe *shaik*.

l'Iliade, les résolutions d'Agamemnôn, d'un côté, et d'Hectôr, de l'autre, semblent prévaloir d'une manière uniforme. La dureté et même le mépris avec lesquels Hectôr traite l'opposition respectueuse de son ancien compagnon Polydamas; le ton abattu du dernier et la conscience qu'il a de son infériorité, et l'approbation unanime que le premier obtient, même quand il a tout à fait tort, tout cela est clairement exposé dans le poëme (1); tandis que dans le camp grec nous voyons Nestôr présenter son avis à Agamemnôn de la manière la plus soumise et la plus délicate, pour qu'il soit adopté ou rejeté, selon le bon plaisir du « Roi des hommes » (2). Le conseil est un corps purement consultatif, assemblé non pas avec un pouvoir quelconque d'arrêter péremptoirement les résolutions funestes du roi, mais seulement pour l'instruire et le guider. Il est à la fois membre du conseil qu'il préside (boulêphoros) (3); les autres membres, collectivement aussi bien qu'individuellement, sont ses subordonnés.

Nous passons du conseil à l'Agora. Suivant ce qui semble être la coutume reçue, le roi, après avoir parlé de ses intentions au premier, vient les annoncer au peuple. Les hérauts font asseoir la foule en ordre (4) et imposent le silence; un chef ou conseiller quelconque (mais, à ce qu'il semble, personne autre) (5) est autorisé à s'adresser à elle; le roi d'a-

---

(1) Iliade, XVIII, 313:
Ἕκτορι μὲν γὰρ ἐπῄνησαν κακὰ μη-
[τιόωντι
Πουλυδάμαντι δ' ἄρ' οὔτις, ὃς ἐσθλὴν
[φράζετο βουλήν.
Et XII, 213, où Polydamas dit à Hectôr :
. . . . Ἐπεὶ οὐδὲ μὲν οὐδὲ
[ἔοικε
Δῆμον ἐόντα παρὲξ ἀγορευέμεν, οὔτ'
[ἐνὶ βουλῇ,
Οὔτε ποτ' ἐν πολέμῳ, σὸν δὲ κράτος
[αἰὲν ἀέξειν.
(2) Iliade, IX, 95-101.
(3) Iliade, VII, 126, Πηλεύς-Ἐσθλὸς Μυρμιδόνων βουλήφορος ἠδ' ἀγορήτης.
(4) Il semble qu'on attache une importance considérable à la nécessité que le peuple dans l'agora soit *assis* (Iliade, II, 96); une agora *debout* est un symptôme de tumulte ou de terreur (Iliade, XVIII, 246); une assemblée du soir, à laquelle les hommes arrivent exaltés par le vin, est aussi un avant-coureur de malheur (Odyss. III, 138).

Ces preuves de formalités régulières observées dans l'agora ne sont pas sans intérêt.

(5) Iliade, II, 100 :
. . . . Εἴποτ' αὐτῆς
Σχοίατ', ἀκούσειαν δὲ διοτρεφέων βασι-
[λήων.
Nitzsch (ad Odyss. II, 14) conteste cette idée de manifestation individuelle

bord fait connaître ses intentions, qui sont alors ouvertes à la discussion des autres. Mais dans l'agora homérique il n'y a jamais division de voix affirmatives ou négatives, aucune résolution formelle n'y est non plus adoptée. La nullité de fonction positive nous frappe même plus dans l'agora que dans le conseil. C'est une assemblée où les chefs parlent, confèrent et discutent dans une certaine mesure, en présence du peuple, qui les écoute et entre dans leurs sentiments; souvent l'éloquence y brille, parfois éclatent des querelles; mais là s'arrêtent ses fins apparentes.

L'assemblée à Ithakè, au second livre de l'Odyssée, est convoquée par le jeune Telemachos, à l'instigation d'Athênê, non dans le but de lui soumettre quelque proposition, mais dans l'intention de faire aux prétendants une notification formelle et publique pour qu'ils aient à renoncer à leur intrusion et au pillage auquel ils soumettent sa fortune, et, en outre, de s'affranchir devant les dieux et devant les hommes de toute obligation à leur égard, s'ils refusent de se conformer à son désir. Car le meurtre des prétendants, dans toute la sécurité d'une fête et d'une salle de festin (événement qui forme la catastrophe de l'Odyssée) était un acte essentiellement révoltant pour le sentiment grec (1), et avait, en conséquence, besoin d'être précédé de formalités assez grandes pour laisser à la fois les délinquants eux-mêmes sans l'ombre d'une excuse, et leurs parents survivants sans aucun droit à la satisfaction accoutumée. C'est dans ce but spécial que Telemachos ordonne aux hérauts de convoquer une agora; mais ce qui semble le plus surprenant, c'est qu'il n'y avait jamais eu d'assemblée réunie ou tenue depuis le départ d'Odysseus lui-même, dans un intervalle de vingt ans. « Nous n'avons eu ni agora ni réunion (dit le vieillard

---

réservée aux chefs seuls : l'opinion de O. Müller (Hist. Dorians, b. III, c. 3) me semble plus juste : telle était aussi l'opinion d'Aristote : φησὶ τοίνυν Ἀριστοτέλης ὅτι ὁ μὲν δῆμος μόνου τοῦ ἀκοῦσαι κύριος ἦν, οἱ δὲ ἡγεμόνες καὶ τοῦ πρᾶξαι (Schol. Iliad. IX, 17); cf. la même indication dans son traité Ethic. ad Nicom. III, 5.

(1) V. Iliade, IX, 635; Odyssée, XI, 419.

Ægyptios, qui ouvre la séance) depuis qu'Ulysse est parti sur ses vaisseaux ; et aujourd'hui, qui donc nous convoque ? Quel homme, jeune ou vieux, a senti une si pressante nécessité ? A-t-il appris quelque chose sur nos guerriers absents, ou a-t-il d'autres nouvelles publiques à nous communiquer ? C'est un ami dévoué pour nous s'il agit ainsi ; quels que puissent être ses projets, je prie Zeus de lui accorder un heureux succès » (1). Telemachos, répondant sur-le-champ à l'appel, s'avance pour dire aux Ithakiens assemblés qu'il n'a pas de nouvelles publiques à leur communiquer, mais qu'il les a convoqués d'après ses propres nécessités particulières. Ensuite il leur expose d'une manière pathétique la méchanceté des prétendants, il invite personnellement ces derniers à renoncer à leurs projets, il engage le peuple à les empêcher, et conclut en les avertissant solennellement que, libre dorénavant de toute obligation envers eux, il invoquera l'aide vengeresse de Zeus, pour « qu'ils puissent être tués dans l'intérieur de sa maison, sans attirer sur lui aucun châtiment postérieur (2). »

Nous ne devons voir naturellement dans la description homérique autre chose qu'un *idéal* se rapprochant de la réalité actuelle. Mais, en admettant tout ce que peut demander une telle restriction, nous voyons que l'agora est plutôt un moyen spécial de publicité et de communication mutuelle (3), de la part du roi s'adressant au corps du peuple,

---

(1) Odyss. II, 25-40.

(2) Odyss. II, 43, 77, 145. Νήποινοί κεν ἔπειτα δόμων ἔντοσθεν ὄλοισθε.

(3) On attribue le même caractère aux assemblées publiques des premiers Francs et des anciens Lombards (Pfeffel, Histoire du Droit public en Allemagne, t. I, p. 18 ; Sismondi, Histoire des Républiques italiennes, t. I, c. 2, p. 71).

Denys d'Halicarnasse (II, 12) rend plutôt un trop grand hommage à la modération des rois héroïques grecs.

Les rois à Rome, comme les rois héroïques grecs, eurent d'abord une ἀρχὴ ἀνυπεύθυνος ; les mots de Pomponius (De Origine Juris, I, 2) seraient peut-être plus exactement applicables aux derniers qu'aux premiers : « Initio civitatis nostrœ Populus sine certâ lege, sine jure certo, primum agere instituit ; omniaque manu a Regibus gubernabantur. » Tacite dit (Ann. III, 26) : « Nobis Romulus, ut libitum, imperitaverat ; dein Numa religionibus et divino jure populum devinxit, repertaque quædam a Tullo et Anco : sed præcipuus Servius Tullius sanctor legum fuit,

qu'elle ne renferme l'idée d'une responsabilité attachée à la personne du premier, ou d'une force restrictive appartenant au second; cependant de telles conséquences peuvent en résulter indirectement. Le gouvernement grec primitif est essentiellement monarchique; il repose sur le sentiment personnel et le droit divin. Le mot mémorable de l'Iliade est justifié par tout ce que nous savons de l'usage régnant alors : « Le gouvernement de plusieurs n'est pas chose bonne; n'ayons qu'un seul maître, un seul roi, celui auquel le fils de Kronos a donné le sceptre et les lois tutélaires (1). »

Le second livre de l'Iliade, rempli comme il l'est de beauté et de vivacité, non-seulement confirme l'idée que nous avons de l'agora passive, recevant les communications et prête à écouter, mais même présente un tableau repoussant de la dégradation de la masse du peuple devant les chefs. Agamemnôn convoque l'agora afin d'armer immédiatement les troupes grecques, dans l'entière conviction que les dieux ont résolu enfin de couronner sur-le-champ ses armes par une victoire complète. Il a reçu cette conviction de la visite spéciale d'Oneiros (le dieu Songe), envoyé par Zeus pendant son sommeil, ce qui est une fraude calculée par le Père des dieux, bien qu'Agamemnôn n'en soupçonne pas le caractère trompeur. A ce moment même, où l'on peut comprendre qu'il est plus impatient qu'à l'ordinaire de faire avancer son armée sur le champ de bataille et de saisir le prix, un caprice in-

---

quis etiam Reges obtemperarent. »
La nomination d'un dictateur sous la République était une reproduction, pour un intervalle court et défini, de cette ancienne autorité illimitée (Cicéron, De Republ., II, 32, Zonaras, Ann. VII, 13; Dionys. Hal. V, 75.

V. Rubino, Untersuchungen über Roemische Verfassung und Geschichte, Cassel, 1839, liv. I, c. 2, p. 112-132; et Wachsmuth, Hellenische Alterthumskunde, I, sect. 18, p. 81-91.

(1) Iliade, II, 204. Agamemnôn promet de céder à Achille sept villes popu-

leuses, avec un certain nombre de riches habitants (Iliade, IX, 153); et Menelaos, s'il avait pu amener Odysseus à quitter Ithakê et à s'établir près de lui dans Argos, aurait dépeuplé une de ses villes voisines pour lui faire place (Odyss. IV, 176).

Manso (Sparta, I, 1, p. 34) et Nitzsch (ad Odyss. IV, 171) inclinent à exclure ces passages comme apocryphes, manière d'agir, à mon avis, inadmissible sans raisons plus directes que celles qu'ils peuvent produire.

concevable le saisit ; au lieu d'inviter les troupes à faire ce qu'il désire réellement et de les encourager à tenter ce dernier et unique effort, il adopte une marche directement opposée ; il met leur courage à l'épreuve en déclarant qu'il croit que le siége est désespéré et qu'il n'y a plus d'autre parti à prendre que de s'embarquer et de fuir.

En annonçant à Nestôr et à Odysseus, dans un conseil préliminaire, l'intention qu'il a de tenir ce langage étrange, il leur dit en même temps qu'il compte sur eux pour s'y opposer et pour combattre son effet dans l'esprit de la multitude (1). Alors l'agora s'assemble, et le Roi des hommes prononce un discours plein d'effroi et de désespoir, et il conclut en exhortant clairement tous les assistants à s'embarquer et à retourner sur-le-champ dans leur patrie. Immédiatement l'armée tout entière, chefs et soldats, se lève et se dispose à exécuter ses ordres : chacun court mettre son navire à flot, excepté Odysseus, qui considère ce spectacle en silence et avec un douloureux étonnement. L'armée se serait promptement mise en route pour revenir, si les déesses Hêrê et Athênê n'eussent poussé Odysseus à intervenir sans retard. Il accourt au milieu de la foule qui se disperse et la détourne de son projet de retraite : aux chefs il adresse des mots flatteurs, en essayant de leur faire honte par d'aimables reproches ; pour le peuple, il le réprimande durement et le frappe de son sceptre (2), et le force ainsi à aller se rasseoir dans l'agora.

Au milieu de la foule mécontente ramenée ainsi forcément on entend Thersitês qui parle le plus haut et le plus longtemps ; c'est un homme laid, difforme et peu belliqueux, mais doué d'une parole facile, et surtout sévère et sans ménagement dans la critique qu'il fait des chefs Agamemnôn,

---

(1) Iliade, II, 74 :
Πρῶτα δ' ἐγὼν ἔπεσιν πειρήσομαι, etc.

(2) Iliade, II, 188-196 :
Ὅντινα μὲν βασιλῆα καὶ ἔξοχον ἄνδρα [κιχείη,
Τόν δ' ἀγανοῖς ἐπέεσσιν ἐρητύσασκε [παραστάς...
Ὅν δ' αὖ δήμου τ' ἄνδρα ἴδοι, βοόωντά [τ' ἐφεύροι,
Τόν σκήπτρῳ ἐλάσασκεν, ὁμοκλήσασκέ [τε μύθῳ, etc.

Achille et Odysseus. A cette occasion il adresse au peuple un discours où il dénonce les exactions et l'avidité égoïste d'Agamemnôn en général, mais particulièrement les mauvais procédés qu'il a eus récemment à l'égard d'Achille, et il s'efforce en outre d'engager les Grecs à persister dans leur projet de départ. En réponse, non-seulement Odysseus réprimande rudement Thersitês pour son impudence à injurier le commandant en chef, mais il le menace, s'il renouvelle jamais une telle conduite, de le dépouiller tout nu et de le chasser de l'assemblée après l'avoir frappé honteusement; comme gage de sa parole, il lui assène en même temps un coup violent de son sceptre garni de clous, qui imprime sa marque douloureuse par une meurtrissure sanglante en travers du dos de ce misérable. Thersitês, terrifié et soumis, s'assied en pleurant, tandis que la foule qui l'entoure se moque de lui et exprime de la manière la plus chaleureuse combien elle approuve Odysseus d'avoir ainsi par la force réduit cet insolent harangueur au silence (1).

Alors Odysseus et Nestôr s'adressent tous deux à l'agora; ils partagent les sentiments d'Agamemnôn au sujet de la honte dont la retraite des Grecs est sur le point de le couvrir, et ils insistent énergiquement auprès de chacun des assistants sur l'obligation de persévérer jusqu'à ce que le siége soit heureusement terminé. Ni l'un ni l'autre ne font aucun reproche à Agamemnôn, soit pour sa conduite à l'égard d'Achille, soit pour le caprice puéril qu'il a eu d'éprouver les dispositions de l'armée (2).

Rien ne peut faire mieux connaître le véritable caractère de l'agora homérique que cette description, si pittoresque dans le poëme original. La multitude qui la compose écoute et donne son acquiescement; rarement elle hésite, et jamais elle ne résiste au chef (3). Le traitement fait à Thersitês

---

(1) Iliade, II, 213-277.
(2) Iliade, II, 284-340. Dans le discours où il accuse Agamemnôn, Thersitês ne fait aucune allusion à ce point étrange, bien que, dans les circonstances qui amènent ce discours, il semblerait être le coup le plus fort porté au commandant en chef.

(3) Le langage de Thêseus jette du jour sur ce fait, Eurip. Suppl. 349-352:

montre clairement le sort réservé à un présomptueux censeur, même quand ses virulents reproches se trouvent réellement bien fondés; tandis que l'impopularité qui entourait un pareil caractère est même mieux attestée encore par la peine extrême que prend Homère pour accumuler sur lui des difformités personnelles repoussantes, que par le châtiment infligé par Odysseus ; il est boiteux, chauve, bossu, sa tête est difforme, ses yeux sont louches.

Mais nous cessons de nous étonner du caractère humble de l'agora, quand nous lisons la manière d'agir d'Odysseus vis-à-vis du peuple lui-même, ses belles paroles et ses flatteries adressées aux chefs, les reproches méprisants et les actes de violence dont il accable les hommes ordinaires, à un moment où chefs et peuple faisaient exactement la même chose, en accomplissant l'ordre formel d'Agamemnôn, sur lequel Odysseus ne fait pas une seule observation. Cette scène, qui excitait un sentiment de vif déplaisir parmi les démocrates d'Athènes historique (1), prouve que le sentiment de dignité personnelle dont se glorifiaient des observateurs philosophes en Grèce, Hérodote, Xénophon, Hippocrate et Aristote, comme servant à distinguer le citoyen grec libre de l'Asiatique esclave, n'était pas encore développé du temps d'Homère (2). L'ancienne épopée est ordinairement si remplie des aventures personnelles des chefs, et le peuple est si constamment dépeint comme un simple accessoire attaché à leur personne, que nous voyons rarement comment les uns sont traités sans les autres, ainsi que le présente cette mémorable agora homérique.

Il reste un autre point de vue sous lequel nous avons à considérer l'agora de la Grèce primitive, à savoir comme lieu où l'on rendait la justice. On parle du roi comme étant établi par Zeus grand juge de la société. Il a reçu de lui le

---

Δόξαι δὲ χρῄζω καὶ πόλει πάσῃ τάδε·
Δόξει δ', ἐμοῦ θέλοντος · ἀλλὰ τοῦ
[λόγου
Προσδοὺς, ἔχοιμ' ἂν δῆμον εὐμενέ-
[στερον.

(1) Xénophon, Memor. I, 2, 9.
(2) Aristot. Polit. VII, 6, 1; Hippocrat. De Aëre, Loc. et Aq. V, 85-86; Hérod. VII, 134.

sceptre, et avec le sceptre les pouvoirs de commander et de sanctionner. Le peuple obéit à ces commandements et appuie ces sanctions, sous son autorité, et il l'enrichit en même temps de présents et de payements lucratifs (1). Parfois le roi séparément, parfois les rois ou les chefs ou les gérontes, au pluriel, sont nommés comme décidant des disputes et accordant satisfaction aux plaignants ; toujours cependant en public, au milieu de l'agora assemblée (2).

Dans un des compartiments du bouclier d'Achille sont décrits les détails d'une scène judiciaire. Tandis que l'agora est remplie d'une foule ardente et animée, deux hommes se disputent au sujet de l'amende de satisfaction pour la mort d'un homme tué, l'un affirmant que l'amende avait été payée, l'autre le niant, et tous les deux demandant une enquête. Les gérontes sont rangés sur des sièges de pierre (3), dans le cercle sacré, avec deux talents d'or placés devant eux, pour les accorder à tel des plaideurs qui prouvera son droit

---

(1) Le σκῆπτρον, les θέμιστες ou θέμις et l'ἀγορή vont ensemble, sous la surveillance supérieure des dieux. La déesse Thémis convoque et congédie l'agora (V. Iliade, XI, 806 ; Odyss. II, 67 ; Iliade XX, 4).

Les θέμιστες, commandements et sanctions, appartiennent, à proprement parler, à Zeus (Odyss. XVI, 403) ; c'est lui qui les confie aux rois de la terre en même temps que le sceptre (Iliade, I, 238 ; II, 206).

Les commentateurs d'Homère reconnaissaient θέμις, un peu trop strictement, comme ἀγοράς καὶ βουλῆς λέξιν (V. Eustathe ad Odyss. XVI, 403).

Les présents et les λιπαραὶ θέμιστες (Iliade, IX, 156).

(2) Hésiode, Théog. 85. Dans l'Odyss. XII, 439, on dirait que c'est une seule personne qui juge.

Il convient de signaler qu'à Sparte le Sénat prononçait sur les accusations d'homicide (Arist. Polit. III, 1, 7). Dans Athènes historique le sénat de l'Aréopage faisait la même chose dans l'origine, et il conserva, même quand ses pouvoirs furent très-diminués, le jugement des accusations d'homicide et de blessures volontaires.

Relativement aux fonctions judiciaires des anciens rois de Rome, Dionys. Hal. A. R. X. 1. Τὸ μὲν ἀρχαῖον οἱ βασιλεῖς ἐφ' αὑτῶν ἔταττον τοῖς δεομένοις τὰς δίκας, καὶ τὸ δικαιωθὲν ὑπ' ἐκείνων, τοῦτο νόμος ἦν (Cf. IV, 25 ; et Cicéron, Republ. V, 2 ; Rubino, Untersuchungen, I, 2, p. 122).

(3) Iliade, XVIII, 504 :

Οἱ δὲ γέροντες
Εἴατ' ἐπὶ ξεστοῖσι λίθοις, ἱερῷ ἐνὶ
[κύκλῳ.

Plusieurs des vieilles Sagas du Nord représentent les vieillards, assemblés dans le but de juger, assis sur de grandes pierres dans un cercle appelé le Urtheilsring ou Gerichtsring (Leitfaden der Noerdischen Alterthümer, p. 31, Copenhag. 1837).

à la satisfaction. Les hérauts avec leurs sceptres, réprimant les sympathies chaleureuses de la foule en faveur de l'une ou de l'autre des parties, leur assurent à toutes deux la faveur d'être entendues tour à tour (1). Cet intéressant tableau s'accorde complétement avec la brève allusion que fait Hésiode à un procès judiciaire, sans doute un procès réel, entre lui-même et son frère Persês. Les deux frères étaient en discussion à propos de l'héritage de leur père, et la cause fut portée devant les chefs dans l'agora ; mais Persês les corrompit et obtint un verdict injuste qui lui adjugea le tout (2). C'est du moins ce qu'affirme Hésiode, dans l'amertume de son cœur ; il exhorte instamment son frère à ne pas perdre un temps précieux, réclamé par des travaux nécessaires, dans l'infructueuse occupation des plaideurs qui témoignent et se chicanent devant l'agora, occupation pour laquelle (ajoute-t-il) personne n'a de loisirs suffisants, à moins que les provisions de l'année ne soient amassées à l'avance d'une manière sûre dans les greniers (3). Il répète plus d'une fois ses plaintes au sujet des jugements pervers et corrompus dont les rois se rendaient habituellement coupables ; il insiste sur l'abus de la justice, comme étant le mal criant de son époque, et il prédit aussi bien qu'il l'invoque la vengeance de Zeus, destinée à le réprimer. Et Homère attribue la terrible violence des orages de l'automne à la colère de Zeus, irrité contre ces juges qui déshonorent l'agora par leurs verdicts criminels (4).

Bien qu'assurément, dans tout état de la société, les sentiments des hommes réunis en nombre doivent commander l'attention dans une certaine mesure, cependant nous trouvons ainsi l'agora, dans les questions judiciaires plus encore que dans les questions politiques, servant seulement comme moyen de publicité. C'est le roi qui est le grand moteur personnel de la société héroïque grecque (5). Il est sur la terre

---

(1) Homère, Iliade, XVIII, 497-510.
(2) Hésiode, Opp. Di. 37.
(3) Hésiode, Opp. Di. 27-33.

(4) Hésiode, Opp. Di. 250-263 ; Homère, Iliade, XVI, 387.
(5) Tittmann (Darstellung der Grie-

l'équivalent de Zeus dans l'agora des dieux : le dieu suprême de l'Olympe a l'habitude de conduire son gouvernement en lui donnant une publicité fréquente, d'entendre quelques opinions contraires, et de se laisser lui-même, à l'occasion, cajoler par Aphroditê ou harceler par Hêrê jusqu'à ce qu'il cède ; mais sa détermination est à la fois décisive et soumise seulement à l'intervention de Mœræ ou Parques (1), qui peuvent l'annuler. La société des dieux et les diverses sociétés des hommes sont, suivant les conceptions de la légende grecque, également dirigées par le gouvernement personnel d'un souverain légitime, qui ne tire pas son titre de la nomination spéciale faite par ses sujets, bien qu'il gouverne avec leur plein consentement. Effectivement la légende grecque ne nous présente guère autre chose que ces grandes personnalités individuelles. La race ou la nation semble absorbée dans le prince : les personnages éponymes, en particulier, ne sont pas seulement des princes, ce sont des pères et des unités représentatives, chacun d'eux étant l'équivalent de ce plus ou moins grand agrégat auquel il donne un nom.

Mais bien que, dans le gouvernement primitif grec, le roi soit le souverain légitime aussi bien que le maître réel, il est toujours conçu comme agissant à l'aide du conseil et de l'agora. L'un et l'autre sont des intermédiaires établis et essentiels qui permettent à son ascendant de s'exercer sur la société ; l'absence d'assemblées pareilles est la preuve et le signe de mœurs sauvages, comme dans le cas des Cyclôpes (2). Aussi doit-il posséder des qualités propres à agir d'une manière efficace sur ces deux assemblées : raison sage pour le conseil, onctueuse éloquence pour l'agora (3). Tel est

---

chischen Staatsverfassungen, liv. II, p. 63) donne une trop haute idée, à mon avis, de la condition et des fonctions de l'agora homérique.

(1) Iliade, I, 520-527 ; IV, 14-56 ; particulièrement l'agora des dieux (XX, 16).

(2) Odyss. IX, 114 :
Τοῖσιν δ' (les Cyclôpes) οὔτ' ἀγοραὶ
[βουληφόροι, οὔτε θέμιστες.
Ἀλλ' οἵγ' ὑψηλῶν ὀρέων ναίουσι κά-
[ρηνα
Ἐν σπέσσι γλαφυροῖσι· θεμιστεύει δὲ
[ἕκαστος
Παίδων ἠδ' ἀλόχων · οὐδ' ἀλλήλων
[ἀλέγουσι.
Ces vers expliquent le sens de θέμις.

(3) V. ce point exposé dans le discours prolixe d'Aristide περὶ Ῥητορικῆς (Or. 45, vol. II, p. 99) : Ἡσίο-

« l'idéal » du gouvernement héroïque : un roi non-seulement plein de valeur et de ressources comme soldat, mais encore assez supérieur à ceux qui l'entourent pour s'assurer à la fois le concours décidé des chefs et l'adhésion cordiale des masses (1). Que cette peinture ne soit pas réalisée dans tous les cas individuels, c'est là un fait incontestable ; mais les qualités si souvent données comme attributs à de bons rois montrent que tel a été le type présent à l'esprit de celui qui faisait la description (2). Xénophon, dans sa Cyropédie, dépeint Cyrus comme un pendant perfectionné de l'Agamemnôn homérique, « un bon roi et un puissant soldat, » idéalisant ainsi la perfection du gouvernement personnel.

Il est important de signaler ces conceptions fondamentales de gouvernement, que l'on peut distinguer même avant l'aube de l'histoire grecque, et qui s'identifient avec la vie sociale du peuple. Nous y voyons que les Grecs, dans leurs révolutions postérieures et dans les expériences politiques que présentèrent leurs innombrables communautés autonomes, travaillèrent sur des matériaux préexistants ; ils développèrent et élevèrent des éléments qui avaient d'abord été subordonnés, et ils supprimèrent ou refondirent sur un principe tout à fait nouveau ce qui avait prédominé dans l'origine. En approchant de la Grèce historique, nous trou-

---

δος... ταῦτα ἀντικρὺς Ὁμήρῳ λέγων... ὅτι τε ἡ ῥητορικὴ σύνεδρος τῆς βασιλικῆς, etc.

(1) *Péleus*, roi des Myrmidons, est appelé (Iliade, VII, 126) ἐσθλὸς Μυρμιδόνων βουληφόρος ἠδ' ἀγορητής ; *Diomédés*, ἀγορῇ δέ τ' ἀμείνω (IV, 400) ; *Nestôr*, λιγὺς Πυλίων ἀγορητής ; *Sarpêdôn*, Λυκίων βουληφόρε (V, 633) ; et *Idomeneus*, Κρητῶν βουληφόρε (XIII, 219).

Hésiode (Théog. 80-96) explique encore plus complétement l' « idéal » du roi gouvernant par la persuasion et inspiré par les muses.

(2) V. le portrait frappant dans Thucydide (II, 65). Dans la Cyropédie, Xénophon met dans la bouche de son héros la comparaison homérique entre le bon roi et le bon pasteur, ce qui implique une immense supériorité d'organisation, de moralité et d'intelligence (Cyrop. VIII, p. 450, Hutchinson).

Volney fait observer, relativement aux émirs des Druses, en Syrie : « Tout dépend des circonstances : si le gouverneur est un homme capable, il est absolu ; s'il est faible, c'est un zéro. Cela vient de l'absence de lois fixes ; ce qui est commun à toute l'Asie. » (Voyages en Egypte et en Syrie, vol. II, p. 66.) Telle était à peu près la condition du roi dans la Grèce primitive.

vons que (à l'exception de Sparte) le monarque primitif, héréditaire, irresponsable, réunissant en lui-même toutes les fonctions du gouvernement, a cessé de régner, tandis que le sentiment de légitimité qui, dans l'origine, poussait son peuple à lui obéir volontairement, s'est changé en un sentiment d'aversion à l'égard du caractère et du titre en général. Les fonctions multipliées qu'il exerçait jadis ont été partagées entre des représentants temporaires. D'autre part, le conseil ou sénat et l'agora, dans l'origine simples intermédiaires par lesquels agissait le roi, s'élèvent et deviennent des sources permanentes et indépendantes d'autorité ; ils contrôlent et retiennent par la responsabilité les différents officiers spéciaux auxquels sont confiés des devoirs exécutifs de diverses sortes. Le principe général indiqué ici est commun aux oligarchies ainsi qu'aux démocraties qui s'élevèrent dans la Grèce historique. Quelque différentes que fussent entre elles ces deux formes de gouvernement, quelles que fussent les variétés qui existassent entre les diverses oligarchies ou les diverses démocraties, elles étaient toutes également en opposition avec le principe du gouvernement héroïque. Même à Sparte, où dura la royauté héréditaire, elle fut conservée avec un éclat et une influence excessivement diminués (1), et cette opportune diminution de son pouvoir semble avoir été une des conditions essentielles de sa conservation (2). Bien que les rois spartiates eussent le commandement héréditaire des forces militaires, cependant, même dans toutes les expéditions étrangères, ils agissaient

---

(1) Néanmoins la question posée par Leotychides au roi spartiate déposé Demaratos, ὁκοῖόν τι εἴη τὸ ἄρχειν μετὰ τὸ βασιλεύειν (Hérod. VI, 65), et la mordante insulte qu'entraînaient ces mots, sont une preuve, entre beaucoup d'autres, de la haute estime qui régnait à Sparte à l'égard de la dignité royale, dont Aristote, dans la Politique, ne semble pas avoir tenu un compte suffisant.

(2) O. Müller (Hist. Dorians, liv. III, 1, 3) affirme que les traits essentiels de la royauté héroïque furent conservés dans les États dôriens, et s'effacèrent seulement dans les États ioniens et démocratiques. En ce point il a été suivi par divers autres auteurs (V. Helbig, Die Sittlichen Zustaende des Heldenalters, p. 73) ; mais son principe me semble peu juste, même quant à Sparte, et incontestablement inexact relativement aux autres États dôriens.

habituellement en vertu d'ordres venus de Sparte; tandis que, dans les affaires intérieures, le pouvoir supérieur des éphores les éclipsait sensiblement. En sorte, qu'à moins qu'ils ne possédassent une force de caractère plus qu'ordinaire, ils semblent avoir exercé leur principale influence comme membres du sénat qu'ils présidaient.

Il est encore un autre point de vue sous lequel il nous convient d'étudier le conseil et l'agora comme étant parties intégrantes du gouvernement légendaire des communautés grecques. Nous pouvons ainsi faire remonter à l'enfance sociale de la nation l'emploi du discours en public, comme l'instrument constant de gouvernement et la cause prochaine d'obéissance. La puissance de la parole dans la direction des affaires publiques devient de plus en plus manifeste, étendue et irrésistible, à mesure que nous avançons vers la période culminante de l'histoire grecque, le siècle qui précède la bataille de Chæroneia. Que son développement ait été très-grand chez les parties les plus éclairées de la nation grecque, et très-faible chez les moins intelligentes et les plus stationnaires, c'est là un fait notoire; et il n'est pas moins vrai que l'empire de cette habitude fut une des principales causes de la supériorité intellectuelle de la nation en général. A une époque où tous les pays environnants étaient comparativement plongés dans une torpeur d'esprit, il n'y avait pas de motifs assez présents ni assez puissants pour multiplier d'une façon si merveilleuse les intelligences créatrices de la Grèce, si ce n'est ceux que produisaient les récompenses attachées au discours en public. La facilité avec laquelle la multitude suivait cette sorte de direction, son habitude à demander le stimulant qui en résultait, et à en jouir, et la discussion ouverte sur des sujets pratiques, politiques aussi bien que judiciaires, discussion où des formes régulières se combinaient avec une libre opposition, telles sont les causes premières qui ont formé des adeptes si remarquables dans l'art de persuader. Et ce n'était pas seulement des orateurs de profession qui étaient produits ainsi; une aptitude didactique se formait à l'arrière-plan, et les tendances spéculatives trouvaient d'intéressants phénomènes à observer et à combiner, à une époque où les vérités de la science physique étaient presque inaccessibles. Si le principal effet était de vivifier les moyens d'expression, le résultat secondaire, mais non moins certain, était de développer les habitudes de pensée scientifique. Non-seulement l'éloquence de Démosthène et de Periklès, et la magie des entretiens de Socrate, mais encore les spéculations philosophiques de Platon, et les systèmes de politique, de rhétorique et de logique d'Aristote, peuvent être rapportés aux mêmes tendances générales dans l'esprit du peuple grec. Nous trouvons le germe de ces forces expansives dans le sénat et dans l'agora de leur gouvernement légendaire. Les poëtes, d'abord les épiques et ensuite les lyriques, furent les précurseurs des orateurs dans la faculté d'émouvoir les sentiments d'une foule assemblée ; tandis que les poëmes homériques, le manuel général d'éducation pour les Grecs instruits, constituaient un trésor d'expression directe et animée, rempli de formes concrètes, peu abondant en abstractions, et par cela même mieux approprié aux opérations de l'éloquence. Il ne fut pas difficile aux critiques postérieurs d'extraire de l'Iliade et de l'Odyssée des exemples l'éloquence pour toutes les phases et toutes les variétés de cet art.

Ainsi donc, en résumé, la société dépeinte dans les anciens poëmes grecs est décousue et mal établie ; elle présente très-peu de contrainte légale, et encore moins de protection légale, mais elle concentre tout ce qui existe de pouvoir politique entre les mains d'un roi héréditaire légitime, dont l'ascendant sur les autres chefs est plus ou moins complet, selon sa force et son caractère personnels. Que cet ascendant toutefois soit plus ou moins grand, la masse du peuple est en tout cas passive, politiquement parlant, et elle compte pour peu de chose. Bien que l'homme libre grec de l'âge héroïque soit au-dessus du niveau dégradé de la *plebs* gauloise, telle que la décrit César (1), il est loin de rivaliser

---

(1) César, Bell. Gall. VI, 12.

avec les Germains pour l'indépendance fière et le sentiment de dignité combinés avec la force individuelle, qui caractérisent les tribus germaniques avant leur établissement dans l'empire romain. Sa condition, ou la société dans laquelle il se meut, correspond encore moins à ces agréables rêves de vertu et d'innocence spontanées, dans lesquels se complaisent Tacite et Sénèque relativement à l'homme primitif (1).

2. L'état du sentiment moral et social dominant dans la Grèce légendaire présente un tableau en harmonie avec la machine politique élémentaire que nous venons de décrire. Pendant tout le long cours du récit légendaire que les Grecs regardaient comme leur histoire passée, les motifs sociaux plus larges ne sont guère jamais mis en jeu : nous avons toujours sous les yeux ou la valeur et la cruauté individuelles, ou l'attachement et les querelles personnels de parents et de compagnons d'armes, ou les disputes d'ennemis privés. Il n'y a aucun sentiment d'obligation existant alors entre les hommes individuellement, comme tels, et le sentiment de cette nature qui unit l'homme et l'ensemble de la communauté dont il est membre est très-faible ; de telles pensées n'agissent pas dans le monde réel, et elles ne se présentent pas non plus à l'imagination des poëtes. Des sentiments personnels, à l'égard des dieux, du roi ou de quelque individu voisin et connu remplissent tout le cœur d'un homme : c'est d'eux que naissent tous les motifs de bienfaisance et toutes les contraintes intérieures qui arrêtent la violence, l'antipathie ou la rapacité ; et un commerce spécial, aussi bien que des solennités spéciales, est essentiel à leur existence. La cérémonie d'un serment, si imposante, si élevée et si indispensable à

---

(1) Sénèque, Epist. XC ; Tacite, Annal. III, 26. « Vetustissimi mortalium (dit ce dernier), nullâ adhuc malâ libidine, sine probro, scelere, coque sine poenâ aut coercitione agebant : neque præmiis opus erat, cum honesta suopte ingenio peterentur ; et ubi nihil contra morem cuperent, nihil per metum vetabantur. At postquam exui æqualitas, et pro modestiâ et pudore ambitio et vis incedebat, provenêre dominationes, multosque apud populos æternum mansere, » etc. Cf. Strabon, VII, p. 301.

Ce sont les mêmes imaginations si éloquemment exposées par Rousseau dans le dernier siècle. Une critique beaucoup plus sagace règne dans la préface de Thucydide.

cette époque, explique ce principe d'une manière frappante. Et même dans le cas d'un étranger suppliant, où se manifeste une sympathie spontanée en apparence, l'appui et la bienveillance qu'il rencontre résultent surtout de ce qu'il a accompli toutes les formalités consacrées de supplication, telles que celle de s'asseoir dans les cendres, près du foyer sacré, obtenant de cette manière, pour ainsi dire, les priviléges attachés au sanctuaire (1). Cette cérémonie fait de lui

---

(1) Seuthês, dans l'Anabasis de Xénophon (VII, 2, 33), décrit comment, étant tout jeune et orphelin, il supplia en forme le roi de Thrace, Mêdokos, de lui accorder une troupe de partisans, afin de pouvoir recouvrer les domaines qu'il avait perdus — ἐκαθεζόμην ἐνδίφριος αὐτῷ ἱκέτης δοῦναί μοι ἄνδρας.

Thucydide fait une intéressante description de l'arrivée de Thémistocle exilé, alors vivement poursuivi par les Grecs sur un soupçon de trahison, à la demeure d'Admêtos, roi des Molosses d'Epiros. L'épouse d'Admêtos elle-même apprit au fugitif le moyen de supplier son mari dans toutes les formes : on mit l'enfant d'Admêtos entre ses bras et on lui commanda de s'asseoir dans cet état près du foyer consacré, qui était comme une sorte d'autel. Pendant qu'il était assis, il adressa ses instantes prières à Admêtos pour obtenir sa protection. Ce dernier le fit lever de terre et lui promit ce qu'il demandait. « C'était (dit l'historien) la forme la plus puissante de supplication. » Admêtos ἀκούσας ἀνίστησί τε αὐτὸν μετὰ τοῦ ἑαυτοῦ υἱέος, ὥσπερ καὶ ἔχων αὐτὸν ἐκαθέζετο, καὶ μέγιστον ἱκέτευμα ἦν τοῦτο (Thucy. I, 136). C'est ainsi que Têlephos, dans le drame perdu d'Eschyle, appelé Μυσοί, prend dans ses bras l'enfant Orestês. V. Frag. de Bothe, 44 : Schol. Aristoph. Ach. 305.

Dans l'Odyssée, Nausikaa et la déesse Athênê instruisent toutes les deux Odysseus de la manière usitée dont il doit supplier Alkinoos. Il se jette d'abord aux pieds de la reine Arêtê, il embrasse ses genoux et lui adresse sa prière, et alors, sans attendre une réponse, il s'assied au milieu des cendres sur le foyer, ὣς εἰπὼν, κατ' ἄρ' ἕζετο ἐπ' ἐσχάρῃ ἐν κονίῃσι. Alkinoos est à dîner avec une nombreuse compagnie : pendant quelque temps lui et les hôtes sont silencieux ; à la fin, le vieil Echenêos lui fait des remontrances sur sa lenteur à relever un étranger du milieu des cendres. Sur son exhortation, le roi Phæakien prend Odysseus par la main, le fait lever et le place sur un siége à côté de lui : alors il ordonne aux hérauts de préparer une coupe de vin et de la servir à chacun à la ronde ; afin que tous puissent faire des libations à Zeus Hiketêsios. Cette cérémonie donne à l'étranger tous les droits et le caractère complet d'un suppliant (Odyss. VI, 310 ; VII, 75, 141, 166) : κατὰ νόμους ἀφικτόρων, Eschyl. Supp. 242.

Ceci montre d'une manière évidente que la forme comptait pour beaucoup; mais naturellement une prière est souvent adressée, et adressée avec succès, dans des circonstances où cette formalité ne peut être remplie.

Il est difficile d'accepter la doctrine d'Eustathe (ad Odyss. XVI, 424), qui veut que ἱκέτης soit une *vox media* (comme ξεῖνος), appliquée aussi bien à l'ἱκετάδοχος qu'à l'ἱκέτης proprement dit ; mais le mot ἀλλήλοισι, dans le passage qui vient d'être cité, semble justifier son observation : cependant il

quelque chose de plus qu'un homme qui souffre ; elle le met en relations expresses avec le maître de la maison, sous la sanction tutélaire de Zeus Hiketêsios. Il y a une grande différence entre une forme de supplication et une autre forme ; toutefois le suppliant qui remplit une formalité quelconque devient plus ou moins l'objet d'une sympathie particulière.

Le sentiment d'obligation à l'égard des dieux se manifeste séparément dans des actes habituels de culte, de sacrifices, de libations, ou par des présents votifs, comme l'est celui de la chevelure d'Achille, qu'il s'est engagé à consacrer au dieu du fleuve Spercheios (1), et comme le sont les offrandes constamment dédiées, que des hommes auxquels l'aide des dieux était indispensable commencent par promettre, engagement qu'ils remplissent dans la suite. Mais le sentiment à l'égard des dieux se montre aussi, et cela non moins souvent, comme se mêlant aux obligations envers quelque personnage humain particulier et les rendant plus fortes. Le lien qui attache un homme à son père, à son parent, à son hôte, ou toute promesse spéciale faite à celui vis-à-vis duquel il s'est engagé par un serment, est regardé comme uni à l'idée de Zeus, témoin et garant ; et l'intimité du rapport est attestée par quelque surnom ou quelque appellation spéciale du dieu (2). De tels sentiments personnels composaient toutes les in-

---

n'y a pas d'autorité directe à l'appui de cet emploi du mot dans Homère.

L'allocution de Theoclymenos, quand il présente pour la première fois sa supplication à Telemachos, nous montre cet usage d'une manière caractéristique (Odyss. XV, 260); cf. aussi Iliade, XVI, 574, et Hésiode, Scut. Hercul. 12-85.

L'idée de ξεῖνος et celle d'ἱκέτης se confondent très-souvent. J'ai de la peine à croire que la leçon ἱκέτευσα (Odyss. XI, 520) soit vraiment homérique : impliquant comme il le fait l'idée d'un malheureux digne de pitié, ce mot est complètement déplacé quand on l'applique au fier et impétueux Neoptolemos ; nous aurions plutôt attendu ἐκέλευσε (V. Odyss. X, 15).

L'efficacité obligatoire de formalités spéciales de supplication, chez les Scythes, est exposée avec force dans le Toxaris de Lucien : le suppliant s'assied sur une peau de bœuf, les mains retenues derrière lui (Lucien, Toxaris, c. 48, vol. III, p. 69, Tauch.) : c'est la μεγίστη ἱκετηρία chez ce peuple.

(1) Iliade, XXIII, 142.
(2) Odyss. XIV, 389 :
Οὐ γὰρ τοὔνεκ' ἐγώ σ' αἰδέσσομαι,
[οὐδὲ φιλήσω,
Ἀλλὰ Δία ξένιον δείσας, αὐτὸν δ' ἐλε-
[αίρων.

fluences morales dont un Grec de cette époque était susceptible, état de l'âme que nous pouvons mieux apprécier en le comparant avec celui du citoyen qui, plus tard, vécut dans Athènes historique. Aux yeux de ce dernier, la grande autorité impersonnelle appelée « les Lois » ressortait séparément à la fois comme guide et comme sanction, distinguée du devoir religieux ou des sympathies particulières ; mais on ne peut découvrir dans les poëmes homériques que le germe de cette conception distincte de loi et de moralité positives (1). Le mot grec approprié pour exprimer le sens de lois humaines ne se rencontre jamais. Au milieu d'une phraséologie fort indécise (2) nous pouvons reconnaître une

---

(1) Naegelsbach (Homerische Theologie, sect. V, p. 23) donne une idée exacte et bien fondée de la morale homérique : « C'est le point de vue caractéristique de la morale homérique, que les sphères du droit, de la moralité et de la piété, chez le poëte, ne se séparent nullement encore, en sorte que l'homme pouvait être par exemple δίκαιος sans être θεουδής, mais qu'elles sont réunies en une unité non encore développée...

(2) Νόμοι, lois, n'est pas un mot homérique ; νόμος, loi au singulier se rencontre deux fois dans le poëme d'Hésiode, les « Travaux et les Jours » (276, 388).

L'emploi des mots δίκη, δίκαι, θέμις, θέμιστες, dans Homère, est curieux, comme servant à expliquer les anciennes associations morales, et il demanderait beaucoup plus d'espace qu'il ne peut lui en être consacré dans une note : nous voyons que le sens de chacun de ces mots était essentiellement flottant. *Themis*, dans Homère, est parfois positivement une *personne* qui exerce l'importante fonction d'ouvrir et de clore l'agora et des dieux et des hommes (Iliade, XX, 4 ; Odyss. II, 68), et qui, en outre, agit et parle (Iliade, XIV, 87-93) ; toujours l'associée et la compagne de Zeus, le plus grand dieu. Dans Hésiode (Théog. 901), elle est l'épouse de Zeus : dans Eschyle (Prometh. 209) elle est la même que Γαῖα : même dans Platon (Legg. XI, p. 936), des témoins jurent (ne pas connaître les objets d'une enquête) par Zeus, Apollon et Themis. Themis considérée *comme une personne* est probablement le sens le plus ancien du mot : ensuite nous avons le pluriel θέμιστες (rattaché au verbe τίθημι, comme θεσμός et τεθμός) qui sont (non des personnes, mais) des accessoires particuliers ou des émanations spéciales du dieu suprême ou d'un roi agissant sous ses ordres, analogues au sceptre et réunies à lui. Le sceptre et les θέμιστες ou les δίκαι vont constamment ensemble (Iliade, II, 209 ; IX, 99) : Zeus ou le roi est un juge, non un législateur ; il rend des décrets ou des ordres spéciaux pour régler des disputes particulières, ou pour contenir des particuliers ; et conformément aux formes concrètes de l'ancien langage, les décrets sont considérés comme s'ils étaient une collection d'objets matériels tout prêts à servir, se trouvant réellement en sa possession, comme le sceptre, et préparés pour être rendus quand vient l'occasion convenable : δικάσπολοι, οἵτε θέμιστας πρὸς Διὸς εἰρύαται (Il. I, 238), comparé avec les deux passages cités en dernier lieu : Ἄφρονα τοῦτον ἀνέντας, ὅς οὔτινα οἶδε θέμιστα (Il. V, 761),

transition graduelle, qui, de l'idée primitive d'une déesse personnelle, Themis, attachée à Zeus, passe d'abord à ses sentences ou ordres, appelés themistes, et ensuite, par une déviation plus grande encore à diverses coutumes établies, que, suivant l'opinion commune, ces sentences sanctifiaient; l'autorité de la religion et celle de la coutume se confondant en une obligation indivisible.

Les relations de famille, comme nous pouvions nous y attendre, sont exposées dans nos tableaux du monde légendaire comme les grandes sources d'union durable et d'attachement dévoué. L'autorité paternelle est hautement respectée : le fils qui atteint l'âge mûr, paie en affection ses parents pour la nourriture et les soins qu'il a reçus d'eux pendant son enfance, ce que la langue désigne par un mot spécial; pendant que, d'autre part, l'Erinnys, dont la main vengeresse est mise en mouvement par la malédiction d'un père ou d'une mère, est un objet de profonde terreur (1).

Relativement au mariage, nous trouvons l'épouse occupant un poste entouré de haute dignité et de grande influence, bien que l'usage fût que le mari l'achetât de ses parents par des présents d'une grande valeur, usage dominant presque partout dans les anciennes communautés, et considéré par Aristote comme une preuve de mœurs barbares. Elle semble même vivre moins isolée et jouir d'une plus large sphère d'action qu'il ne lui fut donné dans la Grèce historique (2). Les chefs ont souvent des concubines, et à

— Ἄγριον, οὔτε δίκας εὖ εἰδότα οὔτε θέμιστας (Odyss. IX, 215). Le nombre pluriel δίκαι est employé dans Homère plus communément que le singulier : δίκη l'est rarement pour désigner Justice comme une conception abstraite : il indique plutôt une demande spéciale de justice de la part de quelque homme donné (Il. XVIII, 508). Parfois aussi il marque simplement une coutume établie ou la destinée connue — δμώων δίκη, γερόντων, θείων βασιλήων, θεῶν (V. le Lexicon de Damm ad voc.);

θέμις est employé de la même manière. V. sur ce sujet Platner, De Notione juris ap. Homerum, p. 81; et O. Müller, Prolegg. Mythol. p. 121.

(1) Οὐδὲ τοκεῦσι θρέπτρα φίλοις ἀπέδωκε (Il. IV, 477): θρέπτρα ou θρεπτήρια (cf. Il. IX, 454; Odyss. II, 134; Hésiod. Opp. Di. 186).

(2) Aristot. Polit. II, 5, 11. On cite comme étant très-précieux les ἔδνα, ou présents faits par le prétendant au père pour l'engager à lui accorder sa fille en mariage, ἀπερείσια ἔδνα (Il. XI,

l'occasion la jalousie de l'épouse éclate en transports violents et impétueux contre son époux, comme on peut le voir dans la tragique histoire de Phœnix. La continence de Laërtès, loin de déplaire à son épouse Antikleia, est signalée d'une manière spéciale (1). C'est aux femmes qu'est due une partie considérable de l'intérêt romanesque qu'inspire la légende grecque : Penelopê, Andromachê, Hélène, Klytæmnêstra, Eriphylê, Iokastê, Hekabê, etc., toutes sont au premier plan sur le tableau, soit pour leurs vertus, leur beauté, leurs crimes, soit pour leurs souffrances.

Non-seulement des frères, mais aussi des cousins et les parents consanguins plus éloignés et les membres du clan, apparaissent unis ensemble par un sentiment fort d'attachement; ils partagent entre eux tous l'obligation de défense et de vengeance mutuelles, dans le cas d'une injure faite à un individu quelconque de la race. Les frères légitimes divisent entre eux par la voie du sort l'héritage paternel; un frère

---

244; XVI, 178 ; XXII, 472) : donner une fille sans recevoir d'ἕδνα était un grand compliment à l'adresse du futur gendre (Il. IX, 141; cf. XIII, 366). Chez les anciens Germains de Tacite, l'époux offrait des présents, non pas au père de son épouse, mais à elle-même (Tacite, Germ. c. 18) : les coutumes des anciens Juifs étaient sous ce rapport complètement homériques; V. le cas de Sichem et de Dina (Genèse, XXXIV, 12) et autres, etc.; et Letters on the North American Indians de M. Catlin, vol. I, Lett. 26, p. 213.

Les ἕδνα grecs correspondent exactement au *mundium* des lois des Lombards et des Alamans, qui est expliqué ainsi par M. Price (Notes on the Laws of King Ethelbert, in the Ancient Laws and Institutes of England, translated and published par M. Thorpe, vol. I, p. 20) : « La loi lombarde est, de tous les codes barbares, le plus riche en dispositions touchant le mariage, et particulièrement au sujet du mund. D'après cette loi, il paraît que le mund était une somme payée à la famille de la fiancée, pour que le droit de tutelle qu'elle possédait sur elle fût transféré à la famille de l'époux. » — « Si quis pro muliere liberâ aut puellâ mundium dederit et ei tradita fuerit ad uxorem, » etc. (ed. Rotharis, c. 183). Le même sens que le terme présente dans ces statuts peut aussi être retrouvé dans la loi des Alamans : il était ordinaire aussi en Danemark et en Suède, où on appelait la fiancée une femme achetée au moyen du mund ou donnée en retour du mund. »

D'après la 77ᵉ loi du roi Ethelbert, p. 23, ce mund était souvent payé en bétail : les filles saxonnes étaient πάρθενοι ἀλφεσίβοιαι (Iliade, XVIII, 593).

(1) Odyss. I, 430; Iliade, IX, 450; V. aussi Terpstra, Antiquitas Homerica, c. 17 et 18.

La polygamie semble attribuée à Priam, mais à personne autre (Iliade, XXI, 88).

bâtard ne reçoit qu'une faible part ; toutefois il est ordinairement très-bien traité (1), bien que le meurtre de Phokos par Telamôn et Pêleus soit une exception manifeste. La grossesse furtive de jeunes femmes, enceintes souvent des œuvres d'un dieu, est un des incidents qui revient le plus fréquemment dans les récits légendaires ; et la sévérité avec laquelle le père punit un tel fait, quand on le découvre, est en général extrême. Comme extension du lien de famille, nous trouvons mentionnées des réunions plus considérables appelées la phratria et la tribu, qui sont citées avec respect, mais peu souvent (2).

L'empressement généreux avec lequel l'hospitalité est accordée à l'étranger qui la demande (3), la facilité qu'il rencontre à contracter le lien particulier de l'hospitalité avec son hôte, et la durée de ce lien, qui, une fois créé par le partage de la même nourriture et l'échange de présents, se conserve même pendant un long intervalle de séparation, et même se transmet de père en fils, ce sont là des traits qui se placent parmi les plus intéressants de la société héroïque. Le chef homérique accueille bien l'étranger qui vient demander un abri dans sa maison ; il lui donne d'abord de quoi se refaire et ensuite lui demande son nom et le but de son

---

(1) Odyss. XIV, 202-215 ; cf. Iliade, XI, 102. En Allemagne, l'ancienne loi de succession partageait l'héritage paternel entre les fils d'un père après sa mort, sous la condition implicite de nourrir et de doter leurs sœurs (Eichhorn, *Deutches Privatrecht*. sect. 330).

(2) Iliade, II, 362 :
Ἀφρήτωρ, ἀθέμιστος, ἀνέστιός ἐστιν
[ἐκεῖνος
Ὅς πολέμου ἔραται, etc. (Iliade, IX,
[63).
Ces trois épithètes renferment les trois différentes classes de sympathie et d'obligation personnelles : 1. La Phratria, dans laquelle un homme est uni à son père, à sa mère, à ses frères, à ses cousins,

membres du clan, etc.; 2. Les θέμιστες, par lesquelles il est lié à ses compagnons qui se rendent à la même agora ; 3. Sa Hestia ou Foyer, qui le rend accessible au ξεῖνος et à l'ἱκέτης :

Τῷ δ' Ὀδυσεὺς ξίφος ὀξὺ καὶ ἄλκιμον
[ἔγχος ἔδωκεν,
Ἀρχὴν ξεινοσύνης προσκηδέος · οὐδὲ
[τραπέζῃ
Γνώτην ἀλλήλοιν (Odyss. XXI, 34).

(3) Il faut mentionner cependant que, quand un chef recevait un étranger et lui faisait des présents, il se remboursait de la valeur des présents au moyen de contributions fournies par le peuple (Odyss. XIII, 14 ; XIX, 197) : ἀργαλέον γάρ ἕνα προικὸς χαρίσασθαι, dit

voyage (1). Bien que peu disposé à inviter des étrangers à venir dans sa maison, il ne peut les repousser quand ils y entrent spontanément pour solliciter un logement (2). Le suppliant est ordinairement aussi un étranger, mais un étranger dans des circonstances particulières, qui déclare sa propre condition malheureuse et abjecte, et cherche à se placer vis-à-vis du chef qu'il implore dans un rapport analogue à celui dans lequel sont les hommes vis-à-vis des dieux. Quelque onéreux que ce lien spécial puisse devenir pour lui, le chef ne peut le décliner, s'il est sollicité avec les formalités convenables : la cérémonie de supplication a un effet obligatoire, et les Erinnyes punissent le cœur dur qui la rejette. Un ennemi vaincu peut parfois se jeter aux pieds de son vainqueur et implorer sa grâce, mais il ne peut par là acquérir le caractère et les droits d'un suppliant proprement dit : le vainqueur est entièrement libre ou de le tuer ou de l'épargner et d'accepter une rançon (3).

Il y a dans les récits légendaires de nombreux exemples d'individus qui brisent, dans des actes particuliers, même le plus sacré de ces liens personnels ; mais le sauvage Cyclôpe est le seul être qui soit représenté comme ouvertement indifférent à ces obligations et ne s'inquiétant pas de cette sanction divine qui, dans l'opinion des Grecs, les accompagnait toutes (4). En effet, l'horreur tragique qui règne dans

---

(1) Odyss. I, 123 ; III, 70, etc.
(2) Odyss. XVII, 383.
Τίς γὰρ δὴ ξεῖνον καλεῖ ἄλλοθεν αὐτὸς
[ἐπελθὼν
Ἄλλον γ' εἰ μὴ τῶνδ', οἳ δημιοεργοὶ
[ἔασιν, etc.;
paroles dans lesquelles respire la malice pleine de franchise du poëme d'Hésiode « les Travaux et les Jours », V, 355.
(3) V. le cas explicatif de Lykaon implorant en vain sa grâce d'Achille (Iliade, XXI, 64-97 : Ἀντί τοι εἴμ' ἱκέταο, etc.).
Menelaos est sur le point d'épargner la vie du Troyen Adrastos, qui saisit ses genoux et demande grâce en offrant une rançon considérable, quand Agamemnôn repousse l'idée de lui faire quartier, et tue Adrastos de sa propre main ; son discours à Menelaos fait voir la plus violente inimitié, cependant le poëte dit :
Ὣς εἰπὼν, παρέπεισεν ἀδελφείου φρέ-
[νας ἥρως,
Αἴσιμα παρειπὼν, etc.
Adrastos n'est pas appelé ἱκέτης, et l'expression n'est pas non plus employée par rapport à Dolon (Il. X, 456), ni dans le cas également frappant d'Odysseus (Odyss. XIV, 279) quand il demande grâce.
(4) Odyss. IX, 112-275.

la lignée d'Athamas ou de Kadmos, et qui s'attache à un grand nombre des actions d'Hèraclès, de Pêleus et de Telamôn, de Jasòn et de Mêdeia, d'Atreus et de Thyestès, etc., est fondée sur un sentiment profond de ces obligations spéciales et sur une vive sympathie pour elles, lorsque des hommes remarquables sont contraints de les violer, sous l'aiguillon temporaire d'Atè, qui trouble leur raison. C'est dans ce conflit de sentiments entre l'obligation généralement respectée et la déviation exceptionnelle dont se rend coupable un individu admiré d'ailleurs, que consiste le pathétique du récit.

Ces sentiments de dévouement réciproque entre parents et compagnons d'armes, de généreuse hospitalité donnée à l'étranger, d'aide et de protection accordées au suppliant, forment les points lumineux dans cet âge de ténèbres. Nous les voyons dominer très-généralement au milieu de communautés essentiellement grossières et barbares, chez les anciens Germains tels que les décrit Tacite, chez les Druses du Liban (1), dans les tribus arabes du désert et même chez les Indiens de l'Amérique du Nord.

---

(1) Tacit. German. c. 21. « Quemcumque mortalium arcere tecto, nefas habetur : pro fortunâ quisque apparatis epulis excipit : cum defecêre, qui modo hospes fuerat, monstrator hospitii et comes, proximam domum non invitati adeunt : nec interest; pari humanitate accipiuntur. Notum ignotumque, quantum ad jus hospitii, nemo discernit. » Cf. César, B. G. VI, 22.

Voir, au sujet des Druses et des Arabes, Volney, Travels in Egypt and Syria, vol. II. p. 76, trad. angl. Niebuhr, Beschreibung von Arabien, Copenh. 1772, p. 46-49.

Pomponius Mela décrit les anciens Germains dans des termes qui pourraient s'appliquer aux Grecs homériques : « Jus in viribus habent, adeo ut ne latrocinii quidem pudeat; *tantum hospitibus boni, mitesque supplicibus* » (III, 3).

« L'hospitalité des Indiens est bien connue. Elle s'étend même aux étrangers qui cherchent un refuge chez eux. Ils la regardent comme un devoir très-sacré, dont personne n'est dispensé. Quiconque refuse assistance à quelqu'un commet une grave offense, et non-seulement se fait détester et abhorrer de tous, mais encore s'expose à une vengeance de la part de la personne offensée. Dans leur conduite à l'égard de leurs ennemis ils sont cruels et inexorables, et quand ils sont exaspérés, ils ne songent qu'à tuer et à verser le sang. Ils sont cependant remarquables pour l'art avec lequel ils dissimulent leurs passions et attendent une occasion favorable pour les satisfaire. Mais alors leur fureur ne connaît pas de bornes. S'ils ne peuvent assouvir leur soif de vengeance, ils inviteront même leurs amis et leurs descendants à le

Ce sont là les manifestations instinctives de sociabilité humaine ; elles existent d'abord seules, et pour cette raison faire. Le plus long espace de temps ne peut refroidir leur colère, l'asile le plus éloigné ne peut non plus procurer de sécurité à leur ennemi (Loskiel, History of the Mission of the United Brethren among the North American Indians, Part. I, c. 2, p. 15).

« Charlevoix fait observer (dit le docteur Ferguson, Essay on Civil Society, part. II, § 2, p. 145) que les nations chez lesquelles il voyageait dans l'Amérique du Nord ne mentionnaient jamais d'actes de générosité ou de bonté accomplis sous la notion du devoir. Elles agissaient par affection, comme elles agissaient par appétit, sans avoir égard aux conséquences. Quand elles avaient fait acte de bonté, elles avaient satisfait un désir ; l'affaire était finie, et elle passait de leur mémoire. L'esprit avec lequel elles donnent ou reçoivent des présents est le même que celui que Tacite remarque chez les anciens Germains : « Gaudent muneribus, sed nec data imputant, nec acceptis obligantur. » De tels présents ont peu d'importance, excepté quand ils servent à sceller un marché ou un traité.

Rêlativement aux Morlaques (Esclavons Illyriens), l'abbé Fortis dit (Travels in Dalmatia, p. 55-58) :

« L'hospitalité des Morlaques est aussi remarquable chez le pauvre que chez le riche. Le riche prépare un agneau ou un mouton rôti, et le pauvre, avec autant de cordialité, donne son dindon, son lait, son miel, tout ce qu'il a. Leur générosité ne s'exerce pas non plus seulement envers les étrangers, mais en général elle s'étend à tous ceux qui sont dans le besoin....
L'amitié est durable chez les Morlaques. Ils en ont même fait une sorte de point religieux, et forment le nœud sacré au pied de l'autel. Le rituel esclavon contient une bénédiction particulière pour l'union solennelle de deux hommes ou de deux femmes, se liant par l'amitié en présence de toute la congrégation. Les amis mâles. unis ainsi sont appelés Pobratrimi, et les femmes Posestreme, ce qui veut dire demi-frères et demi-sœurs. Les devoirs des Pobratimi sont de s'assister l'un autre dans les cas de besoin et de danger, de venger les injures faites l'un ou à l'autre, etc.; leur enthousiasme va souvent si loin qu'ils risquent et même perdent la vie... Mais si les amitiés des Morlaques sont fortes et sacrées, leurs querelles ordinairement ne peuvent s'éteindre. Elles passent de père en fils, et les mères ne manquent pas d'apprendre à leurs enfants que leur devoir consiste à venger leur père s'il a eu le malheur d'être tué, et de leur montrer souvent la chemise sanglante du mort... Un Morlaque est implacable s'il a reçu une injure ou une insulte. Pour lui, vengeance et justice ont exactement le même sens, et effectivement c'est l'idée primitive, et l'on m'a dit qu'en Albanie les effets de la vengeance sont encore plus atroces et plus durables. Là, un homme du caractère le plus doux est capable de la vengeance la plus barbare, la considérant comme son devoir absolu... Un Morlaque qui en a tué un autre appartenant à une famille puissante est ordinairement obligé d'assurer son salut par la fuite, et de se tenir à l'écart pendant plusieurs années. Si pendant ce temps il a été assez heureux pour échapper aux recherches de ceux qui le poursuivent, et s'il a gagné une petite somme d'argent, il s'efforce d'obtenir pardon et paix.

..... C'est la coutume dans quelques endroits que la partie offensée menace le criminel en lui mettant toutes sortes

elles paraissent posséder une plus grande force tutélaire qu'il ne leur en appartient réellement; elles sont bienfaisantes, il est vrai, à un haut degré, eu égard à leur propre époque particulière, mais elles ne sont qu'une compensation très-imparfaite à l'impuissance du magistrat et à l'absence d'une sympathie ou d'un sentiment d'obligation réciproque régnant partout d'homme à homme. Leur importance s'apprécie surtout si on compare la société homérique avec celle de barbares tels que les Thraces, qui tatouaient leur corps, signe à leurs yeux d'un noble lignage, vendaient leurs enfants pour être exportés comme esclaves, considéraient le pillage non-seulement comme une occupation admissible parmi d'autres, mais comme le seul genre de vie honorable, l'agriculture étant tenue pour méprisable, et surtout se plaisaient à verser le sang, ce qui était pour eux une volupté. Tels étaient les Thraces du temps d'Hérodote et de Thucydide; et la société homérique forme un terme moyen entre ce que ces deux historiens voyaient encore en Thrace et ce dont

---

d'armes sous la gorge, et qu'elle finisse par accepter sa rançon.

Relativement à l'influence de ces deux tendances distinctes, amitié personnelle dévouée et animosités implacables, parmi la population illyrico-esclavonne, V. Cyprien Robert, les Slaves de la Turquie, ch. 7, p. 42-46, et le docteur Joseph Müller, Albanien, Rumelien, und die Œsterreichisch-Montenegrenische Graenze, Prag. 1844, p. 24-25.

« C'est pour la vertu de l'hospitalité (fait observer Goguet, Origin of Laws, etc. vol. I, liv. VI, ch. 4) que les temps primitifs sont surtout renommés. Mais, selon moi, l'hospitalité était exercée alors moins par générosité et grandeur d'âme que par nécessité. L'intérêt commun donna probablement naissance à cette coutume. Dans l'antiquité reculée, il y avait peu ou point d'auberges publiques; on nourrissait les étrangers pour pouvoir recevoir d'eux le même service, si l'on venait à voyager dans leur pays. L'hospitalité était réciproque. En recevant des étrangers dans sa maison, on acquérait le droit d'être reçu à son tour dans la leur. Ce droit était regardé par les anciens comme sacré et inviolable, et il s'étendait non-seulement à ceux qui l'avaient acquis, mais à leurs enfants et à leur postérité. En outre, l'hospitalité dans ces temps ne pouvait pas être accompagnée de beaucoup de dépenses : on voyageait peu. En un mot, les Arabes modernes prouvent que l'hospitalité peut exister avec les plus grands vices, et que cette espèce de générosité n'est pas une preuve décisive de bonté de cœur, ou de droiture de mœurs. »

Le livre de la Genèse, parmi un grand nombre d'autres traits de ressemblance avec les coutumes homériques, présente celui d'une hospitalité empressée et large accordée à l'étranger.

ils étaient témoins parmi leurs propres compatriote civilisés (1).

Toutefois, lorsque chez les hommes homériques nous allons au delà de l'influence de ces liens privés mentionnés plus haut, à peine trouvons-nous l'action de quelque autre force propre à produire un effet moral. Les actes et les aventures célébrés impliquent une communauté où ni la protection ni les entraves de la loi ne se font sentir d'une manière pratique, et où la férocité, la rapine et les tendances agressives en général ne semblent retenues par le contrepoids d'aucun scrupule intérieur. L'homicide, en particulier, se présente fréquemment; il résulte parfois d'une violence ouverte, parfois de la fraude; l'expatriation pour homicide est un des actes qui reviennent le plus constamment dans les poëmes homériques; et des brutalités sauvages sont attribuées souvent, même à des héros admirés d'ailleurs, avec une indifférence apparente. Achille sacrifie douze prisonniers troyens sur la tombe de Patroklos, tandis que son fils Neoptolemos non-seulement égorge le vieux Priam, mais encore saisit par la jambe le jeune Astyanax (fils d'Hectôr, la victime de son père) et le précipite du haut de l'une des tours élevées de Troie (2). En outre, la célébrité d'Autolykos, le grand-

---

(1) Au sujet des Thraces, cf. Hérodote, V, 11; Thucyd. VII, 29-30. L'expression de ce dernier historien est remarquable : τὸ δὲ γένος τῶν Θρᾳκῶν, ὅμοια τοῖς μάλιστα τοῦ βαρβαρικοῦ, ἐν ᾧ ἂν θαρσήσῃ φονικώτατόν ἐστι.
Cf. Hérodote, VIII, 116; la cruauté du roi Thrace des Bisaltes à l'égard de ses propres fils.
Le récit qu'Odysseus fait à Eumæos dans l'Odyssée (XIV, 210-226) fournit une précieuse comparaison pour expliquer cette disposition à la rapine, habituelle aux Thraces. Odysseus y traite comme un goût qui lui est particulier l'amour d'une existence consacrée à la guerre et au pillage; il ne lui est pas arrivé d'aimer le travail régulier, mais ce travail n'est nullement regardé comme vil et indigne d'un homme libre :

Ἔργον δέ μοι οὐ φίλον ἔσκεν
Οὐδ' οἰκωφελίη, ἥ τε τρέφει ἀγλαὰ
[τέκνα, etc.

(2) Ilias Minor, Fragm. 7, p. 18, éd. Düntzer; Iliade, XXIII, 175. Odysseus est mentionné une fois comme obtenant du poison pour ses flèches (Odyss. I, 260); mais dans chacun des deux poëmes on emploie toujours des flèches non empoisonnées.
Les anecdotes racontées par le Scythe Toxaris dans l'ouvrage de Lucien qui porte ce nom (vol. II, c. 36, p. 544, seq. éd. Hemst,) présentent un tableau animé de cette combinaison d'une amitié forte et dévouée entre individus avec la

père maternel d'Odysseus, dans la carrière du brigandage et du parjure en grand, et la richesse qu'elle lui servit à acquérir, sont dépeintes avec la même admiration naïve que la sagesse de Nestôr ou la force d'Ajax (1). Achille, Menelaos, Odysseus pillent en personne toutes les fois qu'ils peuvent en trouver l'occasion, et ils emploient également la force et la ruse pour surmonter la résistance (2). Le métier de pirate est reconnu comme honorable, de sorte que quand un hôte demande à celui qu'il reçoit quel est le but de son voyage, il énumère les richesses que peut procurer la piraterie exercée sur mer indistinctement comme un des projets qui peuvent naturellement entrer dans sa pensée (3). L'enlèvement du bétail et les expéditions entreprises sans provocation pour faire des ravages ou user de représailles, entre

---

cruauté de mœurs la plus révoltante. « Vous autres Grecs, vous vivez en paix et en repos, » fait observer le Scythe — παρ' ἡμῖν δὲ συνεχεῖς οἱ πόλεμοι, καὶ ἢ ἐπελαύνομεν ἄλλοις, ἢ ὑποχωροῦμεν ἐπιόντας, ἢ συμπεσόντες ὑπὲρ νομῆς ἢ λείας μαχόμεθα · ἔνθα μάλιστα δεῖ φίλων ἀγαθῶν, etc.

(1) Odyss. XXI, 397; Phérécyde, Frag. 63, éd. Didot; Autolykos, πλεῖστα κλέπτων ἐθησαύριζεν. L'hymne homérique à Hermès (le grand protecteur divin d'Autolykos) est un autre spécimen de l'admiration qui pouvait finir par s'attacher à un habile voleur.

L'ἡμερόκοιτος ἀνήρ, qui va probablement voler la ferme, est un grand ennemi contre lequel Hésiode indique une précaution à prendre, un chien aux dents aiguës bien nourri pour servir de garde (Opp. Di. 604).

(2) Iliade, XI, 624; XX, 189. Odyss. IV, 81-90; IX, 40; XIV, 230; et la révélation indirecte (Odyss. XIX, 284), jointe à un compliment fait à l'habileté d'Odysseus.

(3) Même dans le siècle qui précède Thucydide, la piraterie exercée sur mer, commise indistinctement par des vaisseaux grecs contre des vaisseaux non grecs, ne semble pas avoir été tenue pour déshonorante. Le Phokæen Dionysios, après le mauvais succès de la révolte ionienne, va avec ses trois vaisseaux de guerre en Sicile, et de là pille les Tyrrhéniens et les Carthaginois (Hérod. IV, 17). — ληϊστὴς κατεστήκεε, Ἑλλήνων μὲν οὐδενός, Καρχηδονίων δὲ καὶ Τυρσηνῶν. Cf. la conduite des colons phokæens à Alalia en Corse, après la conquête de l'Iônia par Harpagos (Hérod. I, 166).

Dans le traité conclu entre les Romains et les Carthaginois, quelque temps après 509 avant J.-C., il est stipulé: Τοῦ Καλοῦ Ἀκρωτηρίου, Μαστίας, Ταρσηΐου, μὴ ληΐζεσθαι ἐπέκεινα Ῥωμαίους, μηδ' ἐμπορεύεσθαι, μηδὲ πόλιν κτίζειν (Polyb. III, 24, 4). Pillage, commerce et colonisation sont supposés ici être les trois objets que poursuivent habituellement les vaisseaux romains à l'égard des étrangers, à moins qu'ils ne soient obligés de s'en abstenir par un engagement spécial. Cette moralité se rapproche plus de celle de l'époque homérique que de l'état de sentiment qui, selon Thucydide, régnait de son temps parmi les Grecs.

tribus voisines, paraissent des événements ordinaires (1), et l'inviolabilité reconnue des hérauts semble la seule preuve d'un sentiment d'obligation établi d'une communauté à l'autre. Tandis que la maison et les biens d'Odysseus, pendant sa longue absence, ne jouissent d'aucune protection publique (2), ces chefs sans principes, qui dévorent son avoir, trouvent plutôt de la sympathie que de la désapprobation parmi le peuple d'Ithakê. En règle générale, celui qui ne peut se protéger lui-même ne trouve pas de protection auprès de la société ; ses propres parents et ses compagnons immédiats sont les seuls dont il peut attendre appui avec confiance. Et sous ce rapport, la description donnée par Hésiode rend le tableau encore pire. C'est quand il dénonce énergiquement le cinquième âge, que le poëte déplore non-seulement l'absence de toute justice sociale et de tout sentiment d'obligation chez ses contemporains, mais encore le relâchement des liens de famille et d'hospitalité (3). Il y a des marques d'exagération plaintive dans le poëme « les Travaux et les Jours »; cependant l'auteur déclare qu'il décrit l'état de choses qui l'entoure tel qu'il est, et les traits de son tableau, même aussi adoucis que possible, paraîtront encore sombres et affreux. Toutefois il est à remarquer qu'il contemple un état de paix, formant ainsi contraste avec les poëmes homériques. Son abondant catalogue de maux sociaux mentionne à peine le danger d'être ravagé par un ennemi étranger, et il ne compte pas non plus les chances d'une agression faite en vue de pillage comme une source de profit.

---

(1) V. l'intéressante vanterie de Nestôr, Iliade, XI, 670-700 ; et Odyss. XXI, 18 ; Odyss. III, 71 ; Thucyd. I, 5.

(2) Odyss. IV, 165, entre beaucoup d'autres passages. Telemachos déplore le malheur de sa race, en ce que lui-même, Odysseus et Laërtês ont été fils uniques : il n'y avait pas de frères pour servir d'auxiliaires mutuels (Odyss. XVI, 118).

(3) Opp. Di. 182-199.
Οὐδὲ πατὴρ παίδεσσιν ὁμοίος, οὐδέ
[τι παῖδες,
Οὐδὲ ξεῖνος ξεινοδόκῳ, καὶ ἑταῖρος
[ἑταίρῳ,
Οὐδὲ κασίγνητος φίλος ἔσσεται, ὡς
[τὸ πάρος περ,
Αἶψα δὲ γηράσκοντας ἀτιμήσουσι
[τοκῆας, etc.

Il y a deux veines spéciales d'un estimable sentiment au sujet desquelles il peut être intéressant de comparer la Grèce héroïque et la Grèce historique, et qui montrent la dernière en progrès sur la première autant pour les affections que pour l'intelligence.

La loi d'Athènes était particulièrement vigilante et prévoyante à l'égard et de la personne et des biens des orphelins mineurs ; mais le tableau présenté dans l'Iliade de l'abandon complet et sans espoir de l'enfant orphelin, dépouillé de l'héritage paternel et délaissé par tous les amis de son père, qu'il supplie avec instance et qui tous le repoussent durement, est un des morceaux les plus pathétiques de tout le poëme (1). De plus, relativement à la manière de traiter le cadavre d'un ennemi, nous trouvons tous les chefs grecs (pour ne pas parler de la conduite d'Achille lui-même) qui viennent percer de leurs lances le cadavre d'Hector, tandis que quelques-uns d'entre eux vont même jusqu'à adresser à ce cadavre des insultes révoltantes. Nous pouvons ajouter, d'après les épopées perdues, la mutilation des cadavres de Pâris et de Deiphobos opérée par Menelaos lui-même (2). Mais, à l'époque de l'invasion des Perses, il était regardé comme indigne d'un Grec doué d'un esprit droit de maltraiter de quelque façon que ce fût le corps d'un ennemi, même quand un tel acte pouvait sembler justifié par l'excuse des représailles. Après la bataille de Platée, on proposa au roi spartiate Pausanias de venger sur le cadavre de Mardonius les insultes dont Xerxès avait accablé celui de Léonidas aux Thermopyles. Il repousse le conseil avec indignation, non

---

(1) Iliade, XXII, 487-500. Hésiode toutefois insiste sur l'injure faite à dix enfants orphelins comme sur un crime odieux (Opp. Di. 330).

(2) Iliade, XXII, 371. Οὐδ' ἄρα οἵ τις ἀνουτητί γε παρέστη. Argument de l'Ilias Minor, ap. Düntzer, Epp. Fragm. p. 17 ; Virgil. Énéide, VI, 520. Agamemnón et Ajax fils d'Oïlée coupent tous deux les têtes de guerriers tués et les envoient rouler comme une boule ou comme un mortier dans la foule des combattants (Iliade, XI, 147 ; XIII, 102).

La maxime morale prêchée par Odysseus dans l'Odyssée, de ne pas pousser de cris de triomphe sur un ennemi mort, (Οὐκ ὁσίη, κταμένοισιν ἐπ' ἀνδράσιν εὐχετάασθαι, XXII, 412), es bien souvent violée dans l'Iliade.

sans adresser à celui qui le lui donne une sévère réprimande, ou plutôt une menace à demi contenue ; et le sentiment d'Hérodote lui-même est sincèrement d'accord avec lui (1).

La manière différente de traiter l'homicide présente une troisième preuve, peut-être plus frappante encore, du changement opéré dans les sentiments et dans les mœurs des Grecs pendant les trois siècles qui précèdent l'invasion des Perses. Ce que le meurtrier, dans les temps homériques, avait à craindre, c'était, non pas une poursuite et une punition publiques, mais la vengeance personnelle des parents et des amis du mort, qui étaient poussés à venger le crime par les raisons les plus fortes de l'honneur et du devoir, et qui étaient considérés par le public comme ayant un privilége spécial pour le faire (2). Pour échapper à ce danger, il est obligé de fuir le pays, à moins qu'il ne puisse déterminer les parents irrités à accepter un payement considérable (nous ne devons pas parler d'argent monnayé à l'époque d'Homère) comme satisfaction pour le meurtre. Ils peuvent, s'il leur plaît, décliner l'offre, et persister dans leur droit de vengeance ; mais s'ils acceptent, ils sont obligés de ne plus inquiéter l'offenseur, qui, en conséquence, reste chez lui sans avoir à craindre d'autres suites. Les chefs de l'agora ne semblent intervenir que pour assurer le payement de la somme stipulée.

Ici nous reconnaissons une fois de plus l'attribut caractéristique de l'âge héroïque grec, la toute-puissance de la force particulière tempérée et guidée par les sympathies de

---

(1) Hérodote, IX, 78-79. Comparez cette forte expression de Pausanias avec la conduite des Carthaginois vers la fin de la guerre du Péloponèse, quand ils eurent pris Selinous (Sélinonte) en Sicile, où, après avoir mis à mort 16,000 personnes, ils mutilèrent les cadavres, κατὰ τὸ πάτριον ἔθος (Diod. XIII, 57-86).

(2) La loi mosaïque reconnaît cette habitude et ce devoir de la part des parents de l'homme tué, et prépare des villes de refuge dans le but d'abriter l'offenseur dans certains cas (Deuteron. XXXV, 13-14 ; Bauer, Handbuch der Hebraeischen Alterthümer, sect. 51-52).

Le parent qui héritait des biens d'un homme tué était spécialement obligé de venger sa mort (H. Leo, Vorlesungen über die Geschichte des Jüdischen Staats. Vorles. III, p. 35).

famille, et la nullité pratique de ce souverain collectif appelé plus tard *la cité*, qui dans la Grèce historique devient la source centrale et suprême de l'obligation, mais qui ne paraît encore qu'à l'arrière-plan, comme un germe de promesse pour l'avenir. Et la manière dont ce germe, dans le cas de l'homicide, se développa jusqu'à devenir une réalité puissante, offre un champ intéressant de comparaison avec d'autres nations.

En effet, on a remarqué chez beaucoup de communautés grossières l'usage, indiqué ici, de permettre à la partie coupable d'homicide d'entrer, au moyen d'un payement considérable, en arrangement avec les parents du mort, et aussi de laisser à ces derniers le libre choix soit d'accepter un tel compromis, soit de poursuivre leur droit de vengeance personnelle ; et cet usage est particulièrement mémorable chez les anciennes tribus germaniques (1). Les

---

(1) « Suscipere tam inimicitias, seu patris, seu propinqui, quam amicitias, necesse est. Nec implacabiles durant : luitur enim etiam homicidium certo pecorum armentorumque numero, recipitque satisfactionem universa domus » (Tacite, Germ. 21). Niebuhr, Beschreibung von Arabien, p. 32.

« Une fête indienne (dit Loskiel, Mission of the United Brethren in North America) se termine rarement sans effusion de sang. Le meurtre d'un homme doit se payer au moyen de 100 yards de wampum, et celui d'une femme au moyen de 200 yards. Si le meurtrier est trop pauvre, ce qui est ordinairement le cas, et si ses amis ne peuvent ou ne veulent pas l'assister, il doit se soustraire au ressentiment des parents. »

Rogge (Gerichtswesen der Germanen, c. 1, 2, 3), Grimm, Deutsche Rechtsalterthümer, liv. V, c. 1-2), et Eichhorn (Deutsches Privatrecht, sect. 48) ont exprimé cette idée et ses conséquences chez les anciens Germains. L'usage des inimitiés pour le sang versé, dont il est ici question, règne encore dans l'Inde anglaise ; non-seulement chez les tribus occidentales plus grossières, coolies et autres, mais encore parmi les Rajpoots plus civilisés et plus policés.

Aristote, pour expliquer l'extrême naïveté des anciens usages grecs (εὐήθη πάμπαν), fait allusion à une coutume qu'il dit avoir duré encore à Kymê, la ville éolienne, dans les cas de meurtre. Si l'accusateur produisait à l'appui de son accusation un certain nombre de témoins de sa propre parenté, la personne était tenue péremptoirement coupable — οἷον ἐν Κύμῃ περὶ τὰ φονικὰ νόμος ἔστιν, ἂν πλῆθός τε παράσχηται μαρτύρων ὁ διώκων τὸν φόνον τῶν αὑτοῦ συγγενῶν, ἔνοχον εἶναι τῷ φόνῳ τὸν φεύγοντα (Polit. II, 5, 12). Ceci offre un curieux pendant à l'ancienne institution allemande des Eideshelfern ou *conjuratores* qui, bien que souvent appelés et produits à l'appui de la partie accusée, étaient cependant présentés aussi par la partie plaignante. V. Rogge, sect. 36, p. 186 ; Grimm, p. 862.

nombreux établissements teutoniques séparés qui s'élevèrent sur les ruines de l'empire romain à l'occident, adoptèrent comme base de leur législation le droit aussi bien que le devoir de vengeance particulière, pour une injure ou une insulte personnelle faite à un membre d'une famille, et le soin d'en détourner les effets au moyen d'une composition pécuniaire imposée à l'offenseur, surtout comme satisfaction accordée à la personne lésée, mais en partie aussi comme profit éventuel revenant au roi (1). Cette idée fondamentale se développa avec des détails minutieux quant à l'évaluation de l'injure faite, dans laquelle une circonstance capitale était le rang, la condition et le pouvoir de l'individu offensé. Le législateur avait pour objet de préserver la société de querelles constantes, mais en même temps d'accorder une satisfaction assez complète pour que la personne injuriée consentît à renoncer à son droit reconnu de vengeance personnelle, vengeance qu'on peut voir dans tout son luxe dans plus d'un passage de l'Iliade, telle qu'elle se présentait à l'esprit d'un

---

(1) Le mot ποινή indique cette *satisfaction au moyen d'un payement considérable* pour un tort fait à quelqu'un, particulièrement pour un homicide : les anciennes phrases *dare pœnas, pendere pœnas* peuvent faire croire que le mot latin *pœna* signifiait la même chose dans l'origine. Le passage de l'Iliade qui jette le plus de jour sur ce point est celui où Ajax, dans l'ambassade entreprise pour apaiser Achille, blâme par comparaison l'inexorable opiniâtreté de ce dernier, qui dédaigne les présents offerts par Agamemnôn (Il. IX, 627) :

Νηλής · καὶ μέν τίς τε κασιγνήτοιο
|φόνοιο
Ποινὴν, ἢ οὗ παιδὸς ἐδέξατο τεθ-
|νειῶτος ·
Καί ῥ' ὁ μὲν ἐν δήμῳ μένει αὐτοῦ,
|πολλ' ἀποτίσας ·
Τοῦ δέ τ' ἐρητύεται κραδίη καὶ θυμὸς
|ἀγήνωρ,
Ποινὴν δεξαμένου.......
La ποινή est dans son sens primitif un payement véritable en denrées précieuses servant de compensation (Iliade, III, 290; V, 266; XIII, 659); mais ce mot, par une métaphore naturelle, finit par signifier la mort d'un ou de plusieurs Troyens, comme satisfaction de celle d'un guerrier grec qui venait de succomber (ou *vice versâ*, Iliade, XIV, 483 ; XVI, 398); quelquefois même l'idée de compensation en général (XVII, 207). Dans le tableau que présente le bouclier d'Achille, on voit clairement la véritable manière d'agir au sujet de la ποινή; la question qui y est jugée est de savoir si le payement stipulé comme satisfaction d'un meurtre a été réellement fait ou non : δύο δ' ἄνδρες ἐνείκεον εἵνεκα ποινῆς Ἀνδρὸς ἀποφθιμένου, etc. (XVIII, 498).

Le danger d'un homicide est proportionné au nombre et au pouvoir des parents de la victime qui lui survivent; mais même un petit nombre suffit pour rendre la fuite nécessaire (Odyss. XXIII,

Grec homérique. Les codes germaniques commencent par essayer d'introduire l'acceptation d'une composition pécuniaire fixe comme coutume volontaire constante, et finissent par l'imposer comme une nécessité péremptoire ; l'idée de société est d'abord complétement subordonnée, et ce n'est qu'à pas lents que son influence passe d'un arbitrage amiable à un contrôle impératif.

La société homérique, quant à ce point capital dans le progrès humain, est au niveau des tribus germaniques telles que les décrit Tacite. Mais la marche postérieure de la législation grecque prend une direction complétement différente de celle des codes germaniques. Le droit primitif et reconnu de vengeance privée (excepté quand elle était rachetée par un payement pécuniaire), au lieu d'en venir à une application pratique, est remplacé par des idées plus compréhensives d'un dommage public appelant une intervention publique, ou par des craintes religieuses au sujet de la colère posthume de la personne assassinée. Dans Athènes historique, le droit de vengeance privée fut réprouvé et écarté, déjà même dès la législation drakonienne, et il finit par être restreint à un petit nombre de cas extrêmes et spéciaux (1); tandis que le

---

120); d'autre part, une parenté considérable était la grande source d'encouragement pour un criminel insolent (Odyss. XVIII, 141).

Plutarque, Quæst. Græc. c. 46, p. 302, signale une ancienne loi de Tralles en Lydia, qui prescrit une ποινή nominale d'un medimnus de fèves à donner aux parents d'une personne assassinée appartenant à une classe méprisable de citoyens. Même dans le siècle antérieur à Hérodote, les Delphiens aussi donnèrent une ποινή comme satisfaction du meurtre du fabuliste Esope ; cette ποινή fut réclamée et reçue par le petit-fils du maître d'Esope (Hérodote, II, 134. Plut. Ser. Num. Vind. p. 556).

(1) V. Lysias, De Cæde Eratosthen. Orat. I, p. 94; Plut. Solôn, c. 23; Démosth. contr. Aristocr. p. 632-637.

Platon (De Legg. IX, p. 871-874), dans les nombreuses peines qu'il propose contre l'homicide, tant intentionnel qu'accidentel, se rencontre généralement avec l'ancienne loi attique (V. Matthiæ, Miscellanea Philologica, v. I, p. 151); et comme il expose avec assez de netteté les motifs de ses propositions, nous voyons combien l'idée d'un droit à une vengeance privée ou de famille est complétement absente de son esprit. Dans un seul cas particulier, il accorde à des parents le privilége de venger leur parent assassiné (p. 871); mais en général, il cherche plutôt à leur imposer rigoureusement le devoir de conduire l'homme soupçonné de meurtre devant la cour pour être jugé. Dans la loi attique, il n'y a que les pa-

meurtrier en vint à être considéré d'abord comme ayant péché envers les dieux, puis comme ayant profondément outragé la société, et ainsi comme ayant besoin d'une absolution et méritant à la fois un châtiment. Pour le premier de ces deux motifs, il est exclu de l'agora et de tous les lieux sacrés, aussi bien que des fonctions publiques, même pendant qu'il n'est pas encore jugé et qu'il n'est que soupçonné ; car, s'il n'en était pas ainsi, la colère des dieux se manifesterait par de mauvaises récoltes et d'autres calamités nationales. Pour le second motif, il est jugé par le conseil de l'Aréopage, et s'il est trouvé coupable, il est condamné à mort, ou peut-être à la perte de ses droits de citoyen et au bannissement (1). L'idée d'un payement propitiatoire fait aux parents du mort a cessé complètement d'être admise : c'est la protection de la société qui dicte, et c'est la force de la société qui inflige un degré de peine calculé en vue de détourner du crime dans l'avenir.

3. La société de la Grèce légendaire comprend, outre les chefs, la masse générale des hommes libres (λαοί), parmi lesquels on remarque, sous des noms spéciaux, certains hommes

---

rents du mort qui aient le droit de poursuivre pour meurtre, ou le maître, si le mort est un οἰκέτης (Démosth. cont. Everg. et Mnesibul. c. 18) ; ils pouvaient en pardonnant abréger le temps du bannissement pour l'auteur d'un meurtre involontaire (Démosth. cont. Macart. p. 1069). Ils semblent avoir été regardés, généralement parlant, comme obligés par la religion, mais non légalement contraignables, à se charger de ce devoir ; cf. Platon, Eutyphron, c. 4 et 5.

(1) Lysias, contr. Agorat. Or. XIII, p. 137. Antiphon. Tetralog. I, 1, p. 629. Ἀσύμφορον δ' ὑμῖν ἐστι τόνδε, μιαρὸν καὶ ἄναγνον ὄντα, εἰς τὰ τεμένη τῶν θεῶν εἰσιόντα μιαίνειν τὴν ἁγνείαν αὐτῶν, ἐπὶ δὲ τὰς αὐτὰς τραπέζας ἰόντα συγκαταπιμπλάναι τοὺς ἀναιτίους · ἐκ γὰρ τούτων αἵ τε ἀφορίαι γίνονται, δυστυχεῖς θ' αἱ πράξεις καθίστανται.

Les trois Tétralogies d'Antiphon sont toutes très-instructives relativement à la procédure légale dans le cas d'un homicide allégué ; comme aussi le discours De Cæde Herodis (V. c. 1 et 2) : τοῦ νόμου κειμένου, τὸν ἀποκτείναντα ἀνταποθανεῖν, etc.

Le cas du Spartiate Drakontios (un des dix mille Grecs au service de Cyrus le jeune, et exilé pour toujours de son pays par suite d'un meurtre involontaire commis pendant son enfance) présente un pendant assez exact à la fatale querelle que Patroklos, étant enfant, eut aux dés avec le fils d'Amphidamas, à la suite de laquelle il fut forcé de chercher un asile sous le toit de Pêleus (cf. Iliade, XXIII, 85, avec Xénoph. Anab. IV, 8, 25).

exerçant des professions, tels que le charpentier, le forgeron, le mégissier, le médecin, le prophète, le barde et le pêcheur (1). Nous n'avons aucun moyen d'apprécier leur condition. Bien que des lots de terre arable fussent assignés à des individus comme propriétés particulières, ayant des limites tout à la fois marquées avec soin et surveillées avec jalousie (2), cependant la partie la plus grande du sol était réservée au pâturage. Le bétail formait l'article principal de la subsistance d'un homme riche, le principal moyen de faire des payements, et était en même temps le motif ordinaire des querelles, le pain et la viande, en grande quantité, étant la nourriture constante de chacun (3). Les domaines des propriétaires étaient labourés, et leurs troupeaux gardés le plus souvent par des esclaves rachetés, mais, dans une certaine mesure, aussi par des hommes libres pauvres, appelés Thètes, travaillant pour un salaire et pendant des temps déterminés. Les principaux esclaves, auxquels on confiait le soin de troupeaux considérables de bœufs, de porcs ou de chèvres, étaient nécessairement des hommes dignes de confiance, puisque leurs devoirs les éloignaient de la vue immédiate de leurs maîtres (4). Ils avaient d'autres esclaves sous leurs

---

(1) Odyss. XVII, 384; XIX, 135. Iliade, IV, 187; VII, 221. Je ne connais rien qui explique mieux l'idée des δημιοεργοί homériques, le héraut, le prophète, le charpentier, le médecin, le barde, etc., que la description suivante de la disposition d'un village des Indes orientales (Mill, History of British India, liv. II, c. 5, p. 266) : « Un village considéré politiquement ressemble à une corporation ou municipe. Son cadre régulier d'*officiers et d'employés* consiste dans les classes suivantes : le potail, ou principal habitant, qui règle les disputes et perçoit le revenu, etc.; le curnum, qui tient les comptes de culture, etc.; l'homme qui impose la taille; celui qui fixe les limites; le surveillant des réservoirs et des cours d'eau; le brahmane, qui accomplit les cérémonies du culte dans le village; le maître d'école; le brahmane chargé du calendrier ou astrologue, qui proclame les époques propices ou défavorables pour semer ou pour élaguer; le forgeron et le charpentier; le potier; le blanchisseur; le barbier; le vacher; le docteur; la danseuse, qui exerce son métier dans les réjouissances; le musicien et le poëte. Chacun de ces officiers et employés (δημιοεργοί) est rémunéré au moyen d'un profit déterminé, composé de produits du sol et extrait de la récolte générale du village (p. 264).

(2) Iliade, XII, 421; XXI, 405.

(3) Iliade, I, 155; IX, 154; XIV, 122.

(4) Odysseus et d'autres chefs d'Ithakê avaient des bœufs, des moutons,

ordres, et ils semblent avoir été bien traités : le profond et inébranlable attachement d'Eumæos le porcher et de Philœtios le bouvier, à la famille et aux intérêts d'Odysseus absent, est un des traits les plus intéressants de l'ancienne épopée. L'esclavage était un malheur auquel, dans ces temps où il régnait si peu de sécurité, chacun pouvait être exposé. Le chef qui dirigeait une expédition dont le but était le pillage, s'il réussissait, ramenait avec lui une nombreuse troupe d'esclaves, autant qu'il en pouvait prendre (1); s'il échouait, il devenait très-probablement esclave lui-même : de sorte que souvent, par sa naissance, l'esclave était l'égal de son maître en dignité; Eumæos était lui-même fils d'un chef; dans son enfance il avait été emporté par sa nourrice et vendu à Laërtès par des Phéniciens voleurs d'enfants. Un esclave de ce caractère, s'il se conduisait bien, pouvait souvent espérer être affranchi par son maître et placé dans une ferme indépendante (2).

En général, l'esclavage de la Grèce légendaire ne se présente pas comme existant sous une forme particulièrement dure, surtout si nous considérons que toutes les classes de la société étaient presque au même niveau sous le rapport du goût, du sentiment et de l'instruction (3). Dans l'absence de sécurité légale ou d'une sanction sociale efficace, il est probable que la condition d'un esclave sous un maître pas-

---

des mulets, etc., sur le continent et dans le Péloponèse, sous la garde de bergers (Odyss. IV, 636; XIV, 100).

Leukanor, roi du Bosphore, demande au Scythe Arsakomas : Πόσα δὲ βοσχήματα, ἢ πόσας ἁμάξας ἔχεις, ταῦτα γὰρ ὑμεῖς πλουτεῖτε (Lucien, Toxaris, c. 45). Dans l'énumération des biens d'Odysseus, les βοσκήματα auraient été placés en première ligne.

(1) Δμωαὶ δ' ἃς Ἀχιλεὺς ληΐσσατο (Iliade, XVIII, 28. Cf. aussi Odyss. I, 397; XXIII, 357; particulièrement XVII, 441.

(2) Odyss. XIV, 64; XV, 412; V. aussi XIX, 78; Euryklęia était aussi de haute naissance (I, 429). Les questions faites par Odysseus à Eumæos, questions auxquelles répond le discours indiqué ci-dessus, montrent les causes prochaines de l'esclavage :

« La ville de ton père a-t-elle été saccagée? ou as-tu été saisi par des pirates quand tu étais seul avec tes moutons et tes bœufs? » (Odyss. XV, 385).

Eumæos avait acheté un esclave pour lui-même (Odyss. XIV, 448).

(3) Tacite, Mor. Germ. 21. « Dominum ac servum nullis educationis deliciis dignoscas : inter eadem pecora, in eâdem humo degunt, » etc. (Juvénal, Sat. XIV, 167).

sable peut avoir été aussi bonne que celle du thète libre. La classe d'esclaves dont le sort paraît avoir été le plus misérable était celle des femmes, plus nombreuses que les esclaves mâles, et accomplissant le travail principal dans l'intérieur de la maison. Non-seulement il semble qu'elles ont été traitées plus durement que les hommes, mais elles étaient chargées du labeur le plus pénible et le plus fatigant que réclamât l'établissement d'un chef grec : elles apportaient de l'eau puisée à la source et tournaient à la main les moulins de ménage où se moulait la grande quantité de farine consommée dans sa famille (1). Cette tâche accablante était accomplie généralement par des femmes esclaves, dans la Grèce historique aussi bien que dans la Grèce légendaire (2). Tisser et filer sont les occupations constantes des femmes, libres ou esclaves, de tout rang et de toute condition : tous les vêtements portés par les hommes comme par les femmes sont fabriqués à la maison, et Hélène aussi bien que Penelopê sont habiles et assidues à ce travail (3). Les filles de Keleos, à Eleusis, vont au puits avec leurs seaux pour rap-

---

(1) Odyss. VII, 104; XX, 116; Iliade, VI, 457; cf. le livre de la Genèse, ch. XI. 5. L'expression de Telemachos, quand il se mit en devoir de pendre les femmes esclaves qui ont tenu une mauvaise conduite, respire un amer mépris.

Μὴ μὲν δὴ καθαρῷ θανάτῳ ἀπὸ
  |θυμὸν ἑλοίμην
Τάων, etc. (Odyss. XXII, 464).

L'humble établissement du fermier d'Hésiode ne possède pas un moulin ; il n'a rien de mieux qu'un pilon et un mortier de bois pour moudre ou écraser le blé ; c'est lui-même qui les a fabriqués, et qui a coupé le bois des arbres (Opp. Di, 423), bien qu'il semble qu'il faille appeler un charpentier de profession (« le serviteur d'Athênê ») pour monter la charrue (V, 430). Le poème de Virgile, *Moretum* (V, 24) attribue un moulin de ménage même à la plus humble exploitation rurale.

L'article instructif « Corn Mills » dans Beckmann, History of Inventions (vol. I, p. 227, traduct. angl.) réunit tous les renseignements utiles sur ce sujet.

(2) V. Lysias, Or. I, p. 93 (De Caede Eratosthenis). Plutarque (non posse suaviter vivi secundum Epicurum, c. 21, p. 1101) — Παχυσκελὴς ἀλετρὶς πρὸς μύλην κινουμένη — et Callimaque (Hymn. ad Delum, 242) — μηδ' ὅθι δειλαὶ Δυστοκέες μογέουσιν ἀλετρίδες, — signalent l'excès de travail imposé à ces femmes.

Les « esclaves qui moulent » (ἀλετρίδες) sont nommées expressément dans une des lois d'Ethelbert, roi de Kent, et composent la seconde classe sous le rapport de la valeur parmi les femmes esclaves (loi XI, Thorpe, Ancient Laws and Institutes of England, vol. I, p. 7).

(3) Odyss. IV, 131; XIX, 235.

porter de l'eau, et Nausikaa, fille d'Alkinoos (1), partage avec ses femmes esclaves le soin de laver ses vêtements dans la rivière. Si nous sommes obligé de signaler la férocité et le peu de sécurité qui régnaient dans une société primitive, nous pouvons en même temps faire remarquer avec plaisir la simplicité caractéristique de ses mœurs : Rébecca, Rachel et les filles de Jethro, dans l'antique récit mosaïque, aussi bien que l'épouse du chef macédonien indigène (chez lequel servit d'abord, en se retirant d'Argos, le Téménide Perdiccas, un des ancêtres de Philippe et d'Alexandre) faisant cuire ses gâteaux sur le foyer (2), font sous ce rapport pendant aux peintures homériques.

Nous ne trouvons pas de particularités relativement aux hommes libres ordinaires en général, ni à ceux d'entre eux qui, sous le nom de thêtes, forment une classe particulière. Ces derniers, engagés pour des tâches spéciales, ou à la moisson ou dans d'autres saisons actives des travaux des champs, semblent avoir donné leur travail en échange de la nourriture et des vêtements ; on les mentionne comme étant sur la même ligne que les esclaves (3), et ils n'étaient pas probablement en général (comme on vient de le faire observer) dans une condition beaucoup meilleure. L'état d'un homme libre pauvre, dans ces temps, sans un lot de terre qui lui appartînt, passant d'une tâche temporaire à une autre tâche, et n'ayant ni famille puissante ni autorité sociale de qui il pût attendre protection, cet état, disons-nous, doit avoir été assez misérable. Quand Eumæos s'abandonnait à l'espoir d'être affranchi par ses maîtres, il pensait qu'en même temps ils lui donneraient une épouse, une maison et un lot de terre près d'eux (4) ; sans ces avantages accessoires, un simple affranchissement aurait bien pu ne pas être une amélioration dans sa condition. Achille représente l'état de thête au service d'un fermier très-pauvre comme le plus

---

(1) Odyss. VI, 96 ; Hymn. ad Dêmêt. 105.
(2) Hérodote, VIII, 137.
(3) Odyss. IV, 643.
(4) Odyss. XIV, 64.

dur des états de l'homme : un tel maître ne pourrait donner à son thête une aussi abondante nourriture, d'aussi bons souliers ni d'aussi bons vêtements que le riche chef Eurymachos, tandis qu'il exigerait un travail plus rude (1). Les thêtes trouvaient probablement de l'emploi chez ces petits propriétaires qui ne pouvaient avancer la somme nécessaire à l'achat d'esclaves, et étaient contents de pouvoir s'épargner la dépense de nourriture quand ils n'avaient pas besoin de bras : bien que nous puissions conclure que ceux de ces hommes libres pauvres qui étaient braves et forts préféraient accompagner quelque chef de pillards et vivre du produit de leur rapine (2). Hésiode, si précis, donne à son fermier, dont les travaux sont exécutés surtout par des esclaves, le conseil d'employer et de conserver le thête pendant la saison d'été, mais de le renvoyer aussitôt que la moisson est complétement rentrée, et puis de prendre dans sa maison, pour l'hiver, une femme « sans enfants, » qui, naturellement, lui sera plus utile que le thête pour les occupations intérieures de cette saison (3).

---

(1) Cf. Odyss. XI, 490, avec XVIII, 358. Klytæmnêstra, dans l'Agamemnôn d'Eschyle, prêche une doctrine à peu près semblable à Kassandra, en lui disant combien les ἀρχαιόπλουτοι δεσπόται étaient plus doux envers leurs esclaves que les maîtres qui s'étaient élevés par une prospérité inattendue (Agamemn. 1042).
(2) Thucydide, I, 5. Ἐτράποντο πρὸς λῃστείαν, ἡγουμένων ἀνδρῶν οὐ τῶν ἀδυνατωτάτων, κέρδους τοῦ σφετέρου αὐτῶν ἕνεκα, καὶ τοῖς ἀσθενέσι τροφῆς.
(3) Hésiode, Opp. Di. 459 — ἐφορμηθῆναι, ὁμῶς δμῶές τε καὶ αὐτός — et 603.
. . . . Αὐτὰρ ἐπὴν δὴ
Πάντα βίον κατάθηαι ἐπήρμενον ἔν-
[δοθι οἴκου
Θῆτά τ' ἄοικον ποιεῖσθαι, καὶ ἄτεκνον
[ἔριθον
Δίζεσθαι κέλομαι· χαλεπὴ δ' ὑπόπορ-
[τις ἔριθος.

Les deux mots ἄοικον ποιεῖσθαι semblent ici être pris ensemble dans le sens de « congédier le thête », ou « faire qu'il soit sans maison »; en effet, lorsqu'il était renvoyé de la maison de celui qui l'employait, il n'avait pas de résidence à lui. Goettling (ad loc.), Nitzsch (ad Odyss. IV, 643), et Lehrs (Quæst. Epic. p. 205) expliquent tous ἄοικον avec θῆτα, et représentent Hésiode comme donnant le conseil d'engager pour plus longtemps le Thête qui est sans maison, et cela précisément dans le temps où les travaux de la moisson sont finis.

Lehrs (et vraisemblablement aussi Goettling), sentant que telle ne peut pas avoir été la pensée réelle du poëte, voudrait rejeter les deux vers comme apocryphes. De plus, je puis faire remarquer que la traduction de Θῆς donnée par Goettling — villicus — est inexacte; elle renferme l'idée de surveillance sur d'autres travailleurs, ce

Dans un état de société tel que celui que nous avons décrit, le commerce grec était nécessairement insignifiant et restreint. Les poëmes homériques indiquent ou une totale ignorance ou une idée très-vague de tout ce qui est situé au delà des côtes de la Grèce et de l'Asie Mineure et des îles placées entre les deux pays ou qui les avoisinent. La Libye et l'Égypte sont supposées assez éloignées pour ne pouvoir être connues que de nom et par ouï dire : en effet, quand on fonda la ville de Kyrênê, un siècle et demi après la première Olympiade, il fut difficile de trouver quelque part un navigateur grec qui eût jamais visité la côte de Libye, ou qui fût en état de servir de guide aux colons (1). La mention des Sikels (2) dans l'Odyssée nous amène à conclure que Korkyra, l'Italie et la Sicile n'étaient pas complétement inconnues au poëte. Chez ceux des Grecs qui naviguaient, la connaissance de ce dernier pays impliquait celle des deux premiers, puisque le trajet habituel, même d'une trirème athénienne bien équipée, pendant la guerre du Péloponèse, était, pour aller du Péloponèse en Sicile, par Korkyra et le golfe de Tarente. Les Phokæens, longtemps après, furent les premiers Grecs qui explorèrent soit la mer Adriatique, soit la mer Tyrrhénienne(3). Aucune connaissance du Pont-Euxin ne paraît dans Homère, qui, en règle générale, ne nous présente les noms de régions lointaines que rattachés à des accessoires romanesques ou monstrueux. Les Krètois, et plus encore les Taphiens (que l'on suppose avoir occupé les

---

qui ne paraît avoir appartenu au thête en aucun cas.

Il y avait une classe de pauvres femmes libres qui gagnaient leur vie en prenant chez elles de la laine à filer et peut-être à tisser : leur honnêteté scrupuleuse comme ouvrières, aussi bien que le chétif profit qu'elles faisaient, est attestée par une touchante comparaison homérique (Iliade, XII, 434). V. Iliade, VI, 289; XXIII, 742; Odyss. XV, 414.

(1) Hérodote, IV, 151. Cf. Ukert, Geographie der Griechen und Roemer, part. I, p. 16-19.

(2) Odyss. XX, 383; XXIV, 210. L'identité de l'homérique Scheria avec Korkyra, et celle de l'homérique Thrinakiê avec la Sicile, ne me paraissent pas du tout prouvées. Welcker, ainsi que Klausen, considère les Phæakiens comme des personnes purement mythiques (V. W. C. Müller, De Corcyræorum Republicâ, Goetting, 1835, p. 9).

(3) Hérodote, I, 163.

îles occidentales à la hauteur de la côte de l'Akarnania), sont mentionnés comme d'habiles marins, et le Taphien Mentès déclare qu'il transporte du fer à Temesê, pour l'échanger contre du cuivre (1); mais les Taphiens, ainsi que les Krêtois, sont plutôt corsaires que marchands (2). Le vif sentiment des dangers de la mer, exprimé par le poëte Hésiode, et la structure imparfaite de l'ancien vaisseau grec, attestée par Thucydide (qui signale la date plus récente de l'amélioration apportée dans la construction des navires et établie de son temps), servent ensemble à démontrer le cercle étroit des entreprises nautiques de cette époque (3).

Tel était l'état des Grecs comme marchands, à une époque où Babylone, renfermant une population considérable et industrieuse, faisait un commerce étendu, et où les navires marchands phéniciens visitaient, d'un côté, la côte méridionale de l'Arabia, peut-être même l'île de Ceylan, et d'un autre côté, les îles Britanniques.

Le Phénicien, parent de l'ancien Juif, présente le type de caractère appartenant à ce dernier ; il a un esprit plus entreprenant et plus ingénieux, et il est moins exclusif sous le rapport religieux; cependant il diffère encore du caractère grec, il lui est même antipathique. Dans les poëmes homériques, il paraît ressembler en quelque sorte au juif du moyen âge, commerçant rusé, profitant de la violence et de la rapacité des autres ; il apportait des ornements, des parures, les produits les plus beaux et les plus brillants du tissage, de l'or, de l'argent, de l'électrum, de l'ivoire, de l'étain, etc. ; en échange il recevait les produits du sol, des peaux, de la laine et des esclaves, seules marchandises que même un chef grec de cette époque reculée avait à offrir ; il était prêt en même temps à faire un gain déshonnête, de

---

(1) Nitzsch ad Odyss. I, 181; Strabon, I, p. 6. Temesê doit-elle être placée en Italie ou dans l'île de Cypre? C'est là un point sur lequel il y a eu des controverses parmi les critiques tant anciens que modernes.

(2) Odyss. XV, 426. Τάφιοι, ληϊστορες ἄνδρες; et XVI, 426. Hymne à Dêmêtêr, v. 123.

(3) Hésiode, Opp. Di. 615-684; Thucyd. I, 13.

quelque manière que le hasard pût le jeter sur sa route (1). Toutefois c'est réellement un marchand ; il n'entreprend pas d'expéditions avec le dessein arrêté de surprendre et de piller un lieu, et sous ce rapport il se distingue du pirate tyrrhénien, krêtois ou taphien. L'étain, l'ivoire et l'électrum, toutes substances reconnues dans les poëmes homériques, étaient le fruit du commerce phénicien avec l'Occident aussi bien qu'avec l'Orient (2).

---

(1) Odyss. XIV, 288 ; XV, 416.
Φοῖνιξ ἦλθεν ἀνὴρ, ἀπατήλια [εἰδὼς,
Τρώκτης, ὃς δὴ πολλὰ κάκ' ἀνθρώ[ποισιν ἐώργει.

L'intéressant récit que fait Eumæos de la manière dont il devint esclave est un tableau animé de la manière dont les Phéniciens faisaient le commerce (cf. Hérodote, I, 2-4. Iliade, VI, 290 ; XXIII, 743). On rapporte que Pâris avait visité Sidon et en avait ramené des femmes remarquables par leur habileté à tisser. Les vers cypriens (V. l'Argument ap. Düntzer, p. 17) affirmaient que Pâris avait abordé à Sidon, et avait attaqué et pris la ville. Des corsaires taphiens enlevaient des esclaves à Sidon (Odysss. XV, 424).

Les ornements ou bijoux (ἀθύρματα) qu'apporte le marchand phénicien, semblent être les mêmes que les δαίδαλα πολλὰ, Πόρπας τε γναμπτάς θ' ἕλικας, etc., qu'Hephæstos était occupé à fabriquer (Iliade, XVIII, 400) sous la protection de Thétis.

« Fallacissimum esse genus Phœnicum omnia monumenta vetustatis atque omnes historiæ nobis prodiderunt » (Cicéron, Orat. Trium. partes ineditæ, éd. Maii, 1815, p. 13).

(2) L'ivoire est souvent mentionné dans Homère, qui se sert du mot ἐλέφας exclusivement pour exprimer cette substance, non pour désigner l'animal.

L'art de teindre, surtout au moyen des diverses nuances de la pourpre, fut dans les siècles postérieurs un des mérites particuliers des Phéniciens : cependant Homère, là où dans une comparaison il parle de teindre ou de colorer, introduit une femme mæonienne ou karienne chargée de ce soin, et non une phénicienne (Iliade, IV, 141).

On ne peut déterminer d'une manière positive ce qu'est réellement l'*electrum* nommé dans les poëmes homériques. Dans l'antiquité le mot signifiait deux choses différentes : 1. l'ambre ; 2. un or impur, contenant jusqu'à un cinquième ou plus d'argent (Pline, H. N. XXXIII, 4). Les passages de l'Odyssée où nous lisons le mot n'excluent positivement aucun de ces sens ; mais ils nous présentent l'électrum tellement en juxtaposition avec l'or et l'argent chacun séparément, que peut-être le second sens est plus probable que le premier. Hérodote comprend par ce mot l'*ambre* (III, 115) ; Sophocle, au contraire, l'emploie pour désigner un métal qui a de l'affinité avec l'or (Antigone, 1033).

V. la dissertation de Buttmann, annexée à son recueil d'essais, appelé *Mythologus*, vol. II, p. 337 ; et Beckmann, History of Inventions, vol. IV, p. 12. Trad. angl. « Les anciens (fait observer ce dernier) employaient comme métal particulier un mélange d'or et d'argent, parce qu'ils ne connaissaient pas l'art de les séparer, et ils l'appelaient *electrum*. » Le docteur Thirlwall (Hist. of Greece, vol. I, p. 241) pense

Thucydide nous dit que les Phéniciens et les Kariens, à une époque très-reculée, occupaient un grand nombre des îles de la mer Ægée, et nous savons, par les restes étonnants de leurs travaux de mines qu'Hérodote lui-même vit à Thasos, à la hauteur de la côte de Thrace, que jadis ils avaient extrait de l'or des montagnes de cette île, dans un temps en effet très-reculé, puisqu'ils doivent avoir abandonné leur travail avant l'établissement du poëte Archiloque (1). Cependant il n'y avait que peu d'îles de la mer Ægée qui fussent riches en tels produits précieux; et il n'était pas non plus dans les habitudes des Phéniciens d'occuper des îles, excepté celles qui avoisinaient un continent avec lequel on pouvait faire du commerce. Le trafic de ces actifs marins ne demandait pas d'établissement permanent. Mais comme visiteurs venant par occasion ils étaient commodes, en ce qu'ils mettaient un chef grec à même de tirer profit de ses captifs, de se débarrasser d'esclaves ou de thêtes sans parents ni amis gênants, et de se pourvoir des métaux tant précieux qu'utiles (2). L'or, le cuivre et l'électrum étincellent dans les demeures d'Alkinoos et de Menelaos. Des quantités considérables de métal non encore employé, or, cuivre et fer, sont accumulées dans le trésor d'Odysseus et dans celui d'autres chefs (3). L'argent monnayé est inconnu à l'âge ho-

---

que l'*electrum* homérique est l'ambre; au contraire, Hülmann croit que c'était une substance métallique (Handelsgeschichte der Griechen).

Beckmann doute que le plus ancien κασσίτερος des Grecs fût réellement l'*étain*; il croit plutôt que c'était « le *stannum* des Romains, le *werk* de nos fonderies, c'est-à-dire un mélange de plomb, d'argent et d'autres métaux accessoires » (*ibid*. p. 20). Les Grecs de Massalia se procuraient l'étain de Bretagne en traversant la Gaule, par la Seine, la Saône et le Rhône (Diodore, V, 22).

(1) Hérod. II, 44; VI, 47; V. Archil. Fragm. 21-22, éd. Gaisf. Œnomaus, ap. Euseb. Præp. Ev. VI, 7. Thucyd. I, 12.

Les Grecs rattachaient cet établissement phénicien de Thasos à la légende de Kadmos et de sa sœur Europê : Thasos, l'éponyme de l'île, était frère de Kadmos (Hérod. *ib*.).

(2) Laomedôn, furieux, menace Poseidôn et Apollon, qui lui réclament, à l'expiration de leur temps de servitude, le salaire stipulé de leur travail, de leur couper les oreilles et de les envoyer dans quelque île éloignée (Iliade, XXI, 454). Cf. XXIV, 752. Odyss. XX, 383; XVIII, 83.

(3) Odyss. IV, 73; VII, 85; XXI, 61. Iliade, II, 226; VI, 47.

mérique, le commerce se faisant par échange. Quant à ce qui concerne aussi les métaux, il est bon de remarquer que les descriptions homériques supposent en général l'emploi du cuivre, et non celui du fer pour la fabrication des armes, tant offensives que défensives. Par quel procédé le cuivre était-il trempé et durci, de manière à servir à la guerre, c'est ce que nous ignorons (1) ; mais l'usage du fer pour ces objets appartient à une époque postérieure, bien que les Travaux et les Jours d'Hésiode supposent que ce changement avait déjà eu lieu (2).

La manière dont combattaient les héros homériques n'est pas moins différente de celle des hommes des temps historiques, que la matière dont leurs armes étaient faites. Dans la Grèce historique, les hoplites, ou infanterie pesamment

---

(1) V. Millin, Minéralogie homérique, p. 74. Les expériences du comte de Caylus ont prouvé cependant qu'il y a des moyens de tremper le cuivre, de manière à lui donner la dureté de l'acier.

Les Massagètes employaient pour leurs armes seulement du cuivre et non du fer (Hérod. I, 215).

(2) Hésiode, Opp. Di. 150-420. Dans l'examen des divers objets antiques que l'on peut découvrir dans tout le nord de l'Europe, tel que l'a publié la Société des Antiquaires de Copenhague, il est reconnu trois âges successifs : 1. Instruments et armes de pierre, d'os, de bois, etc.; métaux peu ou point employés; vêtements faits de peaux. 2. Instruments et armes de cuivre et d'or, ou plutôt de bronze et d'or; peu ou point d'argent ou de fer. On trouve des objets d'or et d'électrum appartenant à cet âge, mais aucun d'argent, ni aucune preuve d'écriture. 3. A l'âge qui suit appartiennent des armes de fer, des objets d'argent et quelques inscriptions runiques : c'est le dernier âge du paganisme septentrional, précédant immédiatement l'introduction du Christianisme (Leitfaden zur Nordischen Alterthumskunde, p. 31, 57, 63, Copenhagen, 1837).

L'âge homérique coïncide avec la seconde de ces deux périodes. L'argent est relativement peu mentionné dans Homère, tandis que l'or et le bronze sont tous deux des métaux familiers. Le fer aussi est rare et semble n'être employé que pour l'agriculture — Χρυσόντε, χαλκόντε ἅλις, ἐσθῆτα θ' ὑφαντήν (Odyss. XIII, 136 ; II, 338 ; Iliade, VI, 48). Le χρυσόχοος et le χαλκεὺς sont tous deux mentionnés dans Homère, mais on ne connaît sous aucun nom spécial d'ouvriers travaillant l'argent et le fer (Odyss. III, 425-436).

« La hache, la tarière, le rabot et le niveau sont les outils mentionnés par Homère, qui ne semble pas avoir connu la scie, l'équerre et le compas. » (Gilles, Hist. of Greece, ch. 2, p. 61.) Les biens des Gaulois, que connaissait Polybe, vraisemblablement de la Gaule cisalpine seulement, consistaient tous en bétail et en or — θρέμματα καὶ χρυσός, — parce qu'ils étaient également faciles à transporter (Polyb. II, 17).

armée, conservaient un ordre serré et un front bien aligné, en chargeant l'ennemi avec leurs lances tendues en avant à égale distance, et en arrivant ainsi à se battre homme à homme sans rompre leurs rangs; il y avait des troupes spéciales, archers, frondeurs, etc., ayant des armes de trait, mais l'hoplite n'avait pas d'arme à employer de cette manière. Les héros de l'Iliade et de l'Odyssée, au contraire, font habituellement usage de la lance comme d'un trait qu'ils lancent avec une vigueur formidable; chacun d'eux est monté sur son char, traîné par deux chevaux et calculé de manière à contenir le guerrier et son conducteur, dont un ami ou un compagnon consent quelquefois à tenir la place. Poussant son char à toute bride, en avant de ses propres soldats, il jette sa lance contre l'ennemi; quelquefois, à la vérité, il combat à pied et corps à corps, mais le char est ordinairement tout près pour le recevoir s'il le veut, et pour assurer sa retraite. La masse des Grecs et des Troyens s'avançant pour charger, sans marcher régulièrement ni maintenir la ligne, attaque de la même manière en jetant les lances. Chaque chef porte habituellement une longue épée et un court poignard, outre ces deux lances destinées à être jetées en avant, la lance servant aussi, quand l'occasion est favorable, d'arme à porter un coup. Chaque homme est protégé par un bouclier, un casque, une cuirasse et des jambières; mais l'armure des chefs est de beaucoup supérieure à celle des hommes ordinaires, tandis qu'ils sont eux-mêmes et plus forts et plus experts dans l'usage de leurs armes. Il y a un petit nombre d'archers, comme rare exception, mais l'équipement et la tactique en général sont conformes à cette description.

Cette manière de combattre sans ordre, immortalisée par l'Iliade, est familière à chacun; et le contraste qu'elle présente avec ces lignes que rien ne fait plier, avec cette irrésistible charge simultanée, qui renversèrent la foule des Perses à Platée et à Kunaxa (1), peut jeter un grand jour

---

(1) D'après les termes militaires qu'emploie Tyrtée, il semble croire que le mode homérique de jeter la lance prévaut encore de son temps — δόρυ

sur la différence générale qui existe entre la Grèce héroïque et la Grèce historique. Tandis que dans la première un petit nombre de splendides figures se présentent avec un relief saillant, le reste n'étant simplement qu'une masse non organisée et impuissante; dans la seconde, ces unités ont été combinées en un système où, à chaque homme, officier et soldat, sont assignés sa place et son devoir; et la victoire, quand on la remporte, est l'œuvre commune de tous. Il est vrai qu'une valeur individuelle supérieure est considérablement diminuée, pour ne pas dire totalement exclue; personne ne peut faire plus que de conserver sa place dans les rangs (1). Mais, d'autre part, le but important, offensif ou défensif, le seul pour lequel on a pris les armes, devient plus assuré et plus facile à atteindre, tandis que les combinaisons longtemps méditées du général sont rendues praticables pour la première fois, quand il a un corps discipliné prêt à lui obéir. En faisant le tableau de la société civile, nous avons à remarquer une transition semblable; nous passons d'Hêraklês, de Thêseus, de Jasôn, d'Achille, à Solôn, à Pythagore et à Periklês, du « pasteur de son peuple » (pour employer les mots par lesquels Homère représente le bon côté du roi héroïque) au législateur qui introduit et à l'homme d'État qui soutient un système concerté d'avance, auquel les citoyens consentent de leur plein gré à se lier. Si un talent individuel supérieur ne peut pas se trouver toujours, l'impulsion donnée à la communauté entière est telle qu'elle peut continuer sa marche sous des chefs inférieurs, les droits aussi bien que

---

δ' εὐτόλμως βάλλοντες (Fragm. IX, Gaisford). Ou il avait l'esprit préoccupé de la manière de combattre homérique, ou bien les rangs serrés et les lances réunies des hoplites n'avaient pas encore été introduits pendant la seconde guerre de Messênia.

Thiersch et Schneidewin voudraient substituer πάλλοντες à βάλλοντες. Euripide (Androm. 695) se sert d'une expression semblable; cependant elle ne s'applique pas bien aux hoplites; car un des mérites des hoplites consistait à tenir sa lance solidement : δοράτων κίνησις indique une marche désordonnée et le manque d'un courage ferme et de la possession de soi-même. V. les remarques de Brasidas sur les lignes des Athéniens commandés par Kleôn à Amphipolis (Thucyd. V, 6).

(1) Euripide, Androm. 693.

les devoirs de chaque citoyen étant déterminés à l'avance dans l'ordre social, en vertu de principes plus ou moins sagement posés. Le contraste est semblable et la transition également remarquable, dans la peinture de la société civile comme dans celle de l'ordre militaire. Effectivement, l'organisation militaire des républiques grecques est un élément de la plus grande importance eu égard au rôle marquant qu'elles ont joué dans les affaires humaines, leur supériorité sur d'autres nations contemporaines n'étant guère moins frappante sous ce rapport qu'elle ne l'est sous beaucoup d'autres, comme nous aurons occasion de le voir dans une phase postérieure de cette histoire.

Même lorsque leur tactique fut le plus perfectionnée, les Grecs ne pouvaient faire que peu de chose contre une ville fermée de murailles. Les armes et la manière de combattre des temps héroïques étaient encore plus impuissantes pour une entreprise telle qu'un siége. Les fortifications sont un trait de l'époque qui mérite d'être examiné tout particulièrement. Il y eut un temps, nous dit-on, dans lequel les villes ou les villages grecs primitifs tiraient une sécurité précaire, non de leurs murs, mais seulement de positions élevées et de difficile accès. Ils n'étaient pas construits immédiatement sur le rivage ni tout près d'un lieu commode pour y débarquer, mais à quelque distance dans l'intérieur des terres, sur un roc ou sur une éminence dont on ne pouvait approcher sans être signalé, et que l'on ne pouvait escalader sans difficulté. On regardait comme suffisant, à cette époque, de se mettre en garde contre une surprise de la part de pirates ou de maraudeurs; mais, à mesure que l'état de la société devint sûr, à mesure que les chances d'une attaque soudaine diminuèrent relativement et que l'industrie grandit, on échangea ces demeures peu agréables pour des positions plus commodes dans la plaine ou sur les pentes même placées au-dessus; ou l'on enferma une partie de ces dernières dans des limites plus vastes et on les joignit à la fondation primitive, qui devint ainsi l'acropolis de la nouvelle cité. Thèbes, Athènes, Argos, etc., appartenaient à la dernière classe de villes; mais il y avait dans beaucoup de parties de la Grèce des emplacements abandonnés sur des hauteurs, gardant encore, même dans les temps historiques, les traces d'une habitation antérieure, et quelques-uns portaient encore le nom des anciennes villes. Dans les parties montagneuses de la Krète, à Ægina et à Rhodes, dans des portions du mont Ida et du Parnasos, on pouvait apercevoir des restes semblables (1).

Probablement dans ces villages primitifs placés sur des hauteurs, une enceinte continue de murs n'était guère habituellement nécessitée comme moyen additionnel de défense, et était souvent rendue très-difficile à établir, vu la nature raboteuse du terrain. Mais Thucydide représente les plus anciens Grecs, ceux qu'il regarde comme antérieurs à la guerre de Troie, comme vivant ainsi universellement dans des villages non fortifiés, surtout à cause de leur pauvreté, de leurs mœurs rudes et de leur complète insouciance du lendemain. Accablés et séparés les uns des autres par une crainte perpétuelle, ils n'avaient pas encore éprouvé le sentiment de demeures fixes; ils ne voulaient même pas planter d'arbres fruitiers, dans l'incertitude où ils étaient d'en récolter le produit, et ils étaient toujours prêts à déloger, parce

---

(1) Ἡ παλαιὰ πόλις a Ægina (Hérodote, VI, 88); Ἀστυπάλαια à Samos (Polyæn. I, 23, 2; Etymol. Magn. v. Ἀστυπάλαια) : elle devint vraisemblablement l'acropolis de la cité construite postérieurement.

Au sujet des emplacements abandonnés dans les hautes régions de la Krète, V. Théophraste, De Ventis, V, 13, éd. Schneider, p. 762.

L'emplacement de Παλαίσκηψις sur le mont Ida — ἐπάνω Κέβρηνος κατὰ τὸ μετεωρότατον τῆς Ἴδης (Strabon XIII, p. 607); ὕστερον δὲ κατωτέρω σταδίοις ἑξήκοντα εἰς τὴν νῦν Σκῆψιν μετῳκίσθησαν. Paphos, dans l'île de Cypre, était à la même distance au-dessous de l'ancienne Palæ-Paphos (Strabon, XIV, p. 683).

Près de Mantineia, en Arcadia, était situé ὄρος ἐν τῷ πεδίῳ, τὰ ἐρείπια ἔτι Μαντινείας ἔχον τῆς ἀρχαίας · καλεῖται δὲ τὸ Χωρίον ἐφ' ἡμῶν Πτόλις (Pausan. VIII, 12, 4). V. une assertion semblable au sujet des sites élevés de l'ancienne ville d'Orchomenos (en Arkadia), (Paus. VIII, 13, 2), de Nonakris (VIII, 17, 5), de Lusi (VIII, 18, 3), de Lykoreia sur le Parnasos (Paus. X, 6, 2; Strabon, IX, p. 418).

Cf. aussi Platon, Legg. III, 2, p. 678-679), qui fait remonter ces résidences élevées, placées sur des rochers, générales parmi les plus anciennes communautés grecques, au commencement de la société humaine, après un déluge considérable qui avait couvert toutes les terres basses et auquel peu d'hommes avaient survécu.

qu'il n'y avait rien à gagner en restant, et qu'ils pouvaient avoir partout une maigre subsistance. Il les compare aux montagnards de l'Ætolia et de la Locris Ozolienne de son propre temps, qui habitaient dans leurs villages non fortifiés, sur des hauteurs, avec peu ou point de communications entre eux, toujours armés et combattant, et subsistant du produit de leurs troupeaux et de leurs bois, vêtus de peaux non préparées, et mangeant de la chair crue (1).

Le tableau que fait Thucydide de ces temps très-reculés et non constatés ne peut être pris que comme conjectural; conjecture, il est vrai, d'un homme d'État et d'un philosophe, et comme généralisée aussi, en partie, d'après les nombreux exemples particuliers de luttes et d'expulsions de chefs qu'il trouvait dans les vieux poëmes légendaires. Les poëmes homériques, cependant, nous offrent un tableau différent. Ils reconnaissent des villes entourées de murs, des demeures fixes, de forts attachements locaux, des propriétés foncières individuelles et héréditaires, des vignobles plantés et cultivés avec soin, des temples élevés aux dieux et de splendides palais pour les chefs (2). La description de Thucydide ap-

---

(1) Thucyd. I, 2. Φαίνεται γὰρ ἡ νῦν Ἑλλὰς καλουμένη, οὐ πάλαι βεβαίως οἰκουμένη, ἀλλὰ μεταναστάσεις τε οὖσαι τὰ πρότερα, καὶ ῥᾳδίως ἕκαστοι τὴν ἑαυτῶν ἀπολείποντες, βιαζόμενοι ὑπό τινῶν ἀεὶ πλειόνων· τῆς γὰρ ἐμπορίας οὐκ οὔσης, οὐδ' ἐπιμιγνύντες ἀδεῶς ἀλλήλοις, οὔτε κατὰ γῆν, οὔτε διὰ θαλάσσης, νεμόμενοι δὲ τὰ αὐτῶν ἕκαστοι ὅσον ἀποζῆν, καὶ περιουσίαν χρημάτων οὐκ ἔχοντες οὐδὲ γῆν φυτεύοντες, ἄδηλον ὂν ὁπότε τις ἐπελθὼν, καὶ ἀτειχίστων ἅμα ὄντων, ἄλλος ἀφαιρήσεται, τῆς τε καθ' ἡμέραν ἀναγκαίου τροφῆς πανταχοῦ ἂν ἡγούμενοι ἐπικρατεῖν, οὐ χαλεπῶς ἀπανίσταντο, καὶ δι' αὐτὸ οὔτε μεγέθει πόλεων ἴσχυον, οὔτε τῇ ἄλλῃ παρασκευῇ.

Au sujet des villages écartés et non fortifiés et des mœurs grossières des Etoliens et des Lokriens, V. Thucyd. III, 94; Pausan. X, 38, 3; et des Gaulois de la Cisalpine, Polyb. II, 17.

Thucydide et Aristote semblent avoir conçu l'époque homérique comme surtout analogue aux βάρβαροι de leur propre temps — Λύει δ' Ἀριστοτέλης λέγων, ὅτι τοιαῦτα ἀεὶ ποιεῖ Ὅμηρος οἷα ἦν τότε· ἦν δὲ τοιαῦτα τὰ παλαιὰ οἷάπερ καὶ νῦν ἐν τοῖς βαρβάροις (Schol. Iliad. X, 151).

(2) Odyss. VI, 10; touchant Nausithoos, un des anciens rois des Phæakiens :

Ἀμφὶ δὲ τεῖχος, ἔλασσε πόλει, καὶ
  [ἐδείματο οἴκους,
Καὶ νηοὺς ποίησε θεῶν, καὶ ἐδάσσατ'
  [ἀρούρας.

Le vignoble, le champ d'oliviers et le jardin de Laêrtês, sont un modèle de culture soignée (Odyss. XXIV, 245); V. aussi le bouclier d'Achille (Iliade, XVIII, 541-580) et la plaine de Kalydôn (Iliade, IX, 575).

partient à une forme moins élevée de société, et offre plus d'analogie avec celle que le poëte lui-même conçoit comme tombé en désuétude et barbare, avec les sauvages Cyclôpes, qui habitent les sommets de montagnes, dans des cavernes, sans labourage, sans culture de vigne ou de fruits, sans arts ni instruments, ou à l'établissement primitif de Dardanos, fils de Zeus, sur la cime élevée de l'Ida, tandis qu'il était réservé à ses descendants et à ses successeurs de fonder Ilion sacré dans la plaine (1). Ilion ou Troie représente la société homérique dans sa perfection. C'est un lieu consacré, contenant des temples en l'honneur des dieux, aussi bien que le palais de Priam, et entouré de murs, œuvre de mains divines ; tandis que la forme antérieure de société grossière, à laquelle le poëte fait une courte allusion, est le pendant de celle que la théorie de Thucydide attribue à ses propres ancêtres demi-barbares des temps anciens.

Les villes entourées de murs servent ainsi, entre autres preuves à démontrer qu'une partie considérable de la population de la Grèce avait, même à l'époque homérique, atteint un niveau plus élevé que celle des Ætoliens et des Lokriens contemporains de Thucydide. Les restes de Mykênæ et de Tiryns font voir le style massif et cyclopéen de l'architecture employée dans ces temps reculés ; mais nous pouvons faire observer que, tandis que des observateurs modernes semblent incliner à considérer les restes de la première de ces villes comme très-imposants et comme indiquant une grande famille princière, Thucydide, au contraire, en parle comme d'un petit endroit, et s'efforce d'échapper à l'induction qu'on pourrait tirer de ses proportions insignifiantes pour réfuter la grandeur d'Agamemnôn (2). Ces fortifications procuraient un moyen de défense incomparablement supérieur à ceux d'attaque. En effet, même dans la Grèce historique et après l'invention d'engins propres à battre en brèche, on ne pouvait

---

(1) Odyss. X, 106-115 ; Iliade, XX, 216.
(2) Thucyd. I, 10. Καὶ ὅτι μὲν Μυκῆ- ναι μικρὸν ἦν, ἢ εἴ τι τῶν τότε πόλισμα μὴ ἀξιόχρεων δοκεῖ εἶναι, etc.

prendre aucune ville, si ce n'est par surprise ou par blocus, ou en ruinant le pays à l'entour et en privant ainsi les habitants de leurs moyens de subsistance. Et dans les deux grands sièges de l'époque légendaire, ceux de Troie et de Thèbes, la première fut prise grâce au stratagème du cheval de bois, tandis que la seconde fut évacuée par ses habitants, qu'avertirent les dieux, après leur défaite sur le champ de bataille.

Cette supériorité marquée des moyens de défense sur ceux d'attaque, dans ces temps grossiers, a été une des grandes causes qui ont favorisé à la fois le développement de la vie civique et la marche générale de l'amélioration humaine. Elle a permis aux portions progressives de l'humanité, non-seulement de protéger ce qu'elles avaient acquis contre les instincts de pillage des portions plus grossières et plus pauvres, et de surmonter les difficultés d'une organisation naissante, mais encore, en dernier lieu, lorsque leur organisation a été mûrie, d'obtenir à la fois la prédominance, et de la maintenir jusqu'à ce que leurs propres habitudes de discipline eussent passé en partie à leurs ennemis. La vérité importante que nous présentons ici est expliquée non moins par l'histoire de l'ancienne Grèce que par celle de l'Europe moderne pendant le moyen âge. Le chef homérique, combinant un rang supérieur avec une force supérieure, et prêt à piller en toute occasion favorable, ressemble beaucoup au baron féodal du moyen âge; mais les circonstances l'absorbent plus facilement dans la vie d'une cité, et transforment le potentat indépendant en membre d'une aristocratie dominante (1). Le trafic par mer continua à être entouré de dan-

---

(1) Naegelsbach, Homerische Theologie, chap. 5, sect. 54. Hésiode condamne fortement le pillage — Δὼς ἀγαθή, ἅρπαξ δὲ κακή, θανάτοιο δότειρα (Opp. Di. 356, cf. 320); mais le sentiment de la poésie héroïque grecque ne semble pas lui être contraire; il est considéré comme l'emploi naturel d'une force supérieure — Αὐτόματοι δ' ἀγα- θοὶ δειλῶν ἐπὶ δαῖτας ἴασιν (Athenæ. V, p. 178; cf. Pindare, Fragm. 48, éd. Dissen.): la longue lance, l'épée et la cuirasse du Krêtois Hybreas constituent sa richesse (Skolion 27, p. 877; Poet. Lyric. éd. Bergk); c'est avec elles qu'il laboure et moissonne, tandis que les hommes pacifiques, qui n'osent ni ne peuvent manier ces armes, tombent

gers de la part des pirates, longtemps après qu'il était devenu assez sûr par terre ; les « sentiers humides » ont toujours été le dernier recours de l'illégalité et de la violence, et la mer Ægée, en particulier, a de tout temps souffert de cette calamité plus que d'autres mers.

Des agressions telles que nous venons de les décrire étaient naturellement fréquentes surtout à ces époques reculées où la mer Ægée n'était pas encore une mer hellénique, et où

à ses pieds et l'appellent le Grand Roi. Le sentiment est différent à l'époque plus moderne de Demêtrios Poliorkêtês (vers 310 av. J.-C.) ; dans l'Ode Ithyphallique qui lui est adressée à son entrée à Athènes, le pillage est traité comme digne seulement des Ætoliens :

Αἰτωλικὸν γὰρ ἁρπάσαι τὰ τῶν πέλας,
Νυνὶ δὲ, καὶ τὰ πόῤῥω. (Poet. Lyr. XXV, p. 453, éd. Schneid.).

Les brigandages d'hommes puissants, et même le vol de grand chemin en général, trouvaient beaucoup d'approbation dans le moyen âge. « Toute l'Europe (fait observer M. Hallam, Hist. Mid. Ag. c. 8, part. 3, p. 247) fut un théâtre d'anarchie intestine pendant le moyen âge ; et bien que l'Angleterre fût bien moins exposée au fléau de la guerre particulière que la plupart des nations du continent, nous verrions, si nous pouvions retrouver les annales locales de chaque pays, une telle accumulation de rapines et de désordres misérables, qu'elle nous éloignerait presque de la liberté qui servait à les engendrer... Le vol de grand chemin était, depuis les temps les plus anciens, une sorte de crime national... Nous savons combien vécurent longtemps dans la tradition les Outlaws de Sherwood, ces hommes auxquels, comme à quelques-uns de ceux qui étaient au-dessus d'eux, on a permis de racheter par un petit nombre d'actes de générosité la juste ignominie de leurs grands crimes. Ils étaient, en effet, les héros auxquels s'adressaient les applaudissements du vulgaire ; mais quand un juge tel que Sir John Fortescue pouvait triompher de ce qu'il y eût plus d'Anglais pendus pour brigandage en une année qu'en France en sept ans, et de ce que, *si un Anglais est pauvre et qu'il en voie un autre avoir des richesses dont il puisse s'emparer par force, il n'ait aucun scrupule à le faire*, on peut voir combien ces sentiments avaient pénétré profondément dans l'esprit public. »

Les brigandages habituellement commis par la noblesse de la France et de l'Allemagne, pendant le moyen âge, pires que quoi que ce soit de pareil en Angleterre, et ceux des chefs des Highlanders, même dans des temps plus récents, sont trop connus pour qu'il soit nécessaire d'en parler ; quant à la France, un ample catalogue se trouve dans Dulaure, Histoire de la Noblesse (Paris, 1792). Les confédérations des cités allemandes durent surtout leur origine à la nécessité de tenir les routes et les rivières libres pour le passage des hommes et des marchandises contre les nobles qui infestaient les grands chemins. Scaliger aurait pu trouver un pendant aux λῃσταί des temps héroïques, dans la noblesse du Rouergue, telle qu'elle était même au seizième siècle, et qu'il décrit ainsi : « In comitatu Rodez pessimi sunt : nobilitas ibi latrocinatur : nec possunt reprimi. » (Ap. Dulaure, c. 9.)

un grand nombre des Cyclades étaient occupées non par des Grecs, mais par des Kariens, peut-être par des Phéniciens : le nombre des sépulcres kariens découverts dans l'île sacrée de Dèlos semble attester cette occupation comme étant un fait historique (1). Selon le récit légendaire adopté et par Hérodote et par Thucydide, ce fut le Krêtois Minôs qui soumit ces îles et y établit ses fils pour les gouverner, soit en chassant les Kariens, soit en les réduisant à la servitude et en les soumettant à un tribut (2). Thucydide suppose qu'il doit naturellement avoir réprimé la piraterie, pour assurer la rentrée de son tribut, comme le firent les Athéniens pendant le temps de leur hégémonie (3).

J'ai déjà parlé ailleurs de la thalassocratie légendaire de Minôs (4) : il suffit ici de répéter que dans les poëmes homériques (de beaucoup postérieurs à Minôs dans la chronologie courante) nous trouvons la piraterie à la fois usitée et tenue en honneur et en estime, comme Thucydide lui-même nous le dit expressément, en faisant remarquer de plus que les vaisseaux de ces anciens temps n'avaient qu'un pont coupé, qu'ils étaient construits et équipés d'après la façon des pirates (5); genre que les marins de son époque regardaient avec dédain. Une architecture navale améliorée et développée, et la trirème, ou vaisseau à trois rangs de rames, employée communément pour un but de guerre pendant l'invasion des Perses, ne commencèrent qu'avec les progrès de l'habileté, de l'activité et de l'importance des Corinthiens, trois quarts de siècle après la première Olympiade (6). Corinthe, même dans les poëmes homériques, est distinguée par l'épithète d'opulente, qu'elle dut principalement à sa situation remarquable sur l'isthme et à ses deux ports de

---

(1) Thucydide, I, 4, 8. Τῆς νῦν Ἑλληνικῆς θαλάσσης.

(2) Hérodot. I, 171; Thucyd. I, 4-8. Isocrate (Panathen. p. 261) fait honneur à Athènes d'avoir finalement chassé les Kariens de ces îles au temps de l'émigration ionienne.

(3) Thucyd. I, 4. Τό τε ληστικὸν ὡς εἰκὸς καθῄρει ἐκ τῆς θαλάσσης ἐφ' ὅσον ἠδύνατο, τοῦ τὰς προσόδους μᾶλλον ἰέναι αὐτῷ.

(4) V. vol. I, c. 12.

(5) Thucydide, I, 10. Τῷ παλαιῷ τρόπῳ ληστικώτερον παρεσκευασμένα.

(6) Thucydide, I, 13.

Lechæon et de Kenchreæ, l'un sur le golfe de Corinthe, l'autre sur le golfe Sarônique. Elle établissait ainsi un lien commode entre l'Epiros et l'Italie d'un côté, et la mer Ægée de l'autre, sans soumettre le navigateur inhabile et timide de ces temps à la nécessité de faire le tour du Péloponèse.

L'extension du trafic et de la navigation des Grecs est prouvée par une comparaison des poëmes homériques avec les poëmes hésiodiques, sous le rapport de la connaissance des lieux et des pays (les derniers poëmes pouvant être probablement placés entre 740 et 640 av. J.-C.). On voit qu'Homère connaît (l'exactitude d'une telle connaissance étant toutefois exagérée par Strabon et par d'autres critiques bienveillants) la Grèce continentale et les îles qui l'avoisinent, la Krète et les principales îles de la mer Ægée, la Thrace, la Troade, l'Hellespont et l'Asie Mineure, entre la Paphlagonia au nord et la Lykia au sud. Les Sikels sont mentionnés dans l'Odyssée, et la Sikanie l'est dans le dernier livre de ce poëme ; mais il n'est rien dit qui prouve une connaissance de l'Italie ou des réalités du monde occidental. La Libye, l'Egypte et la Phénicie sont connues de nom et sur un vague ouï-dire ; mais le Nil n'est mentionné que comme « le fleuve Égypte, » tandis que le Pont-Euxin n'est pas signalé du tout (1). Dans les poëmes hésiodiques, d'autre part, le Nil, l'Istros, le Phasis et l'Eridanos sont tous spécifiés par leur nom (2) ; le mont Ætna et l'île d'Ortygia près de Syracuse, les Tyrrhéniens et les Liguriens à l'ouest, et les Scythes au nord, étaient aussi mentionnés (3). En effet, dans un espace de quarante ans après la première Olym-

---

(1) V. Voelcker, Homerische Geographie, c. 3, sect. 55-63.
Il a déployé beaucoup de savoir et d'habileté pour identifier les lieux visités par Odysseus avec des pays réels ; mais la tentative n'est pas heureuse. Cf. aussi Ukert, Hom. Geog. vol. I, p. 14, et les excellents traités de J. H. Voss, *Alte Weltkunde*, annexés au second volume de ses Kritische Blaetter (Stuttgard, 1828), p. 245-413. On doit à Voss des vues justes sur la géographie homérique.

(2) Hésiode, Théog. 338-340.

(3) Hésiode, Théog. 1016 ; Hésiode, Fragm. 190-194, éd. Goettling ; Strabon, I, p. 16 ; VII, p. 300. Cf. Ukert, Geographie der Griechen und Roemer, I, p. 37

piade, les villes de Korkyra et de Syracuse furent fondées par Corinthe, premier degré d'une nombreuse et puissante série de colonies destinées à donner un nouveau caractère tant au midi de l'Italie qu'à la Sicile.

Quant à l'astronomie et à la physique du Grec homérique, nous avons déjà fait remarquer qu'il rattachait ensemble les phénomènes sensibles formant le sujet de ces sciences, au moyen de liens que lui fournissait son imagination religieuse et disposée à tout personnifier, liens auxquels il subordonnait les analogies réelles qui existent entre ces phénomènes; nous avons dit également que ces analogies ne commencèrent à être étudiées en elles-mêmes, séparément de l'élément religieux qui les avait d'abord obscurcies, qu'à l'époque de Thalès, laquelle coïncidait avec les occasions plus fréquentes de visiter l'Égypte et l'intérieur de l'Asie. Dans ces deux contrées, les Grecs furent admis à aborder un champ plus étendu d'observations astronomiques, à connaître l'usage du gnomon ou cadran solaire (1), à étudier une détermination de la longueur de l'année solaire (2) plus exacte que celle

---

(1) Les Grecs apprirent des Babyloniens πόλον καὶ γνώμονα καὶ τὰ δυωκαίδεκα μέρεα τῆς ἡμέρης (Hérodote, II, 109).

Le mot πόλον a le même sens que *horologium*, la plaque circulaire sur laquelle le gnomon vertical projetait son ombre, marquée de manière à indiquer l'heure du jour, douze heures entre le lever du soleil et son coucher; V. Ideler, Handbuch der Chronologie, vol. I, p. 233. Au sujet des opinions de Thalès, V. le même ouvrage, part. II, p. 18-57; Plut. De Placit. Philosoph. II, c. 12; Arist. De Cœlo, II, 13. Costard, Rise and Progress of Astronomy among the Ancients, p. 99.

(2) Nous avons très-peu de renseignements sur la manière dont les anciens Grecs calculaient le temps, et nous savons que, bien que tous les divers États comptassent par périodes lunaires, cependant la plupart d'entre eux, pour ne pas dire tous, avaient des noms différents pour les mois aussi bien que pour les jours du commencement et de la fin des mois. Toutefois tous leurs calculs immédiats étaient faits par mois : la période lunaire était la règle immédiate qu'ils suivaient pour déterminer leurs fêtes et pour d'autres buts ; ils n'avaient recours à la période solaire que comme à un correctif, afin de mettre les mêmes mois constamment dans les mêmes saisons de l'année. Leur mois, dans l'origine, avait trente jours, et était divisé en trois décades, comme il continua de l'être dans les temps d'Athènes historique (Hésiode, Opp. Di. 766). Pour mettre cette période lunaire plus exactement en harmonie avec le soleil, ils intercalaient tous les deux ans un mois additionnel; de sorte que leurs années renfermaient alternativement douze et treize mois, chaque mois étant de trente jours. Cette pé-

qui servait de base à leurs diverses périodes lunaires. On prétend que Thalès fut le premier qui prédit une éclipse de soleil, non pas exactement, il est vrai, mais avec des erreurs considérables quant au temps où elle devait avoir lieu, et qu'il possédait aussi une connaissance si profonde des phénomènes et des probabilités météorologiques, qu'il put annoncer d'avance une abondante récolte d'olives pour l'année suivante, et réaliser une somme importante, grâce à une spéculation sur cette denrée (1). A partir de Thalès, nous suivons une succession de théories astronomiques et physiques plus ou moins heureuses dans lesquelles je n'ai pas ici la pensée d'entrer. Il suffit pour le moment de comparer le père de la philosophie ionienne avec les temps qui le précèdent, et de marquer le premier commencement de prédiction scientifique parmi les Grecs, quelque imparfaite qu'elle fût dans le principe, comme se distinguant des paroles inspirées des prophètes ou des oracles, et de ces signes spéciaux des volontés des dieux, sources habituelles de confiance pour l'homme homérique (2). Nous verrons ces deux modes d'anticiper l'avenir, ayant pour base l'un l'appréciation philoso-

---

riode s'appelait une Dietêris, quelquefois une Trietêris. On dit que c'est Solôn qui introduisit le premier l'usage de mois différant en longueur, variant alternativement de trente à vingt-neuf jours. Il semble cependant qu'Hérodote avait présent à l'esprit le cycle diététique, ou années alternant entre treize et douze mois (chaque mois de trente jours), et non pas d'autre (Hérodote, I, 32; cf. II, 104). Comme progrès de connaissance astronomique, on calcula des périodes plus longues et réglées avec plus de soin, offrant une correspondance plus rapprochée entre un nombre complet de lunaisons et un nombre complet d'années solaires. D'abord, nous trouvons une période de quatre ans; ensuite, l'octaëtêris, ou période de huit ans, ou quatre-vingt-dix-neuf mois lunaires; enfin la période de Méton, de dix-neuf ans ou deux cent trente-cinq mois lunaires. Jusqu'à quel point quelqu'une de ces périodes plus étendues fut-elle jamais autorisée légalement, ou entra-t-elle dans l'usage civil même à Athènes, c'est une question fort incertaine. V. Ideler, Ueber die Astronomischen Beobachtungen der Alten, p. 175-195; Macrobe, Saturn. I, 13.

(1) Hérodote, I, 74; Aristot. Polit. I, 4, 5.

(2) Odyss. III, 173.
Ἡτέομεν δὲ θεὸν φαίνειν τέρας· αὐτὰρ
[ὅγ' ἡμῖν
Δεῖξε, καὶ ἠνώγει πέλαγος μέσον εἰς
[Εὔβοιαν
Τέμνειν, etc.
Cf. Odyss. XX, 100; Iliade, I, 62; Eurip. Suppl. 216-230.

phique, l'autre l'appréciation religieuse de la nature, marcher simultanément pendant toute l'histoire grecque, et se partager en parties inégales l'empire sur l'esprit grec ; le premier acquérant à la fois un ascendant plus grand et une application plus large parmi les hommes instruits, et restreignant en partie, mais n'abolissant jamais l'emploi spontané du dernier parmi le vulgaire.

Ni argent monnayé, ni écriture (1), ni peinture, ni sculpture, ni architecture imaginative n'appartiennent aux temps d'Homère et d'Hésiode. De pareils rudiments d'arts, destinés finalement à acquérir un grand développement en Grèce, s'ils peuvent avoir existé à ces époques reculées, servaient seulement comme de noyau à l'imagination du poëte, lui permettant d'en façonner pour son propre usage les fabuleuses créations attribuées à Hephæstos et à Dædalos. Les poëmes homériques ne mentionnent pas de statues de dieux, pas même faites de bois. Toutes les nombreuses variétés, dans la musique, la poésie et la danse des Grecs (la première étant particulièrement empruntée à la Lydia et à la Phrygia) datent d'un temps de beaucoup postérieur à la première Olympiade. Terpandros, le plus ancien musicien auquel on assigne une date, et l'inventeur de la harpe à sept cordes, qui remplaça la harpe à quatre cordes, ne paraît pas avant la vingt-sixième Olympiade, ou 676 ans avant J.-C. : le poëte Archiloque est à peu près de la même époque. Les mètres iambiques et élégiaques, premières déviations du ton et du sujet de l'épopée primitive, ne remontent pas à l'année 700 avant J.-C.

C'est la poésie épique qui forme dès le principe et la prééminence incontestable et le joyau solitaire de l'ère la plus reculée de la Grèce. Des nombreux poëmes épiques qui existaient en Grèce au huitième siècle avant l'ère chrétienne, aucun n'avait été conservé, excepté l'Iliade et l'O-

---

(1) Les σήματα λυγρά mentionnés dans l'Iliade, VI, 168, s'ils prouvent quelque chose, sont plutôt un argument contre l'existence de l'écriture alphabétique à l'époque où l'Iliade fut composée qu'une preuve en sa faveur.

dyssée ; l'Æthiopis d'Arctinus, l'Ilias Minor de Leschès, les vers cypriens, la prise d'Œchalia, les Retours des héros après la guerre de Troie, la Thèbaïs et les Epigoni, poëmes dont plusieurs dans l'antiquité passaient pour être d'Homère, ont tous été perdus. Mais les deux épopées qui restent suffisent bien pour montrer dans les Grecs primitifs une organisation intellectuelle sans pareille chez aucun autre peuple, et des facultés d'invention et d'expression qui préparaient, en la présageant, la supériorité future de la nation dans tous les divers genres auxquels on peut appliquer la pensée et le langage. Quelque grande que devînt dans la suite chez les Grecs la faculté de penser, leur pouvoir d'expression était plus grand encore ; dans le premier cas, d'autres nations ont construit sur les fondations qu'ils avaient jetées et les ont surpassés ; dans le second, ils restent encore sans rivaux. Il n'y a pas d'exagération à dire que ce caractère flexible, expressif et transparent de la langue comme instrument de communication, sa nature excellemment convenable pour le récit et la discussion, aussi bien que pour exciter toutes les veines de l'émotion humaine, sans jamais perdre ce caractère de simplicité qui se met à la portée de tous les hommes dans tous les temps, peuvent être rapportés principalement à l'existence et à l'influence répandue au loin de l'Iliade et de l'Odyssée. Pour nous ces compositions sont intéressantes comme beaux poëmes, qui dépeignent la vie et les mœurs et développent certains types de caractère avec la dernière vivacité et le plus grand naturel : pour l'auditeur primitif elles possédaient toutes ces sources de séduction en même temps que d'autres plus puissantes encore auxquelles nous sommes étrangers maintenant. Elles agissaient sur lui avec toute l'autorité et toute la solennité de l'histoire et de la religion combinées, tandis que le charme de la poésie n'était qu'un instrument secondaire. Alors le poëte enseignait et prêchait la communauté ; il n'amusait pas simplement les heures de loisir de ses auditeurs ; ils attendaient de lui qu'il révélât le passé inconnu et qu'il exposât les attributs et les dispensations des dieux, précisément comme on consultait le prophète pour le privilége dont il jouissait de voir dans l'avenir. L'ancienne épopée comprenait un grand nombre de différents poëtes et de diverses compositions poétiques qui remplissaient ce but d'une manière plus ou moins complète. Mais c'est la prérogative exclusive de l'Iliade et de l'Odyssée, qu'après que les esprits eurent cessé d'être en harmonie complète avec leur dessein primitif, elles conservèrent encore leur empire par la seule force de mérites secondaires ; tandis que les autres poëmes épiques, bien que servant d'aliment aux curieux, et de dépôts où puisèrent les logographes, les auteurs tragiques et les artistes, ne semblent jamais avoir acquis une popularité très-étendue parmi les Grecs instruits.

Dans le chapitre suivant, je parlerai du cycle épique, de ses rapports avec les poëmes homériques, et des preuves générales relatives à ces poëmes ; je discuterai et leur antiquité et la question de savoir qui les a composés.

FIN DU DEUXIÈME VOLUME

TABLE DES MATIÈRES

DU SECOND VOLUME

PREMIÈRE PARTIE

GRÈCE LÉGENDAIRE

CHAPITRE I

LÉGENDE DE TROIE

	PAGES.
Grande étendue et grande variété de la légende de Troie	2
Dardanos, fils de Zeus	3
Ilos, fondateur d'Ilion	ib.
Murs d'Ilion construits par Poseidôn	ib.
Prise d'Ilion par Hêraklês	4
Priam et sa race	5
Pâris. — Son jugement prononcé sur les trois déesses	ib.
Il enlève Hélène de Sparte	6
Expédition des Grecs pour la recouvrer	7
Héros de toutes les parties de la Grèce coalisés sous les ordres d'Agamemnôn	8
Achille et Odysseus	9
L'armée grecque prend la Teuthrania pour Troie	10
Les Grecs retenus à Aulis. — Agamemnôn et Iphigeneia	11
Premier succès des Grecs en abordant près de Troie	12
Palamêdês. — Son génie. — Sa mort par trahison	13
Chronologie épique — transformée en histoire	15
Période de l'Iliade homérique. — Hectôr tué par Achille	16
Nouveaux alliés de Troie. — Penthesileia	17
Memnôn — tué par Achille	ib.
Mort d'Achille	18
Jeux funèbres célébrés en son honneur. — Querelle au sujet de ses armes. — Odysseus l'emporte et Ajax se tue	19
Philoktêtês et Neoptolemos	19-20
Prise du Palladium. — Le cheval de bois	21
Destruction de Troie	23
Distribution des captifs entre les vainqueurs	24
Hélène rendue à Menelaos. — Elle vit à Sparte au sein de la dignité. — Elle obtient une immortalité heureuse	ib.
Cécité et guérison du poëte Sté-	

	PAGES.		PAGES.
sichore	25	comme ville de Priam	43
Altération de la légende concernant Hélène	26	Respect que lui témoigne Alexandre	45
Récit égyptien au sujet d'Hélène. Tendance à donner à la légende une couleur historique	27	Successeurs d'Alexandre. — Fondation d'Alexandria Trôas	46
Les Grecs reviennent de Troie	28	Les Romains traitent Ilion avec un respect marqué	47
Leurs souffrances. — Colère des dieux	29	Légitimité mythique d'Ilion — contestée pour la première fois par Dêmêtrius de Skêpsis et par Hestiæa	48
Courses errantes des héros dans toutes les directions	31		
Souvenirs restant d'eux d'un bout à l'autre du monde grec	32	Ancienne ville d'Ilion supposée, ou Troie réelle, distinguée de la nouvelle Ilion	49
Odysseus. — Ses aventures finales et sa mort	34	Strabon seul regarde l'ancienne Ilion comme la Troie réelle. — D'autres auteurs persévèrent dans l'antique croyance. — Les modernes suivent Strabon	51
Æneas et ses descendants	35		
Différentes histoires au sujet d'Æneas. — Æneades à Skêpsis	36		
Ubiquité d'Æneas	37		
Antenór	38	Foi mythique non ébranlée par des impossibilités topographiques	52-53
Conte de Troie. — Son importance et ses différences	39		
		Trôas historique et les Teukriens	54-55
Guerre de Troie — essentiellement légendaire. — Son importance comme article de la foi nationale grecque	40	Grecs Æoliens dans la Troade. — Tout le territoire devenu graduellement æolien	56
Base historique de cette guerre — possible, et rien de plus	41	Ancienne date et long empire du culte d'Apollon Sminthien	57
Innovations faites dans le but de transformer l'épopée en histoire. — Dion Chrysostome	ib.	Coutumes et religion asiatiques, — mêlées à celles des Grecs	58
		Prophéties sibyllines	59
Ilion historique	42	Établissements formés par Milêtos, Mitylênê et Athènes	60
Admise et visitée généralement			

CHAPITRE II

MYTHES GRECS, TELS QU'ILS SONT COMPRIS, SENTIS ET INTERPRÉTÉS PAR LES GRECS EUX-MÊMES

	PAGES.		PAGES.
Les mythes formaient tout le fonds intellectuel des premiers Grecs	65	ginations poétiques était pour les Grecs des réalités sérieuses	69
État d'esprit d'où ils sont nés	66	Les dieux et les héros, — leur action principale rejetée dans le passé et enfermée dans les mythes	72
Tendance à tout personnifier	ib.		
Absence de connaissances positives, suppléées par une foi disposée à personnifier	67		
		Types marqués et variés des dieux homériques	74
Multitude et variété de personnages presque humains	ib.	Stimulant qu'ils donnaient à la faculté créatrice des mythes	75
Ce que nous lisons comme ima-		Foi accordée aisément à des récits	

TABLE DES MATIÈRES

	PAGES.
populaires et plausibles	77-78
Les poëtes, — ils reçoivent leur sujet de la divine inspiration de la Muse	79
Sens du mot *mythe*, — primitif, — altéré	80
Sujet d'histoire réelle, sans intérêt pour les anciens Grecs	81
Foi mythique et point de vue religieux, dominant à l'époque d'Homère	83
Développement graduel du point de vue scientifique, en opposition avec le point de vue religieux	*ib.*
Époque qui créa les mythes, — antérieure à ce dissentiment	85
Force expansive de l'intelligence grecque	86
Transition menant vers les faits positifs et présents	87
Le poëte devient l'organe du temps présent au lieu d'être celui du temps passé. — Poëtes iambiques, élégiaques et lyriques	87-88
Influence de l'ouverture de l'Egypte au commerce grec	90
Progrès — historique, géographique, social, — à partir de cette période jusqu'à l'an 660 av. J.-C.	*ib.*
Changement dans la règle du jugement moral et intellectuel	91
Commencement de la science physique, — Thalès, Xénophane, Pythagore	92
Nature impersonnelle conçue comme objet d'étude	93
Opposition entre la méthode scientifique et le sentiment religieux de la multitude	94
Comment elle est traitée par différents philosophes. — Socrate	95
Hippocrate	96
Anaxagore	97
En opposition avec la foi religieuse grecque	99
Manière dont les Athéniens traitent Socrate	*ib.*
Scission entre les hommes supérieurs et la multitude, — importante par rapport aux mythes	100
Les mythes accommodés à un nouveau ton de sentiment et de jugement	102
Les poëtes et les logographes	*ib.*
Pindare	103
Poëtes tragiques. — Eschyle et Sophocle	105
Tendances d'Eschyle par rapport aux anciennes légendes	107
Il conserve dans son intégrité la grandeur du monde mythique	109
Sophocle	110
Euripide, accusé de rendre vulgaires les héros mythiques, —	111
et d'introduire un pathos exagéré, des raffinements et le ton de la rhétorique	112
Les logographes, — Phérécyde, etc.	114
Hécatée ; — les mythes dépouillés de leur caractère surnaturel	115
Les historiens. — Hérodote	116
Ardente piété d'Hérodote. Sa réserve mystique	117
Son opinion sur le monde mythique	118
Sa déférence pour l'Égypte et pour les assertions égyptiennes	119
Sa foi dans les héros et les éponymes mythiques en général	120
Combinée cependant avec du scepticisme quant aux faits positifs	121
Ses remarques sur la fondation miraculeuse de l'oracle à Dôdônê	122
Ses remarques sur Mélampe et ses pouvoirs prophétiques	123
Ses remarques sur la légende thessalienne de Tempê	125
Sur la légende de Troie	127
Thucydide	129
Son opinion sur la guerre de Troie	130
Vues de Thucydide sur les incidents mythiques	132
Opinions de divers historiens	136
Evhémère	138
Polybe, Strabon, Diodore, Pausanias	139
Palæphate	141
Opinions des philosophes. — Xénophane	145
Explication allégorique des my-	

	PAGES.
thes — de plus en plus estimée et appliquée..................	147
Légendes divines allégorisées — Légendes héroïques transformées en histoire.............	150
Limites de ce procédé d'explication.....................	151
Distinction entre les dieux et les démons, altérée et élargie par Empédocle.................	ib.
Les démons admis comme êtres partiellement méchants.—Effet de cette théorie.............	153
Explication semi-historique.....	155
Quelques attestations positives indispensables pour constituer une preuve historique. — Simple foi populaire insuffisante..	157
Erreur consistant à attribuer le sens historique des temps modernes à une époque qui n'a point d'annales...............	159
Sujets de la tradition non attestés depuis le commencement	160
La matière fabuleuse de la tradition n'implique ni fraude ni imposture	161
Fiction plausible souvent produite et accréditée par la seule influence d'un sentiment fort et commun même dans les époques éclairées...............	162
Théorie allégorique des mythes — rapportée par quelques-uns à une ancienne caste sacerdotale.......................	164
Sens réel des mythes qu'on suppose avoir été conservé dans les mystères religieux........	165
L'ancien sens supposé est réellement une explication moderne.	167

	PAGES.
Triple théologie du monde païen.	ib.
Manière de traiter et d'employer les mythes selon Platon......	170
Ses vues au sujet de la nécessité et de l'emploi de la fiction....	172
Il regarde les mythes comme étant l'expression du sentiment et de l'imagination..........	173
Soutenue par la foi religieuse, et non par une base positive quelconque.....................	ib.
L'antiquité grecque est essentiellement une conception religieuse.......................	174
L'application de calculs chronologiques lui enlève ce caractère	175
Les généalogies mythiques ne forment toutes qu'une classe, et sont toutes sur le même niveau sous le rapport de l'évidence.	176
Généalogie grecque et généalogie égyptienne	177
Valeur de chacune d'elles purement subjective, par rapport à la foi du peuple..............	178
Les dieux et les hommes ne peuvent être distingués dans l'antiquité grecque................	ib.
Récapitulation générale........	180
Public grec en général — familier avec ses mythes locaux, indifférent pour l'histoire récente.	185
Fêtes religieuses, — leur influence commémorative..............	186
Variété et universalité des reliques mythiques	187
Les mythes dans leur rapport avec l'art grec..............	189
Tendance des œuvres d'art à augmenter la foi mythique.......	190

CHAPITRE III

LA VEINE MYTHIQUE GRECQUE COMPARÉE A CELLE DE L'EUROPE MODERNE

	PAGES.
Μῦθος. — Sage. — Manifestation universelle de l'esprit humain.	193
Analogie des Germains et des Celtes avec les Grecs........	194
Différences entre eux — poésie	

	PAGES.
grecque incomparable — progrès en Grèce s'effectuant lui-même.....................	195
Progrès accompli chez les Germains par de violentes influences	

extérieures 196
Action de la civilisation romaine et du christianisme sur les mythes germains primitifs....... 197
Altération dans les généalogies mythiques. — Odin et les autres dieux rabaissés à la condition de mortels.............. 199
l'aganisme grec. — Ce qui serait arrivé s'il avait été remplacé par le christianisme en 500 av. J.-C.................... 200
Saxo Grammaticus et Snorro Sturleson comparés à Phérécyde et à Hellanicus.......... 201
Tendances à créer des mythes dans l'Europe moderne, subsistant encore, mais entraînées dans une nouvelle voie. 1. Idéal du saint ; 2. Idéal du chevalier... 202
Légendes des saints............ 203
Leur analogie avec la théologie homérique................. 205
Idéal de chevalerie.— Romans de Charlemagne et d'Arthur..... 208
Acceptés comme faits réels du temps passé................. 211
Epopée teutonique et scandinave. — Son analogie avec l'épopée grecque 212
Caractère héroïque et expansion du sujet se développant de lui-même, communs aux deux épopées...................... 214
Points de différence entre elles. —L'épopée du moyen âge ne resta pas si complètement seule, et ne fut pas si intimement mêlée à la religion que l'épopée grecque.................... 215
Histoire d'Angleterre. — Comment elle est conçue jusqu'au dix-septième siècle. — Elle commençait avec Brute le Troyen.................... 216
Foi ardente et tenace manifestée dans la défense de cette histoire primitive.................... 217
Jugement de Milton........... 218
Règle d'évidence historique ; — elle s'est élevée quant à l'Angleterre, — non quant à la Grèce. 219
La manière dont Milton traite l'histoire fabuleuse de l'Angleterre est inadmissible........ 221
Deux voies ouvertes pour traiter les mythes grecs : 1° les omettre, ou 2° les raconter comme mythes. Raisons pour préférer la dernière................... 222
Triple division du temps passé par Varron..................... 223

CHAPITRE IV

DERNIERS ÉVÉNEMENTS DE LA GRÈCE LÉGENDAIRE, — PÉRIODE DE TÉNÈBRES INTERMÉDIAIRES PRÉCÉDANT L'AURORE DE LA GRÈCE HISTORIQUE

SECTION I.— RETOUR DES HÉRAKLIDES DANS LE PÉLOPONÈSE

Exil et abaissement des Héraklides................... 226
Ils reparaissent formant une armée puissante avec les Dôriens ib.
Exposé mythique de cette alliance, aussi bien que des trois tribus des Dôriens................ 227
Têmenos, Kresphontês et Aristodêmos envahissent le Péloponèse en traversant le golfe de Corinthe................... 228
Le prophète Karnos tué par Hippotês..................... 229
Oxylos choisi comme guide.... ib.
Partage des contrées du Péloponèse entre les envahisseurs... ib.
Valeur explicative de ces événements légendaires......... 230
Titre mythique des Dôriens à la possession du Péloponèse...... 231
Platon établit un titre différent

	PAGES.
dans le même but...........	232
Autres légendes touchant les Achæens et Tisamenos.......	ib.
Occupation d'Argos, de Sparte et de la Messênia par les Dôriens.....................	234
Dôriens à Corinthe. — Alêtês...	ib.
Oxylos et les Etoliens à Elis...	235
Droits des Eleiens à surveiller les jeux Olympiques........	236
Familles de Têmenos et de Kresphontês, les dernières dans la série de sujets propres au drame héroïque...................	ib.
Prétentions des rois historiques de Sparte à une origine achæenne	237
Peuples quittant le Péloponèse à la suite de l'occupation dôrienne. — Epeiens, Pyliens, Achæens, Ioniens..........	238
Ioniens au nord du Péloponèse. — Non reconnus par Homère.	ib.
Date assignée par Thucydide au retour des Hêraclides........	239

SECTION II. — ÉMIGRATION DES THESSALIENS ET DES BŒOTIENS.

Les Thessaliens passent de la Thesprôtis dans la Thessalia......	240
Caractère non hellénique des Thessaliens.................	241
Bœôtiens. — Leur migration de Thessalia en Bœôtia..........	242
Légendes contradictoires relativement aux Bœôtiens........	243
Affinités entre la Bœôtia et la Thessalia..................	244
Transition de la Bœôtia mythique à la Bœôtia historique........	245

SECTION III. — ÉMIGRATIONS DE GRÈCE EN ASIE ET DANS LES ILES DE LA MER ÆGÉE.

1. Æolienne. — 2. Ionienne. — 3. Dôrienne.

	PAGES.
Séparation des races mythiques de la Grèce................	246

1. Émigration æolienne.

Emigration æolienne sous les Pélopides. :..................	ib.

2. Émigration ionienne.

Emigration ionienne. — Elle forme une ramification de l'histoire légendaire d'Athènes.........	248
Thêseus et Menestheus.........	249
Les fils de Thêseus recouvrent la royauté de leur père........	250
Ils sont remplacés par les Nêlides. — Melanthos et Kodros......	ib.
Dévouement et mort de Kodros. — Plus de rois à Athènes.....	251
Querelle des fils de Kodros et émigration de Neileus........	ib.
Races différentes qui fournirent des émigrants à l'Iônia.......	252

3. Emigrations dôriennes.

Colonies dôriennes en Asie......	253
Thêra.......................	254
Légende des Minyæ de Lemnos.	ib.
Migration de Dôriens en Krête.	256
Récit d'Andrôn................	257
Althæmenês, fondateur de Rhodes	258
Kôs, Knidos et Karpathos.......	259
Lacune qui existe entre la légende et l'histoire................	ib.
Difficulté d'expliquer cette lacune par l'hypothèse d'une tradition continue...................	260
Un tel intervalle se rattache essentiellement à la naissance de la légende...................	261

CHAPITRE V

APPLICATION DE LA CHRONOLOGIE A LA LÉGENDE GRECQUE

	PAGES.
Différents systèmes de chronologie proposés pour les événements mythiques............	264
Les données essentielles à une	

	PAGES.
détermination chronologique manquent ici................	266
Des chronologistes modernes reprennent le même problème	

que les anciens, mais avec une règle différente de croyance.. 267
Opinion de M. Clinton sur les computations relatives à la guerre de Troie............. 268
La valeur de la computation chronologique dépend du degré de confiance que méritent les généalogies.................. 271
M. Clinton défend les généalogies. — Ses preuves............. ib.
1. Inscriptions. — Aucune n'est d'une ancienneté prouvée.... ib.
Généalogies nombreuses et d'une date non assignable......... 273
2. Anciens poëtes............. 275
M. Clinton divise les personnages généalogiques en réels et en fabuleux ; principes sur lesquels il s'appuie. — Remarques sur son opinion.................... 276
Ses concessions sont partielles et illogiques ; elles suffisent cependant pour rendre les généalogies inconciliables avec la chronologie................... 278
Principes de M. Clinton touchant la preuve historique......... 280
Dans quelle mesure peut exister la présomption en faveur des anciens poëtes.............. 282
Une fiction plausible remplit les conditions posées par M. Clinton. — Elle ne peut être distinguée de la vérité sans le secours de preuves.......... 283
Kadmos, Danaos, Hyllos, etc., tous éponymes et rentrant dans la définition que donne M. Clinton des personnages fictifs.... 285
Le réel, dans les généalogies, ne peut être distingué du fictif. 286
A quelle époque les poëtes ont-ils commencé à produire des généalogies continues, passant du monde mythique au monde réel ? — Evidence d'un progrès intellectuel quand on dispose le passé méthodiquement, même sur des principes fictifs...... 290

CHAPITRE VI

ÉTAT DE LA SOCIÉTÉ ET DES MŒURS TEL QU'IL EST PRÉSENTÉ DANS LA LÉGENDE GRECQUE

Les poëmes légendaires de la Grèce sont de précieux tableaux des mœurs réelles, bien que ne rapportant pas de faits historiques.................... 292
Ils sont les monuments de l'état primitif de la société grecque, le point de départ de l'histoire grecque 292
Comparaison de la Grèce légendaire et de la Grèce historique. — Gouvernement de la dernière 294
De la première................ 296
Le roi dans la Grèce légendaire. ib.
Son ascendant personnel dominant..................... 298
Difficulté qu'éprouvait Aristote à s'expliquer l'obéissance volontaire rendue aux anciens rois. 300
La boulê, l'agora ; leur intervention limitée et leur subordination au roi............. 302
L'agora. — Moyen de promulguer les intentions du roi..... 302
Agora convoquée par Telemachos à Ithakê.................. 303
Agora dans le second livre de l'Iliade. —Tableau de soumission qu'elle présente........ 305
Conduite d'Odysseus à l'égard du peuple et des chefs......... 308
Justice rendue dans l'agora par le roi ou les chefs........... 309
Plaintes d'Hésiode au sujet d'une sentence injuste rendue à son égard..................... 310
Le roi, parmi les hommes, est analogue à Zeus parmi les dieux. 311

	PAGES.
Le conseil et l'assemblée, dans l'origine intermédiaires par lesquels le roi agissait, deviennent, dans la Grèce historique, les dépositaires du pouvoir....	312
Rois spartiates, exception à la règle générale...............	313
Leurs pouvoirs limités..........	ib.
Emploi du discours en public comme moyen de gouvernement. — Il date des temps les plus anciens................	314
Ses effets comme stimulant le développement intellectuel......	315
Sentiment moral et social dans la Grèce légendaire............	316
Toute-puissance du sentiment personnel à l'égard des dieux, du roi ou des individus.......	ib.
Effet de cérémonies spéciales...	317
Contraste avec les sentiments dans Athènes historique.....	318
Force du lien de famille. — Mariage. — Respect rendu à l'épouse.....................	320
Frères et parents...............	321
Hospitalité. — Accueil fait à l'étranger et au suppliant.......	322
Sympathies personnelles, forme la plus ancienne de sociabilité.	324
Passions féroces et agressives non réprimées...................	327
Tableau tracé par Hésiode encore plus sombre..................	329
Contraste entre la Grèce héroïque et la Grèce historique........	330
Orphelins.....................	ib.
Mutilation des cadavres........	ib.
Manière de traiter l'homicide...	331
Apaisé par une compensation (ποινή) considérable offerte aux parents de l'homme assassiné..	334
Puni dans la Grèce historique comme un crime contre la société......................	335
Condition, occupations et professions des Grecs homériques....	336
Esclaves......................	337
Thètes........................	339
Commerce et navigation très-bornés des Grecs homériques.	341
Krêtois, Taphiens, Phéniciens..	ib.
Nature du commerce phénicien tel que l'indique Homère.....	342
Armes et manière de combattre des Grecs homériques........	345
Contraste avec l'ordre de bataille dans la Grèce historique.....	346
Changement analogue dans l'ordre militaire et dans la société civile......................	347
Fortifications des villes........	348
Résidences les plus anciennes des Grecs.....................	349
Villages élevés sur des collines et de difficile accès............	ib.
La société homérique reconnaît des villes fortifiées, des biens individuels et de forts attachements locaux..................	350
Moyens de défense supérieurs aux moyens d'attaque...........	351
Piraterie habituelle............	352
Connaissance étendue de la géographie dans les poëmes hésiodiques, relativement à Homère	355
Astronomie et physique.......	356
Argent monnayé, écriture, arts.	358
Poésie épique.................	ib.
Sa grande et durable influence sur l'esprit grec.................	359

FIN DE LA TABLE DU SECOND VOLUME

ERRATUM

Page	7, note 1,	lire : prétendants	au lieu de :	partisans.
—	19, ligne 1,	prix destiné au		prix au.
—	26, — 11,	recommandée		recommandé.
—	196, note 1,	Tryggvson		Tryggyson.
—	216, note 1,	les Francs ne tirassent		les Francs tirassent.
—	» —	les Espagnols ne descendissent		les Espagnols descendissent.
—	229, ligne 4,	la frappa		les frappa.
—	231, note 1,	τήνδε		τήν δε.
—	322, — 3,	Alkinoos		....

www.ingramcontent.com/pod-product-compliance
Lightning Source LLC
Chambersburg PA
CBHW050545170426
43201CB00011B/1569